数量经济学系列丛书

# 数理金融

## 资产定价的原理与模型（第3版）

佟孟华　郭多祚　主编

清华大学出版社
北京

## 内容简介

本书以资产定价为主线，讲述了无套利定价和均衡定价两种资产定价方法；讲述了各种资产定价的模型，包括债券定价模型、以股票为代表的风险资产的定价模型、金融衍生产品定价模型、期权定价模型，并按难易程度，首先讲述单期定价模型，然后讲述跨期定价模型。本书还介绍了 MM 理论以及行为金融学。

本书适用于经济管理类专业的本科生、硕士生教学，也适用于理工科专业学生的选修课，还可供从事金融工作的人员参考。



**图书在版编目(CIP)数据**

数理金融：资产定价的原理与模型/佟孟华，郭多祚主编.—3 版.—北京：清华大学出版社，2018(2025.1重印)

(数量经济学系列丛书)

ISBN 978-7-302-50338-5

Ⅰ. ①数… Ⅱ. ①佟… ②郭… Ⅲ. ①金融学—数理经济学 Ⅳ. ①F830

中国版本图书馆 CIP 数据核字(2018)第 114920 号

**责任编辑**：张 伟
**封面设计**：常雪影
**责任校对**：王凤芝
**责任印制**：沈 露

**出版发行**：清华大学出版社
**网 址**：https://www.tup.com.cn, https://www.wqxuetang.com
**地 址**：北京清华大学学研大厦 A 座 **邮 编**：100084
**社 总 机**：010-83470000 **邮 购**：010-62786544
**投稿与读者服务**：010-62776969，c-service@tup.tsinghua.edu.cn
**质量反馈**：010-62772015，zhiliang@tup.tsinghua.edu.cn
**课件下载**：https://www.tup.com.cn，010-83470158
**印 装 者**：三河市君旺印务有限公司
**经 销**：全国新华书店
**开 本**：185mm×260mm **印 张**：19 **字 数**：438 千字
**版 次**：2006 年 8 月第 1 版 2018 年 8 月第 3 版 **印 次**：2025 年 1 月第 7 次印刷
**定 价**：59.00 元

产品编号：077995-02

# 第 3 版前言

在第 2 版的基础上，除修改了第 2 版的印刷错误外，新增内容如下。

(1) 在 1.6.2 节中，增加了“基本证券可以为任何证券定价”的证明过程。

(2) 第 2 章(固定收益证券)增加了“可变利率与债务投资”(2.6 节)的内容，同时在第 2 章的习题部分也增加了相应内容的习题，使得固定收益证券的内容更加完善。

(3) 第 5 章增加了“利用 Greek 参数套期保值”(5.4.3 节)的内容，使读者能够更深入地理解如何构建不受股票价格波动影响的资产组合。

(4) 我们更新了课件，可供教师进行交流、使用。第 2 版于 2015 年入选“十二五”普通高等教育本科国家级规划教材。

编　者

2017 年 12 月

东北财经大学师道斋

# 第2版前言

本书自2006年出版以来，被许多院校选用作为教材，并提出了许多宝贵的意见和建议。因此，在原书的基础上进行了修改，出版本书的第2版。

在第2版中，修改了第1版的印刷错误，为了便于对本书内容的理解，对原书中部分内容的讲解进行了细化，增加了一些例题。为使内容更加完整，增写了部分章节。

为了便于本科生教学，第2版编写了习题。一般来说，本书的前5章可适应于本科生教学，其中的部分内容在教学中可不讲解或让学生阅读，例如3.6、5.6.3和5.6.4，第2版在这几节前面加上了星号。

以本书为教材的数理金融课程在2009年被评为辽宁省精品课，并且制作了课件，可供使用本教材的教师进行交流、使用。

本书是国家级教学团队——“经济计量分析类课程”教学团队系列教材之一。

第2版的出版得到了清华大学出版社的大力支持，在此表示衷心感谢！

编　者

2011年12月

东北财经大学 师道斋

# 第1版前言

数理金融学(mathematical finance)是20世纪后期发展起来的新学科。数理金融学的特点是以数学为工具对金融学的核心问题进行分析和研究。资产定价问题是金融学的三个基本研究内容之一,它与数学密切相关。数学工具的运用使金融学成为一门真正的科学。现代金融学产生于“两次华尔街革命”。第一次华尔街革命是指1952年马科维茨(H. M. Marcowitz)投资组合选择理论的问世。此后,马科维茨的学生夏普(W. F. Sharpe)在马科维茨理论的基础上,提出了资本资产定价模型(capital asset pricing model,CAPM)。他们两人的成果获得了1990年诺贝尔经济学奖。他们的工作是利用数学工具,在严格假设的基础上,利用数学推理论证解决了风险资产的定价问题,是将数学方法应用于金融学的成功范例,也是划时代的开创性工作。第二次华尔街革命是指1973年布莱克(F. Black)和斯科尔斯(M. S. Scholes)期权定价公式的提出。这一成果荣获1997年诺贝尔经济学奖。他们也是利用数学工具解决了重要的金融衍生产品期权的定价问题。两次华尔街革命标志着现代金融学的诞生,同时也产生了一门新的学科:数理金融学。

随着金融市场的发展及各种金融创新不断出现,各种金融衍生产品层出不穷,这又给数理金融学的发展提出了更高的要求,同时也为数理金融学的发展提供了广阔的空间。数理金融学成为金融工程学的理论基础。现代金融学离不开数学,因此无论是从事金融理论研究还是金融市场决策有关的实务工作都需要学习数理金融理论,掌握利用数学工具分析金融问题的方法。数理金融学能使经济和管理专业的学生掌握定量分析的方法和技术。同时,对于数学和理工科专业的学生来说,通过学习数理金融学也使他们所掌握的数理工具大有用武之地。

本书以资产定价的原理和模型为主线,主要介绍资产定价的无套利定价和均衡定价原理,以及以此为依据的债券定价、风险资产定价和衍生产品定价模型。本书从易到难先介绍单期模型,然后介绍多期模型。

本书共分9章。第1章介绍期望效用函数理论、投资者的风险类型及其风险度量以及单期无套利模型和均衡定价模型,是学习金融经济学和数理金融学的基础知识。第2章主要研究金融学研究的主要内容之一:货币的时间价值。这也是各种投资决策的基础,同时也是债券定价的理论依据。这章的末尾研究了债券价格波动分析与测度。第3章介绍了马科维茨的投资组合选择理论和资本资产定价模型,主要以股票为例讨论了风险资产的定价问题。第4章主要研究以多因子线性模型为依据,以无套利分析为出发点,考虑多因素共同影响资产价格的条件下的风险资产的定价问题。第5章主要介绍金融衍生产品期权及其定价问题。这章的核心是复制技术与无套利原则在资产定价中的应用,以及市场的有效性及股票价格变动模式,并以此为依据解决期权的定价问题。它也是各种未定权益定价的基础。第6章的多期无套利定价模型是单期无套利定价原理的推广,讲授的是多期无套利定价原理,它是各种随机现金流定价的基础。第7章介绍MM理论,它是无套利原理的一个重要应用,另外还讨论了公司资本结构问题。第8章是把资本资产定价模型推广到连续时间动态模型,讨论了考虑投资和消费情况下的动态的投资组合选择和基于消费的资本资产定价模型。这8章以资产定价的原理和模型为主线,介绍了现代金融理论的成功之处,以及可供借鉴的各种分析金融问题和解决金融问题的方法。但是任何理论都不是完美无缺的;第9章从现代金融理论存在的缺陷为突破口,介绍了行为金融理论。行为金融理论虽然现在还不成熟,但是2002年诺贝尔经济学奖授予了美国普林斯顿大学Peniel Kahneman和乔治梅森大学Vernon L. Smith教授,也使得行为金融学和用实验方法研究金融问题得到了人们的重视。这章主要概括地介绍行为金融学,以扩大读者的视野。

本书的特点是以数理金融学中的资产定价理论作为核心内容,从单期模型由浅入深推广到多期模型。与通常的金融经济学相比,更侧重于数学方法的运用。与金融数学类的书相比,本书介绍了金融学问题的提出和问题的解决过程。本书可作为经济管理类本科生教材,可重点学习第1～5章和第7章,其他各章可供参考。对于研究生,可讲授第6章和第8、9章。对于理工科相关专业,可作为选修课教材。也可供金融理论研究和实务工作者参考。

本书的第2、6、7章由佟孟华编写,第3、4章由徐占东编写。郭多祚编写其余各章并负责全书的整体构思。

由于作者水平有限,书中难免出现缺陷和错误,欢迎专家学者以及各院校的师生批评指正。

编　者

2006年5月

# 目　录

# 第1章 期望效用函数理论与单期定价模型

众所周知，在经济学中效用函数是偏好的定量描述，也是投资人决策的依据。金融学是在不确定性的环境中进行决策，金融资产的价格和投资收益都是随机变量，我们如何确定它的效用，是必须解决的重要问题。

期望效用函数理论是 Von Neumann 和 Morgenstern 创立的。期望效用函数是对不确定性的环境中各种可能出现的结果，定义效用函数值，即 Von Neumann-Morgenstern 效用函数，然后将此效用函数按描述不确定性的概率分布取期望值。本章首先介绍期望效用函数理论，然后在此基础上研究投资者的风险偏好以及风险度量，最后介绍单期定价模型。

## 1.1 序数效用函数

期望效用函数是基数效用函数。为研究基数效用函数，我们首先介绍序数效用函数。序数效用函数只要求效用函数值与偏好关系一致，即如果消费者认为商品 $x$ 比商品 $y$ 更受偏好，我们定义的序数效用函数就要求 $x$ 的效用函数值比 $y$ 的效用函数值大。

假设商品选择集 $B$ 是 $n$ 维欧氏空间 $\mathbb{R}^n$ 中的凸集。我们首先引入偏好关系概念。

### 1.1.1 偏好关系

设 $B$ 是 $n$ 维欧氏空间 $\mathbb{R}^n$ 中的凸集，在 $B$ 中引入一个二元关系，记为"$\geq$"，如果它具有：

(1)（反身性）若 $\boldsymbol{x}\in B$，则 $\boldsymbol{x}\geq\boldsymbol{x}$。

(2)（可比较性）若 $\boldsymbol{x},\boldsymbol{y}\in B$，则 $\boldsymbol{x}\geq\boldsymbol{y}$ 或者 $\boldsymbol{y}\geq\boldsymbol{x}$。

(3)（传递性）若 $\boldsymbol{x},\boldsymbol{y},\boldsymbol{z}\in B$，如果 $\boldsymbol{x}\geq\boldsymbol{y}$，$\boldsymbol{y}\geq\boldsymbol{z}$，则 $\boldsymbol{x}\geq\boldsymbol{z}$。

我们称"$\geq$"是一个偏好关系。

上述的二元关系可以理解如下：若 $\boldsymbol{x},\boldsymbol{y}\in B$，$\boldsymbol{x}\geq\boldsymbol{y}$，则认为 $\boldsymbol{x}$ 比 $\boldsymbol{y}$ 好，或者 $\boldsymbol{x}$ 不比 $\boldsymbol{y}$ 差。若 $\boldsymbol{x}\geq\boldsymbol{y}$ 与 $\boldsymbol{y}\geq\boldsymbol{x}$ 同时成立，则称 $\boldsymbol{x}$ 和 $\boldsymbol{y}$ 偏好无差异，记作 $\boldsymbol{x}\sim\boldsymbol{y}$。若 $\boldsymbol{x}\geq\boldsymbol{y}$ 但 $\boldsymbol{y}\geq\boldsymbol{x}$ 不成立，则称 $\boldsymbol{x}$ 严格地比 $\boldsymbol{y}$ 好，记作 $\boldsymbol{x}>\boldsymbol{y}$。

### 1.1.2 字典序

我们给出一个偏好关系的例子，设选择集

$$B_2=\{(x,y)\mid x\in[0,\infty),y\in[0,\infty)\}$$

容易验证 $B_2$ 是 $\mathbb{R}^2$ 中的凸集，在 $B_2$ 上，定义二元关系 $\geq$ 如下所述：

若 $(x_1,y_1)\in B_2$，$(x_2,y_2)\in B_2$，如果 $x_1>x_2$，或者 $x_1=x_2$，$y_1\geqslant y_2$，定义 $(x_1,y_1)\geq(x_2,y_2)$ 为字典序。

下面验证上述的二元关系是一偏好的关系：

(1) 若$(x,y)\in B_2$，因为$x=x$，$y=y$，按字典序定义$(x,y)\succeq(x,y)$，即反身性成立。

(2) 若$(x_1,y_1)\in B_2$，$(x_2,y_2)\in B_2$，如果$x_1>x_2$，按字典序定义得$(x_1,y_1)\succeq(x_2,y_2)$，反之，如果$x_1<x_2$，则$(x_2,y_2)\succeq(x_1,y_1)$，如果$x_1=x_2$，$y_1\geqslant y_2$，按字典序定义则$(x_1,y_1)\succeq(x_2,y_2)$，如果$x_1=x_2$，$y_1\leqslant y_2$，则$(x_2,y_2)\succeq(x_1,y_1)$，即可比较性成立。

(3) 设$(x_1,y_1)\in B_2$，$(x_2,y_2)\in B_2$，$(x_3,y_3)\in B_2$，若$(x_1,y_1)\succeq(x_2,y_2)\succeq(x_3,y_3)$，显然$x_1\geqslant x_3$，如果$x_1>x_3$，按字典序定义得$(x_1,y_1)\succeq(x_3,y_3)$，如果$x_1=x_3$，此时$x_1=x_2=x_3$，因为$(x_1,y_1)\succeq(x_2,y_2)$，所以$y_1\geqslant y_2$，又$(x_2,y_2)\succeq(x_3,y_3)$，故$y_2\geqslant y_3$，于是$y_1\geqslant y_3$，从而$(x_1,y_1)\succeq(x_3,y_3)$，即传递性成立。

### 1.1.3 效用函数

设$B$是具有偏好关系"$\succeq$"的选择集，$U$是$B\to R_+$的单值函数，如果$\boldsymbol{x},\boldsymbol{y}\in B$，$U(\boldsymbol{x})\geqslant U(\boldsymbol{y})$，当且仅当$\boldsymbol{x}\succeq\boldsymbol{y}$，则称$U$为效用函数。这里$R_+$是全体非负实数构成的集合。显然，效用函数是偏好关系的一个定量描述，效用函数数值的大小与偏好关系相一致，这样我们就可以将效用函数值的大小作为选择的依据。为了在具有偏好关系的商品选择集$B$上定义与偏好关系一致的效用函数，需要$B$上的偏好关系具有三条性质。

### 1.1.4 偏好关系的三条重要性质

**性质1**(序保持性) 对任意$\boldsymbol{x},\boldsymbol{y}\in B$，$\boldsymbol{x}\succ\boldsymbol{y}$及$\alpha,\beta\in[0,1]$

$$\alpha\boldsymbol{x}+(1-\alpha)\boldsymbol{y}\succ\beta\boldsymbol{x}+(1-\beta)\boldsymbol{y}$$

当且仅当$\alpha>\beta$。

**性质2**(中值性) 对任意$\boldsymbol{x},\boldsymbol{y},\boldsymbol{z}\in B$，如果$\boldsymbol{x}\succ\boldsymbol{y}\succ\boldsymbol{z}$，那么存在唯一的$\alpha\in(0,1)$使$\alpha\boldsymbol{x}+(1-\alpha)\boldsymbol{z}\sim\boldsymbol{y}$。

**性质3**(有界性) 存在$\boldsymbol{x}^*,\boldsymbol{y}^*\in B$，使对任意$\boldsymbol{z}\in B$，有$\boldsymbol{x}^*\preceq\boldsymbol{z}\preceq\boldsymbol{y}^*$。

性质3是为了效用函数存在定理的证明更方便，性质1和性质2是重要的，并不是所有偏好关系都具备这三条性质。

字典序具有性质1但不具有性质2。

**证明** 首先证明字典序具有性质1。

**必要性** 若$(x_1,y_1)\in B_2$，$(x_2,y_2)\in B_2$，$(x_1,y_1)\succ(x_2,y_2)$，$\alpha,\beta\in(0,1)$，则根据向量运算法则

$$\begin{aligned}\alpha(x_1,y_1)+(1-\alpha)(x_2,y_2)&=[\alpha x_1+(1-\alpha)x_2,\alpha y_1+(1-\alpha)y_2]\\&=[\alpha(x_1-x_2)+x_2,\alpha(y_1-y_2)+y_2]\\\beta(x_1,y_1)+(1-\beta)(x_2,y_2)&=[\beta x_1+(1-\beta)x_2,\beta y_1+(1-\beta)y_2]\\&=[\beta(x_1-x_2)+x_2,\beta(y_1-y_2)+y_2]\end{aligned}$$

若$\alpha(x_1,y_1)+(1-\alpha)(x_2,y_2)\succ\beta(x_1,y_1)+(1-\beta)(x_2,y_2)$，则必有$\alpha>\beta$。因为若$\alpha=\beta$，必有

$$\alpha(x_1,y_1)+(1-\alpha)(x_2,y_2)\sim\beta(x_1,y_1)+(1-\beta)(x_2,y_2)$$

若$\alpha<\beta$，由于$x_1\geqslant x_2$，则有

$$\alpha x_1+(1-\alpha)x_2=\alpha(x_1-x_2)+x_2\leqslant\beta(x_1-x_2)+x_2$$
$$\alpha y_1+(1-\alpha)y_2=\alpha(y_1-y_2)+y_2\leqslant\beta(y_1-y_2)+y_2$$

因此

$$\alpha(x_1,y_1)+(1-\alpha)(x_2,y_2)\preceq\beta(x_1,y_1)+(1-\beta)(x_2,y_2)$$

与假设矛盾,故必有 $\alpha>\beta$。

**充分性** 设 $\alpha>\beta$。

根据字典序的定义,可能有以下两种情况:$x_1>x_2$,或 $x_1=x_2,y_1>y_2$。分别证明如下:

(1) 若 $x_1>x_2$,则 $\alpha(x_1-x_2)+x_2>\beta(x_1-x_2)+x_2$ 结论成立。

(2) 若 $x_1=x_2,y_1>y_2$,则有

$$\alpha(x_1-x_2)+x_2=\beta(x_1-x_2)+x_2$$
$$\alpha(y_1-y_2)+y_2>\beta(y_1-y_2)+y_2$$

故

$$\alpha(x_1,y_1)+(1-\alpha)(x_2,y_2)\succ\beta(x_1,y_1)+(1-\beta)(x_2,y_2)$$

下面证明字典序不具有性质 2。

取 $(x_1,y_1)\in B_2,(x_2,y_2)\in B_2,(x_3,y_3)\in B_2$,且 $x_1>x_2=x_3,y_2>y_3$,根据字典序定义,此时 $(x_1,y_1)\succ(x_2,y_2)\succ(x_3,y_3)$,对任意 $\alpha\in(0,1)$,我们有

$$\alpha(x_1,y_1)+(1-\alpha)(x_3,y_3)=\alpha(x_1,y_1)+(1-\alpha)(x_2,y_3)$$
$$=[\alpha x_1+(1-\alpha)x_2,\alpha y_1+(1-\alpha)y_3]$$

因为 $0<\alpha<1,x_1>x_2$,有

$$\alpha x_1+(1-\alpha)x_2=\alpha(x_1-x_2)+x_2>x_2$$

所以 $\alpha(x_1,y_1)+(1-\alpha)(x_3,y_3)\succ(x_2,y_2)$,因此不存在 $\alpha\in(0,1)$ 使得

$$\alpha(x_1,y_1)+(1-\alpha)(x_3,y_3)\sim(x_2,y_2)$$

这说明字典序不具有性质2。

### 1.1.5 序数效用函数存在定理

**定理 1.1(序数效用函数存在定理)** 设选择集 $B$ 上的偏好关系"$\succeq$"具有 1.1.4 节中的性质 1~性质 3,则存在效用函数 $U:B\to R_+$ 使得

(1) $\boldsymbol{x}\succ\boldsymbol{y}$ 当且仅当 $U(\boldsymbol{x})>U(\boldsymbol{y})$。

(2) $\boldsymbol{x}\sim\boldsymbol{y}$ 当且仅当 $U(\boldsymbol{x})=U(\boldsymbol{y})$。

**证明** 由性质 3,存在 $\boldsymbol{x}^*,\boldsymbol{y}^*\in B$ 使对任意 $\boldsymbol{x}\in B$,有 $\boldsymbol{x}^*\succeq\boldsymbol{x}\succeq\boldsymbol{y}^*$。

如果 $\boldsymbol{x}^*\sim\boldsymbol{y}^*$,此时对任意 $\boldsymbol{x}\in B$,有 $\boldsymbol{x}^*\sim\boldsymbol{x}\sim\boldsymbol{y}^*$,我们定义 $U(\boldsymbol{x})=c$(常数)。此时,定理显然成立。

若 $\boldsymbol{x}^*\succ\boldsymbol{y}^*$,对任意的 $\boldsymbol{x}\in B$,因为 $B$ 存在偏好关系,只有 3 种情况,分别定义效用函数如下:

情况 1:当 $\boldsymbol{x}\sim\boldsymbol{x}^*$ 时,定义 $U(\boldsymbol{x})=1$。

情况 2:当 $\boldsymbol{x}\sim\boldsymbol{y}^*$ 时,定义 $U(\boldsymbol{x})=0$。

情况 3:当 $\boldsymbol{x}^*\succ\boldsymbol{x}\succ\boldsymbol{y}^*$ 时,由性质 2 可知,存在唯一的 $\alpha\in(0,1)$ 使 $\boldsymbol{x}\sim\alpha\boldsymbol{x}^*+(1-\alpha)$

$\boldsymbol{y}^*$,此时我们定义$U(\boldsymbol{x})=\alpha$。

这样,我们完成了效用函数的构造性定义。

(1) 证明$\boldsymbol{x}\succ\boldsymbol{y}$当且仅当$U(\boldsymbol{x})>U(\boldsymbol{y})$。

**必要性**　设$\boldsymbol{x}\succ\boldsymbol{y}$。

① 如果$\boldsymbol{x}\sim\boldsymbol{x}^*\succ\boldsymbol{y}\succ\boldsymbol{y}^*$,此时$U(\boldsymbol{x})=1$,由于$\boldsymbol{x}^*\succ\boldsymbol{y}\succ\boldsymbol{y}^*$,则存在唯一$\alpha\in(0,1)$使$\boldsymbol{y}\sim\alpha\boldsymbol{x}^*+(1-\alpha)\boldsymbol{y}^*$,按定义,$U(\boldsymbol{y})=\alpha<1$,所以$U(\boldsymbol{x})>U(\boldsymbol{y})$。

当$\boldsymbol{x}^*\succ\boldsymbol{x}\succ\boldsymbol{y}\sim\boldsymbol{y}^*$,此时,按定义$U(\boldsymbol{y})=0$,由于$\boldsymbol{x}^*\succ\boldsymbol{x}\succ\boldsymbol{y}^*$,则存在唯一$\alpha\in(0,1)$使$\alpha\boldsymbol{x}^*+(1-\alpha)\boldsymbol{y}^*\sim\boldsymbol{x}$,此时$U(\boldsymbol{x})=\alpha>0$,即$U(\boldsymbol{x})>U(\boldsymbol{y})$成立。

② 如果$\boldsymbol{x}^*\succ\boldsymbol{x}\succ\boldsymbol{y}\succ\boldsymbol{y}^*$,则存在$\alpha_1,\alpha_2$,使

$\alpha_1\boldsymbol{x}^*+(1-\alpha_1)\boldsymbol{y}^*\sim\boldsymbol{x}$,按定义$U(\boldsymbol{x})=\alpha_1$;

$\alpha_2\boldsymbol{x}^*+(1-\alpha_2)\boldsymbol{y}^*\sim\boldsymbol{y}$,按定义$U(\boldsymbol{y})=\alpha_2$。

由性质1,由于$\boldsymbol{x}\succ\boldsymbol{y}$,必有$\alpha_1>\alpha_2$,故$U(\boldsymbol{x})>U(\boldsymbol{y})$。

**充分性**　假设已知$\boldsymbol{x},\boldsymbol{y}\in B$,且$U(\boldsymbol{x})>U(\boldsymbol{y})$,证$\boldsymbol{x}\succ\boldsymbol{y}$。

若$U(\boldsymbol{x})=1,U(\boldsymbol{y})=\alpha_2\in(0,1)$,此时$\boldsymbol{x}\sim1\boldsymbol{x}^*+(1-1)\boldsymbol{y}^*$,$\boldsymbol{y}\sim\alpha_2\boldsymbol{x}^*+(1-\alpha_2)\boldsymbol{y}^*$,由于$\alpha_2<1$,由性质1(序保持性)可得,$\boldsymbol{x}\succ\boldsymbol{y}$。

当$U(\boldsymbol{x})=1,U(\boldsymbol{y})=0$时,按定义$\boldsymbol{x}\sim\boldsymbol{x}^*\succ\boldsymbol{y}^*\sim\boldsymbol{y}$,故$\boldsymbol{x}\succ\boldsymbol{y}$。

若$U(\boldsymbol{x})=\alpha_1\in(0,1)$,$U(\boldsymbol{y})=0$,此时

$\boldsymbol{y}\sim\boldsymbol{y}^*=0\boldsymbol{x}^*+(1-0)\boldsymbol{y}^*$,$\boldsymbol{x}\sim\alpha_1\boldsymbol{x}^*+(1-\alpha_1)\boldsymbol{y}^*$,由于$\alpha_1>0$,故$\boldsymbol{x}\succ\boldsymbol{y}$。

若$1>U(\boldsymbol{x})>U(\boldsymbol{y})>0$,此时令$\alpha_1=U(\boldsymbol{x}),\alpha_2=U(\boldsymbol{y})$,由$U$的定义,$\boldsymbol{x}\sim\alpha_1\boldsymbol{x}^*+(1-\alpha_1)\boldsymbol{y}^*$,$\boldsymbol{y}\sim\alpha_2\boldsymbol{x}^*+(1-\alpha_2)\boldsymbol{y}^*$。因为$\alpha_1=U(\boldsymbol{x})>U(\boldsymbol{y})=\alpha_2$,由性质1,必有$\boldsymbol{x}\succ\boldsymbol{y}$。

(2) 证明$\boldsymbol{x}\sim\boldsymbol{y}$当且仅当$U(\boldsymbol{x})=U(\boldsymbol{y})$。

**必要性**　任取$\boldsymbol{x},\boldsymbol{y}\in B$,设$\boldsymbol{x}\sim\boldsymbol{y}$,证$U(\boldsymbol{x})=U(\boldsymbol{y})$,若不然,$U(\boldsymbol{x})\neq U(\boldsymbol{y})$。不妨设$U(\boldsymbol{x})>U(\boldsymbol{y})$,由该定理的结论(1),此时$\boldsymbol{x}\succ\boldsymbol{y}$,这与$\boldsymbol{x}\sim\boldsymbol{y}$矛盾。

**充分性**　若$U(\boldsymbol{x})=U(\boldsymbol{y})$,而$\boldsymbol{x}\sim\boldsymbol{y}$不成立,此时有两种可能:$\boldsymbol{x}\succ\boldsymbol{y}$,或者$\boldsymbol{y}\succ\boldsymbol{x}$。由结论(1),必有$U(\boldsymbol{x})\neq U(\boldsymbol{y})$,这与$U(\boldsymbol{x})=U(\boldsymbol{y})$矛盾,所以$\boldsymbol{x}\sim\boldsymbol{y}$。　　证毕。

设$U$是效用函数,函数$G:R\to R$是正值严格单调增加函数,容易证明复合函数$G\circ U:B\to R$也是效用函数。

**注1**　由效用函数的构造性定义,可见序数效用函数不是唯一的,但是都具有如下性质,$U(\boldsymbol{x})>U(\boldsymbol{y})$的充要条件是$\boldsymbol{x}\succ\boldsymbol{y}$;$U(\boldsymbol{x})=U(\boldsymbol{y})$的充要条件是$\boldsymbol{x}\sim\boldsymbol{y}$,即效用函数与偏好关系是一致的,效用的大小是两个选择比较而言的,效用函数的取值大小并不重要。

**注2**　对于序数效用函数的存在性,1.1.4节中的性质1和性质2起着十分关键的作用,前面我们已经证明了字典序具有性质1,但不具有性质2,我们也可以证明在字典序$B_2$上,不存在序数效用函数。

若不然,如果存在$B_2$上的效用函数$U$,使得$(x_1,y_1)\succ(x_2,y_2)$,如果$U(x_1,y_1)>U(x_2,y_2)$,任取$x\in[0,1]$,显然$(x,1)\succ(x,0)$,于是$U(x,1)>U(x,0)$。

设$U(x,0)=\alpha_x,U(x,1)=\beta_x$,则$(\alpha_x,\beta_x)$是一开区间。如果$x>y$,根据字典序定义

$$(x,1)\succ(x,0)\succ(y,1)\succ(y,0)$$

于是$\beta_x>\alpha_x>\beta_y>\alpha_y$。故$(\alpha_y,\beta_y)$与$(\alpha_x,\beta_x)$是互不相交的开区间,令$T:x\to(\alpha_x,\beta_x)$,则$T$

是一对一映射。但[0,1]区间的实数是不可数集合，而互不相交的开区间是可数集合，矛盾，于是在字典序上不存在与字典序相一致的效用函数。

**注 3** 设 $B$ 是具有偏好关系的有限集，则存在效用函数 $U: B \to R$ 使得

(1) $\boldsymbol{x} \succ \boldsymbol{y}$ 当且仅当 $U(\boldsymbol{x}) > U(\boldsymbol{y})$；

(2) $\boldsymbol{x} \sim \boldsymbol{y}$ 当且仅当 $U(\boldsymbol{x}) = U(\boldsymbol{y})$。

当 $B$ 只有两个元素时，结论显然成立。设 $B$ 有 $n$ 个元素 $\boldsymbol{x}_1, \boldsymbol{x}_2, \cdots, \boldsymbol{x}_n$ 时，定理成立。

下面证明 $B$ 有 $n+1$ 个元素时定理也成立。不妨假设 $\boldsymbol{x}_1 \preceq \boldsymbol{x}_2 \preceq \cdots \preceq \boldsymbol{x}_n$。如果不存在 $1 \leqslant k \leqslant n-1$，使 $\boldsymbol{x}_{k+1} \succ \boldsymbol{x}_k, \boldsymbol{x}_{k+1} \succeq \boldsymbol{x}_{n+1} \succeq \boldsymbol{x}_k$，则必有 $\boldsymbol{x}_{n+1} \preceq \boldsymbol{x}_1$ 或 $\boldsymbol{x}_{n+1} \succeq \boldsymbol{x}_n$。现在定义 $U(\boldsymbol{x}_{n+1})$：

如果 $\boldsymbol{x}_{n+1} \sim \boldsymbol{x}_k$，定义 $U(\boldsymbol{x}_{n+1}) = U(\boldsymbol{x}_k)$；

如果 $\boldsymbol{x}_{k+1} \succ \boldsymbol{x}_{n+1} \succ \boldsymbol{x}_k$，定义 $U(\boldsymbol{x}_{n+1}) = \frac{1}{2}[U(\boldsymbol{x}_{k+1}) + U(\boldsymbol{x}_k)]$；

如果 $\boldsymbol{x}_{n+1} \prec \boldsymbol{x}_1$，定义 $U(\boldsymbol{x}_{n+1}) = \frac{1}{2}U(\boldsymbol{x}_1)$；

如果 $\boldsymbol{x}_{n+1} \succ \boldsymbol{x}_n$，定义 $U(\boldsymbol{x}_{n+1}) = 2U(\boldsymbol{x}_n)$；

容易验证，如上定义的效用函数 $U$，满足如下条件：

① $U(\boldsymbol{x}_i) > U(\boldsymbol{x}_j)$，当且仅当 $\boldsymbol{x}_i \succ \boldsymbol{x}_j$；

② $U(\boldsymbol{x}_i) = U(\boldsymbol{x}_j)$，当且仅当 $\boldsymbol{x}_i \sim \boldsymbol{x}_j$。

其中，$i, j = 1, 2, \cdots, n+1$。由数学归纳法，可见结论成立。

## 1.2 期望效用函数

本节借助于 1.1 节讲述的序数效用函数，对于随机变量定义效用函数。

### 1.2.1 彩票及其运算

由于金融资产的价格存在不确定性，所以它是一个随机变量。首先研究只有有限状态的离散随机变量如何定义效用函数，假设随机变量 $X$ 的取值有 $n$ 个结果 $x_1, x_2, \cdots, x_n$，它们出现的概率分别为 $p_1, p_2, \cdots, p_n$，其中 $p_i \geqslant 0$，$\sum_{i=1}^{n} p_i = 1$。$p_i$ 表示结果 $x_i$ 发生的概率。为了对随机变量 $X$ 定义效用函数，引入彩票概念，为了简单起见，记 $\boldsymbol{x} = (x_1, x_2, \cdots, x_n)$，$\boldsymbol{P} = (p_1, p_2, \cdots, p_n)$，称 $\widetilde{\boldsymbol{P}} = (x_1, x_2, \cdots, x_n; p_1, p_2, \cdots, p_n) = (\boldsymbol{x}; \boldsymbol{P})$ 为彩票。

$\widetilde{B}$ 为形如 $\widetilde{\boldsymbol{P}}$ 的彩票构成的集合，设 $\widetilde{\boldsymbol{P}} = (\boldsymbol{x}; \boldsymbol{P}) \in \widetilde{B}$，$\widetilde{\boldsymbol{Q}} = (\boldsymbol{x}; \boldsymbol{Q}) \in \widetilde{B}$，$0 \leqslant \alpha \leqslant 1$，定义

$$\alpha \widetilde{\boldsymbol{P}} \oplus (1-\alpha) \widetilde{\boldsymbol{Q}} = [x_1, x_2, \cdots, x_n; \alpha p_1 + (1-\alpha) q_1, \alpha p_2 + (1-\alpha) q_2, \cdots, \alpha p_n + (1-\alpha) q_n]$$

因为 $\alpha p_i + (1-\alpha) q_i \geqslant 0$，而且 $\sum_{i=1}^{n} \alpha p_i + (1-\alpha) q_i = 1$，可见

$$\alpha \widetilde{\boldsymbol{P}} \oplus (1-\alpha) \widetilde{\boldsymbol{Q}} \in \widetilde{B}$$

因此 $\widetilde{B}$ 是凸集。

由上述定义,设$\tilde{P},\tilde{Q}\in\tilde{B}$,$\alpha\in[0,1)$,经过简单的计算可以证明

(1) $\alpha\tilde{P}\oplus(1-\alpha)\tilde{P}=\tilde{P}$。

(2) $1\tilde{P}\oplus 0\tilde{Q}=\tilde{P}$。

(3) $\alpha\tilde{P}\oplus(1-\alpha)\tilde{Q}=(1-\alpha)\tilde{}\oplus\alpha\tilde{P}$。

(4) 设$\alpha_1,\alpha_2,\alpha_3\in[0,1]$,则

$$\alpha_1[\alpha_3\tilde{P}\oplus(1-\alpha_3)\tilde{Q}]\oplus(1-\alpha_1)[\alpha_2\tilde{P}\oplus(1-\alpha_2)\tilde{Q}]$$
$$=[\alpha_1\alpha_3+(1-\alpha_1)\alpha_2]\tilde{P}\oplus[1-\alpha_1\alpha_3-(1-\alpha_1)\alpha_2]\tilde{Q}。$$

### 1.2.2　彩票集合上的偏好关系

又假定$\tilde{B}$中元素定义满足如下条件的偏好关系$\geq$具有:

(1) (返身性)对任意$\tilde{P}\in\tilde{B}$,有$\tilde{P}\geq\tilde{P}$。

(2) (可比较性)对任意$\tilde{P},\tilde{Q}\in\tilde{B}$,则或者$\tilde{P}\geq\tilde{Q}$,或者$\tilde{Q}\geq\tilde{P}$。

(3) (传递性)对任意$\tilde{P}_1,\tilde{P}_2,\tilde{P}_3\in\tilde{B}$,如果$\tilde{P}_1\geq\tilde{P}_2$,$\tilde{P}_2\geq\tilde{P}_3$,则$\tilde{P}_1\geq\tilde{P}_3$。

类似地,可定义严格偏好序"$>$"及无差异关系"$\sim$"。假设$\tilde{B}$中的偏好序有如下性质:

**性质1**　对任意$\tilde{P},\tilde{Q}\in\tilde{B}$,设$\tilde{P}>\tilde{Q}$,$\alpha,\beta\in[0,1]$,则

$$\alpha\tilde{P}\oplus(1-\alpha)\tilde{Q}>\beta\tilde{P}\oplus(1-\beta)\tilde{Q}$$

的充要条件是$\alpha>\beta$。

**性质2**　设$\tilde{P}_1,\tilde{P}_2,\tilde{P}_3\in\tilde{B}$,$\tilde{P}_1>\tilde{P}_2>\tilde{P}_3$,则存在唯一$\alpha\in[0,1]$使

$$\tilde{P}_2\sim\alpha\tilde{P}_1\oplus(1-\alpha)\tilde{P}_3$$

**性质3**　设存在$\tilde{P}^*,\tilde{Q}^*\in\tilde{B}$,对任意$\tilde{P}\in\tilde{B}$,有$\tilde{P}^*\geq\tilde{P}\geq\tilde{Q}^*$。

### 1.2.3　基数效用函数存在定理

**定理1.2**(基数效用函数存在定理)　设$\tilde{B}$具有1.2.2节中的性质1~性质3的偏好关系"$\geq$",则存在效用函数$U:\tilde{B}\to R$满足:

(1) $\tilde{P}>\tilde{Q}$,当且仅当$U(\tilde{P})>U(\tilde{Q})$;

(2) $\tilde{P}\sim\tilde{Q}$,当且仅当$U(\tilde{P})=U(\tilde{Q})$;

(3) 设$\tilde{P},\tilde{Q}\in\tilde{B}$,$\beta\in[0,1]$,则$U[\beta\tilde{P}\oplus(1-\beta)\tilde{Q}]=\beta U(\tilde{P})+(1-\beta)U(\tilde{Q})$。

**证明**　由定理1.1容易证明(1)和(2)。现证(3),这里只考虑$\tilde{P}^*>\tilde{P}>\tilde{Q}>\tilde{Q}^*$的情形。由性质2存在唯一的$\alpha_1\in[0,1]$,$\alpha_2\in[0,1]$使

$$\tilde{P}\sim\alpha_1\tilde{P}^*+(1-\alpha_1)\tilde{Q}^*$$
$$\tilde{Q}\sim\alpha_2\tilde{P}^*+(1-\alpha_2)\tilde{Q}^*$$

对于 $\beta\in(0,1)$，则

$$\beta\widetilde{\boldsymbol{P}}\oplus(1-\beta)\widetilde{\boldsymbol{Q}}\sim[\beta\alpha_1+(1-\beta)\alpha_2]\widetilde{\boldsymbol{P}}^*\oplus\{1-[\beta\alpha_1+(1-\beta)\alpha_2]\}\widetilde{\boldsymbol{Q}}^*$$

由效用函数的构造性定义

$$U(\widetilde{\boldsymbol{P}})=\alpha_1, U(\widetilde{\boldsymbol{Q}})=\alpha_2, U[\beta\widetilde{\boldsymbol{P}}\oplus(1-\beta)\widetilde{\boldsymbol{Q}}]=\beta\alpha_1+(1-\beta)\alpha_2$$

即

$$U[\beta\widetilde{\boldsymbol{P}}\oplus(1-\beta)\widetilde{\boldsymbol{Q}}]=\beta U(\widetilde{\boldsymbol{P}})+(1-\beta)U(\widetilde{\boldsymbol{Q}})$$

证毕。

**注意**：我们可以将(3)推广到 $n$ 个彩票相加的情形。

设 $\pi_i\geqslant 0, \sum_{i=1}^{n}\pi_i=1, \widetilde{\boldsymbol{P}}_1, \widetilde{\boldsymbol{P}}_2, \cdots, \widetilde{\boldsymbol{P}}_n\in\widetilde{B}$，我们用记号 $\sum_{i=1}^{n}\oplus\pi_i\widetilde{\boldsymbol{P}}_i$ 表示 $n$ 个彩票相加，容易证明，$\sum_{i=1}^{n}\oplus\pi_i\widetilde{\boldsymbol{P}}_i\in\widetilde{B}$，而且

$$U\left(\sum_{i=1}^{n}\oplus\pi_i\widetilde{\boldsymbol{P}}_i\right)=\sum_{i=1}^{n}\pi_i U(\widetilde{\boldsymbol{P}}_i)$$

这里定义的效用函数与序数效用函数不同，对于选择集 $\widetilde{B}$ 中的每个元素，定义一个与之相应的效用函数值，称这种效用函数为基数效用函数。

由效用函数的定义可见，上面定义的效用函数不唯一，但是在正仿射的意义下是唯一的。下面命题说明两个效用函数之间的正仿射关系。

**命题 1.1**　设 $\widetilde{B}$ 具有性质 1～性质 3，$W:\widetilde{B}\to R, U:B\to R$ 是关于偏好序"$\geq$"的两个效用函数，它们都是具有定理 1.2 的性质(1)、(2)、(3)的效用函数，则存在实数 $a>0$ 和实数 $b$ 使对任意 $\widetilde{\boldsymbol{P}}\in\widetilde{B}$，有

$$W(\widetilde{\boldsymbol{P}})=aU(\widetilde{\boldsymbol{P}})+b$$

**证明**　这里 $U$ 是定理 1.2 中定义的效用函数，令

$$a=W(\widetilde{\boldsymbol{P}}^*)-W(\widetilde{\boldsymbol{Q}}^*), b=W(\widetilde{\boldsymbol{Q}}^*)$$

则 $a>0$，对任意 $\widetilde{\boldsymbol{P}}\in\widetilde{B}$，且 $\widetilde{\boldsymbol{P}}^*\succ\widetilde{\boldsymbol{P}}\succ\widetilde{\boldsymbol{Q}}^*$ 时，有唯一的 $\alpha\in[0,1]$，使

$$\widetilde{\boldsymbol{P}}\sim\alpha\widetilde{\boldsymbol{P}}^*\oplus(1-\alpha)\widetilde{\boldsymbol{Q}}^*, \text{且} U(\widetilde{\boldsymbol{P}})=\alpha$$

由定理 1.2，效用函数 $U$ 满足定理 1.2 中的性质(3)，于是

$$\begin{aligned}W(\widetilde{\boldsymbol{P}})&=W[\alpha\widetilde{\boldsymbol{P}}^*\oplus(1-\alpha)\widetilde{\boldsymbol{Q}}^*]\\&=\alpha W(\widetilde{\boldsymbol{P}}^*)+(1-\alpha)W(\widetilde{\boldsymbol{Q}}^*)\\&=\alpha[W(\widetilde{\boldsymbol{P}}^*)-W(\widetilde{\boldsymbol{Q}}^*)]+W(\widetilde{\boldsymbol{Q}}^*)\\&=a\alpha+b=aU(\widetilde{\boldsymbol{P}})+b\end{aligned}$$

由命题 1.1 可见，$\widetilde{B}$ 上的效用函数尽管不唯一，但在正仿射变换之下是唯一的。

### 1.2.4　Von Neumann-Morgenstern 效用函数

借助于 $\widetilde{B}$ 上的效用函数及 Von Neumann-Morgenstern 效用函数，定义随机变量 $X$ 的

期望效用函数。

首先记$\tilde{e}_i=(x,0,\cdots,0;\ 1,0,\cdots,0)$，$i=1,2,\cdots,n$，则彩票$\tilde{e}_i$是特殊的彩票，其对应的随机变量是退化的随机变量，此时，随机变量$X$取值$x_i$的概率为1，取其他值的概率为0。实际上，它是一个确定性的量，记

$$V(x_i)=U(\tilde{e}_i)$$

称其为Von Neumann-Morgenstern效用函数。确定性的结果取值为$x_i$时看作是特殊的随机变量的效用函数值。随机变量$X$视为彩票$\tilde{P}=(x_1,x_2,\cdots,x_n;p_1,p_2,\cdots,p_n)$时，可将其表示为$n$个特殊的彩票相加，$\tilde{P}=\sum_{i=1}^{n}\oplus p_i\tilde{e}_i$，由效用函数的性质

$$U(X)=U(\tilde{P})=U\left(\sum_{i=1}^{n}\oplus p_i\tilde{e}_i\right)=\sum_{i=1}^{n}p_i\cdot U(\tilde{e}_i)=\sum_{i=1}^{n}p_i\cdot V(x_i)=E[V(X)]$$

可见，随机变量$X$的效用函数等于随机变量$V(X)$对随机变量$X$的概率分布取期望值，因此称为期望效用函数。

以上的推导是针对离散的有限状态的情形，可以根据它推导连续的状态空间的情形。

当我们考虑具有连续状态取值于实数集$R$的随机变量$X$时，我们将$\tilde{B}$定义为

$$\tilde{B}=\{\text{所有随机变量 } X \text{ 的概率分布函数 } F_X(x)\}$$

并假设$X_n$依分布收敛于$X$，其中$F_{X_n}$，$F_X\in\tilde{B}$，那么$\lim\limits_{n\to\infty}U(F_{X_n})=U(F_X)$，记

$$F_{\delta_X}(y)=\begin{cases}0, & y<x\\ 1, & y\geqslant x\end{cases}$$

则$F_{\delta_X}(y)\in\tilde{B}$，定义$V(x)=U(\delta_X)$，我们不加证明地给出

$$U(X)=\int_{-\infty}^{\infty}V(x)\mathrm{d}F(x)=E[V(X)]$$

**定理1.3** 当选择集$\tilde{B}$是仅由以$R$(或$R$的离散子集)为状态空间的随机变量组成时，存在效用函数$U:\tilde{B}\to R_+$使

$$U(X)=\int_{-\infty}^{\infty}V(x)\mathrm{d}F(x)=E[V(X)]$$

其中，$V(x)$是对应于$X$取确定状态$x$值的效用值，$V(x)$称为冯·诺伊曼-摩根斯顿(Von Neumann-Morgenstern)效用函数。

### 1.2.5 伯瑞特率

以后假设投资者具有Von Neumann-Morgenstern效用函数，由命题1.1可知，效用函数的具体形式可以不相同，但是它们在正仿射变换的意义之下是唯一的，伯瑞特(Pratt)发现如下的定义的伯瑞特率在正仿射变换之下是不变的。因此，伯瑞特率由Von Neumann-Morgenstern效用函数唯一确定，下面可见，伯瑞特率在风险度量中起到重要作用。

给定Von Neumann-Morgenstern效用函数$V(x)$，定义伯瑞特率$A_h:R\to R$

$$A_h(x)=-\frac{V(x+h)+V(x-h)-2V(x)}{V(x+h)-V(x)}$$

**命题 1.2**　伯瑞特率 $A_h$ 对于正仿射变换是不变的。

**证明**　设 $G(r)=ar+b$ 为一正仿射,由此正仿射定义的 Von Neumann-Morgenstern 效用函数为 $G[V(x)]$,其伯瑞特率为

$$G_h(x)=-\frac{G[V(x+h)]+G[V(x-h)]-2G[V(x)]}{G[V(x+h)]-G[V(x)]}$$
$$=-\frac{a[V(x+h)+V(x-h)-2V(x)]}{a[V(x+h)-V(x)]}$$
$$=-\frac{V(x+h)+V(x-h)-2V(x)}{V(x+h)-V(x)}=A_h(x)$$

证毕。

如果 $V(x)$是两次连续可微的,可以证明

$$\lim_{h\to 0}A_h(x)/h=\lim_{h\to 0}-\frac{\dfrac{V(x+h)+V(x-h)-2V(x)}{h^2}}{\dfrac{V(x+h)-V(x-h)}{h}}=-\frac{V''(x)}{V'(x)}$$

## 1.3　投资者的风险类型及风险度量

### 1.3.1　投资者的风险类型

为区分投资者的风险类型,我们看下面的例子。

考察抽彩或者赌博,如果投资者的初始财富为 $\omega_0$,参加赌博后的财富为随机变量,为简单起见,设只有两种状态 $\{h_1,h_2\}$,状态 $h_1$ 出现的概率为 $p$,状态 $h_2$ 出现的概率为 $1-p$,而且 $ph_1+(1-p)h_2=0$,这表明赌博是公平的。

若投资者不参加赌博,那么他的效用值是 $V(\omega_0)$。如果投资者参加赌博,那么赌博后的财富发生变化,以概率 $p$ 变化为 $\omega_0+h_1$,以概率 $1-p$ 变化为 $\omega_0+h_2$。赌博是公平的,则 $p(\omega_0+h_1)+(1-p)(\omega_0+h_2)=\omega_0$,$[p,(1-p)]$可视为一个特殊的分布。因为 $ph_1+(1-p)h_2=0$,不妨设$h_1>0>h_2$,即如果赢,则财富增加;如果输,则财富减少。设投资者的 Von Neumann-Mogernstern 效用函数为 $V(x)$,则投资者参加赌博的期望效用为 $pV(\omega_0+h_1)+(1-p)V(\omega_0+h_2)$。

如果投资者厌恶风险,则他认为参加赌博,有财富减少的风险,不愿参加赌博,他认为,不参加赌博的效用大于参加赌博的效用,即

$$\begin{aligned}V(\omega_0)&=V[p(\omega_0+h_1)+(1-p)(\omega_0+h_2)]\\&\geqslant pV(\omega_0+h_1)+(1-p)V(\omega_0+h_2)\end{aligned}\tag{1.3.1}$$

由式(1.3.1)可见,投资者的 Von Neumann-Mogernstern 效用函数 $V(x)$为凹函数。如果 $V(x)$二次连续可微且 $V'(x)>0,V''(x)\leqslant 0$,由 Jensen 不等式,对一般的风险资产$\tilde{\omega}$有 $V[E(\tilde{\omega})]\geqslant E[V(\tilde{\omega})]$,则称投资者为风险厌恶型。

如果投资者愿意参加赌博,则应有

$$\begin{aligned}V(\omega_0)&=V[p(\omega_0+h_1)+(1-p)(\omega_0+h_2)]\\&\leqslant pV(\omega_0+h_1)+(1-p)V(\omega_0+h_2)\end{aligned}\tag{1.3.2}$$

此时 $V$ 是凸函数。满足 $V'(x)\geqslant 0,V''(x)\geqslant 0$,对一般的$\tilde{\omega}$,有 $V[E(\tilde{\omega})]\leqslant E[V(\tilde{\omega})]$,称投

资者为风险爱好型。

因为是公平赌博，如果投资者认为参加赌博前后效用函数也是一样的，故

$$V(\omega_0)=pV(\omega_0+h_1)+(1-p)V(\omega_0+h_2) \tag{1.3.3}$$

即

$$V[E(\tilde{\omega})]=E[V(\tilde{\omega})]$$

此时，效用函数 $V$ 是线性函数，称投资者为风险中性型。

## 1.3.2　马科维茨风险溢价

假定所有的投资者都是风险厌恶的，可是不同的投资者对风险的厌恶程度未必一样，为度量投资者风险厌恶程度，我们引入马克维茨风险溢价概念。

投资者是风险厌恶的，所以式(1.3.1)成立。

设 $\Theta(\omega_0,\tilde{h})$ 满足下列条件

$$V[\omega_0-\Theta(\omega_0,\tilde{h})]=pV(\omega_0+h_1)+(1-p)V(\omega_0+h_2) \tag{1.3.4}$$

更一般地

$$V[E(\tilde{\omega})-\Theta(\tilde{\omega})]=E[V(\tilde{\omega})] \tag{1.3.5}$$

其中，$\tilde{\omega}=\omega_0+\tilde{h}$。则称 $\Theta(\omega_0,\tilde{h})$ 为马科维茨风险溢价(Markowitz risk premium)。

若 $\Theta(\omega_0,\tilde{h})$ 越大，表明投资者越厌恶风险。称

$$\omega_0-\Theta(\omega_0,\tilde{h})\quad 或\quad E(\tilde{\omega})-\Theta(\tilde{\omega})$$

为确定性等价财富。

设 $x=\omega_0+h_1$，$y=\omega_0+h_2$，用图1.1中的 $x'$ 作为确定性等价财富，$\omega_0-x'$ 为马科维茨风险溢价。

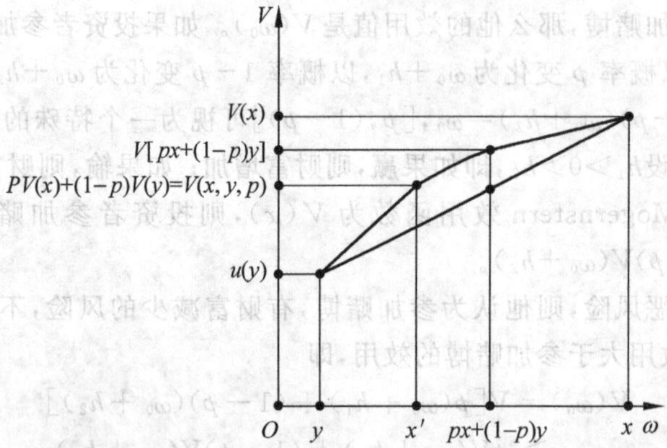


图1.1　马科维茨风险溢价

**例　1.1**

设投资者的效用函数 $V(x)=\ln x$。初始财富为 $\omega_0=10$，

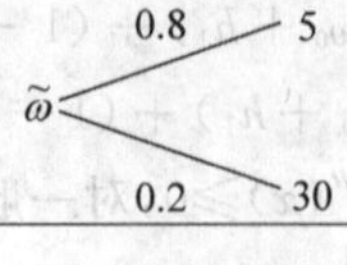

| 例　1.1(续) |
| --- |
| 则　$E(\tilde{\omega})=0.8\times 5+0.2\times 30=10$<br>$V[E(\tilde{\omega})]=\ln 10\approx 2.3$<br>$E[V(\tilde{\omega})]=0.8\times\ln 5+0.2\times\ln 30=1.97$<br>由<br>$V[E(\tilde{\omega})-\Theta(\omega_0,\tilde{h})]=E[V(\tilde{\omega})]=1.97$<br>确定性等价财富<br>$E(\tilde{\omega})-\Theta(\omega_0,\tilde{h})=7.17$<br>所以，马科维茨风险溢价<br>$\Theta(\omega_0,\tilde{h})=10-7.17=2.83$ |

### 1.3.3　阿罗-伯瑞特绝对风险厌恶函数

马科维茨风险溢价表示风险厌恶投资者对风险的厌恶程度，下面讨论马科维茨风险溢价和效用函数之间的关系。

由风险溢价的定义

$$V[E(\tilde{\omega})-\Theta(\tilde{\omega})]=E[V(\tilde{\omega})]$$

这里 $\Theta(\tilde{\omega})$ 表示风险溢价，下面推导风险溢价和效用函数之间的关系。

由微分公式，将等号的左边写为

$$V[E(\tilde{\omega})-\Theta(\tilde{\omega})]=V[E(\tilde{\omega})]-V'[E(\tilde{\omega})]\Theta(\tilde{\omega})+o[\Theta(\tilde{\omega})] \tag{1.3.6}$$

把 $V(\tilde{\omega})$ 在 $E(\tilde{\omega})$ 展开，得

$$V(\tilde{\omega})=V[E(\tilde{\omega})]+V'[E(\tilde{\omega})][\tilde{\omega}-E(\tilde{\omega})]+\frac{V''[E(\tilde{\omega})]}{2}[\tilde{\omega}-E(\tilde{\omega})]^2+o[\tilde{\omega}-E(\tilde{\omega})]^2 \tag{1.3.7}$$

式(1.3.7)两边取期望，得

$$E[V(\tilde{\omega})]=V[E(\tilde{\omega})]+\frac{V''[E(\tilde{\omega})]}{2}\sigma^2(\tilde{\omega})+o[\tilde{\omega}-E(\tilde{\omega})]^2 \tag{1.3.8}$$

由式(1.3.6)和式(1.3.8)得

$$\Theta(\tilde{\omega})\approx\left\{-\frac{V''[E(\tilde{\omega})]}{V'[E(\tilde{\omega})]}\right\}\left[\frac{\sigma^2(\tilde{\omega})}{2}\right] \tag{1.3.9}$$

由上面的讨论可见，$-\dfrac{V''(x)}{V'(x)}$在风险的度量中起关键性作用。称

$$A(x)=-\frac{V''(x)}{V'(x)} \tag{1.3.10}$$

为阿罗-伯瑞特(Arrow-Pratt)绝对风险厌恶函数。称

$$T(x)=A(x)^{-1} \tag{1.3.11}$$

为风险容忍函数。称

$$R(x)=xA(x) \tag{1.3.12}$$

为相对风险厌恶函数。

### 1.3.4 双曲绝对风险厌恶类函数

称形如

$$V(x)=\frac{1-r}{r}\left(\frac{ax}{1-r}+b\right)^{r},\quad b>0$$

的函数为双曲绝对风险厌恶函数,它是金融经济学中用到的一类重要的效用函数。此函数的定义域为$\frac{ax}{1-r}+b>0$。直接计算,可得

$$V'(x)=a\left(\frac{ax}{1-r}+b\right)^{r-1}$$

$$V''(x)=-a^{2}\left(\frac{ax}{1-r}+b\right)^{r-2}$$

因此

$$A(x)=-\frac{V''(x)}{V'(x)}=a\left(\frac{ax}{1-r}+b\right)^{-1}=\left(\frac{x}{1-r}+\frac{b}{a}\right)^{-1} \tag{1.3.13}$$

是一条双曲线,称这类函数为绝对双曲风险厌恶函数,而

$$T(x)=\left(\frac{1}{1-r}\right)x+\frac{b}{a} \tag{1.3.14}$$

是一条直线。当参数取不同值时,可以得到各种常用的效用函数。

(1) 当 $r=1$ 时,则

$$V(x)=ax \tag{1.3.15}$$

是线性函数,是风险中性者的效用函数。

(2) 当 $r=2$ 时,则

$$V(x)=-\frac{1}{2}(b-ax)^{2} \tag{1.3.16}$$

是二次效用函数。一般写成

$$V(x)=x+ax^{2},\quad a<0 \tag{1.3.17}$$

(3) 当 $b=1, r\to\infty$ 时

$$V(x)=-e^{-ax} \tag{1.3.18}$$

是指数效用函数。容易验证 $A(x)=a$,具有常绝对风险厌恶特征。

(4) 当 $r<1, b=0$ 时,为幂效用函数,可写成

$$V(x)=\frac{x^{r}}{r} \tag{1.3.19}$$

而且

$$T(x)=1-r$$

它具有常相对风险厌恶和递减绝对风险厌恶。

(5) 当 $a=1, b=0, r\to 0$ 时

$$\frac{1-r}{r}\left[\left(\frac{x}{1-r}\right)^{r}\right]\to \ln x \tag{1.3.20}$$

这是对数效用函数，它是等弹性边际效用函数

$$R(x)=-\frac{V''(x)x}{V'(x)}=1$$

## 1.4　均值方差效用函数

为了以后的应用，本节研究一种特殊的期望效用函数，即所谓的均值方差效用函数，为此，首先讨论金融资产的各种收益率。

### 1.4.1　资产的收益率

在金融市场中，我们直接观察到的是资产的价格，设有 $n+1$ 个交易时点，记 $0,1,\cdots,n$，时点 $t$ 金融资产的价格用 $P_t$ 来表示。也即表示从时刻 $t$ 到时刻 $t+1$ 到来之前金融资产的价格，同时也称 $t$ 期价格。

假如从时点 $t$ 到时点 $t+1$ 没有红利支付，那么从时点 $t$ 到时点 $t+1$ 的绝对收益为 $P_{t+1}-P_t$。

绝对收益是一个描述收益大小的概念，但它不能更合理地比较不同资产收益的大小。例如，价值为 100 元的金融资产的绝对收益为 8 元，价值为 10 元的金融资产的绝对收益为 4 元，哪一种金融资产的收益更大？显然后者的收益更大，但绝对收益概念不能直观并清楚地反映这一事实。因此，引入相对收益——百分比收益概念。

假设从时点 $t$ 到时点 $t+1$ 没有红利支付，时点 $t$ 的价格为 $P_t$，时点 $t+1$ 的价格为 $P_{t+1}$，则该资产从时点 $t$ 到时点 $t+1$ 百分比收益(单位净收益)$R_t$ 为

$$R_t=\frac{P_{t+1}-P_t}{P_t}=\frac{P_{t+1}}{P_t}-1 \tag{1.4.1}$$

而称 $1+R_t$ 为资产总收益，即净收益加上成本 1。显然，百分比收益越大的资产收益越大。假设从时刻 $t$ 到时刻 $t+k$ 共有 $k$ 个时期，那么从时刻 $t$ 到第 $t+k$ 时刻 $t+k$ 期的总收益用 $1+R_{t+k}$ 表示，则由定义

$$1+R_{t+k}=\frac{P_{t+k}}{P_t}=\frac{P_{t+1}}{P_t}\times\frac{P_{t+2}}{P_{t+1}}\times\cdots\times\frac{P_{t+k}}{P_{t+k-1}}=(1+R_t)(1+R_{t+1})\cdots(1+R_{t+k-1}) \tag{1.4.2}$$

从式(1.4.2)定义中可见资产总收益是某一个时期从期末到期初的收益，显然和时间的跨度有关。如果时间跨度为 1 年称为年收益，时间跨度为 1 个月称为月收益，时间跨度为 1 个星期称为周收益，时间跨度为 1 天称为日收益。

假设从 $t$ 期到 $t+k$ 期 $k$ 年的收益为 $1+R_{t+k}$，假设 $k$ 年的收益为 $R_t(k)$，年平均收益记为$[R_t(k)]$，则

$$[R_t(k)]=\{1+R_{t+k}\}^{\frac{1}{k}}-1 \tag{1.4.3}$$

如果每一个时期收益都很小，则容易得出

$$[R_t(k)]\approx\frac{1}{k}R_{t+k} \tag{1.4.4}$$

年平均收益是几何平均，计算起来不太方便，引入如下连续复合收益 $r_t$，定义为

$$r_t = \ln(1+R_t) \tag{1.4.5}$$

令 $p_t=\ln P_t$，则由式(1.4.2)可得

$$r_t = \ln(1+R_t) = \ln\frac{P_{t+1}}{P_t} = \ln P_{t+1} - \ln P_t = p_{t+1} - p_t$$

如果我们考虑多期连续复合收益 $r_{t+k}=\ln(1+R_{t+k})$，则

$$r_{t+k} = \ln(1+R_{t+k}) = \ln\prod_{i=1}^{k}(1+R_{t+i-1}) = \sum_{i=1}^{k}\ln(1+R_{t+i-1})$$

$$= r_t + r_{t+1} + \cdots + r_{t+k-1}$$

$k$ 期连续复合收益等于每个时刻连续复合收益之和，这样计算多期收益就比较简单。

### 1.4.2 均值方差效用函数的定义和性质

金融资产的一个重要特性是价格的不确定性，因此各种收益也具有不确定性。我们假定价格和收益是随机变量，通常假定资产收益服从正态分布，它们的期望值称为金融资产的期望收益，而相应地把方差作为金融资产对期望收益偏离程度的刻画。方差越大说明偏离期望收益的程度越高，风险越大。

设有某种金融资产的收益率为 $R$，如果存在二元函数 $v(x,y)$，使其效用函数

$$E[V(R)] = v[E(R),\mathrm{Var}(R)] \tag{1.4.6}$$

$$\partial_1 v[E(R),\mathrm{Var}(R)] \geqslant 0,\quad \partial_2 v[E(R),\mathrm{Var}(R)] \leqslant 0$$

则称 $E[V(R)]$ 为均值方差效用函数。其中 $\partial_1 v[E(R),\mathrm{Var}(R)]$ 为对第一变量求偏导，$\partial_2 v[E(R),\mathrm{Var}(R)]$ 为对第二个变量求偏导。从上面的定义可见，如果投资者具有均值方差效用函数，则在某一收益水平之下，资产的风险越小越受偏爱，期望效用越大；在某一风险水平之下，收益越大的资产越受偏爱，期望效用越大。

如果 $V(R)$ 可在 $E(R)$ 展开为泰勒级数，即

$$V(R) = V[E(R)] + V'[E(R)][R-E(R)] + \frac{1}{2!}V''[E(R)][R-E(R)]^2 +$$

$$\sum_{j=3}^{\infty}\frac{1}{j!}V^{(j)}[E(R)][R-E(R)]^j \tag{1.4.7}$$

如果 $V(R)$ 是 $R$ 的二次函数，则式(1.4.7)的第四项为零。此时式(1.4.7)两边取期望值，得

$$E[V(R)] = V[E(R)] + V'[E(R)]E[R-E(R)] + \frac{1}{2!}V''[E(R)]E[R-E(R)]^2$$

$$= V[E(R)] + \frac{1}{2}V''[E(R)]\mathrm{Var}(R)$$

此时，$E[V(R)]$ 可表示为 $E(R)$ 和 $\mathrm{Var}(R)$ 的函数。式(1.4.7)两边取期望得

$$E[V(R)] = V[E(R)] + \frac{1}{2!}V''[E(R)]\mathrm{Var}(R) + \sum_{j=3}^{\infty}\frac{1}{j!}V^{(j)}[E(R)]E[R-E(R)]^j$$

如果 $R$ 服从正态分布，由正态分布的性质，

当 $j$ 为奇数时 $\qquad E[R-E(R)]^j=0$

当 $j$ 为偶数时　　$E[R-E(R)]^j=\left(\frac{j!}{\left(\frac{j}{2}\right)!}\right)\frac{(\mathrm{Var}(R))^{\frac{j}{2}}}{2^{\frac{j}{2}}}$

此时 $E[V(R)]$可表示成 $E(R)$和 $\mathrm{Var}(R)$的函数，于是得到下面的结论：

如果 $V(R)$是二次函数或 $R$ 服从正态分布，$V(R)$可展开成泰勒级数，则 $E[V(R)]$是均值方差的函数。

## 1.5　随机占优

### 1.5.1　随机占优准则

在通常的情况下，金融资产的收益率 $R$ 是随机变量，利用投资者的 Von Neumann-Morgenstern 效用函数来判断资产的期望效用。由于不同投资者的 Von Neumann-Morgenstern 效用函数不同，所以对资产的期望效用也就不尽相同。也就是说，对于同一项金融资产，不同的投资者会有不同的期望效用。这样就很难比较两个资产究竟哪一个更好。也就是说由于投资者的 Von Neumann-Morgenstern 效用函数的类型不一致，对资产的评价就会不一样。一般说来，风险厌恶的投资者和风险喜爱的投资者对资产的选择标准是不一致的。

随机占优准则是依据投资者效用函数的类型将投资者分类。首先把 $V'(x)\geqslant 0$ 的投资者作为第一类，与第一类投资者相应的 SD 准则称为一阶随机占优准则。把第一类投资者继续分类，在第一类投资者中，满足 $V''(x)\leqslant 0$ 的投资者，为第二类投资者，相应的 SD 准则为二阶随机占优准则，这类投资者是厌恶风险的投资者。

### 1.5.2　一阶随机占优

如果所有具有连续递增效用函数的投资者对资产 $A$ 的偏好胜过对资产 $B$ 的偏好，我们称资产 $A$ 一阶随机占优于资产 $B$，记为 $A\underset{\text{FSD}}{\geq}B$。如前所述，对于第一类投资者而言，认为资产 $A$ 优于资产 $B$，根据期望效用准则，即对于第一类投资者中的每一个投资者，资产 $A$ 的期望效用大于资产 $B$ 的期望效用，一阶随机占优可用资产的收益率来刻画。

**定理 1.4**　设 $F_A(x)$、$F_B(x)$分别是资产 $A$ 和资产 $B$ 的收益率 $R_A$ 和 $R_B$ 的分布函数，其定义域为$[a,b]$，则 $A\underset{\text{FSD}}{\geq}B$ 的充要条件是 $F_A(x)\leqslant F_B(x)$。

**证明　必要性**　首先证明若 $A\underset{\text{FSD}}{\geq}B$，则 $F_A(x)\leqslant F_B(x)$。

用反证法，若不然，存在实数 $x_0$，使 $F_A(x_0)>F_B(x_0)$，由分布函数的右连续性，存在 $c>x_0$，使

$$F_A(x)>F_B(x),\quad x\in[x_0,c]$$

令

$$V(x)=\int_a^x I_{[x_0,c]}(t)\,\mathrm{d}t$$

这里 $I_{[x_0,c]}(t)=\begin{cases}1, & t\in[x_0,c]\\0, & t\notin[x_0,c]\end{cases}$。由 $I_{[x_0,c]}(t)$的可积性，以及 $I_{[x_0,c]}\geqslant 0$，可知 $V(x)$是连续

的,而且是递增的,而且

$$V'(x)=I_{[x_0,c]}(x)\geqslant 0$$

于是

$$\begin{aligned}
&E[V(R_A)]-E[V(R_B)]\\
&=\int_a^b V(x)\mathrm{d}[F_A(x)-F_B(x)]\\
&=V(x)[F_A(x)-F_B(x)]\Big|_a^b-\int_a^b[F_A(x)-F_B(x)]\mathrm{d}V(x)\\
&=-\int_a^b[F_A(x)-F_B(x)]V'(x)\mathrm{d}x\\
&=-\int_{x_0}^c[F_A(x)-F_B(x)]\mathrm{d}x<0
\end{aligned}$$

此与 $A\underset{\text{FSD}}{\geq}B$ 矛盾,故 $F_A(x)\leqslant F_B(x)$。

**充分性**　因为

$$\begin{aligned}
&E[V(R_A)]-E[V(R_B)]\\
&=\int_a^b V(x)\mathrm{d}F_A(x)-\int_a^b V(x)\mathrm{d}F_B(x)\\
&=V(x)F_A(x)\Big|_a^b-\int_a^b F_A(x)V'(x)\mathrm{d}x-V(x)F_B(x)\Big|_a^b+\int_a^b F_B(x)V'(x)\mathrm{d}x\\
&=-\int_a^b[F_A(x)-F_B(x)]V'(x)\mathrm{d}x
\end{aligned}$$

由假设 $F_A(x)\leqslant F_B(x)$,又 $V(x)$ 递增,$V'(x)\geqslant 0$,所以

$$E[V(R_A)]\geqslant E[V(R_B)]$$

即

$$A\underset{\text{FSD}}{\geq}B$$

证毕。

若风险资产 $A$、$B$ 的收益率 $R_A\sim N(\mu_A,\sigma_A^2)$,$R_B\sim N(\mu_B,\sigma_B^2)$,而且 $\mu_A>\mu_B$,$\sigma_A=\sigma_B$。此时 $F_A(x)\leqslant F_B(x)$,所以 $A\underset{\text{FSD}}{\geq}B$,如图 1.2 所示。

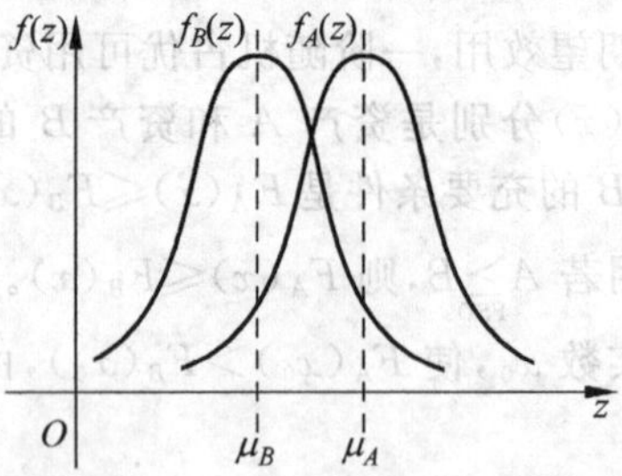


图 1.2　风险资产 $A$ 和 $B$ 的收益率的密度函数

## 1.5.3　二阶随机占优

如果对所有具有连续递增效用函数的厌恶风险的投资者偏好资产 $A$ 胜过偏好资产

$B$，则称风险资产 $A$ 二阶随机占优于资产 $B$，记为 $A \underset{\text{SSD}}{\geqslant} B$。

**定理 1.5**　$A \underset{\text{SSD}}{\geqslant} B$ 的充要条件是 $S(x) \leqslant 0$，其中

$$S(x) = \int_a^x [F_A(t) - F_B(t)]\mathrm{d}t, \quad x \in [a,b]$$

**证明**　**必要性**　设 $A \underset{\text{SSD}}{\geqslant} B$，证 $S(x) \leqslant 0$，用反证法，若不然，由 $S(x)$ 的连续性，存在 $[\alpha,\beta] \subseteq [a,b]$ 使 $S(x) > 0$，当 $x \in [\alpha,\beta]$，令

$$V(x) = \int_a^x \int_y^b \boldsymbol{I}_{[\alpha,\beta]}(t)\mathrm{d}t\mathrm{d}y$$

容易验证 $V(\cdot)$ 是连续可微、单调递增且是凹函数，而且

$$V'(x) = \int_x^b \boldsymbol{I}_{[\alpha,\beta]}(t)\mathrm{d}t = \begin{cases} \beta - \alpha, & x \leqslant \alpha \\ \beta - x, & x \leqslant \beta \\ 0, & x > \beta \end{cases}$$

$$V''(x) = -\boldsymbol{I}_{[\alpha,\beta]} \leqslant 0$$

于是

$$\begin{aligned} & E[V(R_A)] - E[V(R_B)] \\ &= \int_a^b V(x)\mathrm{d}[F_A(x) - F_B(x)] \\ &= V(x)[F_A(x) - F_B(x)]\Big|_a^b - \int_a^b [F_A(x) - F_B(x)]\mathrm{d}V(x) \\ &= -\int_a^b [F_A(x) - F_B(x)]V'(x)\mathrm{d}x \\ &= -\int_a^b V'(x)\mathrm{d}S(x) \\ &= -S(x)V'(x)\Big|_a^b + \int_a^b S(x)\mathrm{d}V'(x), \quad S(a) = 0, V'(b) = 0 \\ &= \int_a^b S(x)\mathrm{d}V'(x) = \int_a^b S(x)V''(x)\mathrm{d}x \\ &= -\int_\alpha^\beta S(x)\mathrm{d}x < 0 \end{aligned}$$

这与 $A \underset{\text{SSD}}{\geqslant} B$ 相矛盾，所以 $S(x) \leqslant 0$。

**充分性**　设 $S(x) \leqslant 0$，则由前面证明可知

$$\begin{aligned} & \int_a^b V(x)\mathrm{d}F_A(x) - \int_a^b V(x)\mathrm{d}F_B(x) \\ &= \int_a^b V(x)\mathrm{d}[F_A(x) - F_B(x)] \\ &= -S(x)V'(x)\Big|_a^b + \int_a^b S(x)\mathrm{d}V'(x) \\ &= \int_a^b S(x)\mathrm{d}V'(x) - S(b)V'(b) \end{aligned}$$

由假设 $S(x) \leqslant 0, V'(b) \geqslant 0, S(b) \leqslant 0, V''(x) \leqslant 0$，所以

$$E[V(R_A)] \geqslant E[V(R_B)]$$

即 $A \underset{SSD}{\geqslant} B$。

设风险资产 $A$ 和 $B$ 的收益率 $R_A \sim N(\mu_A, \sigma_A^2)$，$R_B \sim N(\mu_B, \sigma_B^2)$，若 $\mu_A = \mu_B$，$\sigma_A < \sigma_B$，则 $A \underset{SSD}{\geqslant} B$，如图1.3所示。

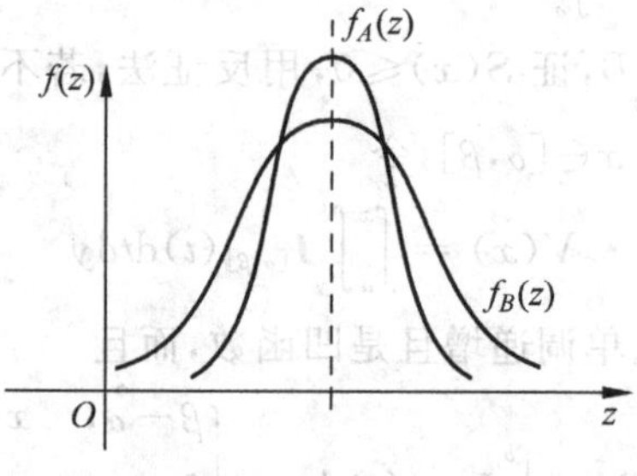


图1.3　风险关系 $A$ 和 $B$ 的收益率的密度函数

# 1.6　单期无套利资产定价模型

## 1.6.1　单期确定性无套利定价模型

### 1. 套利机会

设市场有 $n$ 种风险资产，记为 $X_1, X_2, \cdots, X_n$，并将1种无风险资产记为 $X_0$，有两个时刻，记为0时刻和1时刻。资产 $X_i$ 在0时刻的价格记为 $P_0(X_i)$，在1时刻的价格记为 $P_1(X_i)$。我们假设 $P_1(X_i) > 0, i = 0, 1, \cdots, n$。设投资于资产 $X_i$ 的数量为 $N_i$，如果 $N_i > 0$，$N_i$ 表示买入数量，$N_i < 0$，$N_i$ 表示卖出数量，$(N_1, N_2, \cdots, N_n)^{\mathrm{T}}$ 称为资产组合。

$$w_i = \frac{N_i P_0(x_i)}{\sum_{i=0}^{n} N_i P_0(x_i)}, \quad i = 0, 1, 2, \cdots, n$$

称 $\boldsymbol{w} = (w_0, w_1, \cdots, w_n)^{\mathrm{T}}$ 为投资组合。

套利机会(arbitrage opportunity)是指不投入任何资产即可获利，或者在0期不进行任何投入，而在1期可获得无风险收益；或者在0期获得无风险收益，而在1期无任何现金支出。容易看出，如果存在满足下列条件之一的资产组合，则有套利机会。

(1) $$P\left(\sum_{i=0}^{n} N_i X_i\right) \neq \sum_{i=0}^{n} N_i P(X_i) \tag{1.6.1}$$

这里 $P\left(\sum_{i=0}^{n} N_i X_i\right)$ 表示资产组合 $(N_0, N_1, \cdots, N_n)^{\mathrm{T}}$ 的价格。

(2) $$\sum_{i=0}^{n} N_i P_0(X_i) \leqslant 0 \text{ 且} \sum_{i=0}^{n} N_i P_1(X_i) > 0 \tag{1.6.2}$$

(3) $$\sum_{i=0}^{n} N_i P_0(X_i) > 0 \text{ 且} \sum_{i=0}^{n} N_i P_1(X_i) \leqslant 0 \tag{1.6.3}$$

如果市场不存在套利机会，则称市场为无套利市场。如果资产市场不存在任何套利机会，价格函数存在如下性质：

(1) $$P\left(\sum_{i=0}^{n} N_i X_i\right) = \sum_{i=0}^{n} N_i P(X_i) \tag{1.6.4}$$

性质(1) 说明了价格函数是线性函数。

(2) 如果 $\sum_{i=0}^{n} N_i P_1(X_i) > 0$，那么 $\sum_{i=0}^{n} N_i P_0(X_i) > 0$　　(1.6.5)

因为无论在 0 时刻还是在 1 时刻假使关系式(1.6.4)不成立，就会出现套利机会。不妨设 $P\left(\sum_{i=0}^{n} N_i X_i\right) > \sum_{i=0}^{n} N_i P(X_i)$ 就可以卖空资产 $\sum_{i=0}^{n} N_i X_i$，同时买入 $N_i$ 份资产 $X_i$($i = 0,1,\cdots,n$) 立刻就可以获利。

如果 $\sum_{i=0}^{n} N_i P_1(X_i) > 0$ 而 $\sum_{i=0}^{n} N_i P_0(X_i) \leqslant 0$，则 0 时刻买入资产组合($N_0, N_1, \cdots, N_n$)，无任何现金支出，而 1 时刻卖出该资产组合即可获利。

这里需要假设市场无任何交易成本、税收和卖空限制，而且假定资产是无限可分的，令

$$R_i = \frac{P_1(X_i) - P_0(X_i)}{P_0(X_i)}, \quad i = 0,1,\cdots,n$$

称为资产 $X_i$ 的收益率。则存在如下定理。

**定理 1.6**　设资本市场不存在套利机会，资产组合($N_1, N_2, \cdots, N_n$)$^{\mathrm{T}}$ 满足 $\sum_{i=0}^{n} N_i P_0(X_i) > 0$，则资产组合($N_0, N_1, \cdots, N_n$)的收益率为

$$\sum_{i=0}^{n} w_i R_i, \quad 其中\ w_i = \frac{N_i P_0(X_i)}{\sum_{i=0}^{n} N_i P_0(X_i)}$$

**证明**　根据定义，资产组合($N_0, N_1, \cdots, N_n$)的收益率为

$$\frac{P_1\left(\sum_{i=0}^{n} N_i X_i\right) - P_0\left(\sum_{i=0}^{n} N_i X_i\right)}{P_0\left(\sum_{i=0}^{n} N_i X_i\right)} \tag{1.6.6}$$

因为市场不存在套利机会，所以

$$P_1\left(\sum_{i=0}^{n} N_i X_i\right) = \sum_{i=0}^{n} N_i P_1(X_i) \tag{1.6.7}$$

$$P_0\left(\sum_{i=0}^{n} N_i X_i\right) = \sum_{i=0}^{n} N_i P_0(X_i) \tag{1.6.8}$$

将式(1.6.7)和式(1.6.8)代入式(1.6.6)，得投资组合的收益率为

$$\frac{\sum_{i=0}^{n} N_i P_1(X_i) - \sum_{i=0}^{n} N_i P_0(X_i)}{\sum_{i=0}^{n} N_i P_0(X_i)}$$

$$= \frac{\sum_{i=0}^{n} N_i [P_1(X_i) - P_0(X_i)]}{\sum_{i=0}^{n} N_i P_0(X_i)}$$

$$= \sum_{i=0}^{n} \frac{P_1(X_i) - P_0(X_i)}{P_0(X_i)} \frac{N_i P_0(X_i)}{\sum_{i=0}^{n} N_i P_0(X_i)}$$

$$= \sum_{i=0}^{n} w_i R_i$$

这里

$$R_i = \frac{P_1(X_i) - P_0(X_i)}{P_0(X_i)} \tag{1.6.9}$$

证毕。

**2. 单期确定性定价模型**

单期资产定价问题是已知时刻1资产的价格,确定时刻0资产的价格,如果时刻1资产价格是确定的,可得到如下定理。

**定理1.7**　套利定价定理(generalized arbitrage pricing theorem,GAPT)。

设资本市场无套利机会,则

$$R_i = R_j, \quad i,j = 0,1,2,\cdots,n \tag{1.6.10}$$

**证明**　设 $R_0 = R_f$,式(1.6.10)等价于

$$P_0(X_i) = \frac{P_1(X_i)}{1+R_f}, \quad i = 0,1,\cdots,n \tag{1.6.11}$$

若存在 $1 \leqslant i_0 \leqslant n$,使 $P_0(X_{i_0}) \neq \dfrac{P_1(X_{i_0})}{1+R_f}$,不妨设

$$P_0(X_{i_0}) > \frac{P_1(X_{i_0})}{1+R_f}$$

现在构造一个资产组合:

$$\text{令 } N_0 = P_1(X_{i_0}), \quad N_{i_0} = -P_1(X_0), \quad N_i = 0, \quad i \neq 0, i_0 \tag{1.6.12}$$

该资产投资组合在时刻0的价格为

$$\frac{P_1(X_{i_0})P_1(X_0)}{1+R_f} - P_1(X_0)P_0(X_{i_0}) < 0$$

而在时刻1的价格为

$$P_1(X_{i_0})P_1(X_0) - P_1(X_0)P_1(X_{i_0}) = 0$$

这是一个套利机会,与假设矛盾。　　证毕。

定理1.7说明,如果不存在套利机会,任何资产价格都是确定的,那么资产的价格(0时刻的价格)等于1时刻的价格的折现值。

## 1.6.2　单期不确定性无套利定价模型

本节研究风险资产的定价问题,设有两个时刻,时刻0表示现在,时刻1表示未来,风险资产在时刻1的价格是不确定的,是随机变量,如果已知风险资产在时刻1的价格,来确定这种资产在0时刻的价格,称为资产定价问题。

**1. 两资产情形**

设有两种资产，风险资产记为 $X_1$，无风险资产记为 $X_0$。无风险资产的收益率记为 $R_f$，总收益率记为 $1+R_f$。设风险资产在时刻 0 的价格为 $P_0(X_1)$，在时刻 1 的价格为 $P_1(X_1)$，在时刻 1 有两种状态，上涨时价格为 $uP_0(X_1)$，下跌时价格为 $dP_0(X_1)$，上涨时的概率记为 $q$，下跌时的概率为 $1-q$，即

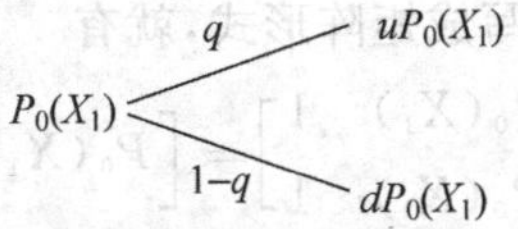


显然 $d<1+R_f<u$，否则将会出现套利机会。

为复制资产 1，我们定义两种基本证券：基本证券 1，在时刻 1，上涨状态时价格为 1，下跌状态时价格为 0；基本证券 2，上涨状态时价格为 0，下跌状态时价格为 1。构造资产组合：$uP_0(X_1)$份基本证券 1，$dP_0(X_1)$份基本证券 2。则无论是上涨还是下跌，资产组合的价值都和风险资产 $X_1$ 的价格一样。

下面考虑基本证券的定价问题。设基本证券 1 在时刻 0 的价格为 $\pi_u$，基本证券 2 在时刻 0 的价格为 $\pi_d$。根据无套利原则，上述资产组合在时刻 1 的价格与风险资产 $X_1$ 的价格一样，则在时刻 0，它们的价格也应当一样，否则就会产生套利机会，于是

$$P_0(X_1)=\pi_u uP_0(X_1)+\pi_d dP_0(X_1)$$

$$\pi_u u+\pi_d d=1 \tag{1.6.13}$$

一份基本证券 1 和一份基本证券 2 构成的组合，无论是上涨还是下跌，其价格都是 1，因此根据一般的套利定价定理，我们有

$$\pi_u+\pi_d=\frac{1}{1+R_f} \tag{1.6.14}$$

由式(1.6.13)和式(1.6.14)，得

$$\pi_u=\frac{(1+R_f)-d}{(1+R_f)(u-d)} \tag{1.6.15a}$$

$$\pi_d=\frac{u-(1+R_f)}{(1+R_f)(u-d)} \tag{1.6.15b}$$

令 $p^*=\dfrac{(1+R_f)-d}{u-d}$，则 $1-p^*=\dfrac{u-(1+R_f)}{u-d}$，那么

$$\pi_u=\frac{p^*}{1+R_f},\quad \pi_d=\frac{1-p^*}{1+R_f} \tag{1.6.16}$$

把式(1.6.16)代入式(1.6.13)，资产 $X_1$ 在时刻 0 的价格可表示为

$$P_0(X_1)=\frac{p^*uP_0(X_1)+(1-p^*)dP_0(X_1)}{1+R_f} \tag{1.6.17}$$

式(1.6.17)说明，风险资产 $X_1$ 在时刻 0 的价格为资产 $X_1$ 在时刻 1 的价格(随机变量)，对于概率分布$(p^*,1-p^*)$取期望值，然后再折现，而概率分布$(p^*,1-p^*)$与资产 $X_1$ 在时刻 1 上涨、下跌的概率 $q$ 无关。它是由上涨下跌的倍数和无风险利率确定的。

亦可将式(1.6.17)写为 $E_*[P_1(X_1)]=(1+R_f)P_0(X_1)$，因此，称 $p^*$ 为风险中性概率。

请注意：除了可以给风险资产 $X_1$ 定价之外，基本证券还可以用来为其他的证券定价，如风险资产 $X_2$。利用矩阵代数的知识，我们就可以证明，由风险资产 $X_2$ 导出新的 $\pi_u$ 和 $\pi_d$ 和由风险资产 $X_1$ 导出的 $\pi_u$ 和 $\pi_d$ 是一样的。

为了清楚起见，我们记时刻1相应于风险资产 $X_2$ 的上涨和下跌状态的参数为 $u^*$ 和 $d^*$，基本证券1和基本证券2在时刻0的价格为 $\pi_u^*$ 和 $\pi_d^*$。

将式(1.6.13)和式(1.6.14)写成矩阵形式，就有

$$[\pi_u, \pi_d]\begin{bmatrix} uP_0(X_1) & 1 \\ dP_0(X_1) & 1 \end{bmatrix} = \begin{bmatrix} P_0(X_1) & \dfrac{1}{1+R_f} \end{bmatrix}$$

由风险资产 $X_1$ 导出 $\pi_u$ 和 $\pi_d$，有

$$[\pi_u, \pi_d] = \begin{bmatrix} P_0(X_1) & \dfrac{1}{1+R_f} \end{bmatrix}\begin{bmatrix} uP_0(X_1) & 1 \\ dP_0(X_1) & 1 \end{bmatrix}^{-1}$$

用 $\pi_u$ 和 $\pi_d$ 为风险资产 $X_2$ 定价时，有

$$\begin{bmatrix} P_0(X_2) & \dfrac{1}{1+R_f} \end{bmatrix} = [\pi_u, \pi_d]\begin{bmatrix} u^* P_0(X_2) & 1 \\ d^* P_0(X_2) & 1 \end{bmatrix}$$

同理，由风险资产 $X_2$ 导出 $\pi_u^*$ 和 $\pi_d^*$ 时，有

$$[\pi_u^*, \pi_d^*]\begin{bmatrix} u^* P_0(X_2) & 1 \\ d^* P_0(X_2) & 1 \end{bmatrix} = \begin{bmatrix} P_0(X_2) & \dfrac{1}{1+R_f} \end{bmatrix}$$

于是，有

$$\begin{aligned}[\pi_u^*, \pi_d^*] &= \begin{bmatrix} P_0(X_2) & \dfrac{1}{1+R_f} \end{bmatrix}\begin{bmatrix} u^* P_0(X_2) & 1 \\ d^* P_0(X_2) & 1 \end{bmatrix}^{-1} \\ &= [\pi_u, \pi_d]\begin{bmatrix} u^* P_0(X_2) & 1 \\ d^* P_0(X_2) & 1 \end{bmatrix}\begin{bmatrix} u^* P_0(X_2) & 1 \\ d^* P_0(X_2) & 1 \end{bmatrix}^{-1} \\ &= [\pi_u, \pi_d]\end{aligned}$$

由此得到证明。

所以，对于时刻1后出现两种状态的市场，它的两个基本证券是唯一确定的。反过来，也可以说，两个基本证券唯一地确定了这个市场。

假设资产 $X_1$ 在时刻0的价格为100，在时刻1的价格如下图所示。

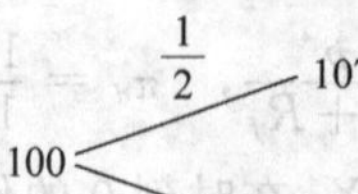

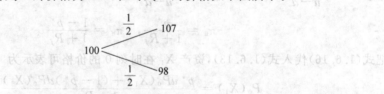


无风险利率 $R_f=2\%$，则此时 $u=1.07$，$d=0.98$，由式(1.6.15a)和式(1.6.15b)，得

$$\pi_u = \frac{1.02-0.98}{1.02\times(1.07-0.98)} \approx 0.4357$$

$$\pi_d = \frac{1.07-1.02}{1.02\times(1.07-0.98)} \approx 0.5447$$

则 $X_1$ 在时刻0的价格为

$P_0(X_1) = \pi_u u P_A + \pi_d d P_A = 0.4357 \times 107 + 0.5447 \times 98 \approx 100$

设有证券 $X_2$，其价格如下图所示。

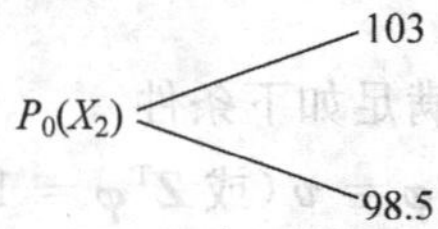


则 $P_0(X_2) = 0.4357 \times 103 + 0.5447 \times 98.5 \approx 98.53$

**2. 一般单期不确定性定价模型**

前一节在两资产情形利用基本证券给出了定价公式。现在讨论一般的情况，首先假设有 $n$ 种资产，每种资产在时刻 1 的价格是有限状态（$l$ 个状态）离散分布的情形。对于这种情况，存在状态价格定价向量，我们给出严格的证明。

设市场上有 $n$ 种风险资产，每种资产在时刻 1 有 $l$ 种状态，资产 $X_i$ 在状态 $s(s=1, 2,\cdots,l)$ 之下的价格记为 $P_{si}$，风险资产在时刻 1 的价格可用价格矩阵

$$\boldsymbol{P} = \begin{pmatrix} P_{11} & P_{12} & \cdots & P_{1n} \\ \vdots & \vdots & \ddots & \vdots \\ P_{l1} & P_{l2} & \cdots & P_{ln} \end{pmatrix}$$

表示，$\boldsymbol{P}$ 为 $l\times n$ 矩阵。记 $\boldsymbol{N}=(N_1,N_2,\cdots,N_n)^{\mathrm{T}}$ 表示资产组合，设资产 $X_i$ 的当前时刻 0 的价值为 $v_i(i=1,2,\cdots,n)$。记 $\boldsymbol{v}=(v_1,v_2,\cdots,v_n)^{\mathrm{T}}$，$W_0=\boldsymbol{N}^{\mathrm{T}}\boldsymbol{v}$，$Z_{si}=\dfrac{P_{si}}{v_i}$，则设 $w_0$ 为资产组合的初始价值。$Z_{si}=\dfrac{P_{si}}{v_i}$ 为在时刻 1 状态 $s$ 出现时的总收益。$\boldsymbol{D_v}=\mathrm{diag}(v_1,v_2,\cdots,v_n)$，即以 $v_1,v_2,\cdots,v_n$ 为对角线元素的对角阵，则有如下关系式

$$\boldsymbol{Z} = \begin{pmatrix} Z_{11} & Z_{12} & \cdots & Z_{1n} \\ \vdots & \vdots & \ddots & \vdots \\ Z_{l1} & Z_{l2} & \cdots & Z_{ln} \end{pmatrix} = \boldsymbol{P}\boldsymbol{D}_{\boldsymbol{v}}^{-1}$$

资产组合 $\boldsymbol{w}$ 称为无风险投资组合，如果

① $w_1+w_2+\cdots+w_n=1$；

② $\boldsymbol{Zw}=(R,R,\cdots,R)^{\mathrm{T}}$。

其中 $R_f=R-1$ 为无风险收益率。

(1) 套利机会。

为方便，引入如下记号

$$R_+^n = \{x \in \mathbb{R}^n \mid x_i \geqslant 0,\quad i=1,2,\cdots,n\}$$

$$R_{++}^n = \{x \in \mathbb{R}^n \mid x_i > 0,\quad i=1,2,\cdots,n\}$$

如果 $\boldsymbol{x}=(x_1,x_2,\cdots,x_n)^{\mathrm{T}}\in R_+^n$，$x\neq 0$，则称 $x\gneqq 0$；类似地，可定义 $x \gneqq y$。

如果 $x,y\in\mathbb{R}^n$，$x-y\gneqq 0$，则称 $x\gneqq y$。

如果资产组合 $\boldsymbol{N}$ 满足下列条件之一

$$\boldsymbol{v}\cdot\boldsymbol{N}\leqslant 0,\quad \boldsymbol{PN}\gneqq 0 \tag{1.6.18a}$$

$$\boldsymbol{v}\cdot\boldsymbol{N}\geqslant 0,\quad \boldsymbol{PN}\lneqq 0 \tag{1.6.18b}$$

则存在套利机会，反之亦然。这里 $\boldsymbol{v}\cdot\boldsymbol{N}$ 表示向量 $\boldsymbol{v}$ 和向量 $\boldsymbol{N}$ 的内积。

式(1.6.18a)说明,在0时刻资产组合的价值小于或者等于零,即无现金投入。而在1时刻至少有一种状态财富为正值。

(2) 状态价格向量。

如果向量$\boldsymbol{\varphi}=(\varphi_1,\varphi_2,\cdots,\varphi_l)^{\mathrm{T}}$满足如下条件

$$\boldsymbol{P}^{\mathrm{T}}\boldsymbol{\varphi}=\boldsymbol{v}\text{(或}\boldsymbol{Z}^{\mathrm{T}}\boldsymbol{\varphi}=1\text{)} \tag{1.6.19}$$

则称向量$\boldsymbol{\varphi}$为支持资产系统$\boldsymbol{P}$(或$\boldsymbol{Z}$)的状态价格向量。此时,每一种资产在0时刻的价格向量可以用1时刻各状态价格线性表示,资产$i$在时刻0的价格可表示为

$$v_i=\varphi_1 P_{1i}+\varphi_2 P_{2i}+\cdots+\varphi_l P_{li},\quad i=1,2,\cdots,n \tag{1.6.20}$$

(3) 单期不确定性无套利定价定理。

**定理1.8** 资本市场不存在套利机会,当且仅当存在$\boldsymbol{\varphi}\in R_{++}^l$使

$$\boldsymbol{P}^{\mathrm{T}}\boldsymbol{\varphi}=\boldsymbol{v}\text{(或}\boldsymbol{Z}^{\mathrm{T}}\boldsymbol{\varphi}=1\text{)} \tag{1.6.21}$$

成立。这里$\boldsymbol{P}^{\mathrm{T}}$和$\boldsymbol{Z}^{\mathrm{T}}$分别为矩阵$\boldsymbol{P}$和$\boldsymbol{Z}$的转置矩阵。

**证明** 设$L=R\times R^l$,$M=\{(-\boldsymbol{vN},\boldsymbol{N}^{\mathrm{T}}\boldsymbol{P}^{\mathrm{T}})^{\mathrm{T}}\mid \boldsymbol{N}\in\mathbb{R}^n\}$。又设$K=R_+\times R_+^l$,显然它是空间$L$的锥,$M$是$L$的子空间,它们都是$L$中的凸集。

根据无套利条件,市场不存在套利机会的充要条件是$K\cap M=\{0\}$。因为$K$和$L$都是凸集,由超平面分离定理,存在线性函数$F: L\to R$,对所有的$\boldsymbol{z}\in M$和$\boldsymbol{y}\in K,\boldsymbol{y}\neq 0$,有$F(\boldsymbol{z})<F(\boldsymbol{y})$。又因为$M$是线性子空间,所以对$\boldsymbol{z}\in M$有$F(\boldsymbol{z})=0$,于是对所有的$\boldsymbol{y}\in K$,$\boldsymbol{y}\neq 0$都有$F(\boldsymbol{y})\geqslant 0$。注意到$L$是$l+1$维空间,$L$上的线性函数$F$对应$\mathbb{R}^{l+1}$中的向量$\boldsymbol{f}$,对任意的$\boldsymbol{x}\in R^{l+1}$,$F(\boldsymbol{x})=\boldsymbol{f}^{\mathrm{T}}\boldsymbol{x}$,即$\boldsymbol{f}$和$\boldsymbol{x}$的内积,记为$\boldsymbol{f}\cdot\boldsymbol{x}$。

因为$L$中的向量可以写成$(\boldsymbol{b},\boldsymbol{c}^{\mathrm{T}})^{\mathrm{T}}$,其中$\boldsymbol{b}\in\mathbb{R}$,$\boldsymbol{c}\in\mathbb{R}^l$,$\boldsymbol{f}$可写成$(\alpha,\boldsymbol{\psi}^{\mathrm{T}})^{\mathrm{T}}$,$L$上的线性函数$F$可表示为

$$F[(\boldsymbol{b},\boldsymbol{c}^{\mathrm{T}})^{\mathrm{T}}]=\alpha\boldsymbol{b}+\boldsymbol{\psi}\cdot\boldsymbol{c}$$

其中$\boldsymbol{\psi}\in\mathbb{R}^l$是一常向量,$\alpha$是一常数。设$\boldsymbol{\psi}=(\psi_1,\psi_2,\cdots,\psi_l)^{\mathrm{T}}$。

由于$K$是一个锥,线性函数在$K$上大于零,必有$\alpha>0,\psi_i>0,i=1,\cdots,l$,容易证明,若$\alpha,\psi_1,\psi_2,\cdots,\psi_l$中有一个为负数,$F$在$K$上可取负值,有一个为零,$F$在$K$上必取零值,$F$在$K$上恒取正值矛盾。

由于$M$是$L$的线性子空间,又$\boldsymbol{z}\in M$,$F(\boldsymbol{z})=0$,得到

$$-\alpha\boldsymbol{v}\cdot\boldsymbol{N}+\boldsymbol{\psi}\cdot(\boldsymbol{P}^{\mathrm{T}}\boldsymbol{N})=0$$

由$\boldsymbol{N}$的任意性,必有

$$\alpha\boldsymbol{v}=\boldsymbol{P}^{\mathrm{T}}\boldsymbol{\psi}$$

向量$\boldsymbol{\varphi}=\dfrac{\boldsymbol{\psi}}{\alpha}$即为支持资产系统的状态定价向量。类似可证,如果存在状态定价向量$\boldsymbol{\varphi}\in R_{++}$,那么不存在套利机会。 证毕。

式(1.6.21)写成分量形式即式(1.6.20),这说明任何风险资产在0时刻的价格是$\boldsymbol{\psi}\cdot\boldsymbol{P}_i$,其中$\boldsymbol{P}_i=(P_{i1},P_{i2},\cdots,P_{il})^{\mathrm{T}}$,是1时刻不同状态价格向量的正线性函数。

假如存在一个收益率为$R_f=R-1$的无风险投资组合,那么任何价格支持向量$\boldsymbol{\varphi}$满足$\varphi_1+\varphi_2+\cdots+\varphi_l=\dfrac{1}{R}$。

设 $\boldsymbol{w}_1$ 是无风险投资组合，则 $\boldsymbol{l}^{\mathrm{T}}\boldsymbol{w}_1=1,\boldsymbol{Z}\boldsymbol{w}_1=R\boldsymbol{l}$，那么由价格状态支持向量的定义，对于正的价格状态支持向量，有

$$(1+R_f)\boldsymbol{\varphi}^{\mathrm{T}}\boldsymbol{l}=R\boldsymbol{\varphi}^{\mathrm{T}}\boldsymbol{l}=\boldsymbol{\varphi}^{\mathrm{T}}(\boldsymbol{Z}\boldsymbol{w}_1)=(\boldsymbol{\varphi}^{\mathrm{T}}\boldsymbol{Z})\boldsymbol{w}_1=\boldsymbol{l}^{\mathrm{T}}\boldsymbol{w}_1=1$$

$$\boldsymbol{\varphi}^{\mathrm{T}}\boldsymbol{l}=\frac{1}{R}$$

即 $\varphi_1+\varphi_2+\cdots+\varphi_l=\dfrac{1}{R}$。因为 $\sum\limits_{s=1}^{l}R\varphi_s=1$，记 $Q_s=R\varphi_s$，那么 $Q_s>0$，那么 $\sum\limits_{s=1}^{l}Q_s=1$，$\boldsymbol{Q}=(Q_1,\cdots,Q_l)^{\mathrm{T}}$，$\boldsymbol{Q}$ 可以看作一个概率分布，$\boldsymbol{Q}$ 称为“风险中性概率”。

**定理 1.9**　假如存在一个收益率为 $R_f$ 的无风险资产或无风险投资组合，那么资产市场不存在套利机会等价于存在概率分布，使得每种资产收益的期望值都等于 $1+R_f$。

**证明**　如果市场不存在套利机会，由定理 1.8，存在状态价格支持向量 $\boldsymbol{\varphi}\in R_{++}^{l}$ 使得

$$\boldsymbol{Z}^{\mathrm{T}}\boldsymbol{\varphi}=1$$

于是 $\boldsymbol{Z}^{\mathrm{T}}\boldsymbol{Q}=\boldsymbol{Z}^{\mathrm{T}}R\boldsymbol{\varphi}=R$，即 $\dfrac{E^{Q}(Z_j)}{R}=\dfrac{1}{R}\sum\limits_{s=1}^{l}z_{sj}Q=1$。　　证毕。

由定理 1.9 可知

$$\frac{E^{Q}(Z_j)}{R}=v_j,\quad j=1,2,\cdots,n \tag{1.6.22}$$

式(1.6.22)说明，任何资产在 0 时刻的价格，等于在时刻 1 的价格（随机变量）对风险中性概率测度 $\boldsymbol{Q}$ 取期望值，然后再折现。任何资产都可以通过相同的贴现率 $R$ 定出价格，即风险中性定价。

## 1.7　单期不确定性均衡定价模型

### 1.7.1　均衡定价与期望效用最大化准则

假设有两个时刻，时刻 0 表示今天，时刻 1 表示未来，在时刻 1 的消费 $C_1$ 和财富 $W_1$ 都是随机变量。设 $\boldsymbol{\Omega}=\{\omega_1,\omega_2,\cdots,\omega_l\}$ 是状态空间，第 $j$ 种证券的价格用 $S_j$ 表示，它是随机变量。期初价格为 $S_j^0$，第 $i$ 个投资者对由 $\boldsymbol{\Omega}$ 表示的市场状态的概率分布为 $P_i(\omega)$，设第 $i$ 个投资者的投资准则是期望效用最大化，为此将投资者的消费模型写成

$$U_i[C_{i0},C_{i1}(\omega)]=U_{i0}(C_{i0})+\sum_{k=1}^{l}P_i(\omega_k)U_{i1}[C_{i1}(\omega_k)]$$

这里 $U_i$ 是投资者 $i$ 的效用函数，我们假定它是时间可加的，即

$$U_i[C_{i0},C_{i1}(\omega)]=U_{i0}(C_{i0})+U_{i1}[C_{i1}(\omega)] \tag{1.7.1}$$

设投资者 $i$ 最大期望消费模式是 $[C_{i0}^{*},C_{i1}^{*}(\omega)]$，如果投资者 $i$ 在时刻 0 购买了 $\theta$ 单位证券 $j$，在时刻 1 卖出，投资者的消费模型变为

$$[C_{i0}^{*}-\theta S_j^0,C_{i1}^{*}+\theta S_j(\omega)]$$

那么投资者的期望效用就可以写成

$$U_i[C_{i0},C_{i1}(\omega)]=U_{i0}(C_{i0}^{*}-\theta S_j^0)+\sum_{k=1}^{l}P_i(\omega)U_{i1}[C_{i1}^{*}(\omega_k)+\theta S_j(\omega_k)] \tag{1.7.2}$$

在 $\theta=0$ 时最大，直接计算，得

$$\begin{aligned}&\frac{\mathrm{d}U_i[C_{i0},C_{i1}(\omega)]}{\mathrm{d}\theta}\\&=U'_{i0}(C^*_{i0}-\theta S^0_j)\cdot(-S^0_j)+\sum_{k=1}^{l}P_i(\omega_k)U'_{i1}[C^*_{i1}(\omega)+\theta S_j(\omega_k)]S_j(\omega_k)\end{aligned}\qquad(1.7.3)$$

由条件 $\theta=0$ 时，式(1.7.3)为零，得

$$U'_{i0}(C^*_{i0})(-S^0_j)+\sum_{k=1}^{n}P_i(\omega_k)U'_{i1}[C^*_{i1}(\omega_k)]S_j(\omega_k)=0$$

解得

$$S^0_j=\sum_{k=1}^{l}\frac{P_i(\omega_k)U'_{i1}[C_{i1}(\omega^*_k)]}{U'_{i0}(C^*_{i0})}S_j(\omega_k)\qquad(1.7.4)$$

令 $\sigma_i(\omega_k)=\dfrac{U'_{i1}[C_{i1}(\omega^*_k)]}{U'_{i0}(C^*_{i0})}$，称为边际替代率，则

$$S^0_j=\sum_{k=1}^{l}P_i(\omega_k)\sigma_i(\omega_k)S_j(\omega_k)=E^{P_i}(\sigma_iS_j)\qquad(1.7.5)$$

式(1.7.5)说明证券 $j$ 的价格等于该证券的价格 $S_j$ 和投资者 $i$ 的边际替代率乘积的期望值，这里的期望值是对投资者 $i$ 的主观概率 $P_i(\omega_k)$ 取期望。

### 1.7.2 阿罗-德布鲁证券

我们定义在资产定价理论当中经常用到一种特殊的证券，阿罗-德布鲁(Arrow-Debereul)证券 $l_k(k=1,2,\cdots,l)$。这种证券的性质是当状态 $\omega_k$ 出现时，价格是一个单位。若是其他状态，价格为0，由式(1.7.5)，该证券在时刻0的价格

$$\psi_k=P_i(\omega_k)\frac{U'[C^*_{i1},(\omega_k)]}{U'_{i0}(C^*_{i0})},\quad k=1,2,\cdots,l$$

由式(1.7.5)得

$$\sum_{k=1}^{l}\psi_k=\sum_{k=1}^{l}P_i(\omega_k)\frac{U'_{i1}[C^*_{i1}(\omega)]}{U'_{i0}(C^*_{i0})}=\frac{1}{1+R_f}\qquad(1.7.6)$$

因为在时刻1无论哪一种状态出现，取值都为1，所以它是无风险证券，0时刻的价格为 $\dfrac{1}{1+R_f}$，其中 $R_f$ 为无风险收益率。因此，Arrow-Debereul 证券在 0 时刻的价格为 $\psi_k\ (k=1,2,\cdots,l)$。

### 1.7.3 多资产有限状态情况下的均衡定价模型

如果市场上有 $I$ 个投资者，有 $n$ 种证券，现在来讨论均衡定价问题。我们假设：

(1) 假设所有的投资者的效用函数是递增的凹函数，并且两次可微，而且效用函数是可加的，即

$$U_i(C_{i0},C_{i1})=U_{i0}(C_{i0})+U_{i1}(C_{i1}),\quad i=1,2,\cdots,I\qquad(1.7.7)$$

且对未来状态的主观概率为 $P_i(\omega_k),k=1,2,\cdots,l$。

(2) 投资者 $i$ 在时刻0的财富是 $W_{i0}$，在时刻1的财富为 $W_{i1}$。

(3) 证券 $j(j=1,2,\cdots,n)$ 在时刻1的价格 $S_j$ 为随机变量，在时刻0的价格为 $S^0_j$。

(4) 投资人 $i$ 的交易策略是 $n$ 维向量$(\theta_i^1,\theta_i^2,\cdots,\theta_i^n)$。

其中 $\theta_i^j$表示投资者 $i$ 购买证券 $j$ 的数量(如果 $\theta_i^j$ 是负数则表示卖出)。

此时投资者 $i$ 的期望效用可以写成

$$E[U_i(C_{i0},C_{i1})]=U_{i0}(W_{i0}-\sum_{j=1}^{n}\theta_i^jS_j^0)+\sum_{k=1}^{l}P_i(\omega_k)U_{i1}\left[W_{i1}+\sum_{j=1}^{n}\theta_i^jS_j(\omega_k)\right],\quad i=1,2,\cdots,I$$

投资者都是按期望效用最大化选择投资策略的,如同前面的推导,我们得到

$$S_j^0U'_{i0}\left(W_{i0}-\sum_{j=1}^{n}\theta_i^jS_j^0\right)=\sum_{k=1}^{l}S_j(\omega_k)P_i(\omega_k)U'_{i1}\left[W_{i1}+\sum_{j=1}^{n}\theta_i^jS_j(\omega_k)\right]$$

市场均衡,第 $j$ 种证券的买卖总量相等(市场出清条件),所以

$$\sum_{i=1}^{I}\theta_i^j=0,\quad j=1,2,\cdots,n \tag{1.7.8}$$

因此,$S_j^0(j=1,2,\cdots,n)$和$\theta_i^j(i=1,2,\cdots,I)$的问题转化为求线性方程组(1.7.7)和(1.7.8)。注意到方程的个数和未知数个数都是 $n+n\times I$。

注意,$I$ 个投资者的消费总量,恰好等于期初的财富总和。$I$ 个投资者期初的消费总量为

$$\begin{aligned}\sum_{i=1}^{I}(W_{i0}-\sum_{j=1}^{n}\theta_i^jS_j^0)&=\sum_{i=1}^{I}W_{i0}-\sum_{i=1}^{I}\sum_{j=1}^{n}\theta_i^jS_j^0\\&=\sum_{i=1}^{I}W_{i0}-\sum_{j=1}^{n}S_j^0\sum_{i=1}^{I}\sum_{j=1}^{n}\theta_i^j\\&=\sum_{i=1}^{I}W_{i0}-\sum_{j=1}^{n}S_j^0\sum_{j=1}^{n}\sum_{i=1}^{I}\theta_i^j\end{aligned}$$

由市场出清条件,上式的第二项为零。可见期初的总消费量等于期初财富。同样,可得期末的消费总量等于期末财富。

### 1.7.4　均衡定价与无套利定价

上面我们推导了求均衡价格的投资策略的方程组。随着市场投资者的数量和证券数量增加,问题变得十分复杂,采用代表人方法加以简化。我们假设:

(1) 所有投资者对市场状态的主观概率都是一样的,因此将 $P_i(\omega)$写成 $P(\omega)$。

(2) 所有投资者的效用函数是可加的递增凹函数,即

$$U_i(C_{i0},C_{i1})=U_{i0}(C_{i0})+U_{i1}(C_{i1}),\quad i=1,2,\cdots,I$$

现在我们构造代表人的效用函数,代表人的效用函数应当是各投资者 $i$ 的效用函数按投资者 $i$ 的财富加权和。设定代表人的效用函数

$$V(x)=V_0(x)+V_1(x) \tag{1.7.9}$$

式中

$$V_0(x)=\max_{x_i>0}\sum_{i=1}^{I}\lambda_iU_{i0}(x_i) \tag{1.7.10a}$$

$$V_1(x)=\max_{x_i>0}\sum_{i=1}^{I}\lambda_iU_{i1}(x_i) \tag{1.7.10b}$$

这里

$$\lambda_i = \frac{1}{U_{i0}(C_{i0}^*)} \tag{1.7.10c}$$

$$x = x_1 + x_2 + \cdots + x_I \tag{1.7.10d}$$

按照代表人的效用函数和总消费，根据前面的方法，我们就可以求出证券的价格，特别此状态价格 $\psi_k$(Arrow-Debreul 证券价格)为

$$\psi_k = P(\omega_k)\frac{V_1'[C_1^\alpha(\omega_k)]}{V_0'(C_0^\alpha)} \tag{1.7.11}$$

这里 $C_0^\alpha$ 表示在 0 时刻最优总消费，$C_1^\alpha(\omega_k)$ 表示时刻 1，在状态 $\omega_k$ 下的总消费。将式(1.7.5)去掉下标，写成

$$S_j^0 = E^P(\sigma S_j)$$

我们考虑一种无风险证券，该证券在时刻 1 每个状态价格为 1，即 $S_j(\omega_k)=1(k=1,2,\cdots,n)$，则

$$S_j^0 = \frac{1}{1+R_f} = \sum_{k=1}^n P(\omega_k)Z(\omega_k)$$

由于 $P(\omega_k)$ 非负，$Z(\omega_k)$ 是边际替代率的绝对值，也非负。我们定义

$$q(\omega_k) = (1+R_f)P(\omega_k)Z(\omega_k)$$

则 $q(\omega_k)$ 也非负，而且

$$\sum_{k=1}^n q(\omega_k) = 1$$

故我们定义一个新的概率测度 $Q$，使得

$$\begin{aligned} S_j^0 &= \sum_{k=1}^n P(\omega_k)Z(\omega_k)S_j(\omega_k) \\ &= \sum_{k=1}^n P(\omega_k)Z(\omega_k)S_j(\omega_k) \\ &= \frac{1}{1+R_f}\sum_{k=1}^n q(\omega_k)S_j(\omega_k) \\ &= \frac{1}{1+R_f}E^Q S_j \end{aligned}$$

这与无套利定价的基本形式相同。

## 习　题　1

1. 设$(x_1,x_2),(y_1,y_2)\in B_2$，且$(x_1,x_2)\succeq(y_1,y_2)$和$(y_1,y_2)\succeq(x_1,x_2)$，则证明 $x_1=y_1,x_2=y_2$。
2. 证明二次效用函数具有递增的绝对风险厌恶特征。
3. 证明指数效用函数 $V(x)=-e^{-bx}(b>0)$具有常数绝对风险厌恶。
4. 证明对数效用函数 $V(x)=\ln x$ 绝对风险厌恶递增，相对风险厌恶系数为 1。
5. 假设有五种自然状态，表示为 $w_n(n=1,2,\cdots,5)$，发生机会都是等概率的。考虑

两种有风险资产，收益率为$\widetilde{R}_A$ 和 $\widetilde{R}_B$，如下表所示。

| 状态 | $w_1$ | $w_2$ | $w_3$ | $w_4$ | $w_5$ |
|---|---|---|---|---|---|
| $\widetilde{R}_A$ | 0.5 | 0.5 | 0.7 | 0.7 | 0.7 |
| $\widetilde{R}_B$ | 0.9 | 0.8 | 0.4 | 0.3 | 0.7 |

解释风险厌恶投资者会选择哪种资产。

6. 假设现在有两种有风险资产，随机收益率分别是$\tilde{r}_A$ 和$\tilde{r}_B$。假设$\tilde{r}_A$ 和$\tilde{r}_B$ 是独立的并有相同的均值。进一步地，$\tilde{r}_B \overset{d}{=\!=} \tilde{r}_A + \tilde{\varepsilon}$，并且$\tilde{r}_A$ 和 $\tilde{\varepsilon}$ 是独立的。这能否说明在二阶随机占优下，$\tilde{r}_B$ 优于 $\tilde{r}_A$？试证明根据期望效用最大化，在只有这两种资产的情况下，风险厌恶的个体将会投资于资产 $A$ 多于投资于资产 $B$。

7. 设

$$F_A(x)=\begin{cases}0, & x<0\\ 1-\mathrm{e}^{-x}, & x\geqslant 0\end{cases},\quad F_B(x)=\begin{cases}0, & x<0\\ 1-\mathrm{e}^{-2x}, & x\geqslant 0\end{cases}$$

证明资产 $A$ 一阶随机占优于资产 $B$。

8. 设

$$(1)\ \boldsymbol{Z}=\begin{pmatrix}5 & 2\\ -5 & -8\end{pmatrix},\quad (2)\ \boldsymbol{Z}=\begin{bmatrix}5 & 1\\ 3 & 1\\ 2 & 1\end{bmatrix}$$

试求正的状态价格支持向量。

# 第 2 章　固定收益证券

在 20 世纪 80 年代以前，对固定收益证券的分析比较简单。因为在利率相对固定的条件下，投资者购买了固定收益证券，一般情况下会持有这种证券至到期日。由于现在利率波动较大，传统的对固定收益证券的分析方法，已不能适应于客观环境，所以产生了许多新的分析方法。本章主要针对利率大幅波动的客观环境，讨论固定收益证券的收益分析、债券的定价模型及风险控制。

## 2.1　货币的时间价值

货币的时间价值（TVM）是指当前持有的一定量的货币比未来获得的等量货币具有更高的价值。这是因为，货币用于投资可获得收益，存入银行可获得利息，货币的购买力会因通货膨胀的影响而改变。因此，下面先讨论终值和现值。

### 2.1.1　终值

假设投资者将本金 1 000 元存入银行，年利率为 2%，1 年后，投资者的本金 1 000 元将得到 20 元利息，投资者的本金将变为 1 020 元，即资金 1 年后的终值为 1 020 元。

一般地，本金用 $P$ 表示，利率用 $r$ 表示，1 年后的终值用 $F_1$ 表示，则

$$F_1 = P(1+r)$$

计算利息的方式分为 3 种：单利、复利和连续复利。

**1. 单利**

本金为 $P$，年利率为 $r$，$n$ 年以后的终值记为 $F_n$，如果按单利计算，则

$$F_n = P(1+nr) \tag{2.1.1}$$

式(2.1.1)意味着，只有本金计算利息，而利息不计算利息。

**2. 复利**

复利和单利的区别在于，利息也产生利息。

本金为 $P$，年利息为 $r$，1 年后的终值为 $F_1=P(1+r)$，第二年以 $F_1$ 作为本金，两年以后的终值为

$$F_2 = F_1(1+r) = P(1+r)^2$$

以此类推，$n$ 年后的终值

$$F_n = P(1+r)^n \tag{2.1.2}$$

**3. 连续复利**

如果本金为 $P$，年利率为 $r$，如果将本金存半年（利息为 $r/2$）取出，然后再存半年，则 1 年后的终值

$$F_1 = P\left(1+\frac{r}{2}\right)^2$$

如果存1个月(1/12年)取出后再存,月利息为$r/12$,则1年后的终值

$$F_1 = P\left(1+\frac{r}{12}\right)^{12}$$

以此类推,如果1年存$n$次(每次存的时间间隔相同),则1年后的终值

$$F_1 = P\left(1+\frac{r}{n}\right)^n \tag{2.1.3}$$

随着$n$无限增大,式(2.1.3)取极限,就得到

$$F_1 = Pe^r \tag{2.1.4}$$

利用极限的性质,$n$年后的终值

$$F_n = Pe^{nr} \tag{2.1.5}$$

式(2.1.5)即按连续复利计算的终值公式。根据极限的性质,$n$不是正整数,式(2.1.5)也成立。例如,1年零3个月,即1.25年,按连续复利计算得到的终值

$$F_{1.25} = Pe^{1.25r}$$

### 2.1.2 现值与贴现

假如1年后需要1 000元钱,存款利率为6%,那么现在应存多少钱?

设现在需要存的钱数为PV,相当于本金为PV,利率为6%,终值为1 000元,即

$$\mathrm{FV} = \mathrm{PV}(1+r)$$

于是

$$\mathrm{PV} = \frac{\mathrm{FV}}{1+r}$$

这里的PV就是现值,容易算出PV=943.4元,也就是说,如果1年后你得到1 000元,这项收入的现值PV=943.4元。

我们称现值的计算为贴现,而在计算现值时的一个重要概念是贴现因子,或者称为贴现率,上例中的贴现因子为$\frac{1}{1.06}\approx 0.943\,4$。贴现因子相当于终值为1时的现值。在计算现值时,贴现因子起着很重要的作用,下面讨论贴现因子。计算折现因子相当于考虑下列问题。

设$n$年后你将得到1元钱,年利率为$r$,你现在有多少钱?

**1. 单利贴现因子**

如果按单利计算,由式(2.1.1),得单利的贴现因子为$\frac{1}{1+nr}$。

**2. 复利贴现因子**

如果按复利计算,由式(2.1.2)得到复利贴现因子为$\frac{1}{(1+r)^n}$。

**3. 连续复利贴现因子**

如果按连续复利计算,由式(2.1.5)可得连续复利贴现因子为$e^{-nr}$。

根据上面的讨论,终值乘以贴现因子即为现值。

例如,5年后你将得到1 000元,年利率为6%,按复利计算,你现在相当于有多少钱?

在此问题中,按复利计算的贴现因子为$\frac{1}{(1+6\%)^5}\approx 0.7473$。终值为1 000元,现值为1 000×0.747 3=747.3(元),即相当于你现在有747.3元。

### 2.1.3 多重现金流

多重现金流包括现金流的终值和现金流的现值两种。

**1. 现金流的终值**

现金流是指在连续几年中,每年年初都存入一定数量的钱。例如,连续$n$年,每年存入银行的钱数分别为$Y_1,Y_2,\cdots,Y_n$,存款的年利率为$r$。按复利计算,$n$年后你将有现金

$$F_n = Y_1(1+r)^n + Y_2(1+r)^{n-1} + \cdots + Y_n(1+r) \tag{2.1.6}$$

式(2.1.6)就是现金流$Y_1,Y_2,\cdots,Y_n$的终值公式。

**2. 现金流的现值**

某投资者连续$n$年年末可得到的投资收入为$C_1,C_2,\cdots,C_n$,年利率为$r$,按复利折现,投资者投资收入的现值

$$\mathrm{PV} = \frac{C_1}{1+r} + \frac{C_2}{(1+r)^2} + \cdots + \frac{C_n}{(1+r)^n} \tag{2.1.7}$$

### 2.1.4 年金

式(2.1.6)和式(2.1.7)中每年的现金不一定相同,计算现金流的终值和现值就比较困难。如果每年的现金流(储蓄数量或投资收入)都是一样的,称这样的现金流为年金。如果现金发生在每年的年初,则称为及时年金,如果现金发生是在年末,则称普通年金。

**1. 普通年金的终值**

设年利率为$r$,连续$n$年年末有1元收入的年金的终值为

$$(1+r)^{n-1} + (1+r)^{n-2} + \cdots + 1 = \frac{(1+r)^n - 1}{r} \tag{2.1.8}$$

如果连续$n$年,每年收入为$P$的年金,其终值为$P\frac{(1+r)^n-1}{r}$。

**2. 普通年金的现值**

连续$n$年,每年1元,利率为$r$的普通年金按复利贴现的现值可这样计算:

根据式(2.1.8),普通年金的终值为$\frac{(1+r)^n-1}{r}$,按复利贴现,再乘以折现因子$\frac{1}{(1+r)^n}$,就得到现值为

$$\mathrm{PV} = \frac{1-(1+r)^{-n}}{r} \tag{2.1.9}$$

如连续$n$年,每年$A$元的普通年金的现值为

$$\mathrm{PV} = \frac{A[1-(1+r)^{-n}]}{r}$$

**例　2.1**

一个年龄 65 岁的老人，如果买一份 10 000 元的保险（一次性交费），在余生中，保险公司每年支付给老人 1 000 元，银行的存款利率为 8%。假设老人可以活到 80 岁，问是否应当买保险？

**解**　如果买保险，则一次性投入 10 000 元，得到一份连续 15 年的年金收入，一共可到 15 000 元，看起来应当买保险。但是如果 15 年每年 1 000 元年金的现值大于 10 000 元，就应买保险，否则不买保险。

此时 $A=1\,000, n=15, r=8\%$，代入式(2.1.9)中，得

$$\text{PV}=\frac{A[1-(1+r)^{-n}]}{r}=\frac{1\,000\times\left[1-\dfrac{1}{(1+0.8)^{15}}\right]}{0.08}\approx 8\,559.48(\text{元})$$

可见不买保险是正确的选择。

**3. 永续年金**

永续年金是一种重要类型的年金。永续年金是指永远持续的一系列现金流。例如，每年按债券的面值支付利息的债券。另一个例子是支付固定现金红利的优先股。

永续年金共同的特征是无法计算终值，因为永续年金没有到期日，但可以计算现值，我们已知每年支付 $A$ 元，利率为 $r$，支付 $n$ 年的年金现值为

$$\text{PV}=\frac{A\left[1-\dfrac{1}{(1+r)^n}\right]}{r}$$

如果上式令 $n\to\infty$ 取极限，得

$$\text{PV}=\frac{A}{r}\tag{2.1.10}$$

式(2.1.10)即永续年金的现值公式。

# 2.2　债券及其期限结构

## 2.2.1　债券的定义和要素

债券(bound)是发行者按法定程序，在某一定时间内对其借款承担还本付息义务而开具的法律凭证。

债券的发行人向投资人承诺在预先规定的时间内向债券的投资人支付利息，到期偿还本金。作为债券投资人，其收益率是固定不变的，债券是最典型的固定收益证券。

债券具有如下要素。

**1. 面值**

面值(face value)又称为本金(principal)，即债券的票面价值，债券的发起人在债券的到期日按面值偿还本金。

**2. 期限**

期限(maturity)是指债券的发行日到还本付息日(到期日)之间的时间长度。按期限

可将债券分为以下几种。

(1) 短期债券——期限在1年之内。

(2) 中期债券——期限在1年以上、10年以下的债券。

(3) 长期债券——期限在10年以上的债券。

**3. 附息债券与票面利率**

债券分为零息债券和附息债券。零息债券不付利息,通常折扣发行,即发行价低于面值。另一种债券是支付利息的债券,对于支付利息的债券,票面利率(coupon)是指按面值计算的收益率,即一年所获得的利息除以债券的面值。

**4. 付息频率**

付息频率(frequency of interest/payment)是指一年内支付利息的次数。

**5. 分期偿还特征**

分期偿还特征(amortization feature)是指一次性在到期日偿还本金,还是分期偿还本金。

**6. 附加选择权**

附加选择权(embedded options)是债权发生时赋予债券持有人的选择权或者赋予发行人的选择权。例如,可转换条款、卖出选择条款、可赎回条款等。

### 2.2.2 债券的风险

债券是固定收益证券,但是由于客观情况的变化,债券的持有人也会面临一些风险。

**1. 利率风险**

利率风险是指由于市场利率变化而产生的风险。债券的价格与市场利率反向变动,当市场利率上升时,债券的价格下降;当市场利率下降时,债券的价格上升。

**2. 违约风险**

违约风险又称信用风险,是指债券的发行人不能按时支付利息和偿还本金的风险,这种风险是债券的最大风险。

**3. 流动性风险**

流动性风险是指债券中途卖出时的价格风险以及能否顺利变现的风险。在债券到期日之前能顺利地以真实价格变现的债券流动性强,否则流动性差。

**4. 通货膨胀风险**

通货膨胀风险是指由于通货膨胀导致的债券收益下降的风险。通货膨胀可导致持有人获得的利息和偿还的本金贬值。

### 2.2.3 债券的收益率及其计算

债券的收益率有多种类型,现在分述如下:

**1. 年收益率与期间收益率**

年收益率 $r_{AY}$(annualizing yield)是指持有债券一年的收益率。

期间收益率是指某一个时间段的收益率。这个时间段可以是(周,日,季度,半年)$\frac{1}{m}$年,如果时间段是月,则 $m=12$; 如果时间段是季度,则 $m=4$; 如果时间段是半年,则$m=2$。

设时间段为$\frac{1}{m}$年的期间收益率为$r_M$,则年收益率为

$$r_{AY} = (1+r_M)^m - 1$$

同样,期间收益率可用年收益率表示为

$$r_M = (1+r_{AY})^{\frac{1}{m}} - 1$$

**2. 当期收益率**

当期收益率 $r_{CY}$(current yield)是指债券的年利息 $c$ 与债券市场价格 MP 之比,即

$$r_{CY} = \frac{c}{MP} = \frac{r \times P}{MP}$$

这里 $c$ 表示年支付利息,$r$ 表示利息率,$P$ 表示面值。

**3. 到期收益率**

到期收益率 $r_{YM}$(yield to maturity)是指债券生成的现金流现值等于市场价格的折现率。

假设债券的市场价格为 MP,距到期时间为 $n$(年),债券的面值为 $P$,到期收益率 $r_{YM}$ 由下式确定:

$$MP = \sum_{i=1}^{n} \frac{c}{(1+r_{YM})^i} + \frac{P}{(1+r_{YM})^n} \tag{2.2.1}$$

令 $x=\frac{1}{1+r_{YM}}$,式(2.2.1)转化为

$$cx + cx^2 + \cdots + (P-c)x^n - MP = 0 \tag{2.2.2}$$

当 $n$ 很大时,式(2.2.2)是一个高次方程,求解很困难。下面介绍一种简单的近似计算方法。

首先给出两个折现率 $r_1$ 和 $r_2$,使得债券的市场价格介于债券现金流折现值之间,即令

$$V_1 = \sum_{i=1}^{n} \frac{c}{(1+r_1)^i} + \frac{P}{(1+r_1)^n}$$

$$V_2 = \sum_{i=1}^{n} \frac{c}{(1+r_2)^i} + \frac{P}{(1+r_2)^n}$$

使得 $V_2 < MP < V_1$,并且使得 $V_1 - V_2$ 尽可能的小。利用插值方法得到

$$\frac{r_{YM} - r_1}{r_2 - r_1} = \frac{MP - V_1}{V_2 - V_1} \tag{2.2.3}$$

于是得到到期收益率的近似插值公式:

$$r_{YM} = r_1 + (r_2 - r_1)\frac{MP - V_1}{V_2 - V_1} \tag{2.2.4}$$

**例　2.2**

某公司10年期债券,面值为1 000元,票面利率为6%,3年后派息的市场价格为750元,求到期收益率。

**解**　此债券的面值 $P=1\,000$,票面利率为6%,每年利息 $c=0.06\times1\,000=60$ 元,距到期时间 $n=10-3=7$ 年,市场价格 $\mathrm{MP}=750$ 元,取 $r_1=11\%$,$r_2=11.2\%$,直接计算可得

$$V_1=\sum_{i=1}^{n}\frac{c}{(1+r_1)^i}+\frac{P}{(1+r)^n}$$

$$=\sum_{i=1}^{7}\frac{60}{(1+0.11)^i}+\frac{1\,000}{(1+0.11)^7}\approx 805.28(\text{元})$$

$$V_2=\sum_{i=1}^{n}\frac{c}{(1+r_2)^i}+\frac{P}{(1+r_2)^n}$$

$$=\sum_{i=1}^{7}\frac{60}{(1+0.112)^i}+\frac{1\,000}{(1+0.112)^7}\approx 726.22(\text{元})$$

满足 $V_2=726.22<\mathrm{MP}=750<V_1=805.28$。

根据式(2.2.4),得

$$r_{\mathrm{YM}}=r_1+(r_2-r_1)\frac{\mathrm{MP}-V_1}{V_2-V_1}$$

$$=0.11+0.002\times\frac{805.28-750}{805.28-726.22}\approx 11.13\%$$

即到期收益率近似等于11.13%。

**4. 持有期收益率**

持有期收益率 $r_H$(holding period yield rate)是指债券持有期间的收益率。设债券的买价为BP,卖价为SP,从买入债券到卖出债券的持有期为 $T$ 年,则债券的持有期收益率 $r_H$ 由下式确定:

$$\mathrm{BP}=\sum_{t=1}^{T}\frac{c}{(1+r_H)^t}+\frac{\mathrm{SP}}{(1+r_H)^T}$$

**5. 赎回收益率**

赎回收益率 $r_{\mathrm{YC}}$(yield to call)是指持有期至提前赎回为止的持有期收益率,可由下式确定:

$$\mathrm{BP}=\sum_{t=1}^{T}\frac{c}{(1+r_{\mathrm{YC}})^t}+\frac{\mathrm{CP}}{(1+r_{\mathrm{YC}})^T}$$

其中 $T$ 表示提前赎回时所持有的期数,CP为赎回价格。

**6. 投资组合收益率**

投资组合收益率 $r_{\mathrm{YP}}$(yield for portfolio)是指债券投资组合的到期收益率,即由组合中债券的现金流的现值之和与债券组合价格之和确定的到期收益率。

假设某投资者买入3个债券 $A,B,C$,债券 $A$ 的票面利率为5%,期限5年,面值1 000

元，买入价格 980 元；债券 $B$ 的票面利率 4%，期限 3 年，面值 1 000 元，买价 960 元；债券 $C$ 的票面利率 3%，期限 2 年，面值 1 000 元，买价 950 元，则此投资组合收益率 $r_{YP}$ 满足：

$$980+960+950$$
$$=\sum_{t=1}^{5}\frac{50}{(1+r_{YP})^t}+\frac{1\,000}{(1+r_{YP})^5}+\sum_{t=1}^{3}\frac{40}{(1+r_{YP})^t}+$$
$$\frac{1\,000}{(1+r_{YP})^3}+\sum_{t=1}^{2}\frac{30}{(1+r_{YP})^t}+\frac{1\,000}{(1+r_{YP})^2}$$

可用试错法求 $r_{YP}$，令 $r_1=5\%$，$r_2=6\%$，将 $r_1$ 和 $r_2$ 分别代入上式，求得

$$V_1=2\,935.579\,3(\text{元})$$
$$V_2=2\,849.414\,5(\text{元})$$

显然，$V_1>980+960+950=2\,890>V_2$，于是

$$r_{YP}=0.05+0.01\times\frac{45.579\,3}{86.164\,8}\approx 5.53\%$$

## 2.2.4　债券的收益率曲线

债券的期限结构是指债券的到期期限与到期收益率之间的关系。如果用横轴表示到期时间，纵轴表示到期收益率，在坐标系内画出的曲线称为收益率曲线。

到期收益率曲线有 4 种类型。

(1) 当债券收益率上升时，债券的到期时间越长，到期收益率越高，称为正向收益率曲线，如图 2.1 所示。

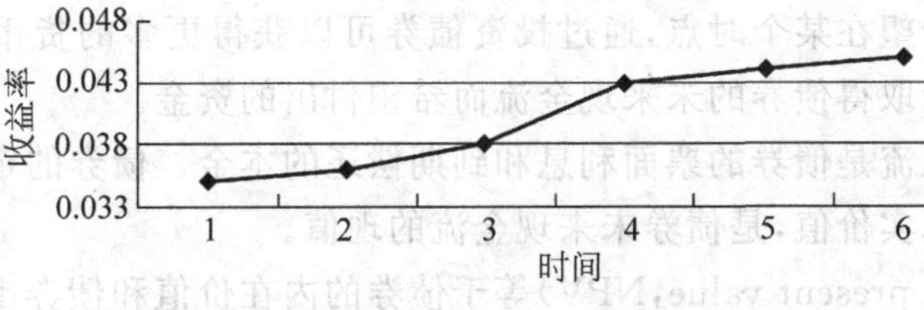


图 2.1　正向收益率曲线

(2) 当债券的收益率下降时，债券的到期时间越长，到期收益率越低，则称为反向收益率曲线，如图 2.2 所示。

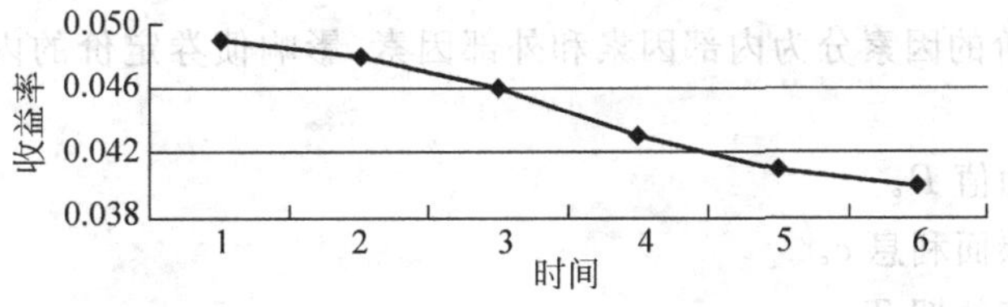


图 2.2　反向收益率曲线

(3) 如果市场收益率不变化，不同期限的债券的到期收益率相同，则称为水平收益率曲线，如图 2.3 所示。

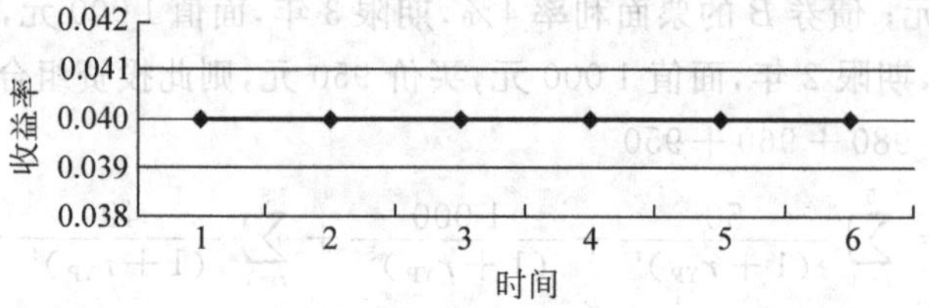


图 2.3 水平收益率曲线

(4) 如果市场收益率先升后降,则到期收益率先升后降,则称收益率为拱形收益率曲线,如图 2.4 所示。

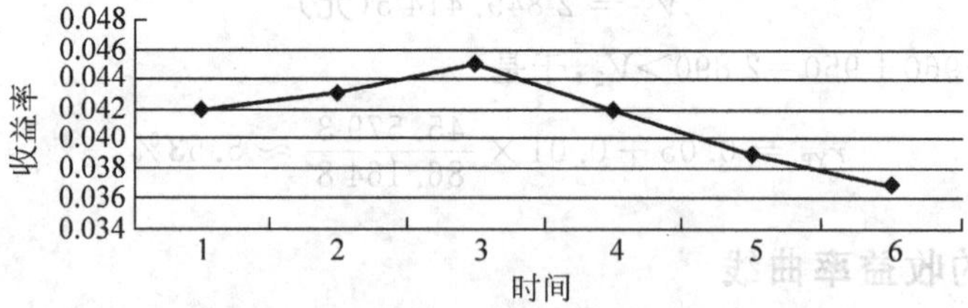


图 2.4 拱形收益率曲线

# 2.3 债券定价

## 2.3.1 债券定价的原则

债券的投资者希望在某个时点,通过投资债券可以获得更多的货币收入。债券的价格实际上是投资者为取得债券的未来现金流而希望付出的资金。

债券未来的收入流是债券的票面利息和到期偿还的本金。债券的定价原则是债券的内在价值或者称为真实价值,是债券未来现金流的现值。

债券净现值(net present value,NPV)等于债券的内在价值和债券市场价格之差。如果净现值大于零,则债券的市场价格被低估了,这时债券可以投资。如果净现值小于零,说明债券的市场价格被高估了,可不投资这样的债券。

## 2.3.2 影响债券定价的因素

影响债券定价的因素分为内部因素和外部因素,影响债券定价的内部因素包括以下几个方面。

(1) 债券的面值 $P$。

(2) 债券的票面利息 $c$。

(3) 债券的有效期 $T$。

(4) 是否可提前赎回。

(5) 是否可转换。

(6) 流通性。

(7) 违约的可能性。

影响债券定价的外部因素有以下几个方面。

(1) 基准利率(无风险利率)。

(2) 市场利率。

(3) 通货膨胀率。

市场利率指投资机会的平均收益率,市场利率越高,债券价值越低。当市场利率提高时,投资者的机会成本也相应地提高,债券的价格会降低。设市场利率为 $r$,如果债券的票面利率 $c/P<r$,于是

$$V=\sum_{i=1}^{T}\frac{c}{(1+r)^t}+\frac{P}{(1+r)^T}<\sum_{t=1}^{T}\frac{rP}{(1+r)^t}+\frac{P}{(1+r)^T}=P$$

式中,$r$ 为市场利率; $P$ 为面值; $c$ 为年利息; $T$ 为期限。

即债券的内在价值小于债券的面值。此时,债券的发行价格就要低于面值,即债券折扣发行。

如果市场利率较低时,投资者的成本较低,按照类似的推导,债券的发行价格高于面值,此时,债券可高于面值发行,即溢价发行。

如果市场利率等于债券的票面利率,此时,债券按面值发行。

### 2.3.3 不同类型的债券定价

设债券的面值为 $P$,期限为 $T$,市场利率为 $r$,下面研究债券的定价问题。

**1. 零息债券定价**

零息债券即不支付利息,到期日一次性还本的债券,这种债券的定价公式最简单,债券的价值 $V$ 可用下式确定:

$$V=\frac{P}{(1+r)^T}\tag{2.3.1}$$

即债券的面值按市场利率按复利折现。

**2. 付息债券定价**

设债券每年一次性支付利息 $c$,则债券的价值 $V$ 为

$$V=\sum_{t=1}^{T}\frac{c}{(1+r)^t}+\frac{P}{(1+r)^T}\tag{2.3.2}$$

即债券 $T$ 年支付的现金流,市场利率按复利折现。

**3. 每年派息 $m$ 次的债券定价**

如果每年支付的利息 $c$ 按 $m$ 次支付,则此债券的价格

$$V=\sum_{t=1}^{mT}\frac{\frac{c}{m}}{\left(1+\frac{r}{m}\right)^t}+\frac{P}{\left(1+\frac{r}{m}\right)^{mT}}\tag{2.3.3}$$

| 例　2.3 |
| --- |
| 设市场利率为 12%,每年付息 90 元,面值为 1 000 元,每年付息两次,求期限为 20 年的债券价格。 |

**例　2.3(续)**

**解**　由假设,市场利率 $r=12\%$,$c=90$,$P=1\,000$,$m=2$,$T=20$,$\frac{c}{m}=45$,$mT=40$,$\frac{r}{m}=0.06$,代入式(2.3.3)得

$$V=\sum_{t=1}^{mT}\frac{\frac{c}{m}}{\left(1+\frac{r}{m}\right)^{t}}+\frac{P}{\left(1+\frac{r}{m}\right)^{mT}}=\sum_{t=1}^{40}\frac{45}{(1+0.06)^{t}}+\frac{1\,000}{(1+0.06)^{40}} \tag{2.3.4}$$

根据年金式(2.1.9),得

$$\sum_{t=1}^{40}\frac{45}{(1+0.06)^{t}}=45\times\frac{1-\frac{1}{(1.06)^{40}}}{0.06}\approx 677.08(\text{元})$$

式(2.3.4)的第二项为

$$\frac{1\,000}{(1+0.06)^{40}}\approx 97.22(\text{元})$$

所以

$$V=677.08+97.22=774.30(\text{元})$$

**例　2.4**

假设市场利率为7%,其他条件与例2.3相同的债券的价格。也就是说,此时,$r=0.07$,$\frac{r}{m}=0.035$,将式(2.3.4)中的0.06用0.035代替,得到

$$V=\sum_{t=1}^{40}\frac{45}{(1+0.035)^{t}}+\frac{1\,000}{(1+0.035)^{40}} \tag{2.3.5}$$

由年金式(2.1.9)得到式(2.3.5)的第一项

$$\sum_{t=1}^{40}\frac{45}{(1+0.035)^{t}}=45\left[\frac{1-\left(\frac{1}{1.035}\right)^{40}}{0.035}\right]\approx 960.98(\text{元})$$

式(2.3.5)的第二项为

$$\frac{1\,000}{(1+0.035)^{40}}\approx 252.57(\text{元})$$

所以

$$V=960.98+252.57=1\,213.55(\text{元})$$

## 2.4　价格波动的测度——久期

2.3节研究了债券定价问题,债券的价格取决于市场利率 $r$,本节研究市场利率变化对债券的价格的影响。为此,首先介绍久期概念。

### 2.4.1 久期及其计算

久期(duration)概念是由麦考利(F. R. Macaulay)于 1938 年在全美经济研究局(NBER)的一次研究报告中首先提出的。这一术语实际上是债券现金流的加权平均期限。

债券的一般定价公式为

$$V=\sum_{t=1}^{T}\frac{c_t}{(1+r)^t}$$

式中,$c_t$ 为债券的第 $t$ 个时段支付的现金流。如果每年支付一次利息,则时段为 1 年;如果每年支付 $m$ 次利息,则时段为$\frac{1}{m}$年。

麦考利久期表示的就是这样一个加权平均的时间长度。其权重数为$\frac{c_t}{V(1+r)^t}$(第 $t$ 个时段的权系数)的麦考利久期定义为

$$D=\frac{1}{V}\sum_{t=1}^{T}\frac{tc_t}{(1+r)^t} \tag{2.4.1}$$

注意到权系数之和为 1,式(2.4.1)实际上是一个凸组合。

特别地,对于零息债券来说,债券的现金流为

$$c_t=\begin{cases}0, & t=1,2,\cdots,T-1\\ c_T, & t=T\end{cases}$$

即债券在 $t=T$ 时,一次支付本金,$c_T$ 为债券的面值。

根据零息债券定价公式

$$V=\frac{c_T}{(1+r)^T}$$

再根据 $c_t$ 的定义及式(2.4.1),得

$$D=\frac{(1+r)^T}{c_T}\frac{Tc_T}{(1+r)^T}=T$$

因此,久期概念是债券期限概念的推广。

**例 2.5**

设债券面值为 100 元,票面利率为 14%,每年付息 2 次,债券的期限为 5 年,市场利率为 10%,求麦考利久期。

**解** 因为每年付息两次,债券可分为 10 个时段,为计算久期,各时段的现金流、以 5%折现 1 元现值、现金流现值、$t\times$现金流现值如表 2.1 所示。

**表 2.1 债券各时段的现金流数据**

| 时段($t$) | 现金流 | 折现值(5%折现) | 现金流现值 | $t\times$现金流现值 |
|---|---|---|---|---|
| 1 | 7.00 | 0.952 380 | 6.666 667 | 6.666 667 |
| 2 | 7.00 | 0.907 029 | 6.349 206 | 12.698 412 |
| 3 | 7.00 | 0.863 837 | 6.046 863 | 18.140 589 |

**例 2.5(续)**

续表

| 时段($t$) | 现金流 | 折现值(5%折现) | 现金流现值 | $t\times$现金流现值 |
|---|---|---|---|---|
| 4 | 7.00 | 0.822 702 | 5.758 917 | 23.035 669 |
| 5 | 7.00 | 0.783 526 | 5.484 683 | 27.423 415 |
| 6 | 7.00 | 0.746 215 | 5.223 508 | 31.341 046 |
| 7 | 7.00 | 0.710 681 | 4.974 769 | 34.823 385 |
| 8 | 7.00 | 0.676 839 | 4.737 876 | 37.903 004 |
| 9 | 7.00 | 0.644 608 | 4.512 262 | 40.610 361 |
| 10 | 7.00 | 0.613 913 | 65.688 718 | 656.887 180 |
| 总计 | | | 115.443 470 | 889.529 728 |

根据久期公式及表2.1,得到久期

$$D=\frac{889.529\ 728}{115.443\ 470}=7.7053(\text{半年})$$

$$D=\frac{7.7053}{2}\approx 3.85(\text{年})$$

### 2.4.2 债券价格波动的特征

债券的均衡价格是债券现金流利用市场收益率的折现值,用公式表示为

$$V=\sum_{t=1}^{T}\frac{C_t}{(1+r)^t} \tag{2.4.2}$$

其中$T$表示债券的期限(以年为单位),债券每年付息一次,即年息为$C$,面值为$P$,则$C_t=C(t=1,2,\cdots,T-1)$, $C_T=C+P$。债券发行后,其现金流是否变化?由式(2.4.2)可见债券的价格与市场收益率呈反向变化。即市场收益率越高,债券的价格越低,这也可由式(2.4.2)两边求导数看出:

$$\frac{\mathrm{d}V}{\mathrm{d}r}=-\sum_{t=1}^{T}\frac{tC_t}{(1+r)^{t+1}} \tag{2.4.3}$$

由式(2.4.3)可见$\frac{\mathrm{d}V}{\mathrm{d}r}<0$,式(2.4.3)两边再对$r$求导数,得

$$\frac{\mathrm{d}^2V}{\mathrm{d}r^2}=\sum_{t=1}^{T}\frac{t(t+1)C_t}{(1+r)^{t+2}} \tag{2.4.4}$$

由式(2.4.4)可见,$\frac{\mathrm{d}^2V}{\mathrm{d}r^2}>0$,由式(2.4.3)和式(2.4.4)可见,债券的价格$V$是$r$的减函数,并且是凸函数,如图2.5所示。

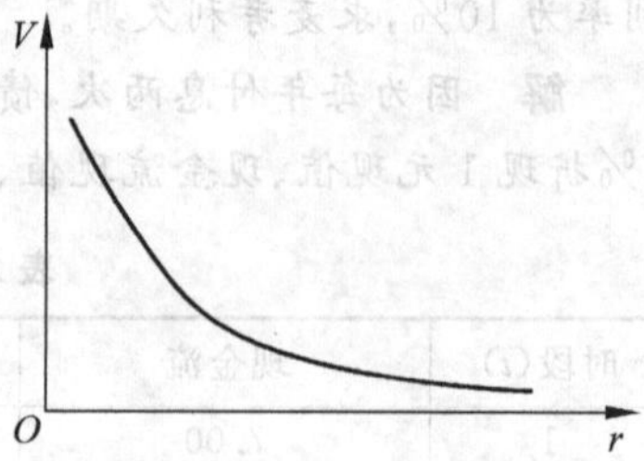


图2.5 债券的价格$V$和$r$的关系

### 2.4.3 债券价格波动的测量

价格波动是指市场收益率变化。它会引起债券价格的波动,债券价格波动的测量,就是测量市场收益率变化对债券价格的影响。由麦考利久期的定义和式(2.4.3)可见

$$\frac{\mathrm{d}V}{\mathrm{d}r}=-\frac{DV}{1+r} \tag{2.4.5}$$

令修正久期 $D_{\text{adj}}=\frac{D}{1+r}$,则

$$\frac{\mathrm{d}V}{\mathrm{d}r}=-D_{\text{adj}}V \tag{2.4.6}$$

如果我们考虑债券价格的市场收益率弹性,则

$$\frac{\dfrac{\mathrm{d}V}{\mathrm{d}r}}{\dfrac{V}{r}}=-\frac{rD}{1+r} \tag{2.4.7}$$

这说明市场利率上涨一个百分点,则债券的价格下降$\frac{rD}{1+r}$个百分点。如果 $r$ 很小,近似地下降 $rD$ 个百分点,如果用修正久期表示,则

$$\frac{\dfrac{\mathrm{d}V}{\mathrm{d}r}}{\dfrac{V}{r}}=-D_{\text{adj}}r$$

即如果市场收益率为 $r$,市场收益率变动一个百分点,则债券的价格反向变动 $D_{\text{adj}}\times r$ 个百分点。

### 2.4.4 债券组合的久期

我们考虑债券的组合,假设组合中有 $m$ 个债券,其价格 $V_i$ 由式(2.4.2)确定

$$V_i=\sum_{t=1}^{T}\frac{C_t^i}{(1+r)^t},\quad i=1,2,\cdots,m \tag{2.4.8}$$

第 $i$ 个债券的久期为

$$D_i=\frac{1}{V_i}\sum_{t=1}^{T}\frac{tC_t^i}{(1+r)^t},\quad i=1,2,\cdots,m \tag{2.4.9}$$

由这 $m$ 个债券构成的组合的价格

$$V=V_1+V_2+\cdots+V_m=\sum_{i=1}^{m}\sum_{t=1}^{T}\frac{C_t^i}{(1+r)^t}$$

债券组合的久期

$$D=\frac{1}{V}\sum_{i=1}^{m}\sum_{t=1}^{T}\frac{tC_t^i}{(1+r)^t}=\sum_{i=1}^{m}\frac{V_i}{V}\sum_{t=1}^{T}\frac{tC_t^i}{V_i(1+r)^t}=\sum_{i=1}^{m}\frac{V_i}{V}D_i$$

令 $w_i=\frac{V_i}{V}$,表示第 $i$ 个债券的价格占债券组合价格的权重,于是

$$D=\sum_{i=1}^{m}w_iD_i$$

债券组合的久期,是各债券久期的加权平均。久期的这一性质,称为久期的可加性。

### 2.4.5 利用久期免疫

为了说明利用久期免疫的原理,将债券定价公式中所得的折现因子换成连续复利的折现因子,此时

$$V(r)=\sum_{t=1}^{T}C_t e^{-tr} \tag{2.4.10}$$

于是

$$\frac{dV}{dr}=\sum_{t=1}^{T}-tC_t e^{-tr}$$

此时,久期可写成

$$D(r)=\sum_{t=1}^{T}\frac{tC_t e^{-tr}}{V} \tag{2.4.11}$$

于是

$$\frac{dV}{dr}=-D(r)V \tag{2.4.12}$$

如果投资债券或债券组合,在时间 $T$ 终止,则投资的终值为 $V(r)e^{rT}$,为了研究利率 $r$ 变化对其影响,求导数

$$\frac{d}{dr}[V(r)e^{rT}]=\frac{dV(r)}{dr}e^{rT}+T[V(r)e^{rT}]$$

由式(2.4.12)得到

$$\frac{d}{dr}[V(r)e^{rT}]=[-D(r)+T]Ve^{rT}$$

如果 $D(r)=T$,则$\frac{d}{dr}[V(r)e^{rT}]=0$,债券的终值不受利率变化的影响。

容易证明这一结论对债券组合也成立,证明这个结论留为作业题。该结论说明如果债券或债券组合的久期等于投资期限,则其价值不受利率变化的影响,可据此制定免疫策略。看下面的实例。

债券获得的利息,如果再投资,就会取得收益。当市场收益率上升时,投资收益(按复利计算)就会增加。如果投资期小于债券的期限,那么投资者出售债券时就会遭受损失。当市场收益率下降时,情况则相反。投资者出售债券时将会增值,但获得的利息再投资的收益(按复利计算)将会下降。由于这两种风险的存在,投资者不能在购买债券时就确保投资者的主观收益率。

但是由于利率风险与再投资风险可以相互抵消,我们是否可以选择一种无论利率将来如何变化,在购买时就锁定收益率的债券和债券的组合?这个问题就是债券或债券组合的免疫问题。免疫就是债券或债券组合的收益率不受利率变化的影响。

在某些情况下这是可能的,我们可以通过构造一个麦考利久期等于投资期限的组合来做到这一点。看下面的例子。

假设一位基金经理必须在5.5年后支付一笔17 183 033美元的负债,假设当前债券

的收益率为 12.5%，6 个月投资的收益率为 6.25%，5.5 年负债 17 183 033 美元的现值为 8 820 262 美元。因此，假如基金经理在未来 6 个月 6.25%的现行收益率情况下投资 8 820 262 美元，那么终值足以偿还负债。

假设基金经理购买了将在 5.5 年后到期，到期收益率为 12.5%，以票面值出售的 8 820 262美元票面值的债券。该债券的麦考利久期为 4.14 年，小于投资期限。基金经理能实现 12.5%的收益率吗？或者等价地说，累积价值能达到 17 183 033 美元吗？

**解**　累积价值取决于再投资利率，只有当基金经理在 6 个月中以 6.25%的收益率进行利息投资才能实现 12.5%的收益率。

为了说明这一点，假设基金经理将 8 820 262 美元投资于期限为 5.5 年的 12.5%息票的债券后，市场收益率发生了变化，在之后的 5.5 年内保持这个新水平。表 2.2 显示了 5.5 年结束时的相关数据，第一列显示了新收益率，第二列显示了息票付息总额，第三列显示了基金经理将息票付息总额按新收益率投资，按连续复利计算的收益，第四列显示了 5.5 年结束时债券价格的票面值，第五列表示第二列、第三列、第四列之和，最后一列表示总收益率。

**表 2.2　不同收益率下的债券信息**

| 新收益率/% | 5.5 年内 | | | | |
|---|---|---|---|---|---|
| | 息票付息总额/美元 | 复利收益/美元 | 债券价格的票面值/美元 | 累积价值/美元 | 总收益率/% |
| 16.0 | 6 063 930 | 3 112 167 | 8 820 262 | 17 996 360 | 13.40 |
| 15.5 | 6 063 930 | 2 990 716 | 8 820 262 | 17 874 908 | 13.26 |
| 14.5 | 6 063 930 | 2 753 177 | 8 820 262 | 17 637 369 | 13.00 |
| 14.0 | 6 063 930 | 2 637 037 | 8 820 262 | 17 521 230 | 12.88 |
| 13.5 | 6 063 930 | 2 522 618 | 8 820 262 | 17 406 810 | 12.75 |
| 13.0 | 6 063 930 | 2 409 894 | 8 820 262 | 17 294 086 | 12.62 |
| 12.5 | 6 063 930 | 2 298 840 | 8 820 262 | 17 183 033 | 12.50 |
| 12.0 | 6 063 930 | 2 189 433 | 8 820 262 | 17 073 625 | 12.38 |
| 11.5 | 6 063 930 | 2 081 648 | 8 820 262 | 16 965 840 | 12.25 |
| 11.0 | 6 063 930 | 1 975 462 | 8 820 262 | 16 859 654 | 12.13 |
| 10.5 | 6 063 930 | 1 870 852 | 8 820 262 | 16 755 044 | 12.01 |
| 10.0 | 6 063 930 | 1 767 794 | 8 820 262 | 16 651 986 | 11.89 |
| 9.5 | 6 063 930 | 1 666 266 | 8 820 262 | 16 550 458 | 11.78 |
| 9.0 | 6 063 930 | 1 566 246 | 8 820 262 | 16 450 438 | 11.66 |
| 8.5 | 6 063 930 | 1 476 712 | 8 820 262 | 16 351 904 | 11.54 |
| 8.0 | 6 063 930 | 1 370 642 | 8 820 262 | 16 254 834 | 11.43 |
| 7.5 | 6 063 930 | 1 275 014 | 8 820 262 | 16 159 206 | 11.32 |
| 7.0 | 6 063 930 | 1 180 808 | 8 820 262 | 16 065 000 | 11.20 |
| 6.5 | 6 063 930 | 1 088 003 | 8 820 262 | 15 972 195 | 11.09 |
| 6.0 | 6 063 930 | 996 577 | 8 820 262 | 15 880 769 | 10.98 |
| 5.5 | 6 063 930 | 906 511 | 8 820 262 | 15 790 703 | 10.87 |
| 5.0 | 6 063 930 | 817 785 | 8 820 262 | 15 701 977 | 10.77 |

从表2.2可见,当收益率不发生变化,从而息票利息可以按12.5%(6个月为6.25%)的收益率再投资时,基金经理将实现累积价值。

如果市场利率上升,将实现高于目标累计价值(17 183 033美元)的累积价值。如果市场利率下降,累积价值将小于17 183 033美元。

假设基金经理未投资于5.5年后到期的债券,而是投资于一种收益率为12.5,以面值出售的15年期12.5%息票的债券,该债券的麦考利久期为7.12年,大于5.5年的投资期。表2.3提供了市场收益率在基金经理买入债券后立即发生变化,并保持新利率水平的累积价值和总收益率,表2.3的第四栏是在假设市场收益率在第一栏所示的情况下,9.5年期(因为5.5年已经过去)的12.5%息票债券的市场价格。如果市场收益率上升,将不能实现累积价值,而市场收益率下降,将会实现或者超过累积价值。

**表2.3　市场收益率变化情况下的债券信息**

| 新收益率/% | 5.5年内 息票付息总额/美元 | 复利收益/美元 | 债券价格的票面值/美元 | 累积价值/美元 | 总收益率/% |
|---|---|---|---|---|---|
| 16.0 | 6 063 930 | 3 112 167 | 7 337 902 | 16 514 000 | 11.73 |
| 15.5 | 6 063 930 | 2 990 716 | 7 526 488 | 16 581 134 | 11.81 |
| 14.5 | 6 063 930 | 2 753 177 | 7 925 481 | 16 742 587 | 12.00 |
| 14.0 | 6 063 930 | 2 637 037 | 8 136 542 | 16 837 510 | 12.11 |
| 13.5 | 6 063 930 | 2 522 618 | 8 355 777 | 16 942 325 | 12.23 |
| 13.0 | 6 063 930 | 2 409 894 | 8 583 555 | 17 057 379 | 12.36 |
| 12.5 | 6 063 930 | 2 298 840 | 8 820 262 | 17 183 033 | 12.50 |
| 12.0 | 6 063 930 | 2 189 433 | 9 066 306 | 17 319 669 | 12.65 |
| 11.5 | 6 063 930 | 2 081 648 | 9 322 113 | 17 467 691 | 12.82 |
| 11.0 | 6 063 930 | 1 975 462 | 9 588 131 | 17 627 523 | 12.99 |
| 10.5 | 6 063 930 | 1 870 852 | 9 864 831 | 17 799 613 | 13.18 |
| 10.0 | 6 063 930 | 1 767 794 | 10 152 708 | 17 984 432 | 13.38 |
| 9.5 | 6 063 930 | 1 666 266 | 10 452 281 | 18 182 477 | 13.59 |
| 9.0 | 6 063 930 | 1 566 246 | 10 764 095 | 18 394 271 | 13.82 |
| 8.5 | 6 063 930 | 1 476 712 | 11 088 723 | 18 620 366 | 14.06 |
| 8.0 | 6 063 930 | 1 370 642 | 11 426 770 | 18 861 342 | 14.31 |
| 7.5 | 6 063 930 | 1 275 014 | 11 778 867 | 19 117 812 | 14.57 |
| 7.0 | 6 063 930 | 1 180 808 | 12 145 682 | 19 390 420 | 14.85 |
| 6.5 | 6 063 930 | 1 088 003 | 12 527 914 | 19 679 847 | 15.14 |
| 6.0 | 6 063 930 | 996 577 | 12 926 301 | 19 986 808 | 15.44 |
| 5.5 | 6 063 930 | 906 511 | 13 341 617 | 20 312 058 | 15.76 |
| 5.0 | 6 063 930 | 817 785 | 13 774 677 | 20 656 393 | 16.09 |

我们可以从表2.4看出这个结果的原因,它显示了因市场收益率变化引起息票利息复利收益的变化。例如,市场收益率上升200个基点,从12.5%上升到14.5%,那么息票

利息投资收益上升 45 336 美元，但债券市场价格下降 894 781 美元，结果累积价值比目标价值低 440 445 美元。假如市场收益率下降，将会出现相反的结果。

表 2.4 收益率变化情况下相关债券信息的变化

| 新收益率/% | 复利变化/美元 | 价格变化/美元 | 累积价值的变化/美元 |
|---|---|---|---|
| 16.0 | 813 327 | −1 482 360 | −669 033 |
| 15.5 | 691 875 | −1 293 774 | −601 898 |
| 14.5 | 454 336 | −894 781 | −440 445 |
| 14.0 | 338 197 | −683 720 | −345 523 |
| 13.5 | 223 778 | −464 485 | −240 707 |
| 13.0 | 111 054 | −236 707 | −125 654 |
| 12.5 | 0 | 0 | 0 |
| 12.0 | −109 407 | 246 044 | 136 636 |
| 11.5 | −217 192 | 501 851 | 284 659 |
| 11.0 | −323 378 | 767 869 | 444 491 |
| 10.5 | −427 989 | 1 044 569 | 616 581 |
| 10.0 | −531 046 | 1 332 446 | 801 400 |
| 9.5 | −632 574 | 1 632 019 | 999 445 |
| 9.0 | −732 594 | 1 943 833 | 1 211 239 |
| 8.5 | −831 128 | 2 268 461 | 1 437 333 |
| 8.0 | −928 198 | 2 606 508 | 1 678 309 |
| 7.5 | −1 023 826 | 2 958 605 | 1 934 779 |
| 7.0 | −1 118 032 | 3 325 420 | 2 207 388 |
| 6.5 | −1 210 838 | 3 707 652 | 2 496 814 |
| 6.0 | −1 302 263 | 4 106 039 | 2 803 776 |
| 5.5 | −1 392 329 | 4 521 355 | 3 129 026 |
| 5.0 | −1 481 055 | 4 954 415 | 3 473 360 |

让我们考虑一种以 8 820 262 美元价格出售，收益率为 12.5%，5 年期 10.125%息票债券，其麦考利久期为 5.5 年，该债券的面值为 10 000 000 美元，此债券为折价债券。表 2.5 提供了与表 2.2 和表 2.3 相同的有关该债券的信息。我们在最后两栏看到，累积价值和总收益率总是不小于目标累计值和目标收益率，因此无论市场收益率如何变化，目标的累计价格总是有保证的。

表 2.5 收益率变化情况下的债券信息

| 新收益率/% | 5.5 年内 | | | | |
|---|---|---|---|---|---|
| | 息票付息总额/美元 | 复利收益/美元 | 债券价格的票面值/美元 | 累积价值/美元 | 总收益率/% |
| 16.0 | 5 568 750 | 2 858 028 | 8 827 141 | 17 253 919 | 12.58 |
| 15.5 | 5 568 750 | 2 746 494 | 8 919 852 | 17 235 096 | 12.56 |

续表

| 新收益率/% | 5.5年内 | | | | |
|---|---|---|---|---|---|
| | 息票付息总额/美元 | 复利收益/美元 | 债券价格的票面值/美元 | 累积价值/美元 | 总收益率/% |
| 14.5 | 5 568 750 | 2 528 352 | 9 109 054 | 17 206 156 | 12.53 |
| 14.0 | 5 568 750 | 2 421 697 | 9 205 587 | 17 196 034 | 12.51 |
| 13.5 | 5 568 750 | 2 316 621 | 9 303 435 | 17 188 807 | 12.51 |
| 13.0 | 5 568 750 | 2 213 102 | 9 402 621 | 17 184 473 | 12.50 |
| 12.5 | 5 568 750 | 2 111 117 | 9 503 166 | 17 183 033 | 12.50 |
| 12.0 | 5 568 750 | 2 010 644 | 9 605 091 | 17 184 485 | 12.50 |
| 11.5 | 5 568 750 | 1 911 661 | 9 708 420 | 17 188 831 | 12.51 |
| 11.0 | 5 568 750 | 1 814 146 | 9 813 175 | 17 196 071 | 12.51 |
| 10.5 | 5 568 750 | 1 718 078 | 9 919 380 | 17 206 208 | 12.53 |
| 10.0 | 5 568 750 | 1 623 436 | 10 027 059 | 17 219 245 | 12.54 |
| 9.5 | 5 568 750 | 1 530 199 | 10 136 236 | 17 235 185 | 12.56 |
| 9.0 | 5 568 750 | 1 438 347 | 10 246 936 | 17 254 033 | 12.58 |
| 8.5 | 5 568 750 | 1 347 859 | 10 359 184 | 17 275 793 | 12.60 |
| 8.0 | 5 568 750 | 1 258 715 | 10 473 006 | 17 300 472 | 12.63 |
| 7.5 | 5 568 750 | 1 170 897 | 10 588 428 | 17 328 075 | 12.66 |
| 7.0 | 5 568 750 | 1 084 383 | 10 705 477 | 17 358 610 | 12.70 |
| 6.5 | 5 568 750 | 999 156 | 10 824 180 | 17 392 086 | 12.73 |
| 6.0 | 5 568 750 | 915 197 | 10 944 565 | 17 428 511 | 12.77 |
| 5.5 | 5 568 750 | 832 486 | 11 066 660 | 17 467 895 | 12.82 |
| 5.0 | 5 568 750 | 751 005 | 111 909 494 | 17 510 248 | 12.86 |

表2.6显示了出现这种情况的原因，当市场收益率上升时，息票利息的收益上升，债券的价格下降，但上升的幅度大于下降的幅度。当市场收益率下降时，债券价格上升的幅度大于息票利息投资收益减小的幅度。

**表2.6　收益率变化情况下债券信息的变化**

| 新收益率/% | 复利变化/美元 | 价格变化/美元 | 累积价值的总变化/美元 |
|---|---|---|---|
| 16.0 | 746 911 | −676 024 | 70 887 |
| 15.5 | 635 377 | −583 314 | 52 063 |
| 14.5 | 417 235 | −394 112 | 23 123 |
| 14.0 | 310 580 | −297 579 | 13 001 |
| 13.5 | 205 504 | −199 730 | 5 774 |
| 13.0 | 101 985 | −100 544 | 1 441 |
| 12.5 | 0 | 0 | 0 |
| 12.0 | −100 473 | 101 925 | 1 452 |
| 11.5 | −199 456 | 205 254 | 5 798 |
| 11.0 | −296 971 | 310 010 | 13 038 |

续表

| 新收益率/% | 复利变化/美元 | 价格变化/美元 | 累积价值的总变化/美元 |
|---|---|---|---|
| 10.5 | −393 039 | 416 215 | 23 176 |
| 10.0 | −487 681 | 523 894 | 36 212 |
| 9.5 | −580 918 | 633 071 | 52 153 |
| 9.0 | −672 770 | 743 771 | 71 000 |
| 8.5 | −763 258 | 856 019 | 92 760 |
| 8.0 | −852 402 | 969 841 | 117 439 |
| 7.5 | −940 221 | 1 085 263 | 145 042 |
| 7.0 | −1 026 734 | 1 202 311 | 175 578 |
| 6.5 | −1 111 961 | 1 321 014 | 209 053 |
| 6.0 | −1 195 921 | 1 441 399 | 245 478 |
| 5.5 | −1 278 632 | 1 563 494 | 284 862 |
| 5.0 | −1 360 112 | 1 687 328 | 327 216 |

注意，对于最后这种情况，市场收益率无论怎样变化，最终的累积价值都能实现，关键在于麦考利久期等于投资期。总而言之，为了使目标累计价值不受市场收益率变化的影响，应投资于以下特征的债券：①麦考利久期等于投资期；②债券现金流的现值等于负债的现值。

在本例中，我们假定市场收益率一次性变化。在实践中，市场收益率将在投资期内上下波动。因此，债券组合的麦考利久期将随着市场收益率的变化而变化，此外，麦考利久期随着时间的消逝而变化。例如，假如投资期最初为 5.5 年，那么债券的组合应具有 5.5 年的久期，在 6 个月后，剩余的投资期为 5 年，如果此时的麦考利久期不是 5 年，债券组合必须加以调整，使其麦考利久期为 5 年。再过 6 个月，债券组合必须再调整，以使麦考利久期为 4.5 年，以此类推。

## 2.5　价格波动率的测度——凸度

### 2.5.1　凸度及其计算

由 2.4.2 节可知，债券价格收益率曲线(图 2.5)是凸形的。前面利用久期来估计债券价格的波动，实际上是利用价格收益率曲线的切线作为价格的近似来代替实际价格，称其为估计价格。

图 2.6 表明，当收益率在 $r^*$ 附近变动时，用切线上点对应的价格(近似价格)来代替曲线上的实际价格，可见价格被低估了。

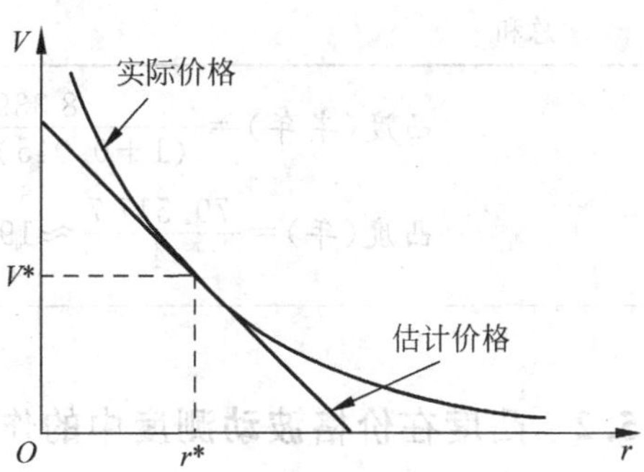


图 2.6　实际价格与估计价格的关系

为了说明债券价格的波动性，将债券的价格作为收益率的函数，将其泰勒展开，取两

项,得

$$dV=\frac{dV}{dr}dr+\frac{1}{2}\frac{d^2V}{dr^2}dr^2+o(dr)^2 \tag{2.5.1}$$

两边同时除以$V$,得

$$\frac{dV}{V}=\frac{dV}{dr}\frac{1}{V}dr+\frac{1}{2V}\frac{d^2V}{dr^2}dr^2+o(dr)^2 \tag{2.5.2}$$

式(2.5.2)的第一项实际上是用修正久期来估计价值的百分比变动,第二项表示价格收益率曲线的凸性特征,称$\frac{d^2V}{dr^2}\frac{1}{V}$为凸度,记为$T_d$,由式(2.4.4),凸度可表示为

$$T_d=\frac{1}{V(1+r)^2}\sum_{t=1}^{T}\frac{t(t+1)C_t}{(1+r)^t} \tag{2.5.3}$$

如果付息频率为$m$,则凸度的年度值为$\frac{T_d}{m^2}$。

**例　2.6**

面值为100美元,票面利率为8%,收益率为9%,债券的价格为96.043 64美元,每年付息两次。为计算这个债券的凸度,列出现值计算表,如表2.7所示。

表2.7　现值计算表

| 时间($t$) | 现金流($C_t$) | 现值 | $t(t+1)$ | 现值×$t(t+1)$ |
|---|---|---|---|---|
| 1 | 4 | 3.828 | 2 | 7.655 5 |
| 2 | 4 | 3.663 | 6 | 21.977 5 |
| 3 | 4 | 3.505 | 12 | 42.062 2 |
| 4 | 4 | 3.354 | 20 | 67.084 9 |
| 5 | 4 | 3.21 | 30 | 96.294 1 |
| 6 | 4 | 3.072 | 42 | 129.006 5 |
| 7 | 4 | 2.939 | 56 | 164.601 6 |
| 8 | 4 | 2.813 | 72 | 202.517 3 |
| 9 | 4 | 2.692 | 90 | 242.245 6 |
| 10 | 104 | 66.79 | 104 | 7 366.532 7 |
| 总和 | | | | 8 339.977 9 |

$$凸度(半年)=\frac{8\,339.977\,9}{(1+0.045)^2\times 96.043\,64}\approx 79.517\,7(美元)$$

$$凸度(年)=\frac{79.517\,7}{4}\approx 19.88(美元)$$

## 2.5.2　凸度在价格波动测度中的作用

由式(2.5.2)可见,利用久期和凸度共同来估计债券价格波动将会更准确,式(2.5.2)

右端第一项为

久期解释债券价格的百分比变化＝ －修正久期×收益率变化

式(2.5.2)第二项为

凸度解释的债券价格的百分比变化＝0.5×凸度×(收益率变化)$^2$

债券价格总百分比变化＝ －修正久期×收益率变化＋0.5×凸度×(收益率变化)$^2$

**例 2.7**

债券的修正久期为 4.018，凸度为 19.88，当收益率由 9%增加到 13%时，债券价格的百分比变化分别为

久期解释的价格的百分比变化＝－4.018×0.04≈－16.07%

凸度解释的价格的百分比变化＝0.5×19.88×(0.04)$^2$≈1.59%

债券价格总百分比变化为－16.07%＋1.59%＝－14.48%

这说明收益率从 9%上涨到 13%时，债券的价格下降 14.48 个百分点。

而当收益率是 13%时，债券的实际价格为 82.027 92 美元，价格实际百分比变化为－14.48%，可见用久期和凸度共同解释价格的百分比变化比只由久期来解释更精确。

## 2.5.3　凸度与价格变化幅度

债券的价格随利率反向变化，由式(2.4.3)可见$\frac{dV}{dr}<0$。根据凸度的定义，凸度＝$\frac{d^2V}{dr^2}\frac{1}{V}$，由式(2.4.4)及 $V>0$ 可见凸度为正，$r$ 越大，$\frac{dV}{dr}$越小。由于$\frac{dV}{dr}$是负值，所以绝对值增大，也就是债券价格减小的幅度越大，图 2.7 说明了这一点。

凸度反映了债券价格随收益率变化的幅度的大小。当债券价格不变时，凸度越大，$\frac{d^2V}{dr^2}$越大，债券价格的变化幅度越大。图 2.8 说明了这一点，图中的虚线表示债券 $B$ 的价格收益率曲线，实线表示债券 $A$ 的价格收益率曲线。

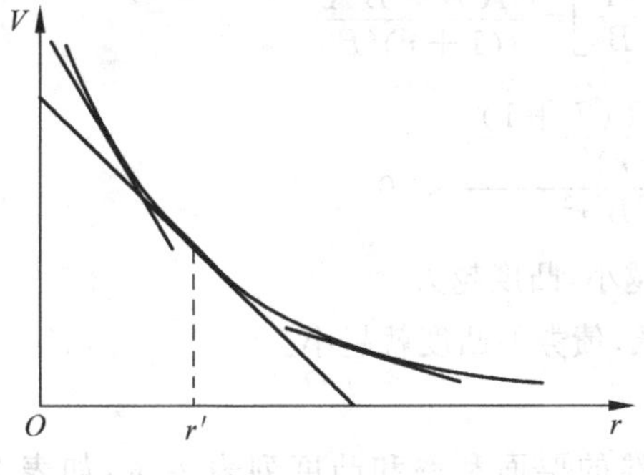


图 2.7　凸度与债券价格的关系

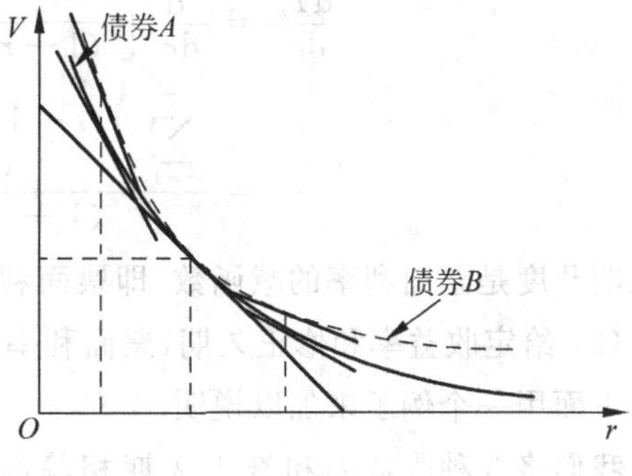


图 2.8　债券 B 与债券 A 的价格收益率曲线

### 2.5.4　凸度的特性

凸度有如下特性。

(1) 对于给定的收益率和存续期,票面利率越低,凸度就越大。

根据凸度的定义

$$T_d=\frac{\mathrm{d}^2V}{\mathrm{d}r^2}\frac{1}{V}=\frac{\sum_{t=1}^{T}\frac{t(t+1)C}{(1+r)^t}+\frac{T(T+1)P}{(1+r)^T}}{(1+r)^2\left[\sum_{t=1}^{T}\frac{C}{(1+r)^t}+\frac{P}{(1+r)^T}\right]} \tag{2.5.4}$$

式(2.5.4)右端分子和分母都除以$C$,得

$$T_d=\frac{\sum_{t=1}^{T}\frac{t(t+1)}{(1+r)^t}+\frac{T(T+1)\frac{P}{C}}{(1+r)^T}}{(1+r)^2\left[\sum_{t=1}^{T}\frac{1}{(1+r)^t}+\frac{\frac{P}{C}}{(1+r)^T}\right]} \tag{2.5.5}$$

显然,$\frac{P}{C}$是票面利率$r_c$的倒数,为方便起见,令

$$A=\sum_{t=1}^{T}\frac{t(t+1)}{(1+r)^t}+\frac{\frac{T(T+1)}{r_c}}{(1+r)^T}$$

$$B=\sum_{t=1}^{T}\frac{1}{(1+r)^t}+\frac{\frac{1}{r_c}}{(1+r)^T}$$

$A$和$B$都是$r_c$的函数,则

$$A'=\frac{\mathrm{d}A}{\mathrm{d}r_c}=-\frac{T(T+1)}{(1+r)^Tr_c^2}$$

$$B'=\frac{\mathrm{d}B}{\mathrm{d}r_c}=-\frac{P}{(1+r)^Tr_c^2}$$

于是

$$\frac{\mathrm{d}T_d}{\mathrm{d}r_c}=\frac{\mathrm{d}}{\mathrm{d}r_c}\left[\frac{1}{(1+r)^2}\frac{A}{B}\right]=\frac{A'B-B'A}{(1+r)^2B^2}$$

$$=\frac{\sum_{t=1}^{T}\frac{t(t+1)-T(T+1)}{(1+r)^t}}{(1+r)^{T+2}B^2r_c^2}<0$$

这说明凸度是票面利率的减函数,即票面利率越小,凸度越大。

(2) 给定收益率和修正久期,票面利率越低,债券的凸度就越小。

下面用一个例子来加以说明。

我们将3种收益率和修正久期相等的债券的票面利率和凸度列表表示,如表2.8所示。

**表 2.8　3 种债券的相关信息**

| 票面利率/% | 存续期 | 收益率/% | 修正久期 | 凸度 |
|---|---|---|---|---|
| 11.625 | 10.00 | 10 | 6.05 | 50.48 |
| 5.5 | 8.00 | 10 | 6.02 | 44.87 |
| 0 | 6.33 | 10 | 6.03 | 39.24 |

### 2.5.5　凸度的近似计算

凸度是价格对收益率的二阶导数除以价格。我们只要求出二阶导数的近似值，就可以得到凸度的近似计算公式。

二阶导数是一阶导数的导数，在价格收益率曲线上取 $A,B,C$ 三点，如图 2.9 所示。

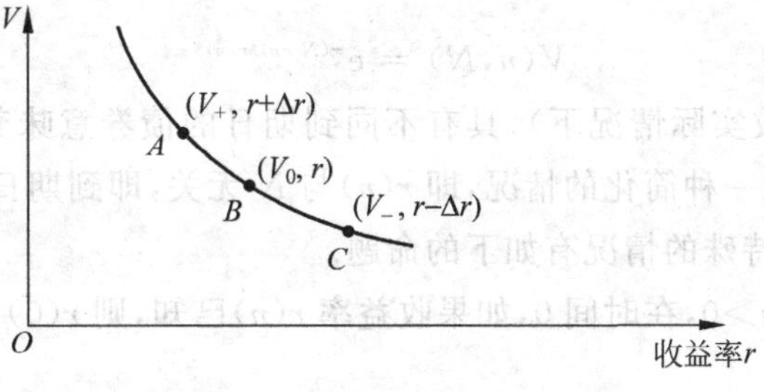


图 2.9　近似凸度计算

$A$ 点一阶导数用 $\widehat{AB}$ 的斜率代替，即 $\dfrac{V_+-V_0}{\Delta r}$，$B$ 点的一阶导数用 $\widehat{BC}$ 的斜率代替，即 $\dfrac{V_0-V_-}{\Delta r}$，$B$ 点的二阶导数是一阶导数的导数，近似地表示为

$$\frac{\dfrac{V_+-V_0}{\Delta r}-\dfrac{V_0-V_-}{\Delta r}}{\Delta r}=\frac{V_+-2V_0+V_-}{(\Delta r)^2}$$

所以得到凸度的近似计算公式为

$$\frac{V_++V_--2V_0}{V_0(\Delta r)^2}$$

## 2.6　可变利率与债务投资

本章在讨论债券定价时，假定在债券的持有期内，利率是不变的，这与实际情况有很大的差距。本节考虑利率可变的情况下，债券的价格与利率之间的关系。

为简单起见，我们考虑单位债券(unit bonds)，其面值为一个货币单位，即 $F=1$。债券可以在到期日之前的任何时间以市场价格卖出，在本节，我们利用 $V(t,T)$ 表示债券在时间 $t$ 的价值，特别地，$V(0,T)$ 表示债券在时间 0 的价值，$V(T,T)=1$ 等于债券面值。

在本章,时间都是离散的,我们固定时段 $h$ 的取值,记 $t=nh$ 为运行时间,$T=Nh$ 为到期时间。在大多数例子中,我们取 $h=\frac{1}{12}$年或者 $h=1$ 年。记号 $V(n,N)$用来代替零息单位债券价格 $V(t,T)$。为了理论上推导方便,在本节我们使用连续复利的计算方法,这样不仅简化了记号,也使得能够连续地计算任何长度时段的债券的价值。

## 2.6.1　与到期日无关的收益率

在本节,单位零息债券现值确定的隐含利率称为收益率,在时间 0 计算得到的收益率记为 $r(0)$,由下式确定。

$$V(0,N) = e^{-Nhr(0)}$$

对于不同的运行时点 $n<N$,收益率可能不同于 $r(0)$。于是,对于每一个 $n$,收益率 $r(n)$由下式确定。

$$V(n,N) = e^{-(N-n)hr(n)}$$

一般地(在大多数实际情况下),具有不同到期日的债券意味着具有不同的收益率。但是,在本节我们考虑一种简化的情况,即 $r(n)$与 $N$ 无关,即到期日不同的债券具有相同的收益率。对于这种特殊的情况有如下的命题。

**命题 2.1**　对于 $n>0$,在时间 0,如果收益率 $r(n)$已知,则 $r(0)=r(n)$,否则存在套利机会。

**证明**　如果 $r(0)\neq r(n)$,则存在套利机会。设 $r(0)<r(n)$,采用如下策略可实现套利。

(1) 借入 1 美元,借期从 0 到 $n+1$,并将它存入银行,存期从 0 到 $n$,两者的利率都是 $r(0)$(收益率可以看作存款和贷款的利率)。

(2)在时间 $n$ 取出存款和利息,总额为 $e^{nhr(0)}$,以利率 $r(n)$将该金额投资到 $n+1$,在时间 $n+1$ 获得收益为 $e^{nhr(0)+hr(n)}$,初始贷款需要还款 $e^{(n+1)hr(0)}$,留下一个正余额 $e^{nhr(0)}(e^{hr(n)}-e^{hr(0)})$,这是套利利润。

相反的不等式 $r(0)>r(n)$的情形可以用类似的方式证得。

由命题 2.1 可知,如果收益率与到期日无关并且收益率是确定性的[对任意 $n\geqslant 0$,$r(n)$是预先已知的],则 $r(n)$必为常数,即对所有的 $n$,有 $r(n)=r(0)$成立。

在无套利模型中,收益率是随时间变化的,但独立于到期日。也就是说,我们允许收益率是随机的,所以 $r(n)$将会高于 $r(0)$还是低于 $r(0)$事先是不可能预测的。

因此,我们假设在每个时点,收益率 $r(n)$是与到期日无关的正的随机数。

## 2.6.2　在单个债券上的投资

如果我们投资于零息债券并持有至到期日,则投资收益率是可预知的,因为最终的支付是事先确定的,不受未来利率变化的影响。但是,如果我们选择到期日之前卖出债券,结束投资,那么我们将面临在此期间利率变化对投资最终价值产生不利影响的风险。

**例 2.8**

假设投资期限为 6 个月的债券。令 $h=\frac{1}{12}$。买入一些 1 年后到期的单位债券，每份债券支付 $V(0,12)=0.9300$ 美元。这个价格意味着利率 $r(0)\approx 7.26\%$。因为准备在时间 $n=6$ 卖出债券，所以我们关心的是价格 $V(6,12)$，或者等价地，关心的是对应的利率 $r(6)$。让我们讨论可能发生的状况。

(1) 利率是不变的，$r(6)=7.26\%$。债券价格为 $V(6,12)\approx 0.9644$ 且投资的对数收益率是 3.63%，等于利率的一半，符合对数收益率的可加性。

(2) 比如说，如果利率减少到 $r(6)=6.26\%$（按惯例 0.01% 为一个基点，此时利率下降 100 个基点。）那么 $V(6,12)\approx 0.9692$，高于状况(1)中的价格。因此，我们获得更多收益，对数收益率达到 4.13%。

(3) 利率增加到 $r(6)=8.26\%$。在这种情况下，投资的对数收益率为 3.13%，低于状况(1)的对数收益率，债券价格为 $V(6,12)\approx 0.9596$。

综上，我们可以看到一种模式：如果利率下降，则收益会增加；如果利率上升，则收益会减少。容易求出这种投资收益的一般公式。

假设初始收益率随机变化，在时间 $n$ 变为 $r(n)$。

因此

$$V(0,N)=\mathrm{e}^{-r(0)hN},\quad V(n,N)=\mathrm{e}^{-r(n)h(N-n)}$$

在时间 $n$，结算的投资的收益记为 $k(0,n)$，则

$$k(0,n)=\ln\frac{V(n,N)}{V(0,N)}=\ln\mathrm{e}^{r(0)hN-r(n)h(N-n)}=r(0)hN-r(n)h(N-n)$$

我们可以看出，当利率 $r(n)$ 上升时，收益率下降。利率变化对收益率的影响依赖于时间选择。例如，如果 $h=\frac{1}{12}$，$N=12$，$n=6$，那么与利率保持不变的情况相比较，此时利率增加 120 个基点，收益将减少 0.6%。

在附息债券上的投资更复杂，即使债券持有至到期日，因为在此期间支付息票而且息票可以再投资。这种投资的收益率依赖于息票支付时的利率。首先考虑在第一次息票支付时投资立刻终止的相对简单的情况。

**例 2.9**

我们投资 1 000 美元于面值 100 美元、年息票 10 美元的 4 年期债券。这种附息债券可以看作分别在 1 年后、2 年后、3 年后和 4 年后到期，面值分别为 10 美元，10 美元，10 美元和 110 美元的 4 个零息债券的组合。假设这种附息债券的交易价格为 91.78 美元，该价格可以表示为 4 个零息债券价格的和。

$$91.78=10\mathrm{e}^{-r(0)}+10\mathrm{e}^{-2r(0)}+10\mathrm{e}^{-3r(0)}+110\mathrm{e}^{-4r(0)}$$

（时段长度为 $h=1$）求解该方程可得到收益率 $r(0)\approx 12\%$。我们可以买 10.896 份附息债券。1 年后，我们把该息票变现，可得 108.96 美元，并出售债券，这时债券变为 3 年

**例　2.9(续)**

期的附息债券。考虑3种状况。

(1) 1年后利率保持不变,即$r(1)=12\%$,附息债券的价值为

$$10e^{-0.12}+10e^{-2\times 0.12}+110e^{-3\times 0.12}\approx 93.48(\text{美元})$$

我们共计收到108.96+1 018.521≈1 127.48(美元)。

(2) 1年后利率下降到10%,因此,附息债券价值为

$$10e^{-0.1}+10e^{-2\times 0.1}+110e^{-3\times 0.1}\approx 98.73(\text{美元})$$

我们最终可得到1 184.63美元。

(3) 1年后利率上升到14%,附息债券的交易价格为88.53美元,投资的最终价值为1 073.51美元。

如果投资期超过1年,我们将面临息票的再投资问题。在下例中,我们假设息票用来购买同一债券。

**例　2.10**

我们还是以例2.9为例,但是我们的目标是3年后终止投资。现在有一个3年期附息债券,1年后,我们将息票再投资于同样的3年期的附息债券。考虑1年后的如下状况。

(1) 在投资期内,利率保持不变,即$r(0)=r(1)=r(2)=r(3)=12\%$。债券价格是93.48美元,于是收到来自息票的108.96美元可以再购买1.17份债券,持有的债券数量增加到12.06份。我们可以简单地用债券现价乘以所持有的债券份数监测投资价值。在下一年,我们重复这一过程。3年后,我们变现息票并出售债券,最终投资价值为1 433.33美元,这个数值将被用来作为其他状况的基准。

注意

$$1\,433.33\approx 1\,000e^{3\times 12\%}$$

等于用1 000美元投资于零息债券3年后的价值。我们把一系列投资总结在下表中。

| 年 | 0 | 1 | 2 | 3 |
|---|---|---|---|---|
| 利息/% | 12 | 12 | 12 | 12 |
| 息票1的现值/美元 | 8.87 | 10.00 | | |
| 息票2的现值/美元 | 7.87 | 8.87 | 10.00 | |
| 息票3的现值/美元 | 6.98 | 7.87 | 8.87 | 10.00 |
| 息票4的现值/美元 | 6.19 | 6.98 | 7.87 | 8.87 |
| 面值的现值/美元 | 61.88 | 69.77 | 78.66 | 88.69 |
| 债券价格/美元 | 91.78 | 93.48 | 95.40 | 97.56 |
| 息票现值/美元 | | 108.96 | 120.60 | 133.26 |
| 额外的债券/美元 | | 1.17 | 1.26 | |
| 债券总额/美元 | 10.90 | 12.06 | 13.33 | |
| 投资价值/美元 | 1 000.00 | 1 127.50 | 1 271.25 | 1 433.33 |

**例 2.10(续)**

(2)假设 1 年后利率下降 2%,然后保持不变。利率的下降导致所有债券价格上升。由息票购买的额外的债券数量少于状况(1)的债券数量。无论怎样投资的最终价值都是较高的,因为 3 年后我们卖出债券的价格也较高。

| 年 | 0 | 1 | 2 | 3 |
|---|---|---|---|---|
| 利息/% | 12 | 10 | 10 | 10 |
| 息票 1 的现值/美元 | 8.87 | 10.00 | | |
| 息票 2 的现值/美元 | 7.87 | 9.05 | 10.00 | |
| 息票 3 的现值/美元 | 6.98 | 8.19 | 9.05 | 10.00 |
| 息票 4 的现值/美元 | 6.19 | 7.41 | 8.19 | 9.05 |
| 面值的现值/美元 | 61.88 | 74.08 | 81.87 | 90.48 |
| 债券价格/美元 | 91.78 | 98.73 | 99.11 | 99.54 |
| 息票现值/美元 | | 108.96 | 119.99 | 132.10 |
| 额外的债券/美元 | | 1.10 | 1.21 | |
| 债券总额/美元 | 10.90 | 12.00 | 13.21 | |
| 投资价值/美元 | 1 000.00 | 1 184.65 | 1 309.25 | 1 446.94 |

(3) 如果利率增加到 14% 并保持不变,债券价格将低于状况(1)的债券价格,投资的最终价值将会更少。

| 年 | 0 | 1 | 2 | 3 |
|---|---|---|---|---|
| 利息/% | 12 | 14 | 14 | 14 |
| 息票 1 的现值/美元 | 8.87 | 10.00 | | |
| 息票 2 的现值/美元 | 7.87 | 8.69 | 10.00 | |
| 息票 3 的现值/美元 | 6.98 | 7.56 | 8.69 | 10.00 |
| 息票 4 的现值/美元 | 6.19 | 6.57 | 7.56 | 8.69 |
| 面值的现值/美元 | 61.88 | 65.70 | 75.58 | 86.94 |
| 债券价格/美元 | 91.78 | 88.53 | 91.83 | 95.63 |
| 息票现值/美元 | | 108.96 | 121.26 | 134.46 |
| 额外的债券/美元 | | 1.23 | 1.32 | |
| 债券总额/美元 | 10.90 | 12.13 | 13.45 | |
| 投资价值/美元 | 1 000.00 | 1 073.53 | 1 234.85 | 1 420.41 |

考虑与上面具有同样可能状况的投资,但是考虑设计一个特殊的有价证券,即每年支付 32 美元息票的附息债券 ,所有其他变量保持不变,结果如下。

| 状况/% | 3 年后的价值/美元 |
|---|---|
| 12,12,12,12 | 1 433.33 |
| 12,10,10,10 | 1 433.68 |
| 12,14,14,14 | 1 433.78 |

值得注意的是,无论利率上升还是下降都改善了我们投资的最后收益。这可用如下事实解释:债券的久期恰好等于投资期。在某种意义上说,此时的债券具有近似于指定到期日的零息债券的性质。

## 2.7　一般的期限结构

### 2.7.1 远期利率

在收益率与到期日无关的条件不成立的情况下,我们讨论债券价格模型。具有可变到期日的零息单位债券的价格 $V(n,N)$ 决定的一族收益率 $r(n,N)$ 由下式给出:

$$V(n,N) = \mathrm{e}^{-(N-n)hr(n,N)}$$

**注意**:收益率必须是正的,因为当 $n<N$ 时,$V(n,N)$ 必须小于1。当 $n<N$ 时,两变量的函数 $r(n,N)$ 被称为利率的期限结构(term struture of interest rates)。由当前价格所决定的收益率 $r(0,N)$ 称为即期利率(spot rates)。

由即期利率 $r(0,N)$ 形成的初始期限结构(initial term structure)是单变量 $N$ 的函数。一般地,它是一个增函数,但是,在金融市场中可观测到其他类型的函数图形。特别地,初始期限结构曲线可能是没有起伏的,也就是说,收益率可能与 $N$ 无关,是上一节考虑过的情况。

**例　2.11**

假设1年期面值为100美元的零息债券交易价格为91.80美元,2年期年息票为10美元,面值为100美元的债券的交易价格为103.95美元。给出如下收益率的方程

$$91.80 = 100\mathrm{e}^{-r(0,1)}$$

$$103.95 = 10\mathrm{e}^{-r(0,1)} + 110\mathrm{e}^{-2r(0,2)}$$

从第一个方程我们得到 $r(0,1)\approx 8.56\%$,将该值代入第二个方程,求得 $r(0,2)\approx 7.45\%$。因此,被剥离的两年期债券的价格,即一个2年后到期、面值为100美元的零息债券价格将为 $100\mathrm{e}^{-2r(0,2)}\approx 86.16$(美元)。如果给定3年期附息债券价格,那么我们能够估算出 $r(0,3)$,以此类推。

返回到债券的一般性研究,我们考虑一个确定性期限结构(因而被称为提前预知的、具有确定性的)。下一个命题表明,这是不现实的。

**命题 2.2**　如果期限结构是确定的,那么由无套利原理,有

$$V(0,N) = V(0,n)V(n,N) \tag{2.7.1}$$

**证明**　如果 $V(0,N)<V(0,n)V(n,N)$,那么

(1) 购买一份到期日为 $N$ 的债券,卖出 $V(n,N)$ 份到期日为 $n$ 的债券(这里我们假设债券的未来价格今天是已知的。)这样立即得到 $V(0,n)V(n,N)-V(0,N)$ 美元。

(2) 在时间 $n$,结算卖出的债券,通过发行一份到期日为 $N$ 的单位债券可以得到所需金额 $V(n,N)$。

(3) 在时间 $N$ 结算头寸,获得初始的利润。

相反的不等式 $V(0,N)>V(0,n)V(n,N)$,可以采取相反的策略,按类似的方法证明。

利用收益率表示的债券价格为

$$V(n,N)=\frac{V(0,N)}{V(0,n)}=\mathrm{e}^{hnr(0,n)-hNr(0,N)}$$

这意味着所有债券的价格(在整个期限结构内)由初始期限结构确定。然而,显然我们不可能期望用此法控制现实的债券市场。特别地,历史数据不支持这个关系式。

这表明假设确定性的债券价格会使模型过分简化。我们必须允许未来的期限结构是随机的。在下文中,未来的债券价格是随机的,因为它是由未来期限结构确定的变量。

我们首先举一个例子来说明怎样预先确保未来时间的存款利率和贷款利率。

**例　2.12**

1 年后,假设你公司的商业计划需要取得一笔 100 000 美元的贷款购买新设备,你希望再过 1 年后偿还贷款。你愿意今天就安排下来以固定利率偿还贷款,而不愿意冒险用未来利率偿还。假设即期利率为 $r(0,1)=8\%$,$r(0,2)=9\%$(其中 $h=1$)。你购买 1 000 份面值为 100 美元 1 年期债券,支付 $100\,000\mathrm{e}^{-8\%}\approx 92\,311.63$ 美元。这笔资金是以利率 9%借入的 2 年期贷款。1 年后,你将从债券收到 100000 美元,2 年后你能够归还贷款和利息,其支付总额为 $92\,311.63\mathrm{e}^{2\times 9\%}\approx 110\,517.09$ 美元。因而,你构想的贷款的利率为 $\ln(110\,517.09/100\,000)\approx 10\%$。金融中介机构可以通过提供所谓的远期利率协议来简化你的工作,同意并为你实现上面提到的贷款构想。

一般来说,初始远期利率(initial forward rate) $f(0,M,N)$ 是利率,使得

$$V(0,N)=V(0,M)\mathrm{e}^{-(N-M)hf(0,M,N)}$$

于是

$$f(0,M,N)=-\frac{1}{h(N-M)}\ln\frac{V(0,N)}{V(0,M)}=-\frac{\ln V(0,N)-\ln V(0,M)}{h(N-M)}$$

注意,这个利率是确定的,因为它是用现在的债券价格计算出来的。借助于初始期限结构很容易将它算出。把由收益确定的债券价格 $V(0,N)=\mathrm{e}^{-hNr(0,N)}$ 和 $V(0,M)=\mathrm{e}^{-hMr(0,M)}$ 代入上面的表达式,得到

$$f(0,M,N)=\frac{hNr(0,N)-hMr(0,M)}{N-M} \tag{2.7.2}$$

随着时间的推移,债券的价格将变化,相应地,远期利率也将变化。由时间 $n<M<N$ 确定的区间 $[M,N]$ 上的远期利率由下式定义为

$$V(n,N)=V(n,M)\mathrm{e}^{-(N-M)hf(n,M,N)}$$

即

$$f(n,M,N)=-\frac{\ln V(n,N)-\ln V(n,M)}{(N-M)h}$$

瞬时远期利率(instantaneous forward rates) $f(n,N)=f(n,N,N+1)$ 为单期时间间隔的远期利率。一般说来,当 $h$ 是 1 天时,瞬时远期利率对应于隔夜存贷款利率,公式为

$$f(n,N)=-\frac{\ln V(n,N+1)-\ln V(n,N)}{h} \quad (2.7.3)$$

给定特定时间 $n$ 的远期利率,我们能够重新构建债券价格。

**例 2.13**

令 $h=\frac{1}{12}$,$n=0$,$N=0,1,2,3$,假设债券价格为

$$V(0,1)=0.990\,1$$
$$V(0,2)=0.982\,8$$
$$V(0,3)=0.972\,6$$

则我们得到隐含收益率

$$r(0,1)\approx 11.94\%$$
$$r(0,2)\approx 10.41\%$$
$$r(0,3)\approx 11.11\%$$

和远期利率

$$f(0,0)\approx 11.94\%$$
$$f(0,1)\approx 8.88\%$$
$$f(0,2)\approx 12.52\%$$

注意,使用远期利率公式,我们得到

$$\exp[-(0.119\,4+0.088\,8+0.125\,2)/12]\approx 0.972\,6=V(0,3)$$

这个例子解释了下面的命题。

**命题 2.3** 债券价格为

$$V(n,N)=\exp\{-h[f(n,n)+f(n,n+1)+\cdots+f(n,N-1)]\}$$

**证明**

为此,注意

$$f(n,n)=-\frac{\ln V(n,n+1)}{h}$$

因为 $V(n,n)=1$,所以

$$V(n,n+1)=\exp\{-hf(n,n)\}$$

接下来

$$f(n,n+1)=-\frac{\ln V(n,n+2)-\ln V(n,n+1)}{h}$$

把 $V(n,n+1)$ 代入上面的表达式,得

$$V(n,n+2)=\exp\{-h[f(n,n)+f(n,n+1)]\}$$

多次重复,我们得到要证的一般性公式。

我们利用收益率得到远期利率的简单表达式:

$$f(n,N)=(N+1-n)r(n,N+1)-(N-n)r(n,N) \quad (2.7.4)$$

特别地

$$f(n,n) = r(n,n+1)$$

作为上面命题的直接结果,我们得到直观的公式

$$r(n,N) = \frac{f(n,n) + f(n,n+1) + \cdots + f(n,N-1)}{N-n}$$

**例　2.14**

从上述公式我们能够看到,如果期限结构是平坦的,也就是说,$r(n,N)$与 $N$ 无关,那么 $f(n,N)=r(n,N)$。对固定的 $n$,现在考虑 $f(n,N)$随 $N$ 增加的例子,并计算相应的收益率:

$$f(0,0) = 8.01\%,\quad r(0,1) = 8.01\%,$$
$$f(0,1) = 8.03\%,\quad r(0,2) = 8.02\%,$$
$$f(0,2) = 8.08\%,\quad r(0,3) = 8.04\%。$$

我们可以看到收益率也在增加。(见本章后的习题 13,该练习是对这个问题的一般性结论 )。

然而,虽然收益率会随着 $N$ 的增加而增加,但远期利率却不随到期时间的延长而增加:

$$f(0,0) = 9.20\%,\quad r(0,1) = 9.20\%,$$
$$f(0,1) = 9.80\%,\quad r(0,2) = 9.50\%,$$
$$f(0,2) = 9.56\%,\quad r(0,3) = 9.52\%。$$

### 2.7.2　货币市场账户

短期利率(short rate)定义为 $r(n)=f(n,n)$。另外一种表达式为 $r(n)=r(n,n+1)$,这是在时间 $n$ 开始的单时段有效的利率。短期利率是事先未知的,当前利率 $r(0)$除外。区分 $r(n)$与 $f(0,n)$是重要的。两个利率都应用于从时间 $n$ 到时间 $n+1$ 的单个时段,但前者是随机的,而后者在现时是已知的,并且由初始期限结构所确定。

当 $n\geqslant 1$ 时,货币市场账户用 $A(n)$表示,定义为

$$A(n) = \exp\{h[r(0) + r(1) + \cdots + r(n-1)]\}$$

其中 $A(0)=1$,$A(n)$表示投资 1 美元按短期利率连续复合产生利息在时间 $n$ 的价值。例如,如果 $h=\frac{1}{365}$,那么利息是由隔夜利率给出的。

这里 $A(n)$是随机的,正如下面将要看到的,一般来说不同于 $\exp[hnr(0,n)]$,后者是确定的,且可用到期日为 $n$ 的零息债券构造。

**例　2.15**

引入例 2.13 中的设定,假设价格变化如下:

$$V(0,1) = 0.990\,1,$$
$$V(0,2) = 0.982\,8,\quad V(1,2) = 0.994\,7,$$
$$V(0,3) = 0.972\,6,\quad V(1,3) = 0.984\,8,\quad V(2,3) = 0.990\,5$$

**例　2.15(续)**

相应的收益率为

$$r(0,1) \approx 11.94\%$$

$$r(0,2) \approx 10.41\%,\quad r(1,2) \approx 6.38\%$$

$$r(0,3) \approx 11.11\%,\quad r(1,3) \approx 9.19\%,\quad r(2,3) \approx 11.45\%$$

远期利率为

$$f(0,0) \approx 11.94\%$$

$$f(0,1) \approx 8.88\%,\quad f(1,1) \approx 6.38\%$$

$$f(0,2) \approx 12.52\%,\quad f(1,2) \approx 12.00\%,\quad f(2,2) \approx 11.45\%$$

我们不仅可以计算短期利率,而且可以计算出货币的市场账户的价值为

$$A(0) = 1$$

$$r(0) = f(0,0) \approx 11.94\%,\quad A(1) \approx 1.0100$$

$$r(1) = f(1,1) \approx 6.38\%,\quad A(2) \approx 1.0154$$

$$r(2) = f(2,2) \approx 11.45\%,\quad A(3) \approx 1.0251$$

## 2.8　随机利率的二叉树模型及债券套利定价

本节采用二叉树模型研究随时间变化的随机利率的建模问题。利率变化的建模方法可以简化债券价格变化的建模方法,因为后者决定前者。

利率或债券价格的变化需利用两个变量(运行时间和到期时间)来描述,而股票价格只是一个变量(运行时间)的函数。

### 2.8.1　债券价格的二叉树模型

首先,我们研究债券价格的二叉树模型,假设在每个时期债券的价格只有两种状态,向上变动或者向下变动,随着时期数的增加,构成二叉树。

状态(state)的含义是连续向上变动和向下变动的有限序列。首先,状态依赖于时间,换言之,状态依赖于时期数。我们将使用各种长度的字母 u 和 d 的序列,长度相应于逝去的时间(从树的根部算起的时期数)。在时间 1,只有两个状态:$s_1 = \mathrm{u}$ 或 $s_1 = \mathrm{d}$,在时间 2,则有 4 个状态:$s_2 = \mathrm{uu}$,$s_2 = \mathrm{ud}$,$s_2 = \mathrm{du}$ 或 $s_2 = \mathrm{dd}$。记 $s_2 = s_1\mathrm{u}$ 或 $s_2 = s_1\mathrm{d}$,表示在时间 1 状态 $s_1$ 已经发生的情况下,在时间 2 是上涨或是下跌的状态。一般地,$s_{n+1} = s_n\mathrm{u}$ 或 $s_{n+1} = s_n\mathrm{d}$。

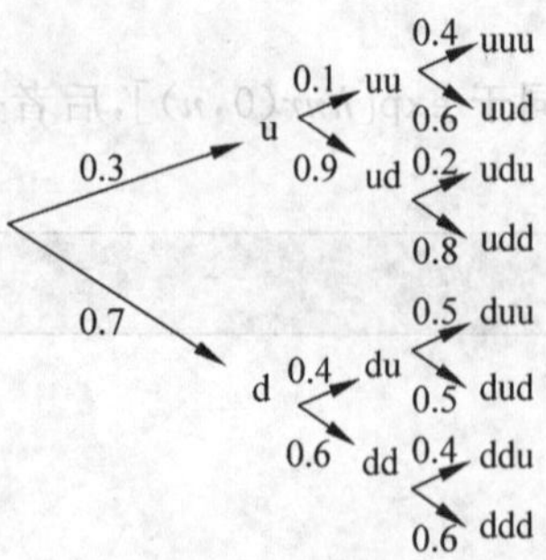

图 2.10　状态和概率

允许概率依赖于特定的状态。我们用 $p^{s_n}$ 表示在时间 $n$ 状态 $s_n$ 已经发生的情况下,在时间 $n+1$ 上涨的概率。第一时期上涨的概率记为 $p$。在图 2.10 中,我们有 $p=0.3$,$p^{\mathrm{u}}=0.1$,$p^{\mathrm{d}}=0.4$,$p^{\mathrm{uu}}=0.4$,$p^{\mathrm{ud}}=0.2$ $p^{\mathrm{du}}=0.5$,$p^{\mathrm{dd}}=0.4$。

我们固定一个自然数 $N$ 作为时间范围。在时间 $N$，状态 $s_N$ 表示已完成的债券价格变动的状态。

接下来，我们将描述债券价格的变化过程。在时间 0，我们给出直到 $N$ 的所有到期日的债券的价格，即 $N$ 个数的序列

$$V(0,1),V(0,2),V(0,3),\cdots,V(0,N-1),V(0,N)$$

在时间 1，第一个债券已到期，只有余下的 $N-1$ 个债券还在交易。根据状态 u 和 d，区分两种可能，引入随机性，于是我们有两个序列：

$$V^{u}(1,2),V^{u}(1,3),\cdots,V^{u}(1,N-1),V^{u}(1,N)$$

$$V^{d}(1,2),V^{d}(1,3),\cdots,V^{d}(1,N-1),V^{d}(1,N)$$

在时间 2，有 4 个状态和长度为 $N-2$ 的 4 个序列：

$$V^{uu}(2,3),\cdots,V^{uu}(2,N-1),V^{uu}(2,N)$$

$$V^{ud}(2,3),\cdots,V^{ud}(2,N-1),V^{ud}(2,N)$$

$$V^{ud}(2,3),\cdots,V^{ud}(2,N-1),V^{ud}(2,N)$$

$$V^{dd}(2,3),\cdots,V^{dd}(2,N-1),V^{dd}(2,N)$$

我们不要求 ud 和 du 的价格相等。

这个过程以同样的方式继续。在每一时期，序列的长度减少 1 个，序列的数量就双倍增加。在时间 $N-1$，我们只有以 $s_{N-1}$ 的所有可能状态作为指数的 $2^{N-1}$ 个单个的数，它们是

$$V^{s_{N-1}}(N-1,N)$$

树结构只能细分到这里，因为最后的价格变动是确定的：在时间 $N$ 到期的债券的价格变成了确定的数，即对所有的状态，有 $V^{s_N}(N,N)=1$ 成立。

债券价格的变化过程也可用收益率来描述。假设已经到达了状态 $s_{n-1}$，且债券价格 $V^{s_{n-1}}(n-1,N)$ 已知，则有

$$V^{s_{n-1}u}(n,N)=V^{s_{n-1}}(n-1,N)\exp[k^{s_{n-1}u}(n,N)]$$

$$V^{s_{n-1}d}(n,N)=V^{s_{n-1}}(n-1,N)\exp[k^{s_{n-1}d}(n,N)]$$

**例　2.16**

对 $N=3$ 的债券价格的变化过程$\left[\text{其时期为月}\left(h=\frac{1}{12}\right)\right]$如图 2.11 所示。图中显示了到期日为 1、2、3 的三个债券的价格。

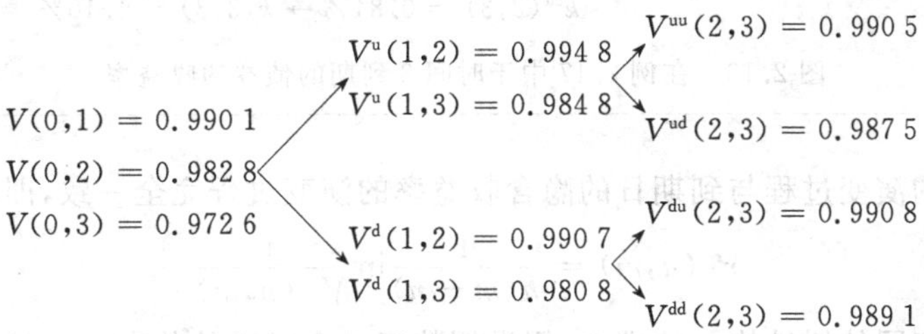


图 2.11　例 2.16 中的债券价格的变化过程

隐含定义的对数收益率

$$k^{s_{n-1}\mathrm{u}}(n,N)=\ln\frac{V^{s_{n-1}\mathrm{u}}(n,N)}{V^{s_{n-1}}(n-1,N)}$$

$$k^{s_{n-1}\mathrm{d}}(n,N)=\ln\frac{V^{s_{n-1}\mathrm{d}}(n,N)}{V^{s_{n-1}}(n-1,N)}$$

这里，我们假设 $k^{s_{n-1}\mathrm{u}}(n,N)\geqslant k^{s_{n-1}\mathrm{d}}(n,N)$。

注意，假设状态 $s_{n-1}$ 是已知的，在树的某些位置，收益是非随机的，即

$$k^{s_{n-1}\mathrm{u}}(n,n)=k^{s_{n-1}\mathrm{d}}(n,n)=\ln\frac{1}{V^{s_{n-1}}(n-1,n)}$$

因为 $B^{s_{n-1}\mathrm{u}}(n,n)=1$ 对所有的 $s_n$ 都成立。

**例　2.17**

由例 2.16 数据，我们提取出到期日为 3 的债券的价格，给出终值为 1 的债券价格变化的过程图 2.11，下面的图 2.12 描述了在时间 0 以 0.972 6 购买的单个债券的价格随机演变过程，收益率的计算是容易的。例如

$$k^{\mathrm{ud}}(2,3)=\ln\frac{V^{\mathrm{ud}}(2,3)}{V^{\mathrm{u}}(1,3)}\approx 0.27\%$$

这些结果如图 2.13 所示(每个时段的长度为 1 个月)。

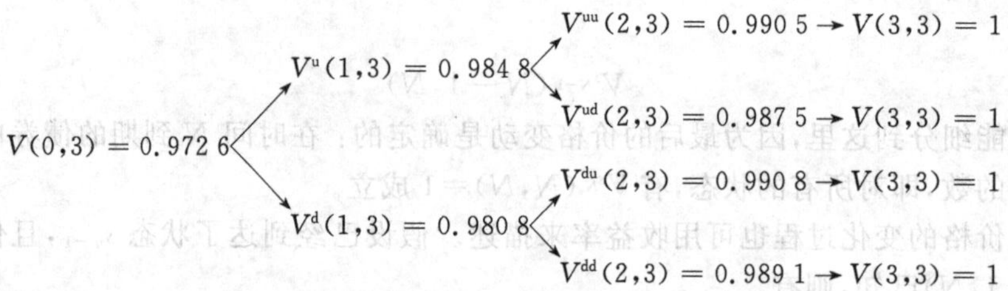


图 2.12　例 2.17 中在时间 3 到期的债券的价格变化过程

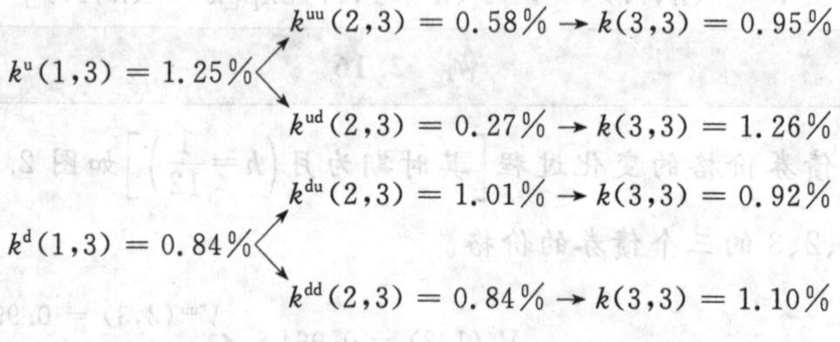


图 2.13　在例 2.17 中于时间 3 到期的债券的收益率

债券价格的演变过程与到期日的隐含收益率的演变过程完全一致，即

$$r^{s_n}(n,m)=\frac{1}{h(m-n)}\ln\frac{1}{V^{s_n}(n,m)}$$

与债券价格有相同的树结构。特别地，假设倒数第二个时段的状态 $s_{n-1}$ 是已知的，则最终的收益率是非随机的。注意词“上涨”和“下跌”在这里失去了意义，因为债券价格上涨时收益是下降的。我们还是使用原来的标记 u 和 d。

## 例 2.18

我们继续研究例 2.16，求收益率，记住 $h=\frac{1}{12}$。其结果汇总在图 2.14 中。

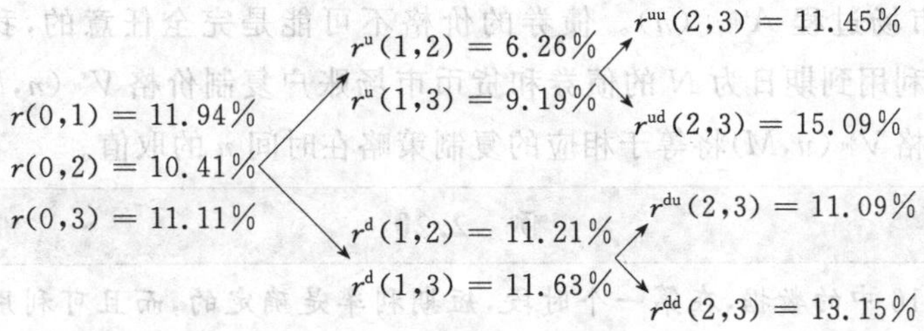


图 2.14 例 2.18 中的收益率变化过程

现在考虑瞬时远期利率，在初始时间 0，存在由初始债券价格产生的 $N$ 个远期利率

$$f(0,0),f(0,1),\cdots,f(0,N-1)$$

注意，第一个数是短期利率 $r(0)=f(0,0)$。

对于所有随后的时段，当前的债券价格隐含远期利率。应用于随机的债券价格的公式(2.7.3) 使我们求出远期利率的随机演变过程：

$$f^{s_n}(n,N)=-\frac{\ln V^{s_n}(n,N+1)-\ln V^{s_n}(n,N)}{h} \tag{2.8.1}$$

在时间 1，我们有从两个债券价格序列得到的 $N-1$ 个远期利率构成的两个可能的序列

$$f^{u}(1,1),f^{u}(1,2),\cdots,f^{u}(1,N-1)$$
$$f^{d}(1,1),f^{d}(1,2),\cdots,f^{d}(1,N-1)$$

在时间 2，我们有由 $N-2$ 个远期利率构成的四个序列，如此等等。在时间 $N-1$，有 $2^{N-1}$ 个数 $f^{s_{N-1}}(N-1,N-1)$。

## 例 2.19

利用式(2.8.1)，我们能够利用例 2.16 中的数据求出远期利率。例如

$$f^{u}(1,2)=-\frac{\ln V^{u}(1,3)-\ln V^{u}(1,2)}{h}$$

另外，我们可以利用例 2.18 求出收益率，由式(2.7.4)得到

$$f^{u}(1,2)=2r^{u}(1,3)-r^{u}(1,2)$$

这些结果汇总在图 2.15 中。

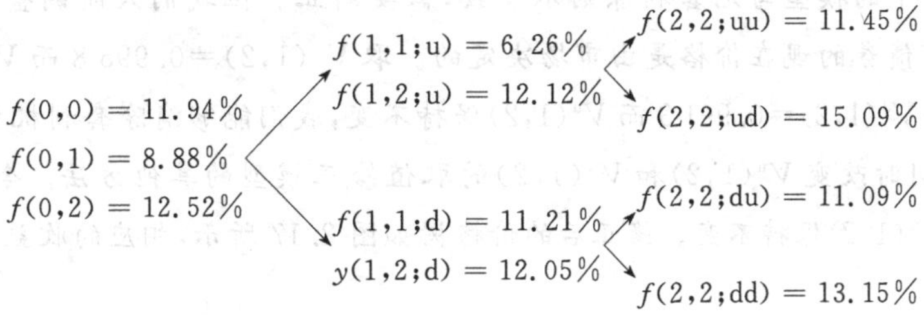


图 2.15 例 2.19 中的远期利率变化过程

## 2.8.2 债券的套利定价

假设我们对在时间 $N$ 到期的债券给出了债券价格 $V^{s_n}(n,N)$的二叉树。另外，我们还给出了货币市场过程 $A^{s_{n-1}}(n)$。债券的价格不可能是完全任意的，我们将证明，当 $M<N$ 时，可以利用到期日为 $N$ 的债券和货币市场账户复制价格 $V^{s_n}(n,M)$。根据无套利定价原理，价格 $V^{s_n}(n,M)$将等于相应的复制策略在时间 $n$ 的取值。

**例　2.20**

考虑例 2.16 中的数据，在第一个时段，短期利率是确定的，而且可利用价格 $V(0,1)$ 推出。货币市场账户的前两个价值为 $A(0)=1$ 和 $A(1)=1.01$。我们取在时间 3 到期的债券作为基本的工具。这个债券在时间 0 和时间 1 的价格以及在时间 2 到期的债券的价格在图 2.16 中给出。我们能够求出一个资产组合$(x,y)$，其中 $x$ 是时间 3 到期的债券数，$y$ 是货币市场头寸，使得这个资产组合的价值与在时间 2 到期的债券的时间 1 的价格相等。为此目的，我们求解如下方程组

$$0.984\,8x+1.01y=0.994\,8$$

$$0.980\,8x+1.01y=0.990\,7$$

得到 $x=1$ 和 $y\approx 0.009\,8$。这个资产组合在时间 0 的价值为 $1\times V(0,3)+0.009\,8\times A(0)\approx 0.982\,4$，它不等于 $V(0,2)$。图 2.16 中的价格提供了一个套利机会：

(1) 以 0.982 8 美元的价格卖出 1 份在时间 2 到期的债券，以 0.982 4 美元的价格买入上面构造的资产组合。

(2) 无论在时间 1 怎样，资产组合的价值都将足够买回债券，初始余额 0.000 4 美元为套利利润。

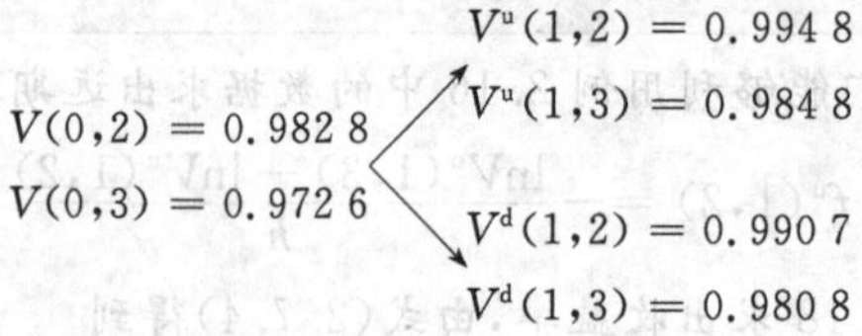


图 2.16　例 2.16 中的债券价格变化过程

例 2.16 中的模型与无套利原则不一致，需要纠正。但我们只能调整某些未来价格，因为所有债券的现在价格是由市场决定的。取 $V^u(1,2)=0.995\,8$ 而 $V^d(1,2)$保持不变，或者令 $V^d(1,2)=0.991\,3$ 而 $V^u(1,2)$保持不变，我们能够消除套利机会。当然，还有许多通过同时改变 $V^u(1,2)$和 $V^d(1,2)$的取值修正模型的其他方法。令 $V^d(1,2)=0.991\,3$，而 $V^u(1,2)$保持不变。修正后的价格树如图 2.17 所示，相应的收益率如图 2.18 所示。

**例　2.20(续)**

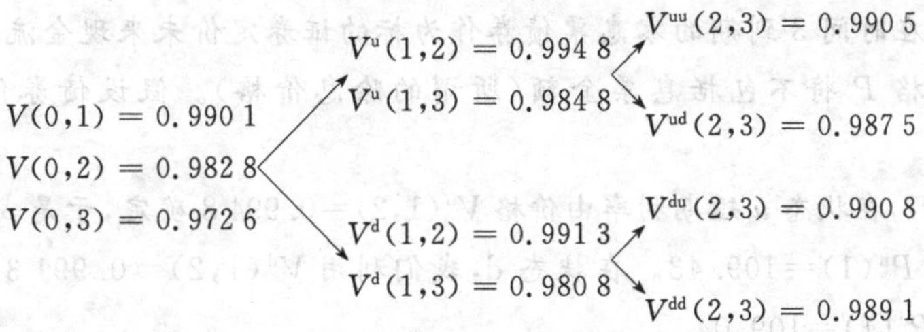


图 2.17　修正后的例 2.20 中的价格树

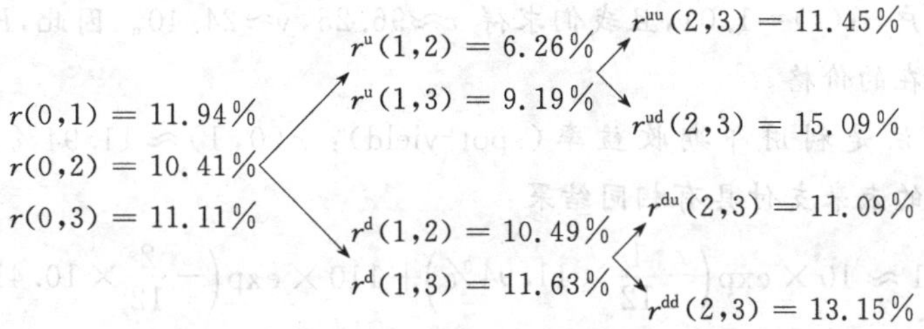


图 2.18　修正后的例 2.20 中的收益率树

我们可以很容易地将例 2.20 一般化。标的债券(underlying bond)在时间 $N$ 到期，我们能够求出在时间 $M<N$ 到期的任意债券的价格。复制过程从 $M$ 开始向后逐步地进行，对于时间 $M$ 的每个状态 $s_M$ 有 $V(M,M;\ s_M)=1$。第一期的价格是容易计算的：对每个状态 $s_{M-1}$，我们取一个资产组合，$x=0$ 和 $y=1/A^{s_{M-1}}(M)$，因为债券在到期之前的一个时期变为无风险债券。

接下来，考虑时间 $M-2$。对任意状态 $s_{M-2}$，通过求解方程组

$$xV^{s_{M-2}\mathrm{u}}(M-1,N)+yA^{s_{M-2}}(M-1)=V^{s_{M-2}\mathrm{u}}(M-1,M)$$

$$xV^{s_{M-2}\mathrm{d}}(M-1,N)+yA^{s_{M-2}}(M-1)=V^{s_{M-2}\mathrm{d}}(M-1,M)$$

我们求出在时间 $N$ 到期的债券的数量 $x=x^{s_{M-2}}(M-1)$ 和货币市场账户的头寸 $y=y^{s_{M-2}}(M-1)$。以这种方式，我们能够求出在时间 $M$ 到期的债券在时间 $M-2$ 的价格

$$V^{s_{M-3}u}(M-2,M)=xV^{s_{M-3}\mathrm{u}}(M-2,N)+yA^{s_{M-3}}(M-2)$$

$$V^{s_{M-3}d}(M-2,M)=xV^{s_{M-3}\mathrm{d}}(M-2,N)+yA^{s_{M-3}}(M-2)$$

我们能够重复这个树向后移动的复制过程。

对于债券价格的二叉树模型，债券的对数收益率满足的形式为

$$k^{s_{n-1}u}(n,N)>hr^{s_{n-1}}(n-1)>k^{s_{n-1}\mathrm{d}}(n,N)\qquad(2.8.2)$$

任意未来现金流都可按类似的方式被复制。例如，考虑一个具有固定息票的附息债券。

**例 2.21**

取一个面值 $F=100$,在时间 2 到期的附息债券,在时间 1 和时间 2 支付息票 $C=10$。我们利用在时间 3 到期的零息票债券作为标的证券定价未来现金流。附息债券在特定时间的价格 $P$ 将不包括息票金额(所谓的除息价格)。假设债券价格的结构如图 2.17 所示。

考虑时间 1,在状态 $u$ 短期利率由价格 $V^{u}(1,2)=0.9948$ 确定,于是我们有 $r^{u}(1)\approx 6.26\%$。因此 $P^{u}(1)=109.43$。在状态 d,我们利用 $V^{d}(1,2)=0.9913$ 得到 $r^{d}(1)\approx 10.49\%$与和 $P^{d}(1)=109.04$。

考虑时间 0,在时间 1 我们将要复制的包括息票金额的现金流,所以它是由 $P^{u}(1)+10\approx 119.43$ 和 $P^{d}(1)+10\approx 119.04$ 给出的。短期利率 $r(0)\approx 11.94\%$决定例 2.20 中的货币市场账户,$A(1)=1.01$,且我们求得 $x\approx 96.25$,$y\approx 24.40$。因此,$P(0)\approx 118.01$ 为附息债券现在的价格。

另一种方法是利用即期收益率(spot yield):$r(0,1)\approx 11.94\%$和 $r(0,2)\approx 10.41\%$,折现的未来支付具有相同结果:

$$118.01\approx 10\times\exp\left(-\frac{1}{12}\times 11.94\%\right)+110\times\exp\left(-\frac{2}{12}\times 10.41\%\right)。$$

一般地,

$$P(0)=C_1\exp[-hr(0,1)]+C_2\exp[-2hr(0,2)]+\cdots+(C_N+F)\exp[-Nhr(0,N)] \tag{2.8.3}$$

[为了简单起见,公式包括所有的时段,当在每个时段 $k(k=1,2,\cdots,N)$没有息票支付时,则 $C_k=0$。]在每个时间 $k$,当息票被支付时,现金流是(确定性)息票和(随机的)余下债券的价格之和:

$$C_k+P^{s_k}(k)=C_k+C_{k+1}\exp[-hr^{s_k}(k,k+1)]+\cdots+(C_n+F)\exp[-h(n-k)r^{s_k}(k,n)]$$

息票经常取决于其他量。如此附息债券可能变成衍生证券。一个重要的案例将在下面描述,这里息票是按面值的比例计算的。定义为附息率(coupon rate),可以利用将短期利率转换为等价的离散复合利率得到。在实际中,当 $h$ 是 1 天时,附息率将是隔夜的 LIBOR(伦敦银行同业拆借利率)。

**命题 2.4** 当 $0<k\leqslant N$ 时,在时间 $N$ 到期,具有随机息票

$$C_k^{s_{k-1}}=\{\exp[hr^{s_{k-1}}(k-1)]-1\}F \tag{2.8.4}$$

的附息债券是按面值(at par)交易的[价格 $P(0)$等于面值 $F$]。

**证明** 固定时间 $N-1$ 和状态 $s_{N-1}$。在这种状态下,债券的价值 $P^{s_{N-1}}(N-1)$为按短期利率折现的 $F+C_N^{s_{N-1}}$,如果息票由式(2.8.4)给出,得到 $P^{s_{N-1}}(N-1)=F$。沿着这个树向后跟进,对每个状态应用相同的论证,我们最终得到 $P(0)=F$。

# 习　题　2

1. 某人有 26 000 元，银行存款利率为 3%，按复利计算利息，问存入银行多少年才能使钱数增加 1 倍？

2. 某人拟在 5 年以后需要现金 100 000 元，设银行的存款利率为 5%，按复利计算利息，问他现在存入多少钱才能保证 5 年后可取出 100 000 元？

3. 某人需 5 年后还清 100 000 元债务，为此他打算每年存入一笔数量相同的钱，银行的存款利率为 4%，问他每年应该至少存入多少钱？

4. 某人 10 年分期付款购买房子，每年年初付 50 000 元，设利率为 3%，问购买的房子的价格是多少？

5. 1 000 元存款，年利率为 3%，按复利计算利息，按天转存，1 年后的终值是多少？如果年利率为 3.2%，半年转存，1 年后的终值是多少？哪一个更多？

6. 证明债券的到期收益率等于债券的票面利率的充要条件是债券的价格等于面值。

7. 证明当债券的价格大于面值时，票面利率大于到期收益率。

8. 证明如果债券组合在连续复利意义之下的久期等于投资期限，则债券组合的终值不受利率波动的影响。

9. 令 $h=\frac{1}{12}$，如果收益率与到期日独立，在时间 6(半年)到期的单位债券的交易价格为 $V(0,6)=0.9320$ 美元，$V(3,6)=0.9665$ 美元，这两个价格在时间 0 都是已知的，求套利策略。

10. 令 $h=\frac{1}{12}$，投资 100 美元于 6 个月的零息债券，交易价格 $V(0,6)=0.9400$ 美元。6 个月后将收益再投资同种债券，现在的交易价格为 $V(6,12)=0.9368$ 美元。求隐含利率并计算每次持有债券的数量。计算投资一年以上的对数收益率。

11. 假设 $V(0,12)=0.8700$ 美元，如果投资 6 个月零息债券的对数收益率为 14%，那么 6 个月之后的利率是多少？

12. 假设下面的即期利率是由伦敦中心银行提供的[伦敦银行同业拆借利率(the London Interbank Offered Rate，LIBOR)，为存款利率；伦敦银行同业拆放利率(the London Interbank Bid Rate，LIBID)，为贷款利率]：

| 利率/月 | LIBOR/% | LIBID/% |
|---|---|---|
| 1 | 3.46 | 3.62 |
| 2 | 4.06 | 4.24 |
| 3 | 4.19 | 4.33 |
| 6 | 4.35 | 4.54 |

这些利率按单利原则使用。作为银行经理，当客户希望在 1 个月后贷款 100 000 元，5 个月后还清，你能提供怎样的利率，如何构造贷款？假设另一个机构 2 个月后提供一份利率为 6.91%(以单利计算)的 4 个月的存款，存在套利机会吗？

13. 证明如果 $f(n,N)$ 随着 $N$ 增加而增加，那么 $r(n,N)$ 也会随着 $N$ 增加而增加。

# 第3章　均值方差分析与资本资产定价模型

1952年，马科维茨(H. M. Markowitz)在《金融月刊》上发表了“资产选择的有效分散化”一文。在这篇文章中，首先采用风险资产的期望收益率和代表风险的方差(或标准差)来研究组合投资问题。1959年，他又出版了同名著作，进一步阐述了他的组合投资理论。

现代组合投资理论是在研究投资者权衡收益和风险的基础上，用效用最大化研究投资者的投资行为以及资本市场的均衡问题。这一理论自产生之日起，就一直是金融投资理论的前沿研究课题。

马科维茨的投资组合选择理论是金融定量分析的开端，在此以前金融学通常以定性研究为主，因此马科维茨的投资组合理论与夏普(W. Sharpe)的资本资产的定价理论以及米勒(M. Miller)的公司财务理论获得了1990年诺贝尔经济学奖。

现代投资组合理论是研究对多种资产进行选择的组合投资问题，目的是使投资者持有的资产的期望收益尽可能的高，使风险尽可能的低。现代投资理论有狭义和广义之分。

狭义的现代投资组合理论是指由马科维茨20世纪50年代提出的资产组合理论，实际上是帮助投资者从若干可供选择的证券中，挑选出若干证券组成有效组合的理论与方法。有效组合即是在一定风险水平基础上，投资者可以实现的最高收益的投资组合或者在一定收益水平，风险最小的投资组合。所有的有效投资组合的集合即有效边界，或者有效前沿。

现代投资组合理论有时也称现代证券组合理论，这是因为证券是各种风险资产的典型代表。因为公开交易的证券(特别是普通股票)数据最容易获得，收益和风险容易用公式定量表示，本书对投资理论也以证券为主要研究对象。

广义的现代投资组合理论是在证券投资组合理论的基础上，研究一般风险资产的投资以及与狭义现代投资组合理论相关的理论。由于马科维茨证券选择理论在实际应用中计算量很大，所以，20世纪60年代出现了几种其他求解有效组合的方法，以及与狭义投资组合理论密切相关的资本市场理论。其主要内容包括资产定价理论、证券市场的有效性理论。

## 3.1　两种证券投资组合的均值—方差

### 3.1.1　投资组合

设有两种风险资产证券，记为$A$和$B$：

$$w_A=\frac{\text{购买(或卖空)证券}A\text{金额}}{\text{投资于两种证券自有金额}}$$

称为投资于证券$A$的权重。权重为正数，意味着投资者买入该资产。如果是卖空，投资于资产的权重是负数。如果你有资金 1 000 元，投资于证券 $A$ 的金额为 400 元，投资于证券 $B$ 的金额为 600 元，易见，此时 $w_A=\frac{400}{1\,000}=0.4$，$w_B=\frac{600}{1\,000}=0.6$，满足 $w_A+w_B=1$。当你卖空某证券时，是先从其他人手中（通常是从经纪人手中），借入一定数量的证券，一定时间后，你必须归还同样数量的证券。

假设你借 100 股某公司的股票，市场价格为 10 元，那么将股票卖出，可获得 1 000 元现金。一段时间之后，该股票的价格为 5 元，你在市场上购买 100 股，支付现金 500 元，两者之间的差额为 500 元，你可以获利。

假设你有资金 1 000 元，卖空证券 $B$ 获现金 600 元，共有 1 600 元，投资于证券 $A$，于是

$$w_A=\frac{1\,600}{1\,000}=1.6$$

对于资产 $B$，因为卖空 $B$ 得到 600 元，投资于证券 $B$ 的权重：

$$w_B=\frac{-600}{1\,000}=-0.6$$

则

$$w_A+w_B=1$$

设证券 $A$ 的收益率 $R_A$、证券 $B$ 的收益率 $R_B$ 是随机变量，假设我们已知 $R_A$ 和 $R_B$ 的概率分布，此时称 $E(R_A)$ 和 $E(R_B)$ 分别为证券 $A$ 和证券 $B$ 的期望收益。设 $\boldsymbol{w}=(w_A,w_B)^{\mathrm{T}}$ 是一投资组合，投资组合的收益率为 $R_w=w_AR_A+w_BR_B$，易见投资组合的期望收益为

$$E(R_w)=w_AE(R_A)+w_BE(R_B) \tag{3.1.1}$$

证券 $A$ 收益率 $R_A$ 的方差记为 $\sigma^2(R_A)$，证券 $B$ 收益率 $R_B$ 的方差记为 $\sigma^2(R_B)$，则投资组合收益率的方差为

$$\begin{aligned}\sigma^2(R_w)&=w_A^2\sigma^2(R_A)+w_B^2\sigma^2(R_B)+2w_Aw_B\mathrm{Cov}(R_A,R_B) \qquad (3.1.2)\\&=w_A^2\sigma^2(R_A)+w_B^2\sigma^2(R_B)+2w_A\cdot w_B\rho_{AB}\sigma(R_A)\cdot\sigma(R_B)\end{aligned}$$

式中，$\rho_{AB}$ 为 $R_A$ 和 $R_B$ 的相关系数。

**例　3.1**

考虑给出概率的如下三个状况（三叉树模型）。假设在这三个状况下，两只股票的收益率如表 3.1 所示。

**表 3.1　三个状况下两只股票的收益率**

| 状况 | 概率 | 收益率 $R_A$/% | 收益率 $R_B$/% |
|---|---|---|---|
| $\omega_1$（衰退） | 0.2 | −10 | −30 |
| $\omega_2$（萧条） | 0.5 | 0 | 20 |
| $\omega_3$（繁荣） | 0.3 | 10 | 50 |

股票的期望收益为

$$E(R_A)=-0.2\times10\%+0.5\times0\%+0.3\times10\%=1\%$$

$$E(R_B)=-0.2\times30\%+0.5\times20\%+0.3\times50\%=19\%$$

**例 3.1(续)**

假设将可利用资金的60%投资于第一种股票,40%投资于第二种股票,$w_A=60\%$,$w_B=40\%$,则这个资产组合的收益率为

$$E(R_w)=w_AE(R_A)+w_BE(R_B)$$
$$=0.6\times1\%+0.4\times19\%=8.2\%$$

**例 3.2**

利用表3.2中数据:

表3.2 两只股票的收益率

| 状况 | 概率 | 收益率 $R_A$/% | 收益率 $R_B$/% |
|---|---|---|---|
| $\omega_1$(衰退) | 0.4 | −10 | 20 |
| $\omega_2$(萧条) | 0.2 | 0 | 20 |
| $\omega_3$(繁荣) | 0.4 | 20 | 10 |

比较用方差测量的 $w_A=40\%$,$w_B=60\%$ 的资产组合的风险与资产组合成员的风险。直接计算,于是有

$$\sigma^2(R_A)=0.0184,\quad \sigma^2(R_B)=0.0024,\quad \rho_{AB}=-0.96309$$

由式(3.1.2)可以计算出

$$\sigma^2(R_w)=(0.4)^2\times0.0184+(0.6)^2\times0.0024+2\times0.4\times0.6\times$$
$$(-0.96309)\times\sqrt{0.0184}\times\sqrt{0.0024}$$
$$\approx0.009824$$

注意,方差 $\sigma^2(R_w)$ 小于 $\sigma^2(R_A)$ 和 $\sigma^2(R_B)$。

**例 3.3**

现在考虑权重 $w_A=-50\%$,$w_B=150\%$ 的资产组合(允许卖空证券),其他数据与例3.2相同,则这个资产组合的方差为

$$\sigma^2(R_w)=(-0.5)^2\times0.0184+(1.5)^2\times0.0024+2\times(-0.5)\times1.5\times$$
$$(-0.96309)\times\sqrt{0.0184}\times\sqrt{0.0024}$$
$$\approx0.0196$$

$\sigma^2(R_w)$ 比 $\sigma^2(R_A)$ 和 $\sigma^2(R_B)$ 都大。

### 3.1.2 联合线

假设 $E(R_A)=0.10$,$\sigma(R_A)=0.05$,$E(R_B)=0.04$,$\sigma(R_B)=0.10$,由式(3.1.1),得

$$E(R_w)=w_A\times0.10+(1-w_A)\times0.04 \tag{3.1.3}$$

(1) 如果我们假设 $R_A$ 和 $R_B$ 的相关系数为零,此时 $\mathrm{Cov}(R_A,R_B)=0$,由式(3.1.2),得

$$\sigma(R_w)=[w_A^2\times 0.05^2+(1-w_A)^2\times 0.10^2]^{\frac{1}{2}} \tag{3.1.4}$$

设自有资金 1 000 元，卖空证券 $B$ 收入为 500 元，将这两种资金(共 1 500 元)投资于证券 $A$，此时 $w_A=1.50$，$w_B=-0.50$，代入式(3.1.3)和式(3.1.4)得

$$E(R_w)=1.50\times 0.10-0.5\times 0.04=0.13$$

$$\sigma(R_w)=[1.5^2\times 0.05^2+(-0.50)^2\times 0.10^2]^{\frac{1}{2}}\approx 0.09$$

如果 $w_A$ 取不同的值，则可得到不同的结果，如表 3.3 所示。

**表 3.3　不同投资组合的期望收益和收益标准差**

| $w_A$ | $E(R_w)$ | $\sigma(R_w)$ |
|---|---|---|
| 1.50 | 0.130 | 0.090 |
| 0.75 | 0.085 | 0.045 |
| 0.50 | 0.070 | 0.056 |
| 0.25 | 0.055 | 0.076 |
| −0.5 | 0.010 | 0.152 |

利用表 3.3 中的数据在$[\sigma(R_w),E(R_w)]$的坐标系之下画出一条曲线称为证券 $A$ 和证券 $B$ 的联合线，如图 3.1 所示的 $A$、$B$ 两点。在这两点上，$w_A$ 和 $w_B$ 分别为 1.00 和 0.00，沿 $A$ 点向上移动，这部分联合线上的点表示卖空 $B$ 投资于 $A$ 的情况；介于 $A$ 和 $B$ 之间的这部分联合线上的点，表示同时投资于 $A$ 和 $B$ 的情况；而从 $B$ 点向右下方移动，这部分联合线上点表示卖空 $A$ 投资于 $B$ 的情况。

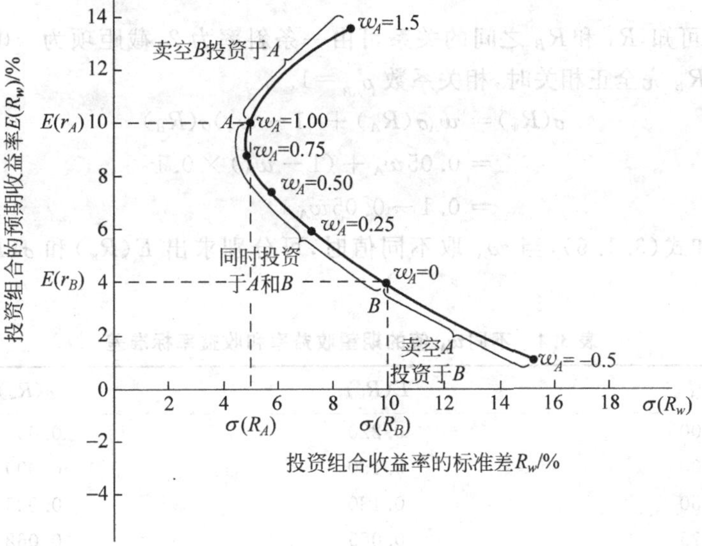


图 3.1　证券 $A$ 和 $B$ 的联合线

图 3.1 中的联合线是这两种证券的收益率在不相关的前提下绘制的，若相关系数不为零，式(3.1.4)不成立，将会得到形状不同的联合线。

(2) 现在假设 $R_A$ 和 $R_B$ 完全正相关，在 $(R_A, R_B)$ 坐标系内，是一条斜率为正的直线，即

$$R_B = a_0 + a_1 R_A,\quad a_1 > 0 \tag{3.1.5}$$

在本例中，$\sigma(R_B)$ 是 $\sigma(R_A)$ 的 2 倍，所以该直线的斜率为 2。也就是说，当证券的收益率改变时，证券 $B$ 的收益率的改变量是证券 $A$ 改变量的 2 倍，即 $a_1=2$。式(3.1.5)两边取期望，得

$$E(R_B) = a_0 + a_1 E(R_A) = a_0 + 2E(R_A)$$

再将 $E(R_A)=0.10$，$E(R_B)=0.04$ 代入，得 $a_0=-0.16$。$R_A$ 和 $R_B$ 完全正相关的图形，如图 3.2 所示。

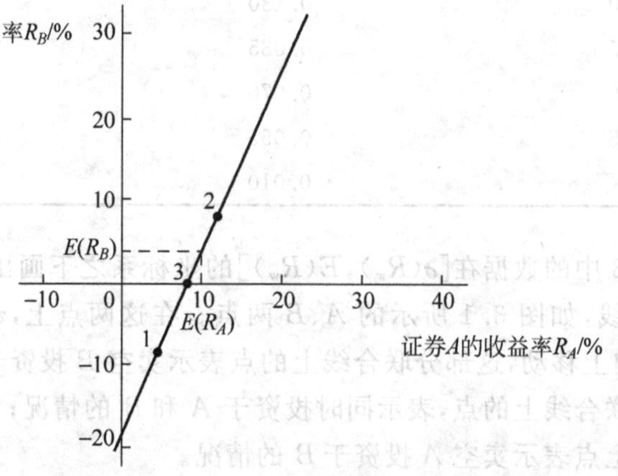


图 3.2　证券 $A$ 和 $B$ 收益率完全正相关时的示意图

由图 3.2 可知，$R_A$ 和 $R_B$ 之间的关系可由一条斜率为 2，截距项为 −0.16 的直线表示。当 $R_A$ 和 $R_B$ 完全正相关时，相关系数 $\rho_{AB}=1$。

$$\begin{aligned}\sigma(R_w) &= w_A\sigma(R_A) + (1-w_A)\sigma(R_B)\\ &= 0.05w_A + (1-w_A)\times 0.1\\ &= 0.1 - 0.05w_A\end{aligned} \tag{3.1.6}$$

由式(3.1.3)和式(3.1.6)，当 $w_A$ 取不同值时，可分别求出 $E(R_w)$ 和 $\sigma(R_w)$，如表 3.4 所示。

**表 3.4　不同 $w_A$ 值的期望收益率和收益率标准差**

| $w_A$ | $E(R_w)$ | $\sigma(R_w)$ |
|---|---|---|
| 3.00 | 0.220 | 0.050 0 |
| 2.00 | 0.160 | 0.000 0 |
| 1.50 | 0.130 | 0.025 0 |
| 0.75 | 0.085 | 0.062 5 |
| 0.50 | 0.070 | 0.075 0 |
| 0.25 | 0.055 | 0.087 5 |
| −0.5 | 0.010 | 0.125 0 |

由表 3.4 可知，当 $w_A=2.00$ 时，即卖空证券 $B$，将得到的资金和自有资金一起投资于证券 $A$，该组合为无风险组合。

(3) 现在假设 $R_A$ 和 $R_B$ 完全负相关，此时所有的$(R_A,R_B)$在一条斜率为负值的直线上，设 $R_B=a_0+a_1R_A(a_1<0)$，根据 $E(R_A)=0.10$ 和 $E(R_B)=0.04$，可得

$$0.04=a_0-2.00\times 0.10$$

解得 $a_0=0.24$，于是得此直线的方程为

$$R_B=0.24-2R_A \tag{3.1.7}$$

其图形如图 3.3 所示。

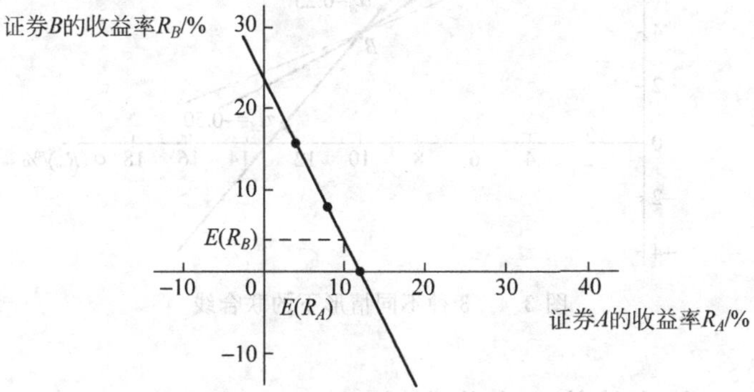


图 3.3　证券 $A$ 和 $B$ 收益率完全负相关情况下的示意图

由式(3.1.2)，当 $R_B$ 和 $R_A$ 完全负相关时，相关系数为 −1，此时

$$\sigma(R_w)=w_A\sigma(R_A)-(1-w_A)\sigma(R_B) \tag{3.1.8}$$

与完全正相关情况下的计算方法一样，对于不同的 $w_A$ 值，可以求得不同的 $E(R_w)$ 和 $\sigma(R_w)$，如表 3.5 所示。

**表 3.5　不同 $w_A$ 值的收益率期望和标准差**

| $w_A$ | $E(R_w)$ | $\sigma(R_w)$ |
|---|---|---|
| 3.00 | 0.220 | 0.350 0 |
| 2.00 | 0.160 | 0.200 0 |
| 1.50 | 0.130 | 0.125 0 |
| 0.667 | 0.080 | 0.000 0 |
| 0.250 | 0.055 | 0.085 0 |
| −0.50 | 0.010 | 0.175 0 |

由表 3.5 可知，当 $w_A=0.667$，$w_B=0.333$ 时，投资组合为无风险组合。

据表 3.3～表 3.5 可画出 $R_B$ 与 $R_A$ 无关、$R_B$ 与 $R_A$ 完全正相关和 $R_B$ 与 $R_A$ 完全负相关 3 种情形的联合线，如图 3.4 所示。

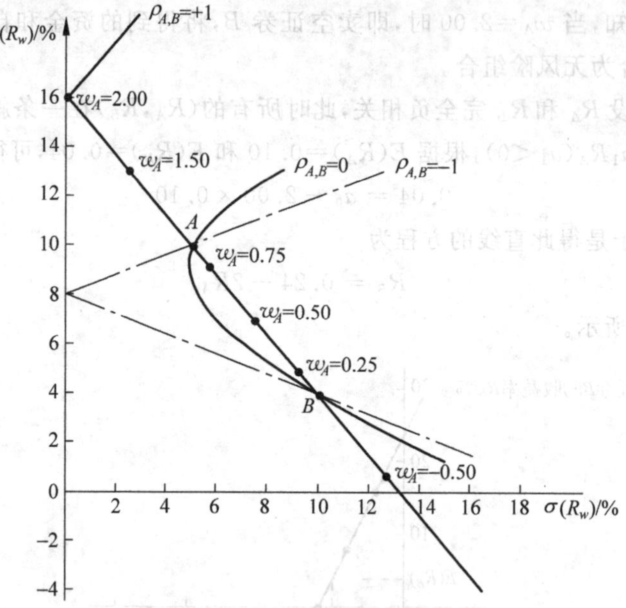


图 3.4　3种不同情形下的联合线

### 3.1.3　两种投资组合均值—方差分析

设有两种证券 $A$ 和 $B$，证券 $A$ 的期望收益记为 $\mu_A$，证券 $B$ 的期望收益记为 $\mu_B$，设 $\mu_A \neq \mu_B$。设投资于证券 $A$ 的资金权重为 $w_A$，投资于证券 $B$ 的权重记为 $w_B$。满足

$$w_A + w_B = 1 \tag{3.1.9}$$

投资组合 $w = (w_A, w_B)^{\mathrm{T}}$ 的期望收益记为 $\mu_w$，则有

$$w_A\mu_A + w_B\mu_B = \mu_w \tag{3.1.10}$$

投资组合 $w$ 的收益率 $R_w = w_A R_A + w_B R_B$ 的方差

$$\sigma_w^2 = w_A^2\sigma_A^2 + 2w_A w_B \sigma_{AB} + w_B^2\sigma_B^2 \tag{3.1.11}$$

其中 $\sigma_A^2 = \mathrm{Var}(R_A) = \sigma^2(R_A)$，$\sigma_B^2 = \mathrm{Var}(R_B) = \sigma^2(R_B)$，$\sigma_{AB} = \mathrm{Cov}(R_A, R_B)$。

由式(3.1.9)和式(3.1.10)解得

$$w_A = \frac{\mu_w - \mu_B}{\mu_A - \mu_B},\quad w_B = \frac{\mu_w - \mu_A}{\mu_B - \mu_A}$$

代入式(3.1.11)，得

$$\sigma_w^2 = \sigma_A^2\left(\frac{\mu_w - \mu_B}{\mu_A - \mu_B}\right)^2 - 2\sigma_{AB}\,\frac{(\mu_w - \mu_A)(\mu_w - \mu_B)}{(\mu_A - \mu_B)^2} + \sigma_B^2\left(\frac{\mu_w - \mu_A}{\mu_A - \mu_B}\right)^2$$

整理后，可得

$$\sigma_w^2 = \frac{[\sigma_A(\mu_w - \mu_B) - \sigma_B(\mu_w - \mu_A)]^2 + 2(\sigma_A\sigma_B - \sigma_{AB})(\mu_w - \mu_B)(\mu_w - \mu_A)}{(\mu_A - \mu_B)^2} \tag{3.1.12}$$

由于证券 $A$ 和证券 $B$ 都是风险资产，所以 $\sigma_A^2 > 0$，$\sigma_B^2 > 0$。若 $R_A$ 和 $R_B$ 不完全相关，则 $\sigma_A^2\sigma_B^2 - \sigma_{AB}^2 > 0$，于是式(3.1.12)的右端作为 $\mu_w$ 的二次函数恒大于零，可以写成 $a(\mu_w - b)^2 + c$

的形式。代入式(3.1.12),得

$$\sigma_w^2 - a(\mu_w - b)^2 = c,\quad a,c > 0 \tag{3.1.13}$$

易见方程(3.1.13)在($\sigma_w,\mu_w$)平面上的图形是双曲线。由于 $\sigma_w>0$,所以它只有开口向右的一支。下面按 3 种不同的情况分析投资组合均值和方差之间的关系。

(1) 若 $R_A$ 和 $R_B$ 完全正相关,由此 $\sigma_{AB}=\sigma_A\sigma_B$,式(3.1.12)变为

$$\sigma_w^2 = \frac{[\sigma_A(\mu_w - \mu_B) - \sigma_B(\mu_w - \mu_A)]^2}{(\mu_A - \mu_B)^2} \tag{3.1.14}$$

可见方程(3.1.14)的图形是从$\left(0,\dfrac{\sigma_A\mu_B-\sigma_B\mu_A}{\sigma_A-\sigma_B}\right)$出发的两条射线,其中的一条是

$$\sigma_w = \frac{\sigma_A(\mu_w - \mu_B) - \sigma_B(\mu_w - \mu_A)}{\mu_A - \mu_B},\quad \sigma_w > 0 \tag{3.1.15}$$

通过点($\sigma_A,\mu_A$)和点($\sigma_B,\mu_B$)。

另一条是

$$\sigma_w = \frac{-\sigma_A(\mu_w - \mu_B) + \sigma_B(\mu_w - \mu_A)}{\mu_A - \mu_B},\quad \sigma_w > 0 \tag{3.1.16}$$

(2) 如果 $R_A$ 和 $R_B$ 完全负相关,此时 $\sigma_{AB}=-\sigma_A\sigma_B$,由式(3.1.12),得

$$\sigma_w^2 = (\sigma_A w_A - \sigma_B w_B)^2 = \frac{[\sigma_A(\mu_w - \mu_B) + \sigma_B(\mu_w - \mu_A)]^2}{(\mu_A - \mu_B)^2} \tag{3.1.17}$$

同样是两条射线,这两条射线从$\left(0,\dfrac{\sigma_A\mu_B+\sigma_B\mu_A}{\sigma_A+\sigma_B}\right)$出发指向右方,其中一条通过点($\sigma_A,\mu_A$),其方程为

$$\sigma_w = \frac{\sigma_A(\mu_w - \mu_B) + \sigma_B(\mu_w - \mu_A)}{\mu_A - \mu_B},\quad \sigma_w > 0 \tag{3.1.18}$$

另一条通过点($\sigma_B,\mu_B$),其方程为

$$\sigma_w = \frac{\sigma_B(\mu_w - \mu_A) + \sigma_A(\mu_w - \mu_B)}{\mu_B - \mu_A},\quad \sigma_w > 0 \tag{3.1.19}$$

(3) 如果 $R_A$ 和 $R_B$ 无关,此时 $\sigma_{AB}=0$,方程(3.1.12)变为

$$\sigma_w^2 = (\sigma_A w_A)^2 + (\sigma_B w_B)^2 = \frac{\sigma_B^2(\mu_w - \mu_A)^2 + \sigma_A^2(\mu_w - \mu_B)^2}{(\mu_A - \mu_B)^2} \tag{3.1.20}$$

方程(3.1.20)是一条经过点($\sigma_A,\mu_A$)和点($\sigma_B,\mu_B$)的双曲线,其顶点为$\left(\dfrac{\sigma_A^2\sigma_B^2}{\sigma_A^2+\sigma_B^2},\dfrac{\mu_A\sigma_B^2+\mu_B\sigma_A^2}{\sigma_A^2+\sigma_B^2}\right)$。对应于此顶点的投资组合,方差最小,其方差

$$\frac{\sigma_A^2\sigma_B^2}{\sigma_A^2+\sigma_B^2} < \min(\sigma_A^2,\sigma_B^2)$$

而其期望收益介于 $\mu_A$ 和 $\mu_B$ 之间。也就是说,如果 $R_A$ 和 $R_B$ 不相关,我们可以找到一个投资组合,其风险比两个证券的任何一个都小,而期望收益介于两证券期望收益之间。

我们将(1)～(3)情况下的图形画在一个坐标系中,就得到图 3.5。

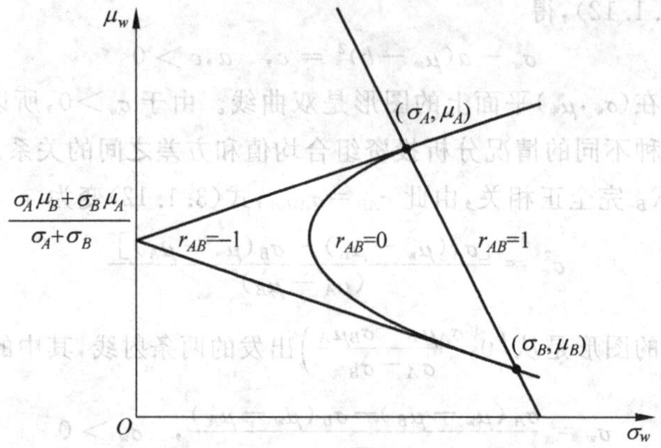


图 3.5 不同情况下投资组合均值与方差的关系

## 3.2 均值—方差分析及两基金分离定理

### 3.2.1 投资组合的期望收益和方差

设市场只有 $n$ 种风险资产 $X_1, X_2, \cdots, X_n$，仅有两个时刻，时刻 0 代表今天，时刻 1 代表明天，其单期收益 $R_1, R_2, \cdots, R_n$ 是随机变量。记 $\boldsymbol{R}=(R_1, R_2, \cdots, R_n)^{\mathrm{T}}$ 为收益率向量。设 $\boldsymbol{w}=(w_1, w_2, \cdots, w_n)^{\mathrm{T}}$，称 $\boldsymbol{w}$ 为投资组合，其中 $w_i$ 是在第 $i$ 种资产 $X_i$ 上的投资比例，满足 $\sum_{i=1}^{n} w_i = 1$ 。这里没有 $w_i \geqslant 0$ 的限制，说明市场有做空机制。

为方便起见，引入如下记号，以 $E(R_i)$ 表示第 $i$ 种资产收益的期望值，$E(\boldsymbol{R})=[E(R_1), E(R_2), \cdots, E(R_n)]^{\mathrm{T}}$ 为期望收益向量。若 $\boldsymbol{w}$ 为投资组合，满足 $\sum_{i=1}^{n} w_i = 1$，投资组合的收益率 $R_w = \sum_{i=1}^{n} w_i R_i$ 也是随机变量，其期望值

$$E(R_w) = \sum_{i=1}^{n} w_i E(R_i) = \boldsymbol{w}^{\mathrm{T}} E(\boldsymbol{R}) \tag{3.2.1}$$

称为投资组合的期望收益。

设 $\boldsymbol{l}=(1,1,\cdots,1)^{\mathrm{T}}$ 是 $n$ 维向量，每个分量都是 1。记 $\sigma_{ij}=\mathrm{Cov}(R_i, R_j)$，$i,j=1,2,\cdots,n$，称 $n$ 阶矩阵 $\boldsymbol{\Sigma}=(\sigma_{ij})_{n\times n}$ 为收益率的方差—协方差阵。如果 $\boldsymbol{\Sigma}$ 为可逆矩阵，此时 $\boldsymbol{\Sigma}$ 为正定矩阵，投资组合 $\boldsymbol{w}=(w_1, w_2, \cdots, w_n)^{\mathrm{T}}$ 的收益率 $R_w$ 的方差为

$$V = \sigma_w^2 = E\left[\sum_{i=1}^{n} w_i R - \sum_{i=1}^{n} w_i E(R_i)\right]^2 = \sum_{i=1}^{n}\sum_{j=1}^{n} w_i w_j \sigma_{ij} \tag{3.2.2}$$

用矩阵表示

$$V = \boldsymbol{w}^{\mathrm{T}} \boldsymbol{\Sigma} \boldsymbol{w} \tag{3.2.3}$$

易见，仅存在无风险利率 $R_f$，可以无限制借贷，假设市场上的投资者的效用函数都是均值方差效用函数，假定市场无摩擦，即无任何交易成本，无税收，资产数量单位无限可分，并假定市场的参与者都有相同的预期。在以上的假设下，我们考虑投资组合的选择问

题归结为求有效投资组合的问题。

### 3.2.2　有效投资组合

为方便起见，引入如下定义。

**定义 3.1**　如果一个投资组合对确定的方差具有最大的期望收益，或者对于确定的期望收益，有最小的方差，这样的投资组合称为“均值—方差”有效的投资组合。

**定义 3.2**　如果一个投资组合对确定的期望收益有最小的方差，那么称该投资组合为最小方差投资组合。

显然，最小方差投资组合是“期望—方差”有效投资组合，我们假定投资者具有均值方差效用函数，则投资的选择偏好是“均值—方差”有效投资组合，根据我们对于市场的各种假定，在某一确定的期望收益下，求最小方差投资组合归结为数学规划的求解问题。

### 3.2.3　求最小方差投资组合的数学模型及其求解

求最小方差投资组合可归结为如下最优模型

$$\begin{cases} \min \dfrac{1}{2}\sigma_w^2 = \dfrac{1}{2}\boldsymbol{w}^{\mathrm{T}}\boldsymbol{\Sigma}\boldsymbol{w} & (3.2.4\text{a}) \\ \text{s.t. } \boldsymbol{l}^{\mathrm{T}}\boldsymbol{w} = 1 & (3.2.4\text{b}) \\ E(R_w) = \boldsymbol{w}^{\mathrm{T}}E(\boldsymbol{R}) = \mu & (3.2.4\text{c}) \end{cases}$$

的求解问题。其中约束条件(3.2.4b)表示 $\boldsymbol{w}$ 是投资组合，式(3.2.4c)表示所选择的投资组合的期望收益为常数 $\mu$，目标函数 $\frac{1}{2}\boldsymbol{w}^{\mathrm{T}}\boldsymbol{\Sigma}\boldsymbol{w}$ 是投资组合的方差的 $\frac{1}{2}$，加上 $\frac{1}{2}$ 是为求解方便。

模型(3.2.4)是具有等式约束的二次规划问题，可以用拉格朗日乘数法求解，令

$$L = \frac{1}{2}\boldsymbol{w}^{\mathrm{T}}\boldsymbol{\Sigma}\boldsymbol{w} + \lambda_1(1 - \boldsymbol{w}^{\mathrm{T}}\boldsymbol{l}) + \lambda_2[\mu - \boldsymbol{w}^{\mathrm{T}}E(\boldsymbol{R})]$$

最优解的一阶条件为

$$\frac{\partial L}{\partial \boldsymbol{w}} = \left(\frac{\partial L}{\partial w_1}, \frac{\partial L}{\partial w_2}, \cdots, \frac{\partial L}{\partial w_n}\right)^{\mathrm{T}} = \boldsymbol{\Sigma}\boldsymbol{w} - \lambda_2 E(\boldsymbol{R}) - \lambda_1 \boldsymbol{l} = 0 \tag{3.2.5a}$$

$$\frac{\partial L}{\partial \lambda_1} = 1 - \boldsymbol{l}^{\mathrm{T}}\boldsymbol{w} = 0 \tag{3.2.5b}$$

$$\frac{\partial L}{\partial \lambda_2} = \mu - E(\boldsymbol{R})^{\mathrm{T}}\boldsymbol{w} = \mu - E(R_w) = 0 \tag{3.2.5c}$$

假设 $\boldsymbol{\Sigma}$ 可逆，由方程(3.2.5a)得到最优解

$$\boldsymbol{w}_\mu = \boldsymbol{\Sigma}^{-1}[\lambda_1 \boldsymbol{l} + \lambda_2 E(\boldsymbol{R})] \tag{3.2.6}$$

将式(3.2.6)代入式(3.2.5b)，得

$$\lambda_1 \boldsymbol{l}^{\mathrm{T}}\boldsymbol{\Sigma}^{-1}\boldsymbol{l} + \lambda_2 \boldsymbol{l}^{\mathrm{T}}\boldsymbol{\Sigma}^{-1}E(\boldsymbol{R}) = \lambda_1 C + \lambda_2 A = 1 \tag{3.2.7a}$$

将式(3.2.6)代入式(3.2.5c)，得

$$\lambda_1 E(\boldsymbol{R})^{\mathrm{T}}\boldsymbol{\Sigma}^{-1}\boldsymbol{l} + \lambda_2 E(\boldsymbol{R})^{\mathrm{T}}\boldsymbol{\Sigma}^{-1}E(\boldsymbol{R}) = \lambda_1 A + \lambda_2 B = \mu \tag{3.2.7b}$$

其中

$$C = \boldsymbol{l}^{\mathrm{T}}\boldsymbol{\Sigma}^{-1}\boldsymbol{l}, A = \boldsymbol{l}^{\mathrm{T}}\boldsymbol{\Sigma}^{-1}E(\boldsymbol{R}), \quad B = E(\boldsymbol{R})^{\mathrm{T}}\boldsymbol{\Sigma}^{-1}E(\boldsymbol{R}), \quad D = BC - A^2 \tag{3.2.8a}$$

因为$\boldsymbol{\Sigma}$可逆，$B>0$，$C>0$，又

$$0 < [AE(\boldsymbol{R}) - B\boldsymbol{l}]^{\mathrm{T}}\boldsymbol{\Sigma}^{-1}[AE(\boldsymbol{R}) - B\boldsymbol{l}] = B(BC - A^2)$$

所以$D=BC-A^2>0$，由式(3.2.7a)及式(3.2.7b)，得

$$\lambda_1 = \frac{1}{D}(B - \mu A), \quad \lambda_2 = \frac{1}{D}(\mu C - A) \tag{3.2.8b}$$

代入式(3.2.6)，得

$$\boldsymbol{w}_\mu = \boldsymbol{\Sigma}^{-1}\left[\frac{1}{D}(B - \mu A)\boldsymbol{l} + \frac{1}{D}(\mu C - A)E(\boldsymbol{R})\right] \tag{3.2.9a}$$

**例 3.4**

考虑3个证券，其期望收益、收益的标准差和相关系数为

$$\mu_1 = 0.10, \quad \sigma_1 = 0.28, \quad \rho_{12} = \rho_{21} = -0.10$$

$$\mu_2 = 0.15, \quad \sigma_2 = 0.24, \quad \rho_{23} = \rho_{32} = 0.20$$

$$\mu_3 = 0.20, \quad \sigma_3 = 0.25, \quad \rho_{31} = \rho_{13} = 0.25$$

则

$$E(\boldsymbol{R}) = [0.10 \quad 0.15 \quad 0.20]^{\mathrm{T}}$$

下面计算协方差矩阵$\boldsymbol{\Sigma}$的元素$\sigma_{ij} = \rho_{ij}\sigma_i\sigma_j$，并计算矩阵$\boldsymbol{\Sigma}$的逆矩阵。

$$\boldsymbol{\Sigma} = \begin{bmatrix} 0.0784 & -0.0067 & 0.0175 \\ -0.0067 & 0.0576 & 0.0120 \\ 0.0175 & 0.0120 & 0.0625 \end{bmatrix}$$

$$\boldsymbol{\Sigma}^{-1} = \begin{bmatrix} 13.954 & 2.544 & -4.396 \\ 2.544 & 18.548 & -4.274 \\ -4.396 & -4.274 & 18.051 \end{bmatrix}$$

代入式(3.2.8a)，求出$A,B,C,D$，再代入式(3.2.9a)，得

$$\boldsymbol{w} = [1.578 - 8.614\mu_w \quad 0.845 - 2.769\mu_w \quad -1.422 + 11.384\mu_w]$$

### 3.2.4 均值—方差分析

3.1节讨论了两资产情况下期望收益随方差及标准差变动的情况，并绘制出相应的图形。这节对一般$n$种资产的情形，研究期望收益和方差，期望收益随标准差如何变化。由式(3.2.6)，相应于收益水平$\mu$的最小方差投资组合的方差为

$$\begin{aligned} \sigma_{w_\mu}^2 &= \boldsymbol{w}_\mu^{\mathrm{T}}\boldsymbol{\Sigma}\boldsymbol{w}_\mu \\ &= \boldsymbol{w}_\mu^{\mathrm{T}}\boldsymbol{\Sigma}\{\boldsymbol{\Sigma}^{-1}[\lambda_1\boldsymbol{l} + \lambda_2 E(\boldsymbol{R})]\} \\ &= \lambda_1\boldsymbol{w}_\mu^{\mathrm{T}}\boldsymbol{l} + \lambda_2\boldsymbol{w}_\mu^{\mathrm{T}}E(\boldsymbol{R}) = \lambda_1 + \mu\lambda_2 \end{aligned}$$

再将$\lambda_1$和$\lambda_2$代入，得

$$\sigma_{w_\mu}^2 = \frac{1}{D}(C\mu^2 - 2A\mu + B) = \frac{C}{D}\left(\mu - \frac{A}{C}\right)^2 + \frac{1}{C} \tag{3.2.9b}$$

式中，$\mu$ 为相应于最小方差投资组合 $\boldsymbol{w}_\mu$ 的期望收益；$\sigma^2_{w_\mu}$ 为相应的方差。由此可见，在最小方差组合的方差—均值空间中的图形是抛物线，其顶点是$\left(\frac{1}{C},\frac{A}{C}\right)$，如图 3.6 所示。

下面讨论最小方差投资组合的期望收益和其标准差之间的关系。为此，将方程(3.2.9b)改写为

$$\frac{\sigma^2_{w_\mu}}{\frac{1}{C}}-\frac{\left(\mu-\frac{A}{C}\right)^2}{\frac{D}{C^2}}=1 \tag{3.2.10}$$

由式(3.2.10)可见，在标准差—均值空间中的图形是双曲线的右半支，如图 3.7 所示。

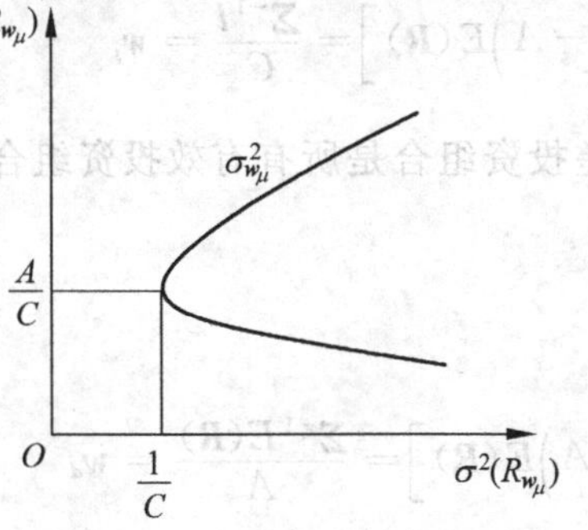


图 3.6　最小方差组合的收益均值与方差的关系

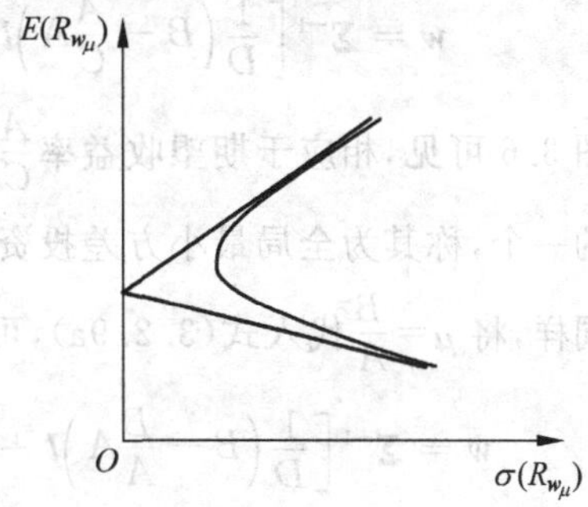


图 3.7　最小方差组合的期望收益与标准差的关系

### 3.2.5　两基金分离定理

式(3.2.9a)给出了相应于期望收益水平 $\mu$ 的最小方差投资组合。下面我们讨论全体最小方差组合构成的集合的性质。我们发现，任何一个最小方差投资组合都可以用两个特殊的最小方差投资组合的凸组合表示。这条性质称为两基金分离定理。由式(3.2.6)得

$$\boldsymbol{w}_\mu=\lambda_1\boldsymbol{\Sigma}^{-1}\boldsymbol{l}+\lambda_2\boldsymbol{\Sigma}^{-1}E(\boldsymbol{R})=\lambda_1 C\frac{\boldsymbol{\Sigma}^{-1}\boldsymbol{l}}{\boldsymbol{l}^{\mathrm{T}}\boldsymbol{\Sigma}^{-1}\boldsymbol{l}}+\lambda_2 A\frac{\boldsymbol{\Sigma}^{-1}E(\boldsymbol{R})}{\boldsymbol{l}^{\mathrm{T}}\boldsymbol{\Sigma}^{-1}E(\boldsymbol{R})}=\lambda_1 C\boldsymbol{w}_s+\lambda_2 A\boldsymbol{w}_d$$

其中

$$\boldsymbol{w}_s=\frac{\boldsymbol{\Sigma}^{-1}\boldsymbol{l}}{\boldsymbol{l}^{\mathrm{T}}\boldsymbol{\Sigma}^{-1}\boldsymbol{l}}=\frac{\boldsymbol{\Sigma}^{-1}\boldsymbol{l}}{C} \tag{3.2.11}$$

假设 $A=\boldsymbol{l}^{\mathrm{T}}\boldsymbol{\Sigma}^{-1}E(\boldsymbol{R})\neq 0$

$$\boldsymbol{w}_d=\frac{\boldsymbol{\Sigma}^{-1}E(\boldsymbol{R})}{\boldsymbol{l}^{\mathrm{T}}\boldsymbol{\Sigma}^{-1}E(\boldsymbol{R})}=\frac{\boldsymbol{\Sigma}^{-1}E(\boldsymbol{R})}{A} \tag{3.2.12}$$

显然，$\boldsymbol{l}^{\mathrm{T}}\boldsymbol{w}_s=1$，$\boldsymbol{l}^{\mathrm{T}}\boldsymbol{w}_d=1$，而且由式(3.2.8b)得

$$\lambda_1 C+\lambda_2 A=\frac{C}{D}(B-\mu A)+\frac{A}{D}(\mu C-A)=1 \tag{3.2.13}$$

令 $\alpha_\mu=\frac{C}{D}(B-\mu A)=\lambda_1 C$，则 $1-\alpha_\mu=\frac{A}{D}(\mu C-A)=\lambda_2 A$，所以

$$\boldsymbol{w}_\mu=\alpha_\mu\boldsymbol{w}_s+(1-\alpha_\mu)\boldsymbol{w}_d \tag{3.2.14}$$

$\boldsymbol{w}_s$ 具有如下性质：

因为$E(\boldsymbol{R})^{\mathrm{T}}\boldsymbol{\Sigma}^{-1}\boldsymbol{l}=\boldsymbol{l}^{\mathrm{T}}\boldsymbol{\Sigma}^{-1}E(\boldsymbol{R})=A$，所以对于权系数$\boldsymbol{w}_s$相应的资产组合的期望收益率

$$s=E(R_{w_s})=E(\boldsymbol{R})^{\mathrm{T}}\boldsymbol{w}_s=\frac{A}{C} \tag{3.2.15}$$

由式(3.2.9a)知，$\boldsymbol{w}_s$是全局最小方差投资组合。我们称$\boldsymbol{w}_d$为分散化资产组合，其对应的期望收益率为

$$d=E(\boldsymbol{R}_{w_d})=E(\boldsymbol{R})^{\mathrm{T}}\boldsymbol{w}_d=E(\boldsymbol{R})^{\mathrm{T}}\frac{\boldsymbol{\Sigma}^{-1}E(\boldsymbol{R})}{A}=\frac{B}{A} \tag{3.2.16}$$

将$\mu=\dfrac{A}{C}$代入式(3.2.9a)，得

$$\boldsymbol{w}=\boldsymbol{\Sigma}^{-1}\left[\frac{1}{D}\left(B-\frac{A}{C}A\right)\boldsymbol{l}+\frac{1}{D}\left(\frac{A}{C}C-A\right)E(\boldsymbol{R})\right]=\frac{\boldsymbol{\Sigma}^{-1}\boldsymbol{l}}{C}=\boldsymbol{w}_s$$

而由图3.6可见，相应于期望收益率$\dfrac{A}{C}$的最小方差投资组合是所有有效投资组合中方差最小的一个，称其为全局最小方差投资组合。

同样，将$\mu=\dfrac{B}{A}$代入式(3.2.9a)，可得

$$\boldsymbol{w}=\boldsymbol{\Sigma}^{-1}\left[\frac{1}{D}\left(B-\frac{B}{A}A\right)\boldsymbol{l}+\frac{1}{D}\left(\frac{B}{A}C-A\right)E(\boldsymbol{R})\right]=\frac{\boldsymbol{\Sigma}^{-1}E(\boldsymbol{R})}{A}=\boldsymbol{w}_d$$

因此，$\boldsymbol{w}_d$是相应于期望收益率$\dfrac{B}{A}$的最小方差投资组合。

由上面的讨论，得到下面的定理。

**定理3.1**(两基金分离定理)　任意最小方差投资组合都可以唯一地表示为全局最小方差投资组合$\boldsymbol{w}_s$和可分散化资产组合$\boldsymbol{w}_d$的凸组合，即

$$\boldsymbol{w}_\mu=\alpha_\mu\boldsymbol{w}_s+(1-\alpha_\mu)\boldsymbol{w}_d$$

这里$\alpha_\mu=\dfrac{C}{D}(B-A\mu)$。从定理3.1可见，对于任意的$\mu$，相应的最小方差资产组合可以表示成相应于$s=\dfrac{A}{C}$和$d=\dfrac{B}{A}$的最小方差投资组合$\boldsymbol{w}_s$和$\boldsymbol{w}_d$的组合。我们称$\boldsymbol{w}_s$和$\boldsymbol{w}_d$为共同基金，因此对于期望收益率$\mu$，可以通过持有$\boldsymbol{w}_s$和$\boldsymbol{w}_d$的组合实现。

两资产组合$\boldsymbol{w}_s$和$\boldsymbol{w}_d$期望收益之差为

$$E(R_{w_d})-E(R_{w_s})=d-s=\frac{B}{A}-\frac{A}{C}=\frac{BC-A^2}{AC}=\frac{D}{AC} \tag{3.2.17}$$

因为$D>0$，$C>0$，所以$E(R_{w_d})$与$E(R_{w_s})$之差的符号取决于$A$的符号。如果全局最小方差的资产组合的收益率为正，则$A>0$，我们通常考虑这种情况，$\boldsymbol{w}_d$在相应的双曲线的上半叶上；如果$A<0$，则相反，在允许卖空的情况下，这种情况也可能出现。

**注1**　对于任意两个不同期望收益水平的最小方差资产组合$\boldsymbol{w}_u$和$\boldsymbol{w}_v$，它们与$\boldsymbol{w}_s$和$\boldsymbol{w}_d$有相同的分离作用，即$\boldsymbol{w}_\mu$可表示为$\boldsymbol{w}_u$和$\boldsymbol{w}_v$的组合。

**证明**　由两基金分离定理，$\boldsymbol{w}_u$和$\boldsymbol{w}_v$可由$\boldsymbol{w}_s$和$\boldsymbol{w}_d$表示如下：

$$\boldsymbol{w}_u=\alpha_u\boldsymbol{w}_s+(1-\alpha_u)\boldsymbol{w}_d \tag{3.2.18a}$$

$$\boldsymbol{w}_v=\alpha_v\boldsymbol{w}_s+(1-\alpha_v)\boldsymbol{w}_d \tag{3.2.18b}$$

由式(3.2.18a)和式(3.2.18b),解出 $\boldsymbol{w}_s$ 和 $\boldsymbol{w}_d$,得

$$\boldsymbol{w}_s = \frac{1-\alpha_v}{\alpha_\mu-\alpha_v}\boldsymbol{w}_u - \frac{1-\alpha_u}{\alpha_u-\alpha_v}\boldsymbol{w}_v \tag{3.2.19}$$

$$\boldsymbol{w}_d = \frac{\alpha_v}{\alpha_v-\alpha_u}\boldsymbol{w}_u - \frac{\alpha_u}{\alpha_v-\alpha_u}\boldsymbol{w}_v \tag{3.2.20}$$

由 $\boldsymbol{w}_\mu=\alpha_\mu\boldsymbol{w}_s+(1-\alpha_\mu)\boldsymbol{w}_d$,将式(3.2.19)和式(3.2.10)代入,得

$$\boldsymbol{w}_\mu = \frac{\alpha_v-\alpha_\mu}{\alpha_v-\alpha_u}\boldsymbol{w}_u + \frac{\alpha_\mu-\alpha_u}{\alpha_v-\alpha_u}\boldsymbol{w}_v \tag{3.2.21}$$

显然 $\frac{\alpha_v-\alpha_\mu}{\alpha_v-\alpha_u}+\frac{\alpha_\mu-\alpha_u}{\alpha_v-\alpha_u}=1$,这说明 $\boldsymbol{w}_\mu$ 可用 $\boldsymbol{w}_u$ 和 $\boldsymbol{w}_v$ 的组合来表示。

**注 2**　对任意的投资组合 $\boldsymbol{w}$,有

$$\operatorname{Cov}(R_w, R_{w_s}) = \frac{1}{C} \tag{3.2.22a}$$

设 $\boldsymbol{w}_u$ 和 $\boldsymbol{w}_v$ 是两个最小方差组合,$\boldsymbol{w}_u=\alpha_u\boldsymbol{w}_s+(1-\alpha_u)\boldsymbol{w}_d$,$\boldsymbol{w}_v=\alpha_v\boldsymbol{w}_s+(1-\alpha_v)\boldsymbol{w}_d$,则

$$\operatorname{Cov}(R_{w_u}, R_{w_v}) = \frac{\alpha_u+\alpha_v-\alpha_u\alpha_v}{C} + \frac{(1-\alpha_u)(1-\alpha_v)B}{A^2} \tag{3.2.22b}$$

**证明**　$\operatorname{Cov}(R_{w_s},R_w)=\boldsymbol{w}_s^{\mathrm{T}}\boldsymbol{\Sigma w}=\frac{\boldsymbol{l}^{\mathrm{T}}\boldsymbol{\Sigma}^{-1}\boldsymbol{\Sigma w}}{C}=\frac{1}{C}$,这就证明了第一个结论。将式(3.2.16) $E(\boldsymbol{R}_{w_d})=\frac{B}{A}$代入式(3.2.9b),得 $\sigma_{w_d}^2=\frac{D}{A^2C}+\frac{1}{C}=\frac{B}{A^2}$。由前段证明可知 $\sigma_{w_s}^2=\frac{1}{C}$,$\operatorname{Cov}(R_{w_s},R_{w_d})=\frac{1}{C}$,于是

$$\begin{aligned}\operatorname{Cov}(R_{w_u},R_{w_v}) &= \operatorname{Cov}[\alpha_u R_{w_s}+(1-\alpha_u)R_{w_d},\alpha_v R_{w_s}+(1-\alpha_v)R_{w_d}]\\ &= \alpha_u\alpha_v\frac{1}{C}+\alpha_u(1-\alpha_v)\frac{1}{C}+\alpha_v(1-\alpha_u)\frac{1}{C}+(1-\alpha_u)(1-\alpha_v)\frac{B}{A^2}\\ &= (\alpha_u+\alpha_v-\alpha_u\alpha_v)\frac{1}{C}+(1-\alpha_u)(1-\alpha_v)\frac{B}{A^2}\end{aligned}$$

由上面的性质,容易证明若 $\boldsymbol{w}_u$ 是一个最小方差资产组合,其方差不是全局最小值,则存在最小方差资产组合 $\boldsymbol{w}_v$ 使 $\operatorname{Cov}(R_{w_u},R_{w_v})=0$。实际上,只要从式(3.2.22b)中解出 $\alpha_v$,再由两基金分离定理,就可以得到所要找的最小方差资产组合。我们称 $\boldsymbol{w}_u$ 和 $\boldsymbol{w}_v$ 为零 $\beta$ 相关(协方差为零)的有效投资组合。

## 3.3　具有无风险资产的均值—方差分析

### 3.3.1　具有无风险资产的有效投资组合

本节假定市场存在 $n$ 种风险资产 $X_1,X_2,\cdots,X_n$ 及无风险资产 $X_0$,无风险资产的收益率是一个常数,设为 $R_f$,以 $\boldsymbol{w}$ 表示风险资产组合的权系数,$w_0=1-\boldsymbol{l}^{\mathrm{T}}\boldsymbol{w}$ 是投资于无风险资产的权系数,$\mu$ 表示投资于 $n+1$ 种资产的投资组合的期望收益,则

$$E(\boldsymbol{R})^{\mathrm{T}}\boldsymbol{w}+(1-\boldsymbol{l}^{\mathrm{T}}\boldsymbol{w})R_f=\mu$$

即

$$[E(\boldsymbol{R})-R_f\boldsymbol{l}]^{\mathrm{T}}\boldsymbol{w}=\mu-R_f$$

若投资者投资于无风险资产的权系数为正,则表示储蓄;若权系数为负,表示借贷,为购买风险资产筹集资金。此时,最小方差资产组合问题可优化如下。

$$\min\left\{\frac{1}{2}\sigma^2\right\}=\frac{1}{2}\boldsymbol{w}^{\mathrm{T}}\boldsymbol{\Sigma w} \tag{3.3.1a}$$

$$\text{s.t.}\ [E(\boldsymbol{R})-R_f\boldsymbol{l}]^{\mathrm{T}}\boldsymbol{w}=\mu-R_f \tag{3.3.1b}$$

利用拉格朗日乘数法,求解此二次规划问题,令

$$L=\frac{1}{2}\boldsymbol{w}^{\mathrm{T}}\boldsymbol{\Sigma w}+\lambda\{\mu-R_f-[E(\boldsymbol{R})-R_f\boldsymbol{l}]\boldsymbol{w}\} \tag{3.3.2}$$

最优解的一阶条件为

$$\frac{\partial L}{\partial \boldsymbol{w}}=\left(\frac{\partial L}{\partial w_1},\frac{\partial L}{\partial w_2},\cdots,\frac{\partial L}{\partial w_n}\right)^{\mathrm{T}}=\boldsymbol{\Sigma w}-\lambda[E(\boldsymbol{R})-R_f\boldsymbol{l}]=0 \tag{3.3.3}$$

两边乘以$\boldsymbol{\Sigma}^{-1}$,解得最优解

$$\boldsymbol{w}_\mu=\lambda\boldsymbol{\Sigma}^{-1}[E(\boldsymbol{R})-R_f\boldsymbol{l}] \tag{3.3.4}$$

$$w_{\mu_0}=\boldsymbol{l}-\boldsymbol{l}^{\mathrm{T}}\boldsymbol{w}_\mu=1-\lambda(A-CR_f) \tag{3.3.5}$$

为此将式(3.3.4)代入式(3.3.1b),得

$$\mu-R_f=\lambda[E(\boldsymbol{R})-R_f\boldsymbol{l}]^{\mathrm{T}}\boldsymbol{\Sigma}^{-1}[E(\boldsymbol{R})-R_f\boldsymbol{l}]=\lambda(B-2R_fA+R_f^2C)$$

因为$BC-A^2>0$,所以$B-2R_fA+R_f^2C>0$,令$H=B-2R_fA+R_f^2C$,则

$$\lambda=\frac{\mu-R_f}{B-2AR_f+CR_f^2}=\frac{\mu-R_f}{H} \tag{3.3.6}$$

### 3.3.2　具有无风险资产的最小方差资产组合

与3.2节类似,下面我们研究在具有无风险资产的情况下,期望收益率与方差之间的关系。由式(3.3.4)和式(3.3.6)得

$$\begin{aligned}\sigma_\mu^2&=\boldsymbol{w}_\mu^{\mathrm{T}}\boldsymbol{\Sigma w}_\mu=\boldsymbol{w}_\mu^{\mathrm{T}}\lambda[E(\boldsymbol{R})-R_f\boldsymbol{l}]=\lambda\boldsymbol{w}_\mu^{\mathrm{T}}[E(\boldsymbol{R})-R_f\boldsymbol{l}]\\&=\lambda(\mu-R_f)=(\mu-R_f)^2(B-2AR_f+CR_f^2)^{-1}\end{aligned}$$

$$\sigma_\mu=\begin{cases}\dfrac{\mu-R_f}{\sqrt{H}}, & \mu\geqslant R_f\\[2ex] \dfrac{-(\mu-R_f)}{\sqrt{H}}, & \mu<R_f\end{cases} \tag{3.3.7}$$

由式(3.3.7)可见,在均值—方差坐标系下,最小方差资产组合的图形是抛物线,在均值—标准差坐标系下,图形是从$(0,R_f)$点出发的两条射线,斜率分别为$\pm\sqrt{H}$。

### 3.3.3　具有无风险资产的两基金分离定理

由式(3.3.4)和式(3.3.5)得

$$\bar{\boldsymbol{w}}_\mu=(w_{\mu_0},\boldsymbol{w}_\mu^{\mathrm{T}})^{\mathrm{T}}=\left\{1-\lambda(A-CR_f),\lambda(A-CR_f)\left[\frac{\boldsymbol{\Sigma}^{-1}(E(\boldsymbol{R})-R_f\boldsymbol{l})}{A-CR_f}\right]^{\mathrm{T}}\right\}^{\mathrm{T}}$$

与上节一样，所有最小方差资产组合均可表示成不同两种资产的组合，即无风险资产和不含无风险资产的组合，即所谓切点资产组合，$\bar{w}_t=(w_{t0},w_t)$，其中

$$w_{t0}=0,\quad w_t=\frac{\boldsymbol{\Sigma}^{-1}[E(\boldsymbol{R})-R_f\boldsymbol{l}]}{A-CR_f} \tag{3.3.8}$$

### 3.3.4　切点组合的含义

容易验证切点资产组合的均值和方差分别为

$$E(R_{w_t})=E(\boldsymbol{R})^{\mathrm{T}}\boldsymbol{w}_t=\frac{E(\boldsymbol{R})^{\mathrm{T}}[\boldsymbol{\Sigma}^{-1}(E(\boldsymbol{R})-R_f\boldsymbol{l})]}{A-CR_f}$$

$$=\frac{B-AR_f}{A-CR_f} \tag{3.3.9a}$$

$$\sigma_{w_t}^2=\boldsymbol{w}_t^{\mathrm{T}}\boldsymbol{\Sigma}\,\boldsymbol{w}_t=\left[\frac{\boldsymbol{\Sigma}^{-1}(E(\boldsymbol{R})-R_f)}{A-CR_f}\right]^{\mathrm{T}}\boldsymbol{\Sigma}\frac{\boldsymbol{\Sigma}^{-1}[E(\boldsymbol{R})-R_f\boldsymbol{l}]}{A-CR_f}$$

$$=\frac{B-2R_fA+R_f^2C}{(A-CR_f)^2} \tag{3.3.9b}$$

切点组合恰好是任何风险资产的有效投资组合构成的抛物线与过$(0,R_f)$点斜率为$\sqrt{H}$的直线的切点，我们证明如下：

由式(3.3.9b)可得

$$2\sigma_\mu\mathrm{d}\sigma_\mu=\frac{2C}{D}\left(\mu-\frac{A}{C}\right)\mathrm{d}\mu,\quad \frac{\mathrm{d}\mu}{\mathrm{d}\sigma_\mu}=\frac{\sigma_\mu}{\frac{C}{D}\left(\mu-\frac{A}{C}\right)}$$

将切点组合 $E(R_{w_t})=\mu$ 及 $\sigma_{w_t}=\frac{\sqrt{H}}{A-CR_f}$代入，得在切点处的斜率为

$$\frac{\frac{\sqrt{H}}{A-CR_f}}{\frac{C}{D}\left(\frac{B-AR_f}{A-CR_f}-\frac{A}{C}\right)}=\frac{\frac{\sqrt{H}}{A-CR_f}}{\frac{C}{D}\left[\frac{BC-ACR_f-A^2+ACR_f}{C(A-CR_f)}\right]}=\sqrt{H}$$

切线方程为

$$\mu=\frac{B-AR_f}{A-CR_f}+\sqrt{H}\left(\sigma-\frac{\sqrt{H}}{A-CR_f}\right)$$

令 $\sigma=0$，得

$$\mu=\frac{B-AR_f}{A-CR_f}-\frac{H}{A-CR_f}=\frac{B-AR_f-(B-2AR_f+CR_f^2)}{A-CR_f}=R_f$$

当 $R_f<\frac{A}{C}$时，切点资产组合是图 3.8 中过$(0,R_f)$点，斜率为$\sqrt{H}$的射线与双曲线的切点。如果 $R_f>\frac{A}{C}$，则出现相反的情形，过$(0,R_f)$点，斜率为$-\sqrt{H}$的射线与双曲线的下半叶相切，如图 3.9 所示。

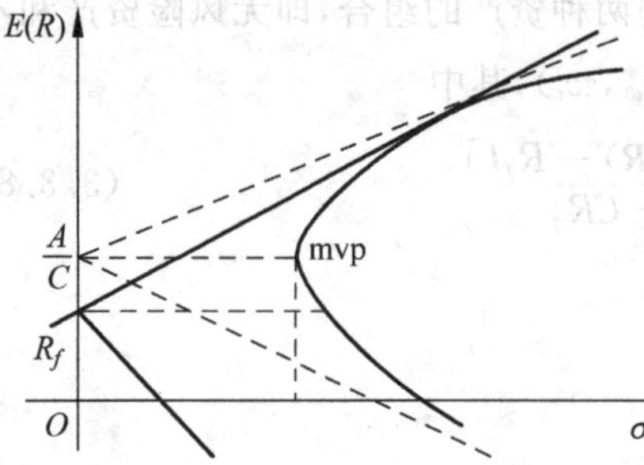


图 3.8　$R_f<\dfrac{A}{C}$时的切线图

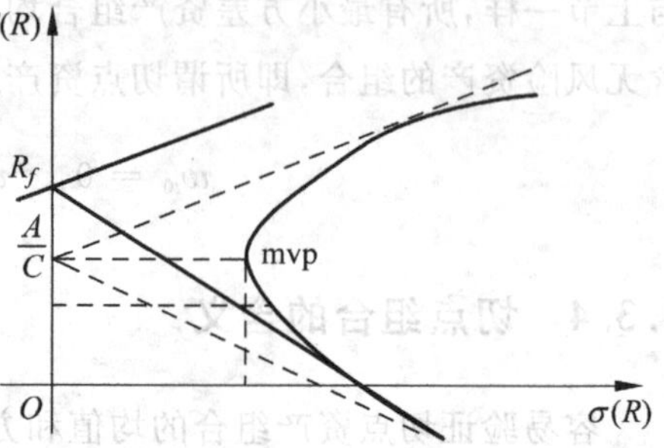


图 3.9　$R_f>\dfrac{A}{C}$时的切线图

投资者在进行投资决策时，首先根据自己的风险偏好确定无风险资产和风险资产的投资比例，然后按照切点组合的权重把风险资产的投资金额分配到各风险资产上。用下面的例子来具体地分析，考虑只有两种风险资产的情况。

**例　3.5**

考虑两种风险资产的情况，设无风险利率为 $R_f$，两种风险资产的收益率分别为 $R_1$ 和 $R_2$，标准差记为 $\sigma(R_1)$和 $\sigma(R_2)$，则切点组合$(w_1,w_2)^{\mathrm{T}}$可由下面的公式求得

$$w_1=\frac{[E(R_1)-R_f]\sigma^2(R_2)-[E(R_2)-R_f]\rho_{12}\sigma(R_1)\sigma(R_2)}{[E(R_1)-R_f]\sigma^2(R_2)+[E(R_2)-R_f]\sigma^2(R_1)-[E(R_1)-R_f][E(R_2)-R_f]\rho_{12}\sigma(R_1)\sigma(R_2)}$$

$$w_2=1-w_1$$

假设 $R_f=0.06$，$E(R_1)=0.14$，$\sigma(R_1)=0.20$，$E(R_2)=0.08$，$\sigma(R_2)=0.15$，$\rho_{12}=0$，代入上面的公式，得 $w_1\approx 69.23\%$，$w_2\approx 30.77\%$。切点组合 $w_t=(w_1,w_2)^{\mathrm{T}}=(0.692,0.308)^{\mathrm{T}}$，此时

$$E(R_{w_t})=0.122,\quad \sigma(R_{w_t})=0.146$$

切线方程为

$$E(R)=0.06+0.42\sigma(R)$$

如果投资者根据自身的风险偏好，打算将自己的资金的 50% 投资于风险资产，50% 投资于无风险资产，则投资者最优的投资组合为

投资无风险资产的比重为 50%，投资于风险资产 1 的权重为 $0.5\times 69.2\%=34.6\%$，投资于风险资产 2 的权重为 $0.5\times 30.8\%=15.4\%$，此时投资组合的期望收益 $E(R_w)=0.091$，标准差为 $\sigma(R_w)=0.073$。

如果你有 10 万元需要投资，希望年收益率达到 10%，应如何选择投资组合?

假设风险资产和无风险资产的投资比例为 $w$ 和 $1-w$，则期望收益应满足

$$E(R_w)=E(R_{w_t})w+R_f(1-w)$$

解得 $w=0.65$。

65% 的资金投资于风险资产，35% 的资金投资于无风险资产，投资于风险资产 1 的比重为 $0.65\times 69.2\%\approx 45\%$，投资于风险资产 2 的比重为 $0.65\times 30.8\%\approx 20\%$。

### 3.3.5 具有无风险资产情况下的超额收益率

下面讨论在存在无风险资产的情况下期望收益率，设

$$R_{w_t} = \sum_{i=1}^{n} w_{t_i} R_i,$$

$$\mathrm{Cov}(\boldsymbol{R}, R_{w_t}) = [\mathrm{Cov}(R_1, R_{w_t}), \mathrm{Cov}(R_2, R_{w_t}), \cdots, \mathrm{Cov}(R_n, R_{w_t})]^{\mathrm{T}}$$

由式(3.3.8)得

$$\boldsymbol{\Sigma w}_t = \frac{E(\boldsymbol{R}) - R_f \boldsymbol{l}}{A - CR_f}$$

于是

$$\mathrm{Cov}(\boldsymbol{R}, R_{w_t}) = \boldsymbol{\Sigma w}_t = \frac{E(\boldsymbol{R}) - R_f}{A - CR_f} \tag{3.3.10}$$

在式(3.3.10)前乘 $\boldsymbol{w}_t^{\mathrm{T}}$ 得

$$\sigma_{w_t}^2 = \boldsymbol{w}_t^{\mathrm{T}} \mathrm{Cov}(\boldsymbol{R}, R_{w_t}) = \boldsymbol{w}_t^{\mathrm{T}} \boldsymbol{\Sigma w}_t = \frac{E(R_{w_t}) - R_f}{A - CR_f} \tag{3.3.11}$$

由式(3.3.10)得

$$E(\boldsymbol{R}) - R_f \boldsymbol{l} = (A - CR_f)\mathrm{Cov}(\boldsymbol{R}, R_{w_t})$$

由式(3.3.11)得

$$A - CR_f = \frac{E(R_{w_t}) - R_f}{\sigma_{w_t}^2}$$

所以

$$E(\boldsymbol{R}) - R_f \boldsymbol{l} = \mathrm{Cov}(\boldsymbol{R}, R_{w_t}) \frac{E(R_{w_t}) - R_f}{\sigma_{w_t}^2} = \boldsymbol{\beta}_{w_t} [E(R_{w_t} - R_f)] \tag{3.3.12a}$$

这里 $\boldsymbol{\beta}_{w_t} = \dfrac{\mathrm{Cov}(\boldsymbol{R}, R_{w_t})}{\sigma_{w_t}^2}$。

**定义 3.3**　资产收益率 $R_i$ 的期望收益率 $E(R_i)$ 与 $R_f$ 之差 $E(R_i) - R_f$ 称为资产收益率 $R_i$ 的超额收益率。资产收益率 $R_w$ 期望收益率 $E(R_w)$ 与 $R_f$ 之差，$E(R_w) - R_f$ 称为资产组合的超额收益率，将式(3.3.12a)写成分量形式，就得到下面的定理。

**定理 3.2**　当市场存在无风险资产时，任意资产收益率 $R_i$ 的超额收益率可以用如下公式表示：

$$E(R_i) - R_f = \beta_{w_{t_i}} [E(R_{w_t}) - R_f] \tag{3.3.12b}$$

式中 $\beta_{w_{t_i}} = \dfrac{\mathrm{Cov}(R_i, R_{w_t})}{\sigma_{w_t}^2}$。

### 3.3.6 市场仅存在风险资产情况下的超额收益率

当市场仅存在风险资产时，由式(3.2.12)，可得

$$\mathrm{Cov}(\boldsymbol{R}, R_{w_d}) = \boldsymbol{\Sigma w}_d = \frac{E(\boldsymbol{R})}{A} \tag{3.3.13}$$

$$\sigma_{w_d}^2 = \boldsymbol{w}_d^{\mathrm{T}} \mathrm{Cov}(\boldsymbol{R}, R_{w_d}) = \boldsymbol{w}_d^{\mathrm{T}} \boldsymbol{\Sigma w}_d = \frac{E(R_{w_d})}{A}$$

$$A = \frac{E(R_{w_d})}{\sigma_{w_d}^2} \tag{3.3.14}$$

由式(3.3.13)和式(3.3.14)，得

$$E(\boldsymbol{R}) = A\mathrm{Cov}(\boldsymbol{R},R_{w_d}) = \frac{\mathrm{Cov}(\boldsymbol{R},R_{w_d})}{\sigma_{w_d}^2}E(R_{w_d}) = \beta_{w_d}E(R_{w_d}) \tag{3.3.15}$$

其中，$\boldsymbol{\beta}_{w_d} = \dfrac{\mathrm{Cov}(\boldsymbol{R},R_{w_d})}{\sigma_{w_d}^2}$。

对其他的最小方差资产组合，由两基金分离定理，有

$$\boldsymbol{w}_u = \alpha_u \boldsymbol{w}_s + (1-\alpha_u)\boldsymbol{w}_d$$

利用式(3.3.10)和式(3.3.14)，得

$$\mathrm{Cov}(\boldsymbol{R},R_{w_u}) = \boldsymbol{\Sigma}\boldsymbol{w}_u = \boldsymbol{\Sigma}[\alpha_u\boldsymbol{w}_s + (1-\alpha_u)\boldsymbol{w}_d] = \frac{\alpha_u}{C}\boldsymbol{l} + \frac{1-\alpha_u}{A}E(\boldsymbol{R}) \tag{3.3.16}$$

$$\sigma_{w_u}^2 = \frac{\alpha_u}{C} + \frac{1-\alpha_u}{A}E(R_{w_u}) \tag{3.3.17}$$

现设 $\boldsymbol{w}_v$ 为另一个仅含风险资产的任意资产组合，那么由式(3.3.16)，得

$$\sigma_{w_u \cdot w_v} = \boldsymbol{w}_v\mathrm{Cov}(R,\boldsymbol{w}_u) = \frac{\alpha_u}{C} + \frac{1-\alpha_\mu}{A}E(R_{w_v}) \tag{3.3.18}$$

由式(3.3.17)和式(3.3.18)解出$\dfrac{\alpha_u}{C}$和$\dfrac{1-\alpha_u}{A}$，代入式(3.3.16)，得

$$E(\boldsymbol{R}) = \frac{E(R_v)\sigma_{w_u}^2 - E(R_{w_u})\sigma_{w_uw_v}}{\sigma_{w_u}^2 - \sigma_{w_uw_v}}\boldsymbol{l} + \frac{E(R_{w_u}) - E(R_{w_v})}{\sigma_{w_u}^2 - \sigma_{w_uw_v}}\mathrm{Cov}(\boldsymbol{R},R_{w_u}) \tag{3.3.19}$$

我们选择资产组合 $\boldsymbol{w}_v$ 与 $\boldsymbol{w}_u$ 零$\beta$相关，记为 $\boldsymbol{w}_z$，设其收益率为 $R_{w_z}$，此时 $\sigma_{w_uw_z}=0$ 代入式(3.3.19)，得

$$E(\boldsymbol{R}) = E(R_{w_z})\boldsymbol{l} + \boldsymbol{\beta}_{w_u}[E(R_{w_u}) - E(R_{w_z})] \tag{3.3.20a}$$

这里$\boldsymbol{\beta}_{w_u} = \dfrac{\mathrm{Cov}(\boldsymbol{R},R_{w_u})}{\sigma_{w_\mu}^2}$。于是，我们得到如下定理。

**定理 3.3**　假设市场上不存在无风险资产，$\boldsymbol{w}_u$ 是任意的最小方差资产组合，$\boldsymbol{w}_z$ 是与之零$\beta$相关的资产组合，则任意风险资产的期望收益率 $E(R_i)$ 可表示为

$$E(R_i) = E(R_{w_z}) + \beta_{w_{u_i}}[E(R_{w_u}) - E(R_{w_z})] \tag{3.3.20b}$$

这里 $\beta_{w_{u_i}} = \dfrac{\mathrm{Cov}(R_i,R_u)}{\sigma_{w_{u_i}}^2}$。

### 3.3.7　系统风险和非系统风险

对任意的投资组合 $\boldsymbol{w}_p$，设 $E(R_{w_p})=\mu$，$\boldsymbol{w}_\mu$ 是 $\mu$ 相应的最小方差资产组合，则

$$\boldsymbol{w}_p = \boldsymbol{w}_s + (\boldsymbol{w}_\mu - \boldsymbol{w}_s) + (\boldsymbol{w}_p - \boldsymbol{w}_\mu) = \boldsymbol{w}_s + \boldsymbol{w}_m + \boldsymbol{w}_g$$

式中

$$\boldsymbol{w}_m = \boldsymbol{w}_\mu - \boldsymbol{w}_s,\ \boldsymbol{w}_g = \boldsymbol{w}_p - \boldsymbol{w}_\mu$$

因为对任意的资产组合 $\boldsymbol{w}_p$，设其相应的期望收益率为 $E(R_{w_p})$，由式(3.2.22a)，$\mathrm{Cov}(R_{w_p},R_{w_s}) = \dfrac{1}{C}$，于是有

$$\sigma_{sm} = \boldsymbol{w}_s^{\mathrm{T}}\boldsymbol{\Sigma}\boldsymbol{w}_m = \boldsymbol{w}_s^{\mathrm{T}}\boldsymbol{\Sigma}(\boldsymbol{w}_\mu - \boldsymbol{w}_s) = \mathrm{Cov}(R_s,R_{w_\mu}) - \mathrm{Cov}(\boldsymbol{w}_s,\boldsymbol{w}_s) = 0$$

同样，$\sigma_{sg} = \boldsymbol{w}_s^{\mathrm{T}}\boldsymbol{\Sigma}(\boldsymbol{w}_p - \boldsymbol{w}_\mu) = 0$。

又因为 $E(R_{w_p})=E(R_{w_\mu})$，由式(3.2.6)，$\boldsymbol{w}_\mu=\boldsymbol{\Sigma}^{-1}[\lambda_1+\lambda_2 E(\boldsymbol{R})]$，所以

$$\sigma_{mg}=\boldsymbol{w}_m^{\mathrm{T}}\boldsymbol{\Sigma}(\boldsymbol{w}_p-\boldsymbol{w}_\mu)=\boldsymbol{w}_\mu^{\mathrm{T}}\boldsymbol{\Sigma}(\boldsymbol{w}_p-\boldsymbol{w}_\mu)-\boldsymbol{w}_s^{\mathrm{T}}\boldsymbol{\Sigma}(\boldsymbol{w}_p-\boldsymbol{w}_\mu)=0 \tag{3.3.21}$$

于是 $\sigma_{w_p}^2=\sigma_{w_s}^2+\sigma_{w_m}^2+\sigma_{w_g}^2$。

一般地，称 $\sigma_{w_s}^2+\sigma_{w_m}^2$ 为系统风险，其中 $\sigma_{w_s}^2=\dfrac{1}{C}$ 是不可避免的风险，$\sigma_{w_m}^2$ 是由收益水平 $E(R_{w_p})$ 确定的风险，因此是系统风险。而 $\sigma_{w_g}^2$ 与 $\boldsymbol{w}_p$ 的选择有关，只要 $\|\boldsymbol{w}_p-\boldsymbol{w}_\mu\|\to 0$，就可以保证 $\sigma_{w_g}^2\to 0$，通过资产组合的选择是可以分解的风险，称为非系统风险。

## 3.4　资本资产定价模型

资本资产定价模型(capital asset pricing model，CAPM)是在 1959 年 Markowitz 均值—方差模型的基础上，由 Sharpe 和 Linter 分别在 1964 年和 1965 年市场存在无风险资产的条件下推导出来的，1972 年 Black 又推广到不存在无风险资产条件下的一般的 CAPM。

### 3.4.1　资本资产定价模型的基本假设

CAPM 的基本假设如下：

(1) 投资者具有均值—方差效用函数，投资行为依据资产收益率和方差，在期望收益相同的条件下，选择风险(方差)较小的资产组合。在风险相同下，选择期望收益较大的资产组合。

(2) 对所有投资者信息充分且畅通无阻，对资产收益概率分布模式一致认同，因此市场有效前沿曲线只有一条。

(3) 所有投资者都有相同投资日期和固定的投资期限。

(4) 资产是无限可分的，而投资者可以以任意金额投资于各种资产，市场上的资产数量是固定的。

(5) 市场没有卖空限制。

(6) 市场存在无风险资产，投资者能以固定无风险利率借入任意数量的无风险资产。

(7) 资本市场没有税收和交易成本，资产没有红利分配。

(8) 没有通货膨胀和利率变化。

(9) 市场上的任何投资者均不能通过其投资行为影响资产价格。

### 3.4.2　市场投资组合

设市场有 $n$ 种风险资产 $X_1,X_2,\cdots,X_n$ 和 1 种无风险资产 $X_0$，其资产 $X_i$ 价格为 $P_i$，资产的可交易数量为 $\overline{N}_i$，记为

$$\mathrm{mkt}_i=\frac{\overline{N}_iP_i}{\sum_{i=0}^{n}\overline{N}_iP_i},\quad i=0,1,2,\cdots,n \tag{3.4.1}$$

称 $\mathbf{mkt}=(\mathrm{mkt}_0,\mathrm{mkt}_1,\cdots,\mathrm{mkt}_n)^{\mathrm{T}}$ 为市场投资组合的初始禀赋，它表示按市场上风险资产和无风险资产的价格和数量计算各资产市值占市场总市值的比例。

设市场上有 $K$ 位投资者,在某时刻,第 $k$ 位投资者将持有第 $i$ 种资产的数量为 $N_i^k$,有

$$w_{M_i}=\frac{\sum_{k=1}^{K}N_i^kP_i}{\sum_{i=0}^{n}\left(\sum_{i=1}^{K}N_i^k\right)P_i}\tag{3.4.2}$$

则称 $\bar{w}_M=(w_{M_0},w_{M_1},\cdots,w_{M_K})^{\mathrm{T}}$ 为这时刻的投资者市场资产组合。它是按投资者持有的角度计算各资产的市值占总市值的比例。

### 3.4.3 市场达到均衡的必要条件

市场达到均衡的必要条件是$(\mathrm{mkt}_1,\mathrm{mkt}_2,\cdots,\mathrm{mkt}_n)^{\mathrm{T}}$ 等比于 $\boldsymbol{w}_t$,这里 $\boldsymbol{w}_t$ 是切点的投资组合。

**证明** 设第 $k$ 位投资者的效用函数是 $U^k$,由基本假设,效用最大化可写成如下的优化问题:

$$\max U^k\{R_f+\boldsymbol{w}^{\mathrm{T}}[E(\boldsymbol{R})-R_f\boldsymbol{l}],\boldsymbol{w}^{\mathrm{T}}\boldsymbol{\Sigma w}\}$$

式中,$R_f+\boldsymbol{w}^{\mathrm{T}}[E(\boldsymbol{R})-R_f\boldsymbol{l}]$为期望收益率;$\boldsymbol{w}^{\mathrm{T}}\boldsymbol{\Sigma w}$ 为方差。极值的必要条件为

$$\frac{\partial U^k}{\partial \boldsymbol{w}}=\left(\frac{\partial U^k}{\partial w_1},\frac{\partial U^k}{\partial w_2},\cdots,\frac{\partial U^k}{\partial w_n}\right)^{\mathrm{T}}=0$$

注意$\frac{\partial U^k}{\partial \boldsymbol{w}}=U_1^k(\cdot)\frac{\partial\{R_f+\boldsymbol{w}^{\mathrm{T}}[E(\boldsymbol{R})-R_f\boldsymbol{l}]\}}{\partial \boldsymbol{w}}+U_2^k(\cdot)\frac{\partial \boldsymbol{w}^{\mathrm{T}}\boldsymbol{\Sigma w}}{\partial \boldsymbol{w}}$。这里 $U_1^k(\cdot)$表示对第一个变量求偏导数,$U_2^k(\cdot)$表示对第二个变量求偏导数,于是

$$U_1^k(\cdot)[E(\boldsymbol{R})-R_f\boldsymbol{l}]+2U_2^k(\cdot)\boldsymbol{\Sigma w}=0\tag{3.4.3}$$

$$\boldsymbol{w}^k=\frac{-U_1^k(\cdot)}{2U_2^k(\cdot)}\boldsymbol{\Sigma}^{-1}[E(\boldsymbol{R})-R_f\boldsymbol{l}]=\alpha(k)\boldsymbol{w}_t\tag{3.4.4}$$

其中 $\alpha(k)=\frac{-U_1^k(\cdot)}{2U_2^k(\cdot)}(A-CR_f)$。$\boldsymbol{w}^k$ 是第 $k$ 个投资者持有的最优化投资组合。

设第 $k$ 位投资者的初始财富为 $W^k$,市场组合与投资者财富之间的关系为(市场的资产由 $k$ 个投资者持有)

$$w_{M_i}=\frac{\sum_{k=1}^{K}w_{k_i}W^k}{\sum_{k=1}^{K}W^k},\quad i=1,2,\cdots,n$$

而市场达到均衡时,资产的供应量等于需求量,即 $\mathrm{mkt}_i=w_{M_i}(i=1,2,\cdots,n)$。即

$$\mathrm{mkt}_i=w_{M_i}=\frac{\sum_{k=1}^{K}w_{k_i}W^k}{\sum_{k=1}^{K}W^k}=\beta(M_i)w_{t_i}=\frac{\sum_{k=1}^{K}W^k\alpha(k)w_{t_i}}{\sum_{k=1}^{K}W^k}=\alpha w_{t_i}\tag{3.4.5}$$

这里 $\alpha=\frac{\sum_{k=1}^{K}\alpha(k)W^k}{\sum_{k=1}^{K}W^k}$,即$(\mathrm{mkt}_1,\mathrm{mkt}_2,\cdots,\mathrm{mkt}_n)^{\mathrm{T}}=\alpha\boldsymbol{w}_t$, 证毕。

### 3.4.4 市场投资组合和切点组合

**定理 3.4** 市场达到均衡时，若市场不存在无风险资产，则 $\boldsymbol{w}_M=\boldsymbol{w}_t$，在其他情况下，市场投资组合（$\text{mkt}_0,\text{mkt}_1,\cdots,\text{mkt}_n$）在（$0,R_f$）和切点连线左下方某处。

**证明** 因为 $\text{mkt}_0+(\text{mkt}_1,\text{mkt}_2,\cdots,\text{mkt}_n)^{\mathrm{T}}\boldsymbol{l}=1$，由在市场均衡条件下（$\text{mkt}_1,\text{mkt}_2,\cdots,\text{mkt}_n$）$^{\mathrm{T}}=\alpha\boldsymbol{w}_t$，代入上式，得

$$\text{mkt}_0+\alpha\boldsymbol{w}_t^{\mathrm{T}}\boldsymbol{l}=\text{mkt}_0+\alpha=1$$

所以 $\text{mkt}_0=1-\alpha$，$\alpha$ 表示市场资金总量在风险资产上的投资比例。当 $w_{M_0}=0$ 时，令 $\boldsymbol{w}_M=(w_{M_1},w_{M_2},\cdots,w_{M_n})$，当投资者在无风险资产的投资比例为零时，$\alpha=1$，即 $\boldsymbol{w}_t$ 就是市场投资组合，故 $\boldsymbol{w}_t=\boldsymbol{w}_M$。

若 $\text{mkt}_0\neq 0,\alpha\neq 1$，则 $\mathbf{mkt}=(1-\alpha)(R_f,\mathbf{0}^{\mathrm{T}})^{\mathrm{T}}+\alpha\,(0,\boldsymbol{w}_t^{\mathrm{T}})^{\mathrm{T}}$ 必在 $(R_f,0)^{\mathrm{T}}$ 和切点组合连线的左下方某处。

### 3.4.5 市场存在无风险资产情况下的资本资产定价模型

**定理 3.5**（Sharpe-Lintner CAPM） 假设市场存在无风险资产时，任意风险资产的超额收益率可表示为

$$E(R_i)-R_f=\beta_{M_i}[E(R_M)-R_f] \tag{3.4.6a}$$

这里 $E(R_M-R_f)$ 是市场风险资产组合的超额收益率，用向量表示为

$$E(\boldsymbol{R})-R_f\boldsymbol{l}=\boldsymbol{\beta}_M[E(R_M)-R_f] \tag{3.4.6b}$$

这里 $\boldsymbol{\beta}_M=\dfrac{\mathrm{Cov}(\boldsymbol{R},R_M)}{\mathrm{Var}(R_M)}$，而 $\beta_{M_i}$ 是其第 $i$ 分量。

**证明** 由定理 3.4，当市场达到均衡时，$\boldsymbol{w}_t=\boldsymbol{w}_M$，代入式(3.3.12a)，得

$$\begin{aligned}E(\boldsymbol{R})-R_f\boldsymbol{l}&=\frac{\boldsymbol{\Sigma}\boldsymbol{w}_t}{\boldsymbol{w}_t^{\mathrm{T}}\boldsymbol{\Sigma}\boldsymbol{w}_t}[E(R_{w_t})-R_f]\\&=\frac{\boldsymbol{\Sigma}\boldsymbol{w}_M}{\boldsymbol{w}_M^{\mathrm{T}}\boldsymbol{\Sigma}\boldsymbol{w}_M}[E(R_{w_M})-R_f]\\&=\boldsymbol{\beta}_M[E(R_M)-R_f]\end{aligned}$$

写成分量形式，得

$$E(R_i)-R_f=\beta_{M_i}[E(R_M)-R_f]$$

其中 $\beta_{M_i}=\dfrac{\mathrm{Cov}(R_i,R_M)}{\sigma_{w_M}^2}$。

### 3.4.6 市场不存在无风险资产情况下的资本资产定价模型

**定理 3.6**（Black CAPM） 假设市场上不存在无风险资产时，如下的关系式成立：

$$E(\boldsymbol{R})=E(R_{w_z})\boldsymbol{l}+\boldsymbol{\beta}_M[E(R_{w_M})-E(R_{w_z})] \tag{3.4.7}$$

这里 $\boldsymbol{w}_z$ 是 $\boldsymbol{w}_M$ 零 $\beta$ 相关的投资组合，$\beta_{M_i}=\dfrac{\mathrm{Cov}(R_i,R_M)}{\sigma_{w_M}^2}$。

**证明** 当市场上不存在无风险资产时，相应的优化问题为

$$\max U^k[\boldsymbol{w}^{\mathrm{T}}E(\boldsymbol{R}),\boldsymbol{w}^{\mathrm{T}}\boldsymbol{\Sigma}\boldsymbol{w}] \tag{3.4.8}$$

$$\text{s.t.}\ \boldsymbol{l}^{\mathrm{T}}\boldsymbol{w}=1$$

一阶必要条件为

$$0=\frac{\partial L}{\partial \boldsymbol{w}}=U_1^k(\cdot)E(\boldsymbol{R})+2U_2^k(\cdot)\boldsymbol{\Sigma}\boldsymbol{w}-\lambda\boldsymbol{l} \tag{3.4.9}$$

$$0=1-\boldsymbol{l}^{\mathrm{T}}\boldsymbol{w}$$

最优投资组合是

$$\begin{aligned}\boldsymbol{w}^k&=\frac{-U_1^k(\cdot)}{2U_2^k(\cdot)}\boldsymbol{\Sigma}^{-1}E(\boldsymbol{R})+\frac{\lambda}{2U_2^k(\cdot)}\boldsymbol{\Sigma}^{-1}\boldsymbol{l}\\&=-\frac{AU_1^k(\cdot)}{2U_2^k(\cdot)}\boldsymbol{w}_d+\left[1+\frac{AU_1^k(\cdot)}{2U_2^k(\cdot)}\right]\boldsymbol{w}_s\\&=\alpha_1(k)\boldsymbol{w}_d+\alpha_2(k)\boldsymbol{w}_s\end{aligned}$$

显然 $\alpha_1+\alpha_2=1$。当市场达到均衡时,$\mathrm{mkt}_i=w_{M_i}(i=1,2,\cdots,n)$。所以

$$\begin{aligned}\mathrm{mkt}_i=w_{M_i}&=\frac{\sum_{k=1}^{K}[\alpha_1(k)w_{d_i}+\alpha_2(k)w_{s_i}]W^k}{\sum_{k=1}^{K}W^k}\\&=\frac{\sum_{k=1}^{K}\alpha_1(k)W^k}{\sum_{k=1}^{K}W^k}w_{d_i}+\frac{\sum_{k=1}^{K}\alpha_2(k)W^k}{\sum_{k=1}^{K}W^k}w_{s_i}\\&=\alpha_1w_{d_i}+\alpha_2w_{s_i}\end{aligned} \tag{3.4.10}$$

这里 $\alpha_1=\dfrac{\sum_{k=1}^{K}\alpha_1(k)W^k}{\sum_{k=1}^{K}W^k}$,$\alpha_2=\dfrac{\sum_{k=1}^{K}\alpha_2(k)W^k}{\sum_{k=1}^{K}W^k}$。

由于 $\boldsymbol{w}_M^{\mathrm{T}}\boldsymbol{l}=(\mathrm{mkt}_1,\mathrm{mkt}_2,\cdots,\mathrm{mkt}_n)^{\mathrm{T}}\boldsymbol{l}=1$,由式(3.4.10),可得 $\alpha_1+\alpha_2=1$,于是

$$\mathbf{mkt}=\alpha_1\boldsymbol{w}_d+\alpha_2\boldsymbol{w}_s$$

故 **mkt** 是最小方差投资组合,记 $\boldsymbol{w}_z$ 为与 $\boldsymbol{w}_M$ 零 $\beta$ 相关的资产组合,其相应的收益率为 $R_{w_z}$,则由式(3.3.20a),得

$$E(\boldsymbol{R})=E(R_{w_z})\boldsymbol{l}+\boldsymbol{\beta}_M[E(R_{w_M})-E(R_{w_z})]$$

### 3.4.7 证券市场线

若市场存在无风险资产,以 $R_i$ 表示第 $i$ 种资产的收益率,对于任意 $\boldsymbol{w}=(w_1,w_2,\cdots,w_n)^{\mathrm{T}}$ 相应的投资组合的收益率记为 $R_w$,则 $R_w=\sum_{i=1}^{n}w_iR_i$。当市场达到均衡时,由式(3.4.6a)可得到

$$E(R_w)=R_f+\beta_{M_w}[E(R_{w_M})-R_f] \tag{3.4.11}$$

这里 $\beta_{M_w}=\dfrac{\mathrm{Cov}(R_w,R_{w_M})}{\sigma_{w_M}^2}$ 称为投资组合 $\boldsymbol{w}$ 的市场 $\beta$ 系数,由式(3.4.11)在 $\beta_{M_w}$ 和 $E(R_w)$ 坐

标空间确定通过$(0,R_f)$，$[1,E(R_w)]$点的一条直线如图 3.10 表示，我们称这条直线为证券市场线，这条直线对任意的资产组合 $\boldsymbol{w}$，由点$(\beta_{M_w},E(R_w))$所形成的轨迹就是证券市场线。

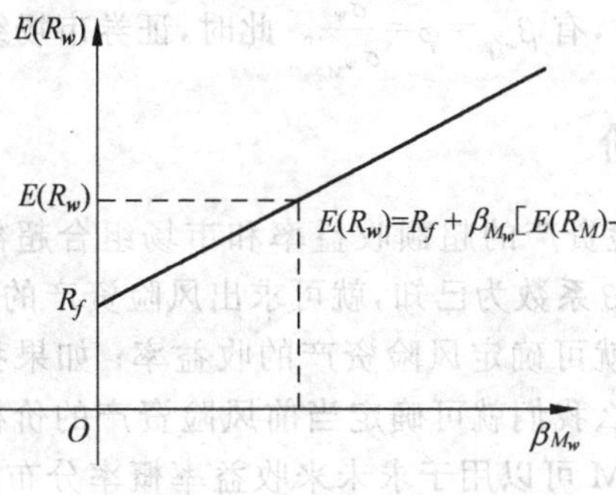


图 3.10　证券市场线

### 3.4.8　资本市场线

在市场达到均衡时，所有的最小方差资产组合 $\boldsymbol{w}$，可表示为

$$R_w=(1-\varphi)R_f+\varphi R_{w_M} \tag{3.4.12}$$

最小方差资产组合的方差为

$$\sigma_w^2=\mathrm{Cov}(R_w,R_w)=\varphi^2\sigma_{w_M}^2 \tag{3.4.13}$$

$$\sigma_w=\varphi\sigma_{w_M},\quad \varphi=\frac{\sigma_w}{\sigma_{w_M}} \tag{3.4.14}$$

对式(3.4.12)两边取数学期望得，如图 3.10 所示。

$$E(R_w)=R_f-\varphi R_f+\varphi E(R_{w_M})=R_f+\varphi[E(R_{w_M})-R_f] \tag{3.4.15}$$

将式(3.4.14)的解代入式(3.4.15)，得

$$E(R_w)=R_f+\frac{\sigma_w}{\sigma_{w_M}}[E(R_{w_M})-R_f] \tag{3.4.16}$$

当 $\varphi>0$，由方程(3.4.16)确定的在$[\sigma_w,E(R_w)]$空间内的一条直线称为资本市场线，如图 3.11 所示。需要指出的是，资本市场线是证券市场线的特例。事实上，在证券市场线中，$\beta_{M_w}=\dfrac{\mathrm{Cov}(R_w,R_{w_M})}{\sigma(R_M)}$。

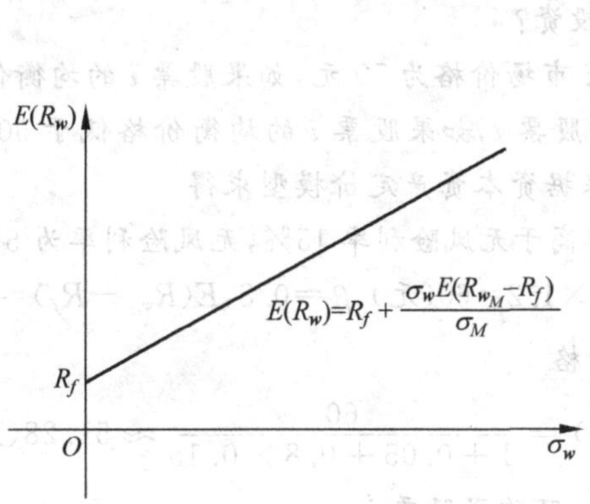


图 3.11　资本市场线

将 $R_w=(1-\varphi)R_f+\varphi R_{w_M}$ 代入得

$$\beta_{M_w}=\frac{\mathrm{Cov}(R_w,R_{w_M})}{\sigma_{w_M}^2}=\frac{\mathrm{Cov}[(1-\varphi)R_f+\varphi(R_{w_M},R_{w_M})]}{\sigma_{w_M}^2}=\varphi \tag{3.4.17}$$

所以,我们假设 $\varphi>0$ 时,有 $\beta_{w_M}=\varphi=\frac{\sigma_w}{\sigma_{w_M}}$。此时,证券市场线就是资本市场线。

### 3.4.9 利用CAPM定价

CAPM给出了任意风险资产的超额收益率和市场组合超额收益率之间的关系。如果市场组合为已知,相应的 $\beta$ 系数为已知,就可求出风险资产的超额收益率;而无风险资产的收益率为已知的常数,就可确定风险资产的收益率;如果我们可以估计出投资期结束时的风险资产的价格,那么我们就可确定当前风险资产的价格。这是资本资产定价所要解决的问题。因此,CAPM可以用于求未来收益率概率分布假设为已知的风险资产在当前的价格。设市场上第 $i$ 种风险资产在期末的价格为 $P_{i1}$,期初的价格为 $P_{i0}$,则 $R_i=\frac{P_{i1}-P_{i0}}{P_{i0}}$,因此可得

$$P_{i0}=\frac{P_{i1}}{1+R_i}=\frac{E(P_{i1})}{1+E(R_i)} \tag{3.4.18}$$

由式(3.4.6a)得到

$$E(R_i)=R_f+\beta_{M_i}[E(X_{w_M})-R_f]$$

将 $E(R_i)$ 代入,得

$$P_{i0}=\frac{E(P_{i1})}{1+R_f+\beta_{M_i}[E(R_{w_M}-R_f)]} \tag{3.4.19}$$

这里

$$\beta_{M_i}=\frac{\mathrm{Cov}(R_i,R_{w_M})}{\sigma^2(R_M)}$$

如果 $P_{i1}$ 的分布已知,市场组合收益率的分布已知,就可确定出第 $i$ 种资产当前的均衡价格。

**例 3.6**

投资者考虑购买股票 $i$,投资者估计股票 $i$ 的贝塔系数 $\beta_i=0.8$,估计期望收益率高于无风险利率15%,无风险利率为5%,市场组合的超额收益率为15%,股票 $i$ 当前价格为50元,问是否可以投资?

**解**　现在已知股票 $i$ 市场价格为50元,如果股票 $i$ 的均衡价格高于50元,则股票 $i$ 的价格被低估,就可购买股票 $i$,如果股票 $i$ 的均衡价格低于50元,就不应该购买股票 $i$,股票 $i$ 的均衡价格可根据资本资产定价模型求得。

股票 $i$ 的期望收益率高于无风险利率15%,无风险利率为5%,因此股票 $i$ 的期望收益率为20%,$E(P_{i1})=50\times1.2=60$(元),$\beta_i=0.8$,$E(R_{w_M}-R_f)=15\%$,$R_f=0.05$,代入式(3.4.19),得市场均衡价格

$$S(0)=\frac{60}{1+0.05+0.8\times0.15}\approx51.28(\text{元})$$

高于市场价格50元,可购买股票 $i$。

## 3.5　单指数模型

资本资产定价模型依赖于协方差矩阵和市场组合，一个证券组合 $\boldsymbol{w}=(w_1,w_2,\cdots,w_n)^{\mathrm{T}}$。收益率的方差 $\sigma^2=\sum_{i=1}^{n}\sum_{j=1}^{n}w_iw_j\sigma_{ij}$，其中 $\sigma_{ij}$ 是证券 $i$ 和证券 $j$ 收益率的协方差，而 $\sigma_{ij}$ 需要按有关证券的历史数据进行估计，协方差矩阵 $\boldsymbol{\Sigma}$ 是一个对称矩阵。如果 $n=1\,000$，则有 $\frac{(n+1)n}{2}=\frac{1\,001\times1\,000}{2}=500\,500$ 个协方差需要估计，即使使用运算速度很快的计算机，这项工作也很困难。

而在估计时，样本的长度要大于矩阵的阶数，随着证券数量的增多，需要采集的样本数据也需要增加。

综合上述理由，我们希望有一个既有理论依据又便于应用的模型，这就是本节要介绍的单指数模型。

为了导出单指数模型，我们假定所有证券的收益率都受市场组合的影响，每个证券的波动都是由市场组合收益率的波动引起的，只不过反应的程度各不相同。即假设：

$$R_j=\alpha_j+\beta_jR_m+\varepsilon_j,\quad R_k=\alpha_k+\beta_kR_m+\varepsilon_k \tag{3.5.1}$$

这里 $R_m$ 为市场组合收益率；$\alpha_j,\alpha_k,\beta_j,\beta_k$ 为常数。这样任意两个证券之间的关系可以转化为它们各自与市场组合关系的合成，利用市场组合可以使问题简化。这种方法建立的模型称为单指数模型。

单指数模型作如下假定：

(1) $\mathrm{Cov}(\varepsilon_j,\varepsilon_k)=0$。　(3.5.2a)

这个条件要求不同证券收益率的残差 $\varepsilon_i,\varepsilon_j$ 不相关。

(2) $E(\varepsilon_i)=0$。　(3.5.2b)

这个条件表示残差的期望值为零。

(3) $\mathrm{Cov}(\varepsilon_j,R_m)=0$。　(3.5.2c)

这个条件表示残差项是证券 $j$ 的特性，与市场组合收益率不相关。

在以上3个假设下，我们可以得出如下公式：

$$\begin{aligned}\sigma_{jk}&=\mathrm{Cov}(R_j,R_k)\\&=\mathrm{Cov}(\alpha_j+\beta_jR_m+\varepsilon_j,\alpha_k+\beta_kR_m+\varepsilon_k)\\&=\mathrm{Cov}(\alpha_j,\alpha_k+\beta_kR_m+\varepsilon_k)+\mathrm{Cov}(\beta_jR_m,\alpha_k+\beta_kR_m+\varepsilon_k)+\\&\quad\ \mathrm{Cov}(\varepsilon_j,\alpha_k+\beta_kR_m+\varepsilon_k)\end{aligned} \tag{3.5.3}$$

而

$$\begin{aligned}&\mathrm{Cov}(\beta_jR_m,\alpha_k+\beta_kR_m+\varepsilon_k)\\=&\mathrm{Cov}(\beta_jR_m,\alpha_k)+\mathrm{Cov}(\beta_jR_m,\beta_kR_m)+\mathrm{Cov}(\beta_jR_m,\varepsilon_k)\end{aligned}$$

因为 $\alpha_k$ 是常数，所以 $\mathrm{Cov}(\beta_jR_m,\alpha_k)=0$。由假设(3)$\mathrm{Cov}(\beta_jR_m,\varepsilon_k)=0$，所以

$$\mathrm{Cov}(\beta_jR_m,\alpha_k+\beta_kR_m+\varepsilon_k)=\mathrm{Cov}(\beta_jR_m,\beta_kR_m)=\beta_j\beta_k\sigma_m^2$$

类似可证：

$$\mathrm{Cov}(\alpha_j, \alpha_k + \beta_k R_m + \varepsilon_k) = 0$$
$$\mathrm{Cov}(\varepsilon_j, \alpha_k + \beta_k R_m + \varepsilon_k) = 0$$

于是得出

$$\sigma_{jk} = \beta_j \beta_k \sigma_m^2 \tag{3.5.4}$$

这个公式表明任意两个证券收益率的协方差可由三项乘积组成,其中 $\beta_j$ 和 $\beta_k$ 是两个常数,它表示证券收益率对市场组合收益率的敏感程度,$\sigma_m^2$ 是市场组合的方差。

根据这一公式,我们可以推导出任意证券收益率方差的计算公式,根据方差公式

$$\begin{aligned}\sigma^2(R_j) &= \mathrm{Cov}(R_j, R_j) = \mathrm{Cov}(\alpha_j + \beta_j R_m + \varepsilon_j, \alpha_j + \beta_j R_m + \varepsilon_j) \\ &= \sigma^2(\alpha_j) + \sigma^2(\beta_j R_m) + \sigma^2(\varepsilon_j) + 2\mathrm{Cov}(\alpha_j, \beta_j R_m) + \\ &\quad 2\mathrm{Cov}(\beta_j R_m, \varepsilon_j) + 2\mathrm{Cov}(\alpha_j, \varepsilon_j)\end{aligned}$$

根据方差和协方差的性质以及假设(1)～(3),得出

$$\sigma^2(\alpha_j) = 0$$
$$\mathrm{Cov}(\alpha_j, \beta_j R_m) = 0$$
$$\mathrm{Cov}(\beta_j R_m, \varepsilon_j) = 0$$
$$\mathrm{Cov}(\alpha_j, \varepsilon_j) = 0$$

所以

$$\sigma^2(R_j) = \sigma^2(\beta_j R_m) + \sigma^2(\varepsilon_j) = \beta_j^2 \sigma_m^2 + \sigma^2(\varepsilon_j) \tag{3.5.5}$$

根据这个公式,可见任意证券的风险可以分解为市场组合的方差和残差方差,我们分别称为系统风险和非系统风险。

下面我们给出证券组合收益率方差的单指数模型。由上面的讨论可以得出

$$\sigma^2(R_1) = \beta_1^2 \sigma_m^2 + \sigma^2(\varepsilon_1)$$
$$\sigma^2(R_2) = \beta_2^2 \sigma_m^2 + \sigma^2(\varepsilon_2)$$
$$\vdots$$
$$\sigma^2(R_n) = \beta_n^2 \sigma_m^2 + \sigma^2(\varepsilon_n)$$

和

$$\sigma_{jk} = \beta_j \beta_k \sigma_m^2$$

于是,投资组合收益率的方差为

$$\begin{aligned}\sigma^2(R_w) &= \sum_{j=1}^n \sum_{k=1}^n w_j w_k \sigma_{jk} \\ &= \sum_{j=1}^n w_j^2 \sigma^2(R_j) + 2\sum\sum_{j>k} w_j w_k \sigma_{jk} \\ &= \sum_{j=1}^n w_j^2 [\beta_j^2 \sigma_m^2 + \sigma^2(\varepsilon_j)] + 2\sum\sum_{j>k} w_j w_k \beta_j \beta_k \sigma_m^2 \\ &= \left[\sum_{j=1}^n (w_j \beta_j)^2 + 2\sum\sum_{j>k} w_j w_k \beta_j \beta_k\right] \sigma_m^2 + \sum_{j=1}^n w_j^2 \sigma^2(\varepsilon_j) \\ &= \left(\sum_{j=1}^n w_j \beta_j\right)^2 \sigma_m^2 + \sum_{j=1}^n w_j^2 \sigma^2(\varepsilon_j)\end{aligned}$$

令 $\varepsilon_w=\sum_{j=1}^{n}w_j\varepsilon_j,\sigma^2(\varepsilon_w)=\sum_{j=1}^{n}w_j^2\sigma^2(\varepsilon_j)$，则

$$\sigma^2(R_w)=\beta_w^2\sigma_m^2+\sigma^2(\varepsilon_w) \tag{3.5.6}$$

这说明任意证券组合的风险也可分成系统风险和非系统风险。

由 $\varepsilon_w=\sum_{j=1}^{n}w_j\varepsilon_j$，可得

$$\sigma^2(\varepsilon_w)=\sum_{j=1}^{n}\sum_{k=1}^{n}w_jw_k\mathrm{Cov}(\varepsilon_j,\varepsilon_k)$$

因此，根据单指数模型的假定，$\varepsilon$ 的协方差矩阵为

$$\begin{pmatrix}\sigma^2(\varepsilon_1) & 0 & \cdots & 0\\ 0 & \sigma^2(\varepsilon_2) & & \vdots\\ \vdots & & \ddots & 0\\ 0 & \cdots & 0 & \sigma^2(\varepsilon_n)\end{pmatrix}$$

它是主对角线上元素为 $\sigma^2(\varepsilon_1),\sigma^2(\varepsilon_2),\cdots,\sigma^2(\varepsilon_n)$，其他元素均为零的矩阵。如果 $w_1=w_2=\cdots=w_n=\frac{1}{n}$，则

$$\sigma^2(\varepsilon_w)=\frac{1}{n^2}\sum_{j=1}^{n}\sigma^2(\varepsilon_j)$$

由上式可知，人们往往用增加投资组合证券的数量来减少和消除非系统风险。如果 $\sigma^2(\varepsilon_j)=\sigma^2$(常数)$(j=1,2,\cdots,n)$，则投资组合的风险为 $\sigma^2(\varepsilon_w)=\frac{\sigma^2}{n}$。

由上可见，使得计算协方差矩阵减少了很多，如果市场上有 1 000 种证券，按 CAPM 模型需要计算 500 500 个数字，而按单指数模型，只需估计 1 000 个 $\beta$，1 个 $\sigma_m^2$ 和 1 000 个 $\sigma^2(\varepsilon_j)$，显然工作量减少了很多。

假如我们选择的投资组合就是市场组合，那么该组合的 $\beta$ 系数为

$$\begin{aligned}\beta_m&=w_{M_1}\beta_1+w_{M_2}\beta_2+\cdots+w_{M_n}\beta_n\\&=w_{M_1}\frac{\mathrm{Cov}(R_1,R_m)}{\sigma_m^2}+w_{M_2}\frac{\mathrm{Cov}(R_2,R_m)}{\sigma_m^2}+\cdots+w_{M_n}\frac{\mathrm{Cov}(R_n,R_m)}{\sigma_m^2}\\&=\frac{\mathrm{Cov}(w_{M_1}R_1,R_m)}{\sigma_m^2}+\frac{\mathrm{Cov}(w_{M_2}R_2,R_m)}{\sigma_m^2}+\cdots+\frac{\mathrm{Cov}(w_{M_n}R_n,R_m)}{\sigma_m^2}\\&=\frac{\mathrm{Cov}\left(\sum_{i=1}^{n}w_{M_i}R_i,R_m\right)}{\sigma_m^2}=1\end{aligned}$$

这个结果说明市场组合的 $\beta$ 系数为 1，根据上面的结果，我们有

$$\begin{aligned}\sigma_m^2&=\beta_m^2\sigma_m^2+\sum_{i=1}^{n}w_{M_i}^2\sigma^2(\varepsilon_i)\\&=\sigma_m^2+\sum_{i=1}^{n}w_{M_i}^2\sigma^2(\varepsilon_i)\end{aligned}$$

从而有 $\sum_{i=1}^{n} w_{M_i}^2\sigma^2(\varepsilon_i)=0$,这说明在单指数模型之下,市场组合是高度分散的,其非系统风险就可完全消除。

## 3.6* 标准的均值—方差资产选择模型

"标准"的资产选择模型是指一个投资者在 $n$ 种证券 $X_1,X_2,\cdots,X_n$ 的投资比例为 $w_1,w_2,\cdots,w_n$,受如下约束条件限制:

$$\sum_{i=1}^{n} w_i=1,\quad w_i\geqslant 0,\quad i=1,2,\cdots,n \tag{3.6.1}$$

设证券 $X_i$ 的收益率为 $R_i$ 是随机变量,因此资产组合的收益率

$$R_w=\sum_{i=1}^{n} w_iR_i \tag{3.6.2}$$

也是随机变量,我们考虑投资组合的期望收益率

$$E=E(R_w)=\sum_{i=1}^{n} w_i\mu_i \tag{3.6.3}$$

式中

$$\mu_i=E(R_i) \tag{3.6.4}$$

并设资产组合的方差为

$$V=\sum_{i=1}^{n}\sum_{j=1}^{n} w_iw_j\sigma_{ij} \tag{3.6.5}$$

式中

$$\sigma_{ij}=E\left[(R_i-\mu_i)(R_j-\mu_j)\right] \tag{3.6.6}$$

表示 $R_i$ 和 $R_j$ 的协方差。而

$$\sigma_{ii}=E(R_i-\mu_i)^2=\mathrm{Cov}(R_i,R_i)\triangleq V(R_i) \tag{3.6.7}$$

是 $R_i$ 的方差,和 $E$ 一样,当 $V$ 后面标有随机变量时,它表示这个随机变量的方差,当 $V$ 单独出现时,它代表投资组合的方差,即 $V=V(R)$。

方程(3.6.3)和方程(3.6.5)在任一联合分布 $R_1,R_2,\cdots,R_n$,有限方差成立。

**定义 3.4**　投资组合 $\boldsymbol{w}=(w_1,w_2,\cdots,w_n)^{\mathrm{T}}$ 满足条件(3.6.1),则称是标准的可行投资组合,或者说是一个可获得的或者合理的投资组合。而相应的 $EV$ 组合称为可行的或者可获得的 $EV$ 组合,而相应的 $E\sigma$ 组合称为可行的或可获得的 $E\sigma$ 组合,这里 $\sigma=\sqrt{V}$ 是标准差。

用矩阵表示,我们假定

$$\boldsymbol{\mu}=(\mu_1,\mu_2,\cdots,\mu_n)^{\mathrm{T}} \tag{3.6.8a}$$

$$\boldsymbol{w}=(w_1,w_2,\cdots,w_n)^{\mathrm{T}} \tag{3.6.8b}$$

$$\boldsymbol{\Sigma}=\begin{bmatrix}\sigma_{11} & \cdots & \sigma_{1n}\\ \sigma_{21} & \cdots & \sigma_{2n}\\ \sigma_{n1} & \cdots & \sigma_{nn}\end{bmatrix} \tag{3.6.8c}$$

则

$$E=\boldsymbol{\mu}^{\mathrm{T}}\boldsymbol{w} \tag{3.6.9}$$

$$V=\boldsymbol{w}^{\mathrm{T}}\boldsymbol{\Sigma}\boldsymbol{w} \tag{3.6.10}$$

**定义 3.5**　如果存在另一个较大均值和不变方差的可行组合 $EV$ 或存在较小方差，不变均值的可行 $EV$ 组合，那么这个可行 $EV$ 组合是无效的，否则称该组合为有效的 $EV$ 组合，或者有效的 $\sigma E$ 组合。$EV$ 有效组合实际上是在某一确定的收益水平之下，风险最小的组合或者是在某一风险水平上，收益最大的投资组合。

在我们进行投资决策时，当然要选择 $EV$ 有效组合，同时对于投资者，对 $\boldsymbol{w}$ 有限制，这里我们假定资本市场有卖空限制 $w_i \geqslant 0 (i=1,2,\cdots,n)$，而且由于资金等多方面的约束，可将其用如下的约束条件来表示。由 EV 有效组合构成的集合，称为资产组合的有效集标准的均值方差资产选择模型。可归结为

$$\begin{cases} \min \boldsymbol{w}^{\mathrm{T}} \boldsymbol{\Sigma} \boldsymbol{w} \\ \text{s.t.}\ \boldsymbol{A}\boldsymbol{w} = b \\ \qquad \boldsymbol{w} \geqslant 0 \end{cases} \tag{3.6.11}$$

其中$\boldsymbol{\Sigma}$是协方差矩阵，它是一个半正定对称矩阵，其中

$$\boldsymbol{A} = \begin{pmatrix} a_{11} & a_{12} & \cdots & a_{1n} \\ a_{21} & a_{22} & \cdots & a_{2n} \\ \vdots & \vdots & \ddots & \vdots \\ a_{m1} & a_{m2} & \cdots & a_{mn} \end{pmatrix}$$

是 $m \times n$ 矩阵。

$$\boldsymbol{b} = (b_1, b_2, \cdots, b_m)^{\mathrm{T}}$$

是 $m$ 维向量，特别地，当 $m=1, b=1$，是最简单的均值方差资产选择模型。

对模型(3.6.11)的求解可利用临界线法，临界线法的推导需要较长的篇幅，我们这里只介绍临界线法的求解过程。至于理论上证明，可参阅《资产组合选择和资本市场的均值方差分析》一书。引入新的矩阵

$$\boldsymbol{M} = \begin{pmatrix} \boldsymbol{\Sigma} & \boldsymbol{A}^{\mathrm{T}} \\ \boldsymbol{A} & 0 \end{pmatrix} \tag{3.6.12}$$

式中的 $\boldsymbol{A}^{\mathrm{T}}$ 是 $\boldsymbol{A}$ 的转置矩阵，显然 $\boldsymbol{M}$ 也是对称矩阵和 $m+n$ 维向量 $\boldsymbol{R}, \boldsymbol{S}$，其中

$$\boldsymbol{R} = (0, \cdots, 0, b_1, b_2, \cdots, b_m)^{\mathrm{T}}$$
$$\boldsymbol{S} = (\mu_1, \mu_2, \cdots, \mu_n, 0, \cdots, 0)^{\mathrm{T}}$$

单位交叉(unit cross)是指列向量与行向量的交叉，其中交叉处元素为 1，其余为 0，假设

$$\boldsymbol{M} = \begin{pmatrix} \sigma_{11} & \sigma_{12} & \sigma_{13} & a_1 \\ \sigma_{21} & \sigma_{22} & \sigma_{23} & a_2 \\ \sigma_{31} & \sigma_{32} & \sigma_{33} & a_3 \\ a_1 & a_2 & a_3 & 0 \end{pmatrix}$$

用单位交叉替换第二行、第二列，得到

$$\begin{pmatrix} \sigma_{11} & 0 & \sigma_{13} & a_1 \\ 0 & 1 & 0 & 0 \\ \sigma_{31} & 0 & \sigma_{33} & a_3 \\ a_1 & 0 & a_3 & 0 \end{pmatrix}$$

资产组合有效集是由各临界线组成的,与临界线联系在一起是称为“在组合中”(in)的变量,那些不在组合中的变量,称为“在组合外”(out)。临界线的公式表示如下。

$$\widetilde{\boldsymbol{M}}\begin{pmatrix} w_1 \\ \vdots \\ w_n \\ \lambda_1 \\ \vdots \\ \lambda_m \end{pmatrix} = \boldsymbol{R} + \widetilde{\boldsymbol{S}}\lambda_E \tag{3.6.13}$$

即

$$\boldsymbol{M}\begin{pmatrix} \boldsymbol{w} \\ \boldsymbol{\lambda} \end{pmatrix} = \boldsymbol{R} + \widetilde{\boldsymbol{S}}\lambda_E$$

$\widetilde{\boldsymbol{M}}$是将矩阵 $\boldsymbol{M}$ 里不在组合中的变量用单位交叉代替后的矩阵。例如,如果 $n=4$,变量 2 和 4 不在组合中,那么$\widetilde{\boldsymbol{M}}$就是把 $\boldsymbol{M}$ 中第二行、第二列,以及第四行、第四列用单位交叉代替后的矩阵。在计算过程中,$\widetilde{\boldsymbol{M}}$总是非奇异的(逆矩阵存在),方程组(3.6.13)中的比;按定义是分配到多种证券上的资金数量。

到目前为止,我们还没有说明变量 $\lambda_1,\lambda_2,\cdots,\lambda_m$。每一个约束方程对应一个 $\lambda$。因此,当 $1^{\mathrm{T}}\boldsymbol{w}=1$ 是唯一的约束方程时,$m=1$,并且

$$\begin{pmatrix} \boldsymbol{w} \\ \boldsymbol{\lambda} \end{pmatrix} = \begin{pmatrix} w_1 \\ \vdots \\ w_n \\ \lambda \end{pmatrix} \tag{3.6.14}$$

$\lambda$ 在计算中的作用,我们以后说明。

$\boldsymbol{R}$ 是我们前文所定义的包含$(m+n)$个元素的列向量。$\widetilde{\boldsymbol{S}}$是在列向量 $\boldsymbol{S}$ 中用零代替不在组合中变量的列向量。例如,$n=4,m=1,j=2,4$ 不在组合中,则

$$\widetilde{\boldsymbol{S}} = \begin{pmatrix} \mu_1 \\ 0 \\ \mu_3 \\ 0 \\ 0 \end{pmatrix}$$

$\lambda_E$ 是一个常数(而不是向量和矩阵)。如果 $\lambda_E$ 是确定的常数,我们就能从方程组(3.6.13)中解出 $\boldsymbol{w}$。临界线公式也可以写作

$$\begin{pmatrix} \boldsymbol{w} \\ \boldsymbol{\lambda} \end{pmatrix} = (\widetilde{\boldsymbol{M}})^{-1}\boldsymbol{R} + (\widetilde{\boldsymbol{M}})^{-1}\widetilde{\boldsymbol{S}}\lambda_E \tag{3.6.15}$$

这里,矩阵$(\widetilde{\boldsymbol{M}})^{-1}$中,每个不在组中的变量所对应的行与列都是一个单位交叉,为了计算更为方便,我们用零交叉(zero cross)来代替这些单位交叉。零交叉与单位交叉相似,只是它的新有元素都等于零,包括交叉处。我们定义 $\boldsymbol{N}(i)$,用它代表用零交叉代替单位交

叉后的$(\widetilde{\boldsymbol{M}})^{-1}$,从而我们得到构成有效集的第 $i$ 条临界线,于是临界线公式可以写为

$$\begin{pmatrix}\boldsymbol{x}\\ \boldsymbol{\lambda}\end{pmatrix}=\boldsymbol{N}(i)\boldsymbol{R}+\boldsymbol{N}(i)\times\boldsymbol{S}\times\lambda_E \tag{3.6.16}$$

注意这里用 $\boldsymbol{S}$ 替代了$\widetilde{\boldsymbol{S}}$。假定 $n=3$,协方差矩阵是

$$\boldsymbol{\Sigma}=\begin{bmatrix}0.0146 & 0.0187 & 0.0145\\ 0.0187 & 0.0854 & 0.0104\\ 0.045 & 0.0104 & 0.0289\end{bmatrix}$$

期望收益$\boldsymbol{\mu}=(0.62,0.146,0.128)^{\mathrm{T}}$ 唯一的约束方程是

$$w_1+w_2+w_3=1,\quad w_i\geqslant 0,\quad i=1,2,3$$

由$\boldsymbol{\Sigma}$之和 $\boldsymbol{\mu}$ 得到

$$\boldsymbol{M}=\begin{bmatrix}0.146 & 0.0187 & 0.0145 & 1\\ 0.0187 & 0.0854 & 0.0104 & 1\\ 0.0145 & 0.0104 & 0.0854 & 1\\ 1 & 1 & 1 & 0\end{bmatrix}$$

$$\boldsymbol{R}=(0,0,0,1)^{\mathrm{T}},\quad \boldsymbol{S}=(0.062,0.146,0.128,0)^{\mathrm{T}}$$

第 1 步,找到最大化 $E$ 的有效组合 $\boldsymbol{w}^{(1)}$,$\boldsymbol{w}^{(1)}=(0,1,0)^{\mathrm{T}}$。

第 2 步,与 $w^{(1)}$ 相联系的临界线公式 $j=1$ 和 $j=3$ 在组合外,方程组

$$\widetilde{\boldsymbol{M}}\begin{pmatrix}\boldsymbol{w}\\ \boldsymbol{\lambda}\end{pmatrix}=\boldsymbol{R}+\widetilde{\boldsymbol{S}}\lambda_E$$

$$\begin{pmatrix}1 & 0 & 0 & 0\\ 0 & 0.08540 & 0 & 1\\ 0 & 0 & 1 & 0\\ 0 & 1 & 0 & 0\end{pmatrix}\begin{pmatrix}w_1\\ w_2\\ w_3\\ \lambda_1\end{pmatrix}=\begin{pmatrix}0\\0\\0\\1\end{pmatrix}+\lambda_E\begin{pmatrix}0\\ 0.146\\ 0\\ 0\end{pmatrix}$$

首先求$\widetilde{\boldsymbol{M}}$的逆矩阵,因为$\widetilde{\boldsymbol{M}}$是含单位交叉的矩阵,可采用下面的方法求得矩阵。

(1) 从$\widetilde{\boldsymbol{M}}$中去掉单位交叉的行和列得到矩阵

$$\begin{pmatrix}0.0854 & 1\\ 1 & 0\end{pmatrix}$$

(2) 求其逆矩阵得到矩阵

$$\begin{pmatrix}0 & 1\\ 1 & -0.0854\end{pmatrix}$$

(3) 按原矩阵的位置插入单位交叉,得到

$$\widetilde{\boldsymbol{M}}^{-1}=\begin{pmatrix}1 & 0 & 0 & 0\\ 0 & 0 & 0 & 1\\ 0 & 0 & 1 & 0\\ 0 & 1 & 0 & -0.0854\end{pmatrix}$$

对组合处的变量用零交叉代替单位交叉,得到矩阵

$$\boldsymbol{N}(1)=\begin{pmatrix}0&0&0&0\\0&0&0&1\\0&0&0&0\\0&1&0&-0.0854\end{pmatrix}$$

因此临界线上的 $\boldsymbol{w}$ 和 $\boldsymbol{\lambda}$ 的值由下式给出

$$\begin{pmatrix}\boldsymbol{w}\\\boldsymbol{\lambda}\end{pmatrix}=\boldsymbol{N}(1)\boldsymbol{R}+\lambda_E\boldsymbol{N}(1)\boldsymbol{S},\quad 即\begin{pmatrix}w_1\\w_2\\w_3\\\lambda_1\end{pmatrix}=\begin{pmatrix}0\\1\\0\\-0.0854\end{pmatrix}+\lambda_E\begin{pmatrix}0\\0\\0\\0.146\end{pmatrix}$$

在这条临界线上只有 $\lambda_1$ 随 $\lambda_E$ 的变化而变化，其他的保持不变。

第3步，找到 $\lambda_E$ 的值，它能使得第一条临界线与所有具有以下3个性质的临界线相交。

(1) 所有在第一条临界线所对应的组合中的变量都在该条临界线新对应的组合中。

(2) 该条临界线新对应的组合中还包含另外一个变量。

(3) 除(1)，(2)涉及的变量外，其他变量都在组合外，找到的第一条临界线是 $L_2$。现在需要找到 $L_2$ 与 $L_{1,2}$ 的交点以及 $L_2$ 与 $L_{2,3}$ 交点处的 $\lambda_E$ 的值，在 $L_2$ 与 $L_{1,2}$ 的交点处，有

$$\sigma_{11}w_1+\sigma_{12}w_2+\sigma_{13}w_3+\lambda_1=m_1\lambda_E$$

以及

$$\begin{bmatrix}\boldsymbol{w}\\\boldsymbol{\lambda}\end{bmatrix}=\boldsymbol{T}(1)+\lambda_E\times\boldsymbol{V}(1)$$

式中，$\boldsymbol{T}(1)=\boldsymbol{N}(1)\boldsymbol{R}$，$\boldsymbol{V}(1)=\boldsymbol{N}(1)\boldsymbol{S}$。即

$$(0.0146,0.0187,0.0145,1)\begin{pmatrix}0\\1\\0\\-0.0854\end{pmatrix}+$$

$$(0,0.146,0.0187,0.0145,1)\begin{pmatrix}0\\0\\0\\0.0146\end{pmatrix}\lambda_E=0.0062\lambda_E$$

于是，在交点处有

$$-0.0667+0.146\lambda_E=0.062\lambda_E$$

解得 $\lambda_E=0.7479$。

类似地，$L_2$ 与 $L_{2,3}$ 交点有

$$(\sigma_{31},\sigma_{32}\sigma_{33},1)[\boldsymbol{T}(1)+\boldsymbol{V}(1)\lambda_E]=\mu_3\lambda_E$$

解得 $\lambda_E=4.17$。

第4步，为新的临界线构造公式，我们假定 $j$，进入第 $(i+1)$ 条临界线。令 $\boldsymbol{C}_{j_0}$ 代表矩阵 $\boldsymbol{M}$ 的第 $j_0$ 列，再令

$$\boldsymbol{B}=\boldsymbol{N}(i)\boldsymbol{C}_{j_0},\quad b=\boldsymbol{B}'\boldsymbol{C}_{j_0},\quad c=m_{j_0j_0}-b$$

式中，$m_{j_0j_0}$ 为 $\boldsymbol{M}$ 的第 $j_0$ 行第 $j_0$ 列元素，$\boldsymbol{N}(i+1)$ 中的元素。$g_{ij}$ 可用 $\boldsymbol{N}(i)$ 的元素 $f_{ij}$ 表示如下，$g_{j_0j_0}=\dfrac{1}{c}$，$g_{ij_0}=g_{j_0i}=-\dfrac{b_i}{c}$，若 $i\neq j_0$，式中的 $b_i$ 为 $\boldsymbol{B}$ 的第 $i$ 个元素。

我们将 $\boldsymbol{N}(1)$ 转变为 $\boldsymbol{N}(2)$，其中

$$\boldsymbol{B}=\begin{pmatrix}0&0&0&0\\0&0&0&1\\0&0&0&0\\0&1&0&-0.0854\end{pmatrix}\begin{pmatrix}0.0145\\0.0104\\0.0289\\1.0000\end{pmatrix}=\begin{pmatrix}0\\1\\0\\-0.0750\end{pmatrix}$$

$$b=(0,1,0,-0.0750)\begin{pmatrix}0.0145\\0.0104\\0.0289\\1.0000\end{pmatrix}=-0.0646$$

$$c=0.0289+0.0646=0.0935$$

$$\boldsymbol{N}(2)=\begin{pmatrix}0&0&0&0\\0&\dfrac{1}{0.0935}&-\dfrac{1}{0.0935}&1-\dfrac{0.750}{0.0935}\\0&-\dfrac{1}{0.0935}&-\dfrac{1}{0.0935}&\dfrac{0.750}{0.935}-0.0854\\0&1-\dfrac{0.0750}{0.0935}&\dfrac{0.0750}{0.0935}&-0.0854+\dfrac{(-0.0750)^2}{0.0935}\end{pmatrix}$$

$$=\begin{pmatrix}0&0&0&0\\0&10.695&10.695&0.198\\0&-10.695&-10.695&0.802\\0&0.198&0.802&-0.025\end{pmatrix}$$

因此，新的临界线公式为

$$\begin{pmatrix}\boldsymbol{w}\\\boldsymbol{\lambda}\end{pmatrix}=\boldsymbol{N}(2)\boldsymbol{R}+\boldsymbol{N}(2)\boldsymbol{S}\lambda_E$$

即

$$\begin{pmatrix}w_1\\w_2\\w_3\\\lambda\end{pmatrix}=\begin{pmatrix}0\\0.198\\0.802\\-0.25\end{pmatrix}+\lambda_E\begin{pmatrix}0\\0.193\\-0.193\\0.132\end{pmatrix}\tag{3.6.17}$$

$\lambda_E^{(1)}=4.17$，有 $w_2=1.00$，$w_3=0$，随着 $\lambda_E$ 的减小，$w_2$ 减小，$w_3$ 增大。对于 $\lambda_E$ 从 4.17 下降到现在临界线与另一临界线方程(3.6.13)产生的点都是有效的。

第 5 步，找现在的临界线随 $\lambda_E$ 减小而首先相交的那条临界线。现在临界线是 $L_{2,3}$，我们只需考虑 $L_3$ 与 $L_{1,2,3}$ 的交点。我们不需要考虑 $L_2$，因为我们刚才遇到过它，当 $w_2=0.198+0.193\lambda_E=0$，$\lambda_E<0$ 时，$L_{2,3}$ 才与 $L_3$ 相交，当$(\sigma_{11},\sigma_{12},\sigma_{13},1)[T(2)+V(2)\lambda_E]=\mu_1\lambda_E$，$L_{2,3}$ 才与 $L_{1,2,3}$ 相交，在交点处有

$$-0.0099+0.131\lambda_E=0.062\lambda_E,\quad \lambda_E=0.14$$

其中$\boldsymbol{T}(2)=\boldsymbol{N}(2)\times\boldsymbol{R}$,$\boldsymbol{V}(2)=\boldsymbol{N}(2)\times\boldsymbol{S}$。随着$\lambda_E$从4.17减小,我们遇到的第一条相交的临界线是$L_{1,2,3}$,此处$\lambda_E^2=0.14$。有效集$L_{2,3}$转向$L_{1,2,3}$资产组合,满足

$$\begin{pmatrix}\boldsymbol{w}\\ \boldsymbol{\lambda}\end{pmatrix}=\boldsymbol{T}(2)+\lambda_E^{(2)}\boldsymbol{V}(2)$$

即

$$\begin{pmatrix}w_1\\ w_2\\ w_3\end{pmatrix}=\begin{pmatrix}0\\ 0.198\\ 0.802\end{pmatrix}+0.14\begin{pmatrix}0\\ 0.193\\ -0.193\end{pmatrix}=\begin{pmatrix}0\\ 0.22\\ 0.78\end{pmatrix}$$

第6步,与第4步类似,构造临界线$L_{1,2,3}$公式,按照前面的方法,得到新的$\boldsymbol{N}(3)$,即

$$\boldsymbol{N}(3)=\begin{pmatrix}111.235 & -27.006 & -84.229 & 1.102\\ -27.006 & 17.252 & 9.754 & -0.070\\ -84.229 & 9.754 & 74.475 & -0.033\\ 1.102 & -0.070 & -0.033 & -0.014\end{pmatrix}$$

由此,计算出$L_{1,2,3}$满足

$$\begin{pmatrix}\boldsymbol{w}\\ \boldsymbol{\lambda}\end{pmatrix}=\boldsymbol{T}(3)+\lambda_E\boldsymbol{V}(3)=\boldsymbol{N}(3)\boldsymbol{R}+\lambda_E\boldsymbol{N}(3)\boldsymbol{S}$$

即

$$\begin{pmatrix}w_1\\ w_2\\ w_3\\ \lambda\end{pmatrix}=\begin{pmatrix}1.10\\ -0.07\\ -0.03\\ -0.01\end{pmatrix}+\lambda_E\begin{pmatrix}-7.83\\ 2.09\\ 5.73\\ 0.05\end{pmatrix}$$

第7步,与第5步类似,随着$\lambda_E$从0.014减小,我们发现,当$w_2=-0.07+2.09\lambda_E=0$,即$\lambda_E=0.033$时,$L_{1,2,3}$与$L_{1,2}$相交,当$w_3=-0.033+5.73\lambda_E=0$,即$\lambda_E=0.006$时,$L_{1,2,3}$与$L_{1,2}$相交,所以第一个交叉点在$\lambda_E^{(3)}=0.033$,有效集的下一段位于$L_{1,3}$上,有效集从$L_{1,2,3}$转向$L_{1,3}$的资产组合满足:

$$\begin{pmatrix}w_1\\ w_2\\ w_3\end{pmatrix}=\begin{pmatrix}1.10\\ -0.07\\ -0.03\end{pmatrix}+0.33\begin{pmatrix}-7.83\\ 2.09\\ 5.73\end{pmatrix}=\begin{pmatrix}0.84\\ 0.00\\ 0.16\end{pmatrix}$$

第8步,与第2、4、6步类似,为新的临界线构造公式,这一次,为了得到$\boldsymbol{N}(4)$,我们用单位交叉替换第二行、第二列,无论何时,我们用零交叉替换一行和一列(第$j_0$列)新的$N(i+1)$中的$g_{ij}$都可以按照下面公式从$\boldsymbol{N}(i)$中的$f_{ij}$得到

$$g_{ij}=f_{ij}-\frac{f_{ij_0}f_{i_0j}}{f_{i_0j_0}}$$

于是,得到

$$\boldsymbol{N}(4)=\begin{pmatrix}68.960 & 0 & -68.960 & 0.993\\ 0 & 0 & 0 & 0\\ -68.960 & 0 & 68.960 & 0.007\\ 0.993 & 0 & 0.007 & -0.15\end{pmatrix}$$

新的临界线公式为

$$\begin{pmatrix} \boldsymbol{w} \\ \boldsymbol{\lambda} \end{pmatrix} = \boldsymbol{T}(4) + \lambda_E \boldsymbol{V}(4)$$

即

$$\begin{pmatrix} w_1 \\ w_2 \\ w_3 \\ \lambda \end{pmatrix} = \begin{pmatrix} 0.993 \\ 0.000 \\ 0.007 \\ -0.015 \end{pmatrix} + \lambda_E \begin{pmatrix} -4.551 \\ 0.000 \\ 4.552 \\ -0.062 \end{pmatrix}$$

随着 $\lambda_E$ 从 0.033 向下减小，它与另一长临界线相交时 $\lambda_E=0$，从而

$$\begin{pmatrix} \boldsymbol{w}_1 \\ \boldsymbol{\lambda} \end{pmatrix} = \boldsymbol{T}(4) + 0 \times \boldsymbol{V}(4) = \boldsymbol{T}(4)$$

因此，$\boldsymbol{V}$ 的最小化的资产组合是

$$\begin{pmatrix} w_1 \\ w_2 \\ w_3 \end{pmatrix} = \begin{pmatrix} 0.993 \\ 0.000 \\ 0.007 \end{pmatrix}$$

由于有效投资组合集是分段线性的，所以我们可以利用起点、拐点、终点的形式来描述它。有效资产组合集如表 3-6 所示。

表 3-6 有效资产组合集

| 有效资产 | 起点 | 拐点 1 | 拐点 2 | 终点 |
|---|---|---|---|---|
| $w_1$ | 0 | 0.00 | 0.84 | 0.99 |
| $w_2$ | 0 | 0.22 | 0.00 | 0.00 |
| $w_3$ | 0 | 0.78 | 0.16 | 0.01 |

## 习 题 3

1. 证明如果不允许卖空，投资组合收益率的方差 $\sigma^2(R_w)$ 不会超过 $\sigma^2(R_A)$ 和 $\sigma^2(R_B)$ 中的最大者。

2. 设 $\rho_{AB}=1$，取 $w_A=-\dfrac{\sigma(R_B)}{\sigma(R_A)-\sigma(R_B)}$，$w_B=-\dfrac{\sigma(R_A)}{\sigma(R_A)-\sigma(R_B)}$，证明 $\sigma(R_w)=0$。

3. 设 $\rho_{AB}=-1$，取 $w_A=\dfrac{\sigma(R_B)}{\sigma(R_A)+\sigma(R_B)}$，$w_B=\dfrac{\sigma(R_A)}{\sigma(R_A)+\sigma(R_B)}$，证明 $\sigma(R_w)=0$。

4. 证明当 $-1<\rho_{AB}<1$ 时，方差最小的投资组合，在

$$w_B=\frac{\sigma^2(R_A)-\rho_{AB}\sigma(R_A)\sigma(R_B)}{\sigma^2(R_A)+\sigma^2(R_B)-2\rho_{AB}\sigma(R_A)\sigma(R_B)}$$

处达到。

5. 考虑一个风险资产组合，该组合的现金流可能为 70 000 或者 200 000，概率相等均为 0.5。

(1) 如果投资者要求8%的风险溢价,问投资者愿意支付多少钱去购买该资产组合,并求该组合的期望收益率。

(2) 如果投资者要求12%的风险溢价,则投资者愿意支付的价格是多少?

(3) 比较(1)和(2)的答案,分析风险溢价和价格之间的关系。

6. 计算如下投资组合的期望回报率和标准差。

| 股票 | 投资组合/% | 期望回报率/% | 标准差 | 股票间的相关系数 | | |
|---|---|---|---|---|---|---|
| | | | | 股票1 | 股票2 | 股票3 |
| 股票1 | 50 | 20 | 20 | 1.0 | 0.5 | 0.3 |
| 股票2 | 30 | 15 | 30 | 0.5 | 1.0 | 0.1 |
| 股票3 | 20 | 20 | 40 | 0.3 | 0.1 | 1.0 |

7. 根据如下数据求每一种股票的$\beta$系数。

| 股票 | 市场回报率为−10%的期望收益率 | 市场回报率为+10%的期望收益率 |
|---|---|---|
| A | 0 | +20 |
| B | −20 | +20 |
| C | −30 | 0 |
| D | +15 | +15 |
| E | +1 | −15 |

8. 设四种证券的有关数据如下。投资者另有50%资产投资于无风险证券。

| 证券 $i$ | 期望收益率/% | $\beta_i$ | 投资比例/% |
|---|---|---|---|
| $i=1$ | 7.6 | 0.2 | 10 |
| $i=2$ | 12.4 | 0.8 | 10 |
| $i=3$ | 15.6 | 1.2 | 10 |
| $i=4$ | 18.8 | 1.6 | 20 |

(1) 求市场证券组合期望收益率$R_M$和无风险利率$R_f$。

(2) 求证券组合的$\beta$系数。

(3) 若投资者可以卖所持有的无风险资产去买市场证券组合,当他希望期望收益率为12%时,证券组合如何?

9. 设资产组合由三个证券组成,权重分别为$w_1=40\%$,$w_2=-20\%$,$w_3=80\%$,给定证券的期望收益$\mu_1=8\%$,$\mu_2=10\%$,$\mu_3=6\%$,标准差$\sigma_1=0.15$,$\sigma_2=0.05$,$\sigma_3=0.12$和相关系数$\rho_{12}=0.3$,$\rho_{23}=0.0$,$\rho_{31}=-0.2$,求期望收益$\mu_V$和标准差$\sigma_V$。

10. 证明权重为$w_1,\cdots,w_n$的$n$个证券构成的资产组合的贝塔因子为$\beta_V=w_1\beta_1+\cdots+w_n\beta_n$,其中$\beta_1,\cdots,\beta_n$是这些证券的贝塔因子。

11. 假定风险证券时期1时的随机收益为$\tilde{y}$,而0时的均衡价格为$S_y$。假定CAPM

成立，而证券的贝塔为 $\beta_{ym}$。证明：$S_y=\dfrac{E[\tilde{y}]}{1+r_f+\beta_{jm}(E[\tilde{r}_m]-r_f)}=\dfrac{E[\tilde{y}]-\varphi^*\rho_{ym}\sigma(\tilde{y})}{1+r_f}$，这里 $\varphi^*=\dfrac{E[\tilde{y}]-r_f}{\sigma(\tilde{r}_m)}$，$\rho_{ym}=\dfrac{\mathrm{Cov}(\tilde{y},\tilde{r}_m)}{\sigma(\tilde{y})\sigma(\tilde{r}_m)}$。

12. 假定市场上仅有两种资产，其收益率向量 $(X,Y)^{\mathrm{T}}$ 和协方差矩阵 $\boldsymbol{V}$ 的取值分别为

$$\boldsymbol{V}=\begin{bmatrix}0.01 & 0\\ 0 & 0.0064\end{bmatrix},\quad \begin{pmatrix}X\\ Y\end{pmatrix}=\begin{pmatrix}0.2\\ 0.1\end{pmatrix}$$

试求全局最小方差资产组合。

# 第 4 章　套利定价理论

建立在均值-方差分析基础上的资本资产定价模型 CAPM,在理论上是十分完美的,它解释了为什么不同的证券会有不同的期望收益率。资本资产定价模型自创立以来,得到了十分广泛的应用。

CAPM 的核心是市场投资组合,市场上风险资产的超额收益率由市场组合的超额收益率和 $\beta$ 系数确定,而 $\beta$ 系数也源自市场投资组合。CAPM 实际上在已知各种风险资产收益率分布和市场组合的情况下,如果市场满足 CAPM 的基本假设,则风险资产的定价问题就得以解决。但是一方面,CAPM 是建立在一系列十分严格的假设之下,在市场处于竞争均衡的状态之下得到;另一方面在计算 $\beta$ 系数时,要计算 $\sigma_{ij}$,计算量之大,即使使用现代最新的计算技术也感到力不从心。况且金融市场的实际情况很难满足 CAPM 对于市场的假设。因此,CAPM 不仅在理论上受到人们的质疑,而且在应用过程中遇到很大的困难。

Ross(1976)提出了一种新的资产定价理论,称为套利定价理论(APT)。APT 和 CAPM 显著的不同点是:APT 认为,除了市场因素之外,资产价格还受一些外部因素影响,利用无套利定价原理得出风险资产期望收益率的一般表达式,而且套利定价模型的假设大大少于 CAPM 的假设,比 CAPM 更接近资本市场的实际情况。在这种意义下,APT 是 CAPM 的完善和发展。为介绍 APT,我们首先介绍多因子线性模型。

## 4.1　多因子线性模型

设资产市场有 $n$ 种风险资产,其收益率分别为 $R_1,R_2,\cdots,R_n$,无风险资产的收益率为 $R_f$,风险资产的收益率是随机变量,无风险收益率为常数。

APT 模型有如下的假定:

(1) 市场是无摩擦的完全竞争市场。

(2) 市场上存在充分多的资产,而且每种资产都是无限可分的。

(3) 所有投资者对各种资产的收益预期都是一致的。

(4) 假定存在有限个因素共同影响资产的收益率。

在上面 4 个假定之下,我们考虑一种多因子线性模型。

### 4.1.1　*K* 因子线性模型

设影响风险资产收益率的因素为 $K$ 个,设为 $F_1,F_2,\cdots,F_k$。它们是随机变量,称为因子。风险资产的收益率可以写成如下形式:

$$R_i = a_i + b_{i1}F_1 + b_{i2}F_2 + \cdots + b_{ik}F_k + \varepsilon_i,\quad i = 1,2,\cdots,n \tag{4.1.1a}$$

其中 $b_{ik}$ 表示风险资产 $i$ 对因子 $k$ 的敏感系数,由假定(4)知,各投资者的敏感系数是一致的。其中 $\varepsilon_i$ 表示未知的或者不可预测的次要因素，也是一随机变量，称为残差，而且满足如下条件：

(1) $E(\varepsilon_i)=0, E(F_k)=0,\quad i=1,2,\cdots,n;\ k=1,2,\cdots,K$ (4.1.1b)

(2) $E(\varepsilon_i\varepsilon_j)=0,\quad i,j=1,2,\cdots,n$ (4.1.1c)

(3) $E(\varepsilon_j F_k)=0,\quad j=1,2,\cdots,n;\ k=1,2,\cdots,K$ (4.1.1d)

(4) $E(F_k F_l)=0,\quad k,l=1,2,\cdots,K;\ k\neq l$ (4.1.1e)

(5) $\mathrm{Var}(\varepsilon_i)=E(\varepsilon_i^2)=S_i^2\leqslant S,\quad i=1,2,\cdots,n$ (4.1.1f)

(6) $\mathrm{Var}(F_k)=E(F_k^2)=1,\quad k=1,2,\cdots,K$ (4.1.1g)

### 4.1.2 多因子线性模型的向量形式

令 $\boldsymbol{R}=(R_1,R_2,\cdots,R_n)^{\mathrm{T}}$，$\boldsymbol{a}=(a_1,a_2,\cdots,a_n)^{\mathrm{T}}$，$\boldsymbol{B}=(b_{ik})_{n\times k}$ 是 $n\times k$ 矩阵，$\boldsymbol{\varepsilon}=(\varepsilon_1,\varepsilon_2,\cdots,\varepsilon_n)^{\mathrm{T}}$，$\boldsymbol{F}=(F_1,F_2,\cdots,F_k)^{\mathrm{T}}$，则模型(4.1.1a)可写成如下形式：

$$\boldsymbol{R}=\boldsymbol{a}+\boldsymbol{BF}+\boldsymbol{\varepsilon} \tag{4.1.2a}$$

且满足

$$E(\boldsymbol{\varepsilon})=[E(\varepsilon_1),E(\varepsilon_2),\cdots,E(\varepsilon_n)]^{\mathrm{T}}=\underbrace{(0,0,\cdots,0)^{\mathrm{T}}}_{n}=\boldsymbol{0} \tag{4.1.2b}$$

$$E(\boldsymbol{F})=[E(F_1),E(F_2),\cdots,E(F_k)]^{\mathrm{T}}=\boldsymbol{0} \tag{4.1.2c}$$

$$E(\boldsymbol{\varepsilon F}^{\mathrm{T}})=[E(\varepsilon_i F_k)]_{n\times k}=\boldsymbol{0}_{n\times k} \tag{4.1.2d}$$

$$E(\boldsymbol{FF}^{\mathrm{T}})=[E(F_k F_l)]_{k\times k}=\boldsymbol{I}_{k\times k} \tag{4.1.2e}$$

式中，$\boldsymbol{0}_{n\times k}$ 为零矩阵；$\boldsymbol{I}_{k\times k}$ 为 $k$ 阶单位矩阵；$E(\boldsymbol{\varepsilon\varepsilon}^{\mathrm{T}})=[E(\varepsilon_i\varepsilon_j)]_{n\times n}$ 为对角线元素是 $S_1^2$，$S_2^2,\cdots,S_n^2$ 的对角矩阵。其中 $\boldsymbol{\varepsilon}=(\varepsilon_1,\varepsilon_2,\cdots,\varepsilon_n)^{\mathrm{T}}$ 是残差向量。

这里介绍的是一般的含残差的多因子线性模型。$E(\varepsilon_i)=0, E(F_i)=0(i=1,2,\cdots,n)$ 表示随机变量 $\varepsilon_i, F_i$ 的期望值为零。$E(\varepsilon_i\varepsilon_j)=0$ 说明 $\varepsilon_i$ 和 $\varepsilon_j(i\neq j)$ 的协方差为零，$\varepsilon_i$ 和 $\varepsilon_j$ 互相独立，同样 $\varepsilon_i$ 和 $F_k$ 互相独立，$F_k$ 和 $F_l(k\neq l)$ 互相独立。

### 4.1.3 投资组合的因子模型

设 $\boldsymbol{w}=(w_1,w_2,\cdots,w_n)^{\mathrm{T}}$ 是一个投资组合，以 $R_w$ 表示投资组合的收益率，则

$$R_w=w_1R_1+w_2R_2+\cdots+w_nR_n \tag{4.1.3}$$

将式(4.1.1a)代入得

$$R_w=\sum_{i=1}^{n}w_i a_i+\left(\sum_{i=1}^{n}w_i b_{i1}\right)F_1+\left(\sum_{i=1}^{n}w_i b_{i2}\right)F_2+\cdots+\left(\sum_{i=1}^{n}w_i b_{in}\right)F_n+\sum_{i=1}^{n}w_i\varepsilon_i \tag{4.1.4}$$

也即投资组合各因子的敏感系数等于各资产敏感系数的加权和，投资组合的残差项 $\varepsilon_P$ 为各风险资产残差项的加权和，即

$$\varepsilon_P=\sum_{i=1}^{n}w_i\varepsilon_i \tag{4.1.5}$$

而且

$$\sigma^2(\varepsilon_P) = \sum_{i=1}^{n} w_i^2 \sigma^2(\varepsilon_i) \tag{4.1.6}$$

特别地,如果

$$w_i = \frac{1}{n}, \quad i = 1,2,\cdots,n$$

则

$$\sigma^2(\varepsilon_P) = \sum_{i=1}^{n} \frac{1}{n^2}\sigma^2(\varepsilon_i) \leqslant \frac{S}{n}$$

当 $n$ 很大时,$\sigma^2(\varepsilon_P)$很小,于是

$$\begin{aligned}\sigma^2(R_w) &= \left(\sum_{i=1}^{n} w_i b_{i1}\right)^2 + \left(\sum_{i=1}^{n} w_i b_{i2}\right)^2 + \cdots + \left(\sum_{i=1}^{n} w_i b_{ik}\right)^2 + \sigma^2(\varepsilon_P) \\ &\approx \sum_{k=1}^{K}\left(\sum_{i=1}^{n} w_i b_{ik}\right)^2 \end{aligned} \tag{4.1.7}$$

## 4.2　不含残差的线性因子模型的套利定价理论

### 4.2.1　不含残差的单因子模型

首先考虑单因子无残差模型,即

$$R_i = a_i + b_i F_1, \quad i = 1,2,\cdots,n \tag{4.2.1}$$

其中,$b_i \neq b_j (i \neq j), b_i \neq 0 (i,j = 1,2,\cdots,n)$。

先看一个简单的例子,设市场上有3种股票 $X_1, X_2, X_3$,3种股票期望收益率和敏感系数分别为

$$E(R_1) = 15\%, \quad E(R_2) = 21\%, \quad E(R_3) = 12\%$$

$$b_1 = 0.9, \quad b_2 = 3.0, \quad b_3 = 1.8$$

假设存在资产组合$(w_1, w_2, w_3)^{\mathrm{T}}$满足如下条件:

$$w_1 + w_2 + w_3 = 0 \tag{4.2.2a}$$

$$0.9w_1 + 3.0w_2 + 1.8w_3 = 0 \tag{4.2.2b}$$

$$0.15w_1 + 0.21w_2 + 0.12w_3 > 0 \tag{4.2.2c}$$

则存在套利机会。因此式(4.2.2a)说明资产组合$(w_1, w_2, w_3)$不需任何成本,即现金流为零,不必有现金支出;式(4.2.2b)说明该资产组合不受因子的影响;式(4.2.2c)说明资产组合的期望收益为正数。满足上述条件的资产组合有很多。例如,取 $w_1 = 0.1, w_2 = 0.075, w_3 = -0.175$ 就满足上述3个条件,很明显市场存在套利机会。$(0.1, 0.075, -0.175)^{\mathrm{T}}$是一个套利组合,因此投资者可利用套利机会获利。投资者按上述比例购买股票1,股票2,卖空股票3就可获利。很多投资者都这样操作,就会使股票1,股票2的价格上涨,股票3的价格下降,直至套利机会消失。如果不存在套利机会,任意资产组合$(w_1, w_2, w_3)$都必须满足无套利条件,即如果

$$w_1 + w_2 + w_3 = 0 \tag{4.2.3a}$$

$$b_1 w_1 + b_2 w_2 + b_3 w_3 = 0 \tag{4.2.3b}$$

则必有

$$E(R_1)w_1 + E(R_2)w_2 + E(R_3)w_3 = 0 \tag{4.2.3c}$$

假设向量 $\boldsymbol{l}=(1,1,1)^{\mathrm{T}}$ 和向量 $\boldsymbol{b}=(b_1,b_2,b_3)^{\mathrm{T}}$ 线性无关，由上面两个向量生成的子空间记为 $\mathrm{span}(\boldsymbol{l},\boldsymbol{b})=V$，它是二维子空间。与 $\mathrm{span}(\boldsymbol{l},\boldsymbol{b})$ 正交的所有向量构成的子空间 $V^{\perp}$ 即与 $V$ 中向量正交的向量构成的集合，由无套利条件得出 $[E(R_1),E(R_2),E(R_3)]^{\mathrm{T}}$ 满足与 $V^{\perp}$ 中所有向量都正交，故 $[E(R_1),E(R_2),E(R_3)]^{\mathrm{T}}\in \mathrm{span}\{\boldsymbol{l},\boldsymbol{b}\}$。于是存在 $\lambda_0,\lambda_1$ 使得

$$[E(R_1),E(R_2),E(R_3)]^{\mathrm{T}} = \lambda_0\boldsymbol{l} + \lambda_1\boldsymbol{b}$$

写成分量形式，有

$$E(R_1) = \lambda_0 + \lambda_1 b_1$$
$$E(R_2) = \lambda_0 + \lambda_1 b_2$$
$$E(R_3) = \lambda_0 + \lambda_1 b_3$$

由上面假设可以算出 $\lambda_0 = 8\%$，$\lambda_1 = 4\%$，即在 $[b_i,E(R_i)]$ 平面上，$[b_1,E(R_1)]$，$[b_2,E(R_2)]$，$[b_3,E(R_3)]$ 在同一条直线上，如图 4.1 所示。如果不在同一条直线上，就存在套利机会。

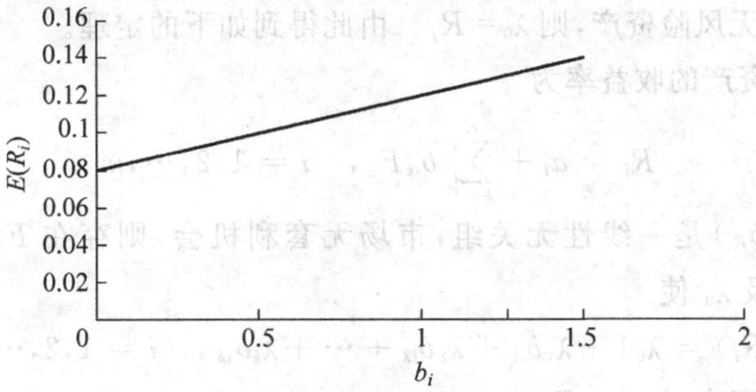


图 4.1　3 种股票的收益期望连线

从而在无套利的情况下

$$E(R_1) = 0.08 + (0.04\times 0.9) = 11.6\%$$
$$E(R_2) = 0.08 + (0.04\times 3.0) = 20\%$$
$$E(R_3) = 0.08 + (0.04\times 1.8) = 15.2\%$$

按原来的数据，$[b_1,E(R_1)]=(0.9,15\%)$ 在直线上方，$[b_2,E(R_2)]=(3.0,21\%)$ 在直线的上方，$[b_3,E(R_3)]=(1.8,12\%)$ 在直线的下方，存在套利机会。相应的交易策略使 $E(R_1)$ 由 15% 下降到 11.6%。当 $E(R_2)$ 由 21% 下降到 20%，当 $E(R_3)$ 由 12% 上升到 15.2%，则无套利机会。因此，$E(R_n)$ 是 $b_n$ 的线性函数，称此直线为套利定价线。如果市场存在无风险资产，则 $\lambda_0=R_f$。

### 4.2.2　K 因子模型

现在讨论一般的多因子无残差线性模型

$$R_i = a_i + b_{i1}F_1 + b_{i2}F_2 + \cdots + b_{ik}F_k,\quad i = 1,2,\cdots,n;\ k = 1,2,\cdots,K$$

假定$\mathbf{1}=\underbrace{(1,1,\cdots,1)^{\mathrm{T}}}_{n个}$，$\boldsymbol{b}_k=(b_{1k},b_{2k},\cdots,b_{nk})^{\mathrm{T}}(k=1,2,\cdots,K)$是线性无关向量组。

如果资产组合$\boldsymbol{w}=(w_1,w_2,\cdots,w_n)^{\mathrm{T}}$满足如下条件：

$$\boldsymbol{l}^{\mathrm{T}}\boldsymbol{w}=0 \tag{4.2.4a}$$

$$\boldsymbol{b}_k^{\mathrm{T}}\boldsymbol{w}=0,\quad k=1,2,\cdots,K \tag{4.2.4b}$$

则由无套利假设，应有

$$E(\boldsymbol{R})^{\mathrm{T}}\boldsymbol{w}=0 \tag{4.2.4c}$$

其中$E(\boldsymbol{R})=[E(R_1),E(R_2),\cdots,E(R_n)]^{\mathrm{T}}$。

由假设$\{\mathbf{1},\boldsymbol{b}_1,\cdots,\boldsymbol{b}_K\}$线性无关，故$\mathrm{span}\{\mathbf{1},\boldsymbol{b}_1,\boldsymbol{b}_2,\cdots,\boldsymbol{b}_K\}$是$K+1$维空间，与其正交的空间是$n-(K+1)$维空间。因此由式(4.2.4a)和式(4.2.4b)，$E(\boldsymbol{R})\in\mathrm{span}\{\mathbf{1},\boldsymbol{b}_1,\boldsymbol{b}_2,\cdots,\boldsymbol{b}_k\}$。故存在唯一向量$(\lambda_0,\lambda_1,\cdots,\lambda_K)^{\mathrm{T}}$，使

$$E(\boldsymbol{R})=\lambda_0\mathbf{1}+\lambda_1\boldsymbol{b}_1+\lambda_2\boldsymbol{b}_2+\cdots+\lambda_k\boldsymbol{b}_k$$

写成分量形式有

$$E(R_i)=\lambda_0 1+\lambda_1 b_{i1}+\lambda_2 b_{i2}+\cdots+\lambda_k b_{ik},\quad i=1,2,\cdots,n$$

如果市场存在无风险资产，则$\lambda_0=R_f$。由此得到如下的定理。

**定理 4.1**　设资产的收益率为

$$R_i=a_i+\sum_{k=1}^{K}b_{ik}F_k,\quad i=1,2,\cdots,n$$

其中$(\mathbf{1},\boldsymbol{b}_1,\boldsymbol{b}_2,\cdots,\boldsymbol{b}_K)$是一线性无关组，市场无套利机会，则存在$F_k$的风险溢价因子$\lambda_k(k=1,2,\cdots,K)$及$\lambda_0$使

$$E(R_i)=\lambda_0 1+\lambda_1 b_{i1}+\lambda_2 b_{i2}+\cdots+\lambda_k b_{ik},\quad i=1,2,\cdots,n \tag{4.2.5}$$

当市场存在无风险资产时，$\lambda_0=R_f$。

### 4.2.3　$\lambda_k$ 的经济意义

为了说明风险溢价因子$\lambda_k$的含义，我们构造一个特殊的投资组合$\boldsymbol{w}=(w_1,w_2,\cdots,w_n)^{\mathrm{T}}$满足如下条件：

$$\sum_{i=1}^{n}w_i b_{ik}=1 \tag{4.2.6}$$

$$\sum_{i=1}^{n}w_i b_{ij}=0,\quad j\neq k \tag{4.2.7}$$

式(4.2.5)加权求和，由式(4.2.6)和式(4.2.7)，我们得到

$$E(R_w)=\lambda_0+\lambda_k \tag{4.2.8}$$

$$\lambda_k=E(R_w)-\lambda_0 \tag{4.2.9}$$

当市场存在无风险资产时$\lambda_0=R_f$，此时

$$\lambda_k=E(R_w)-R_f$$

即$\lambda_k$是满足条件式(4.2.6)和式(4.2.7)的资产组合的超额收益率。总之，$\lambda_k$是对$F_k$的敏感系数为1，对其他因素的敏感系数为0的投资组合的超额收益或风险溢价。

## 4.3 含残差风险因子的套利定价理论

### 4.3.1 渐近套利机会

假设市场上有可数无穷多个资产记为 $X_1, X_2, \cdots, X_n, \cdots$，其收益率记为 $R_1, R_2, \cdots, R_n, \cdots$，如果存在资产组合序列 $\boldsymbol{w}(n)=[w_1(n), \cdots, w_n(n)]^{\mathrm{T}}(n=1,2,\cdots)$，满足：

(1) $\boldsymbol{w}(n)$是套利组合

$$\sum_{i=1}^{n} w_i(n) = 0 \tag{4.3.1a}$$

(2) 当 $n$ 无限增大时，风险趋向于 0，即

$$\lim_{n\to\infty}\mathrm{Var}\left[\sum_{i=1}^{n} w_i(n)R_i\right] = 0 \tag{4.3.1b}$$

(3) 当 $n$ 无限增大时，套利组合的期望收益大于 1 个正常数

$$\lim_{n\to\infty}E\left[\sum_{i=1}^{n} w_i(n)R_i\right] > 0 \tag{4.3.1c}$$

则称存在渐近套利机会。

### 4.3.2 含残差的套利定价模型

**定理 4.2** 如果风险资产收益率 $R_i$ 由有界风险 $K$ 因子模型给出，市场不存在渐近套利机会，则存在依赖于 $n$ 的实数 $\lambda_0, \lambda_1, \cdots, \lambda_k$，使得

$$E(R_i) = \lambda_0 + \sum_{k=1}^{K} b_{ik}\lambda_k + v_i \tag{4.3.2a}$$

而且期望收益率的残差项 $v_i$ 满足

$$\lim_{n\to\infty}\frac{1}{n}\sum_{i=1}^{n} v_i^2 = \lim_{n\to\infty}\frac{1}{n}\|\boldsymbol{v}(n)\|^2 = 0 \tag{4.3.2b}$$

**证明** 设

$$R_i = a_i + \sum_{k=1}^{K} b_{ik}F_k + \varepsilon_i, \quad i = 1,2,\cdots$$

令 $E(\boldsymbol{R})$表示期望收益率向量，即 $E(\boldsymbol{R})=[E(R_1), E(R_2), \cdots, E(R_n)]^{\mathrm{T}}$。将 $E(\boldsymbol{R})$在由 $\mathbf{1}$ 和 $\boldsymbol{b}_1, \boldsymbol{b}_2, \cdots, \boldsymbol{b}_K$ 张成的子空间作正交射影，这里 $\boldsymbol{b}_k=(b_{1k}, b_{2k}, \cdots, b_{nk})(k=1,2,\cdots,K)$，得

$$E(R_i) = \lambda_0 + \sum_{k=1}^{K} b_{ik}\lambda_k + v_i, \quad i = 1,2,\cdots,n \tag{4.3.3}$$

令$\boldsymbol{v}(n)=(v_1, v_2, \cdots, v_n)^{\mathrm{T}}$，由于$\boldsymbol{v}(n)$与 $\mathbf{1}$ 和 $\boldsymbol{b}_k$ 正交，所以 $\sum_{i=1}^{n} v_i, \sum_{i=1}^{n} v_i b_{ik} = 0(k=1, 2,\cdots,K)$，现构造这一资产组合

$$\boldsymbol{w}(n) = [w_1(n), \cdots, w_n(n)]^{\mathrm{T}}$$

其中

$$w_i(n) = \frac{v_i}{\sqrt{n}\left(\sum_{i=1}^{n} v_i^2\right)^{1/2}} = \frac{v_i}{\sqrt{n}\,\|\boldsymbol{v}(n)\|}$$

易见$\boldsymbol{v}(n)$与$\mathbf{1}$正交,故$w(n)$是一套利组合。资产组合的收益率为

$$R_{w(n)} = (\sqrt{n}\|\boldsymbol{v}(n)\|)^{-1}\sum_{i=1}^{n} v_i R_i$$

把$R_i$的表达式代入,得

$$R_{w(n)} = (\sqrt{n}\|\boldsymbol{v}(n)\|)^{-1}\sum_{i=1}^{n} \boldsymbol{v}_i\left(a_i + \sum_{k=1}^{K} b_{ik}\boldsymbol{F}_k + \varepsilon_i\right)$$

因为$\boldsymbol{v}(n)$与$b_k$正交,所以

$$R_{w(n)} = (\sqrt{n}\|\boldsymbol{v}(n)\|)^{-1}\sum_{i=1}^{n} v_i(a_i + \varepsilon_i) \tag{4.3.4}$$

注意到$a_i = E(R_i)$,$E(\varepsilon_i)=0$,得到

$$\begin{aligned} E(R_{w(n)}) &= (\sqrt{n}\|\boldsymbol{v}(n)\|)^{-1}\sum_{i=1}^{n} v_i\left(\lambda_0 + \sum_{k=1}^{K} b_{ik}\lambda_k + v_i\right) \\ &= (\sqrt{n}\|\boldsymbol{v}(n)\|)^{-1}\left(\lambda_0\sum_{i=1}^{n} v_i + \sum_{k=1}^{K}\lambda_k\sum_{i=1}^{n} v_i b_{ik} + \sum_{i=1}^{n} v_i^2\right) \end{aligned}$$

因为$\boldsymbol{v}(n)$与$\mathbf{1}$和$\boldsymbol{b}_k$正交,所以

$$E(R_{w(n)}) = \frac{\|\boldsymbol{v}(n)\|}{\sqrt{n}} \tag{4.3.5}$$

由式(4.3.4)及式(4.1.1f)得

$$\mathrm{Var}(R_{w(n)}) = (n\|\boldsymbol{v}(n)\|^2)^{-1}\sum_{i=1}^{n} v_i^2 S_i^2 \leqslant S^2(n\|\boldsymbol{v}(n)\|^2)^{-1}\sum_{i=1}^{n} v_i^2 \leqslant \frac{S^2}{n}$$

由此可见

$$\lim_{n\to\infty}\mathrm{Var}(R_{w(n)}) = 0$$

若$\lim\limits_{n\to\infty}E(R_{w(n)})\neq 0$,则存在渐近套利机会,再由式(4.3.5),必有

$$\lim_{n\to\infty}\frac{1}{n}\|\boldsymbol{v}(n)\|^2 = 0 \tag{4.3.6}$$

### 4.3.3 因子的选择与模型的化简

由定理4.2知,$\lim\limits_{n\to\infty}\frac{1}{n}\sum_{i=1}^{n} v_i^2 = 0$。由此可以推断

$$E(\boldsymbol{R}) = \boldsymbol{a} \approx \boldsymbol{\lambda}\,\mathbf{1} + \boldsymbol{B}\boldsymbol{\lambda} \tag{4.3.7}$$

其中$\boldsymbol{a}=(a_1,a_2,\cdots,a_n)^{\mathrm{T}}$,$\boldsymbol{\lambda}=(\lambda_1,\lambda_2,\cdots,\lambda_k)^{\mathrm{T}}$,$\boldsymbol{B}$是$n\times k$矩阵,第$k$个列向量为$\boldsymbol{b}_k$。

如果我们对因子$\boldsymbol{F}=(F_1,F_2,\cdots,F_k)^{\mathrm{T}}$进行正交变换,即$\hat{\boldsymbol{F}}=\boldsymbol{V}^{\mathrm{T}}\boldsymbol{F}$,其中$\boldsymbol{V}$是正交矩阵,满足条件$\boldsymbol{V}\boldsymbol{V}^{\mathrm{T}}=\boldsymbol{I}$,其中$\boldsymbol{V}^{\mathrm{T}}$表示$\boldsymbol{V}$的转置矩阵,$\boldsymbol{I}$表示单位矩阵,于是我们得到

$$\boldsymbol{F} = \boldsymbol{V}\hat{\boldsymbol{F}} \tag{4.3.8}$$

将式(4.3.8)代入$\boldsymbol{R}=\boldsymbol{a}+\boldsymbol{B}\boldsymbol{F}+\boldsymbol{\varepsilon}$,得

$$\boldsymbol{R} = \boldsymbol{a} + \boldsymbol{B}\boldsymbol{V}\hat{\boldsymbol{F}} + \boldsymbol{\varepsilon} = \boldsymbol{a} + \hat{\boldsymbol{B}}\hat{\boldsymbol{F}} + \boldsymbol{\varepsilon} \tag{4.3.9}$$

这里$\hat{\boldsymbol{B}}=\boldsymbol{B}\boldsymbol{V}$,于是

$$\boldsymbol{B}=\hat{\boldsymbol{B}}\boldsymbol{V}^{\mathrm{T}} \tag{4.3.10}$$

下面验证式(4.3.9)是以$\hat{\boldsymbol{B}}$为因子矩阵的多因子线性模型,因为

$$E(\boldsymbol{\varepsilon}\hat{\boldsymbol{F}}^{\mathrm{T}})=E(\boldsymbol{\varepsilon}\boldsymbol{F}^{\mathrm{T}}\boldsymbol{V})=E(\boldsymbol{\varepsilon}\boldsymbol{F}^{\mathrm{T}})\boldsymbol{V}=0$$

$$E(\hat{\boldsymbol{F}}\hat{\boldsymbol{F}}^{\mathrm{T}})=E(\boldsymbol{V}^{\mathrm{T}}\boldsymbol{F}\boldsymbol{F}^{\mathrm{T}}\boldsymbol{V})=\boldsymbol{V}^{\mathrm{T}}E(\boldsymbol{F}\boldsymbol{F}^{\mathrm{T}})\boldsymbol{V}=\boldsymbol{V}^{\mathrm{T}}\boldsymbol{I}\boldsymbol{V}=\boldsymbol{I}$$

于是式(4.3.9)是一线性多因子模型。将式(4.3.10)代入式(4.3.7),得

$$E(\boldsymbol{R})\approx\boldsymbol{a}=\lambda_0\boldsymbol{1}+\hat{\boldsymbol{B}}\boldsymbol{V}^{\mathrm{T}}\boldsymbol{\lambda} \tag{4.3.11}$$

式(4.3.11)对任意正交矩阵$\boldsymbol{V}$成立。现在选择正交矩阵$\boldsymbol{V}$,使$\boldsymbol{V}^{\mathrm{T}}\boldsymbol{\lambda}$只有一个分量不为零,其余的分量为零,为此令$\boldsymbol{V}=[\boldsymbol{\lambda}(\boldsymbol{\lambda}^{\mathrm{T}}\boldsymbol{\lambda})^{\frac{1}{2}},\boldsymbol{A}]$,矩阵$\boldsymbol{V}$的第一列是$(\boldsymbol{\lambda}^{\mathrm{T}}\boldsymbol{\lambda})^{\frac{1}{2}}\boldsymbol{\lambda}$,$\boldsymbol{A}$是$k\times(k-1)$矩阵,列向量相互正交,且与$\boldsymbol{\lambda}$正交,且每列都是单位长向量,由此构造的$\boldsymbol{V}$是一正交矩阵,所以

$$\boldsymbol{I}=\boldsymbol{V}^{\mathrm{T}}\boldsymbol{V}=[\boldsymbol{V}^{\mathrm{T}}\boldsymbol{\lambda}(\boldsymbol{\lambda}^{\mathrm{T}}\boldsymbol{\lambda})^{-\frac{1}{2}},\boldsymbol{V}^{\mathrm{T}}\boldsymbol{A}]$$

于是

$$(1,0,\cdots,0)^{\mathrm{T}}=\boldsymbol{V}^{\mathrm{T}}\boldsymbol{\lambda}(\boldsymbol{\lambda}^{\mathrm{T}}\boldsymbol{\lambda})^{-\frac{1}{2}}$$

$$\boldsymbol{V}^{\mathrm{T}}\boldsymbol{\lambda}=[(\boldsymbol{\lambda}^{\mathrm{T}}\boldsymbol{\lambda})^{\frac{1}{2}},0,0,\cdots,0]^{\mathrm{T}}$$

代入式(4.3.7),得

$$E(\boldsymbol{R})=\boldsymbol{a}=\hat{\boldsymbol{B}}[(\boldsymbol{\lambda}^{\mathrm{T}}\boldsymbol{\lambda})^{\frac{1}{2}},0,0,\cdots,0]^{\mathrm{T}}$$

当风险溢价因子$\boldsymbol{\lambda}$已知时,可选择正交矩阵$\boldsymbol{V}$,将多因子线性模型

$$\boldsymbol{R}=\boldsymbol{a}+\boldsymbol{B}\boldsymbol{F}+\boldsymbol{\varepsilon}$$

$$\boldsymbol{a}\approx\lambda_0\boldsymbol{1}+\boldsymbol{B}\boldsymbol{\lambda}$$

简化为仅含一个风险溢价因子的多因子线性模型。

### 4.3.4　风险溢价因子的经济解释

因子的风险溢价(facter risk premium)可以用证券组合解释,我们需要引入一个概念。

完全分散化投资组合(fully diversified portfdio):一个完全分散投资组合是指某一个正的净投资组合序列$\boldsymbol{w}(n)$的极限,$\boldsymbol{w}(n)$满足

$$\lim_{n}\left[n\sum_{i=1}^{n}w_i^2(n)\right]\leqslant c\leqslant\infty \tag{4.3.12}$$

其中$\boldsymbol{w}(n)=[w_1(n),w_2(n),\cdots,w_n(n)]^{\mathrm{T}}$满足条件

$$\sum_{i=1}^{n}w_i(n)=1$$

在一个完全分散化的投资组合里,每个资产的投资比例权重$w_i(n)$都很小,即当$n\to\infty$时,$w_i(n):o\left(\frac{1}{n}\right)$。因此完全分散化资产组合残差,有如下性质:

$$\lim_{n\to\infty}\left[\sum_{i=1}^{n}w_i^2(n)S_i^2\right]\leqslant\lim_{n\to\infty}\left[n\sum_{i=1}^{n}w_i^2(n)\frac{S^2}{n}\right]=0$$

**定理 4.3**　完全分散化投资组合的期望收益率

$$E[R_d(n)] \approx \lambda_0 + \sum_{k=1}^{K}\left[\sum_{i=1}^{n} w_i(n)b_{ik}\right]\lambda_k \tag{4.3.13}$$

**证明**　由定理 4.2,有 $n$ 个资产的投资组合的期望收益率为

$$E[R_d(n)] = \lambda_0 + \sum_{n=1}^{n}\left[\sum_{k=1}^{k} w_i(n)b_{ik}\right]\lambda_k + \sum_{i=1}^{n} w_i(n)v_i \tag{4.3.14}$$

由 Cauchy-Schwarz 不等式

$$\left[\sum_{i=1}^{n} w_i(n)v_i\right]^2 \leqslant \sum_{i=1}^{n} w_i^2(n)\sum_{i=1}^{n} v_i^2 = \left[n\sum_{i=1}^{n} w_i^2(n)\right]\left(\sum_{i=1}^{n} v_i^2/n\right)$$

由完全可分散化投资组合的定义,上式右端第一项有限。由定理 4.2,第二项极限为零,故极限为零。可见,式(4.3.14)的右端第三项趋于零,而

$$\sum_{i=1}^{n}\left[\sum_{k=1}^{K} w_i(n)b_{ik}\right]\lambda_k = \sum_{k=1}^{K}\lambda_k\sum_{i=1}^{n} w_i(n)b_{ik}$$

所以

$$E[R_d(n)] \approx \lambda_0 + \sum_{k=1}^{K}\left[\sum_{i=1}^{n} w_i(n)b_{ik}\right]\lambda_k$$

证毕。

如果我们构造一个特殊的完全可分散化投资组合 $\boldsymbol{w}(n)$:

$$\sum_{i=1}^{n} b_{ik}w_i(n) = 1 \tag{4.3.15a}$$

$$\sum_{j=1}^{n} b_{ij}w_i(n) = 0,\quad j \neq k \tag{4.3.15b}$$

式(4.3.15a)说明投资组合 $\boldsymbol{w}(n)$受第 $k$ 个因子影响,其敏感系数为 1,式(4.3.15b)说明$\boldsymbol{w}(n)$不受其他因素的影响。那么这个完全可分散化投资组合的期望收益率为 $\lambda_0+\lambda_k$,而 $\lambda_0$ 是没有任何风险的完全可分散化资产,因此它没有任何残差风险,故 $\lambda_0=R_f$。这说明 $\lambda_k$ 是满足条件式(4.3.15a)和式(4.3.15b)的投资组合的超额收益率,或称风险溢价。

### 4.3.5　APT 与 CAPM 对比分析

**1. 单因子情况**

特别地,考虑单因子模型,假设市场组合 $w_M$ 是完全可分散化资产组合,则

$$E(R_{w_M}) = R_f + b_M\lambda$$

同样

$$E(R_i) = R_f + b_i\lambda$$

于是

$$E(R_i) - R_f = \frac{b_i}{b_M}[E(R_{w_M} - R_f)] \tag{4.3.16}$$

由 CAPM,有

$$E(R_i) - R_f = \beta_{iM}[E(R_{w_M} - R_f)] \tag{4.3.17}$$

在市场组合是完全可分散化资产的假设之下,

$$\beta_{iM}=\frac{b_ib_M+\lambda^2 w_{iM}^2b_i^2}{b_M^2+\lambda^2\sigma_M^2}=\left(\frac{b_i}{b_M}+\frac{\lambda^2 w_{iM}^2b_i^2}{b_M^2}\right)\left(1+\frac{\sigma_M^2}{b_M^2}\right)$$

其中 $b_M=\sum_{i=1}^{n} w_{iM}b_i$，$\sigma_M^2=\sum w_{iM}^2b_i^2$。在极限状态下，$w_{iM}$ 和 $\sigma_m^2$ 为零。所以

$$\beta_{im}\approx\frac{b_i}{b_M}$$

式(4.3.16)是在无套利条件下得到的，式(4.3.17)是在市场均衡条件下得到的，但市场均衡时无套利，可是无套利并不一定是均衡市场。只有在市场组合是完全可分散化的假设之下，才有一致的结论。

**2. 多因子情况**

为简单起见，引入新的记号

$$\hat{\boldsymbol{B}}_n=(\boldsymbol{1},\boldsymbol{B}_n)\tag{4.3.18}$$

$$\boldsymbol{B}_n=\begin{bmatrix} b_{11} & \cdots & b_{1k}\\ \vdots & & \vdots\\ b_{i1} & \cdots & b_{ik}\\ \vdots & & \vdots\\ b_{n1} & \cdots & b_{nk}\end{bmatrix}$$

其中 $\boldsymbol{B}_n$ 是 $n\times k$ 矩阵，是原多因子线性模型敏感因子矩阵

$$\boldsymbol{Q}_n=\frac{1}{n}\hat{\boldsymbol{B}}'_n\hat{\boldsymbol{B}}_n\tag{4.3.19}$$

假设 $\boldsymbol{Q}_n$ 的极限存在，$\boldsymbol{Q}_n$ 的元素是有界的，存在常数 $b>0$。由矩阵乘法定义，$\boldsymbol{Q}_n$ 的第一行第一列元素 $q_{11}=1$，假设 $|q_{1k}|=|q_{k1}|=\left|\sum_{l=1}^{n}b_{lk}\right|/n\leqslant b$，对于 $i,j>0$

$$|q_{ij}|=\left|\sum_{l=1}^{n}b_{li}b_{lj}\right|/n\leqslant b^2$$

对 $n>K$，考虑如下优化问题。

$$\min\frac{1}{n}\sum_{i=1}^{n}w_i^2(n)=\frac{1}{2}\boldsymbol{w}^{\mathrm{T}}\boldsymbol{w}$$

$$\text{s.t.}\ \sum_{i=1}^{n}w_i(n)=1$$

$$\sum_{i=1}^{n}w_i(n)b_{ik}=1\tag{4.3.20}$$

$$\sum_{i=1}^{n}w_i(n)b_{ij}=0,\quad j\neq k,\quad j=1,2,\cdots,K$$

上述优化问题是具有等式约束的优化问题，构造拉格朗日函数，为方便引入向量 $\boldsymbol{c}$，其第一个分量和第 $K+1$ 个分量为 1，其余分量为零的 $K+1$ 维向量。$\boldsymbol{r}=(r_1,r_2,\cdots,r_{K+1})^{\mathrm{T}}$ 是 $K+1$ 维拉格朗日乘子，设 $L=\frac{1}{2}\boldsymbol{w}^{\mathrm{T}}\boldsymbol{w}+\boldsymbol{r}^{\mathrm{T}}(\boldsymbol{c}-\hat{\boldsymbol{B}}'_n\boldsymbol{w})$，取得极值的一阶必要条件为

$$\frac{\partial L}{\partial \boldsymbol{w}}=\left[\frac{\partial L}{\partial w_1(n)},\frac{\partial L}{\partial w_2(n)},\cdots,\frac{\partial L}{\partial w_n(n)}\right]^{\mathrm{T}}=\boldsymbol{w}-\hat{\boldsymbol{B}}_n\boldsymbol{r}=0\tag{4.3.21a}$$

$$\frac{\partial L}{\partial \boldsymbol{r}} = \left(\frac{\partial L}{\partial r_1}, \frac{\partial L}{\partial r_2}, \cdots, \frac{\partial L}{\partial r_n}\right)^{\mathrm{T}} = \boldsymbol{c} - \hat{\boldsymbol{B}}'_n \boldsymbol{w} = 0 \tag{4.3.21b}$$

当 $n$ 充分大时,$\hat{\boldsymbol{B}}_n$ 列满秩,因此$\hat{\boldsymbol{B}}_n$ 有逆。由式(4.3.21a)得

$$\boldsymbol{r} = \hat{\boldsymbol{B}}_n^{-1} \boldsymbol{w} \tag{4.3.22}$$

由式(4.3.21b)得

$$\boldsymbol{w} = (\hat{\boldsymbol{B}}'_n)^{-1} \boldsymbol{c} \tag{4.3.23}$$

将式(4.3.23)代入式(4.3.22),得

$$\boldsymbol{r} = (\hat{\boldsymbol{B}}'_n \hat{\boldsymbol{B}}_n)^{-1} \boldsymbol{c} \tag{4.3.24}$$

再由式(4.3.21a),得

$$\boldsymbol{w} = \hat{\boldsymbol{B}}_n (\hat{\boldsymbol{B}}'_n \hat{\boldsymbol{B}})^{-1} \boldsymbol{c} \tag{4.3.25}$$

由式(4.3.25),可得

$$n\boldsymbol{w}^{\mathrm{T}} \boldsymbol{w} = n\boldsymbol{c}^{\mathrm{T}} (\hat{\boldsymbol{B}}'_n \hat{\boldsymbol{B}}_n)^{-1} \hat{\boldsymbol{B}}'_n \hat{\boldsymbol{B}}_n (\hat{\boldsymbol{B}}' \hat{\boldsymbol{B}}_n)^{-1} \boldsymbol{c} = \boldsymbol{c}^{\mathrm{T}} \boldsymbol{Q}_n^{-1} \boldsymbol{c} \tag{4.3.26}$$

若数列$\{\boldsymbol{c}^{\mathrm{T}} \boldsymbol{Q}_n^{-1} \boldsymbol{c}\}$是有界的,那么该资产组合序列的极限是完全可分散化投资组合。特别地,若 $\boldsymbol{c}$ 第一个分量为 1,其余的分量为零,则由式(4.3.20)求解的资产组合是没有风险因子和完全可分散化的,因此 $\lambda_0 = R_f$。

若 $Q_n$ 的极限 $Q_\infty$ 是非奇异的,则对于任意的 $i$,有

$$E(R_i) = R_f + \sum_{k=1}^{K} b_{ik} (\delta_k - R_f)$$

这里 $\delta_k$ 是仅有 $k$ 因子风险,无其他因子风险的完全可分散化资产组合的期望收益率。CAPM 是在十分精确的市场假设之下由市场均衡所导出的。而 APT 是在无套利的条件下导出的,均衡市场是没有套利机会的,但无套利机会的市场未必满足均衡市场条件。APT 对于资产收益的分布和投资者的效用函数没有任何的假设,在 APT 中影响市场的因素可以是多个,而在 CAPM 中,由市场组合确定。因为多因子模型可以同时考虑多个因素,所以对资产的选择比较灵活,我们以两因素模型和 CAPM 加以比较。

设两因素套利定价模型

$$E(R_i) = R_f + (\delta_1 - R_f) b_{i1} + (\delta_2 - R_f) b_{12} \tag{4.3.27}$$

在$(b_{i1}, b_{i2})$平面里,资产期望收益率等值线是一簇平行线,其斜率为

$$k = -\frac{\delta_1 - R_f}{\delta_2 - R_f}$$

对于期望收益 $E(R_i)$,其等值线在横轴上的截距为

$$b = \frac{E(R_i) - R_f}{\delta_2 - R_f}$$

假定市场组合 $w_M$ 对因素 1 和因素 2 的风险系数为$(b_{M1}, b_{M2})$。对于任意的资产 $j$,由 CAPM 得

$$E(R_j) - R_f = \beta_{jM} [E(R_{w_M}) - R_f] \tag{4.3.28}$$

而由式(4.3.27)得

$$E(R_{w_M} - R_f) = (\delta_1 - R_f) b_{M1} + (\delta_2 - R_f) b_{M2} \tag{4.3.29}$$

将式(4.3.29)代入式(4.3.27)，得

$$\begin{aligned}E(R_j)-R_f&=\beta_{jM}[(\delta_1-R_f)b_{M1}+(\delta_2-R_f)b_{M2}]\\&=(\delta_1-R_f)\beta_{jM}b_{M1}+(\delta_2-R_f)\beta_{jM}b_{M2}\\&=(\delta_1-R_f)b_{j1}+(\delta_2-R_f)b_{j2}\end{aligned}$$

这里 $b_{j1}=\beta_{jM}$，$b_{j2}=\beta_{jM}b_{M2}$。因此，CAPM 和 APT 的风险系数之间有如下关系式。

$$(b_{j1},b_{j2})=\beta_{jM}(b_{M1},b_{M2})$$

可见，对任意的资产 $j$，对应因素 1 和因素 2 的风险系数是市场组合对应的风险系数的 $\beta_M$ 倍，因此 APT 的选择要比 CAPM 的选择更灵活。

## 4.4　因子选择与参数估计和检验

### 4.4.1　因子选择

应用 APT，首先是要选定影响各资产收益率的因素。因素选择的方法有两种：统计方法和理论方法。

**1. 统计方法**

首先介绍统计方法。统计方法通过对资产收益进行分析找出主要的相关因素，用样本收益数据分析主要相关因素。因素选取常用的方法是因子分析法和主成分分析法。

1) 因子分析法

因子分析法首先从敏感系数矩阵 $\boldsymbol{B}$ 和误差项 $\varepsilon_i$、$\varepsilon_j$ 的协方差矩阵进行估计，再利用这些估计来构造因素的实现值。我们通常假定有严格的因子结构存在，即 $K$ 个因子可完全确定资产收益率之间的协方差，此时$\boldsymbol{\Sigma}$ 为对角矩阵，证明在这个假设下资产收益的协方差矩阵可表示为

$$\boldsymbol{\Sigma}=\boldsymbol{B}\boldsymbol{\Omega}_k\boldsymbol{B}^{\mathrm{T}}+\boldsymbol{D}\tag{4.4.1}$$

式中，$\boldsymbol{\Omega}_k=E(\boldsymbol{F}\boldsymbol{F}^{\mathrm{T}})$为对角矩阵。

由于因素是未知的，所以 $\boldsymbol{B}$ 在正交变换之下是唯一的。即对一切正交矩阵 $\boldsymbol{V}$，$\boldsymbol{V}\boldsymbol{V}^{\mathrm{T}}=\boldsymbol{I}$ 而言，$\boldsymbol{B}$ 与 $\boldsymbol{B}\boldsymbol{V}$ 是等价的，特别地，我们选取一组相互正交和方差为 1 的因素，此时$\boldsymbol{\Omega}_k=\boldsymbol{I}$（单位矩阵），$\boldsymbol{B}$ 是唯一确定的，此时

$$\boldsymbol{\Sigma}=\boldsymbol{B}\boldsymbol{B}^{\mathrm{T}}+\boldsymbol{D}\tag{4.4.2}$$

在正态独立同分布的假设之下，用极大似然估计方法可求得 $\boldsymbol{B}$ 和 $\boldsymbol{D}$。

其次是在给定 $\boldsymbol{B}$ 和 $\boldsymbol{D}$ 的条件下来估计因素 $\boldsymbol{F}$。我们假定各因素的期望值为零，此时可以表示多因素线性模型

$$\boldsymbol{R}=\boldsymbol{a}+\boldsymbol{B}\boldsymbol{F}+\boldsymbol{\varepsilon}\tag{4.4.3}$$

表示成单因素模型

$$\boldsymbol{R}-\boldsymbol{a}=\boldsymbol{B}\boldsymbol{F}+\boldsymbol{\varepsilon}\tag{4.4.4}$$

代入 $\boldsymbol{B}$ 和 $\boldsymbol{\Sigma}$ 的极大似然估计，用广义最小二乘法可以得到因素 $\boldsymbol{F}$ 的估计

$$\hat{\boldsymbol{F}}=(\hat{\boldsymbol{B}}^{\mathrm{T}}\hat{\boldsymbol{D}}^{-1}\hat{\boldsymbol{B}})\hat{\boldsymbol{B}}\hat{\boldsymbol{D}}^{-1}(\boldsymbol{R}-\hat{\boldsymbol{a}})\tag{4.4.5}$$

2) 主成分分析法

主成分分析法的基本思想就是在不损失太多信息的前提下,用尽量少的变量来反映。协方差矩阵,选择 $K$ 个因素来反映 $n$ 个资产的收益($k<n$),把主成分作为因素,第一个主成分选取线性组合中具有最大方差的组合。步骤如下:设 $\hat{\boldsymbol{\Omega}}$ 是样本协方差矩阵,$\boldsymbol{w}_1$ 是 $\hat{\boldsymbol{\Omega}}$ 最大特征根对应的特征向量,求解下列的优化问题

$$\begin{aligned} &\max\ \boldsymbol{w}_1^{\mathrm{T}} \hat{\boldsymbol{\Omega}} \boldsymbol{w} \\ &\text{s.t.}\ \ \boldsymbol{w}_1^{\mathrm{T}} \boldsymbol{w}_1 = 1 \end{aligned} \tag{4.4.6}$$

再求标准化的资产组合,即 $\boldsymbol{w}_1^* = \frac{\boldsymbol{w}_1}{\boldsymbol{1}^{\mathrm{T}} \boldsymbol{w}_1}$。则第一因素即为 $\boldsymbol{w}_1^{*\mathrm{T}} \boldsymbol{R}$,第二因素是把优化问题式(4.4.6)中的 $\boldsymbol{w}_1$ 换成 $\boldsymbol{w}_2$,再加上约束 $\boldsymbol{w}_2^{*\mathrm{T}} \boldsymbol{R} = 0$,以此类推可以得到主成分。

**2. 理论方法**

理论方法有两种。第一种方法就是用宏观经济和金融市场中的经济变量来刻画系统风险。各种各样的客观经济事件对资产的收益及未来预期都有影响,可以通过宏观经济数据的时间序列作为风险因子的近似。所选用的因素要对未来预期现金流的贴现率和预期现金流的变化有解释能力,可供选择的变量通常有预期通货膨胀率、行业增长、利率差额等。

第二种方法是通过对投资经理、经纪人和金融分析师的行为进行观测。他们寻找获利机会时所使用的决策变量与因素的敏感系数矩阵 $\boldsymbol{B}$ 有密切关系。虽然我们不能由此完全确定 $\boldsymbol{B}$,但他们确实完全包含了大量的关于公司的资产的特征,这些对资产的收益有很强的解释能力。因而我们可以使用公司的一些特征来作为解释系统风险的可能变量,根据这些来构造因素组合。要考虑的公司特征有公司的市值、市盈率、资产的流动性、收益的增长性、对利率变动的敏感度、对汇率变动的敏感度等特征变量。

### 4.4.2 估计和检验方法

下面我们研究已知因子的数目,估计和检验 APT 的表达式。一般说来有 4 种形式。

(1) 存在无风险资产,因子是可交易资产的组合。

(2) 不存在无风险资产,因子是可交易资产的组合。

(3) 因子不是可交易资产的组合。

(4) 因子是可交易资产的组合,因子组合构成风险资产的有效前沿。

这 4 种形式进行估计和检验方法类似,我们只讨论情况(1)。假定因子的收益独立同分布,且是联合正态分布。假设因子为可交易资产的组合。假设我们有如下 $k$ 因素线性模型:

$$\begin{aligned} &\boldsymbol{Z}_t = \boldsymbol{a} + \boldsymbol{B}\boldsymbol{Z}_{kt} + \boldsymbol{\varepsilon}_t \\ &E(\boldsymbol{\varepsilon}_t) = \boldsymbol{0}, \quad E(\boldsymbol{\varepsilon}_t \boldsymbol{\varepsilon}_t^{\mathrm{T}}) = \boldsymbol{\Sigma} \\ &E(\boldsymbol{Z}_{kt}) = \boldsymbol{\mu}_k, \quad E[(\boldsymbol{Z}_{kt} - \boldsymbol{\mu}_k)(\boldsymbol{Z}_{kt} - \boldsymbol{\mu}_k)^{\mathrm{T}}] = \boldsymbol{\Omega}_k \\ &\mathrm{Cov}(\boldsymbol{Z}_{kt}, \boldsymbol{\varepsilon}_t^{\mathrm{T}}) = 0 \end{aligned}$$

式中,$\boldsymbol{B}$ 为 $n\times K$ 敏感因子矩阵;$\boldsymbol{Z}_{kt}$ 为 $K$ 维因子资产组合超额收益向量;$\boldsymbol{a}$ 和 $\boldsymbol{\varepsilon}_t$ 分别为 $n$ 维资产收益截距向量和扰动向量;$\boldsymbol{D}$ 为 $n\times n$ 扰动向量方差-协方差矩阵;$\boldsymbol{\Omega}_k$ 为 $K\times K$ 因子资产组合超额收益的协方差矩阵;$\boldsymbol{0}$ 为 $K\times n$ 阶零矩阵。我们用极大似然方法进行估计。由于我们假定资产收益服从联合正态分布,所以

$$f(\boldsymbol{Z}_t \mid \boldsymbol{Z}_{kt}) = (2\pi)^{-\frac{n}{2}} \mid \boldsymbol{\Sigma} \mid^{-\frac{1}{2}} \exp\left[-\frac{1}{2}(\boldsymbol{Z}_t - \boldsymbol{a} - \boldsymbol{B}\boldsymbol{Z}_{kt})\boldsymbol{\Sigma}^{-1}(\boldsymbol{Z}_t - \boldsymbol{a} - \boldsymbol{B}\boldsymbol{Z}_{kt})\right]$$

因为超额收益独立同分布,所以

$$\begin{aligned}&f(\boldsymbol{Z}_1,\boldsymbol{Z}_2,\cdots,\boldsymbol{Z}_T \mid \boldsymbol{Z}_{k1},\boldsymbol{Z}_{k2},\cdots,\boldsymbol{Z}_{kT})\\&=\prod_{t=1}^{T}(2\pi)^{\frac{n}{2}}\mid\boldsymbol{\Sigma}\mid^{\frac{1}{2}}\exp\left[-\frac{1}{2}(\boldsymbol{Z}_t - \boldsymbol{a} - \boldsymbol{B}\boldsymbol{Z}_{kt})^{\mathrm{T}}\boldsymbol{\Sigma}^{-1}(\boldsymbol{Z}_t - \boldsymbol{a} - \boldsymbol{B}\boldsymbol{Z}_{kt})\right]\end{aligned}$$

为了估计参数 $\boldsymbol{a},\boldsymbol{B}$ 及 $\boldsymbol{\Sigma}$,利用对数似然函数,记为 $L(\boldsymbol{a},\boldsymbol{B},\boldsymbol{\Sigma})$

$$\begin{aligned}L(\boldsymbol{a},\boldsymbol{B},\boldsymbol{\Sigma}) =& -\frac{nT}{2}\ln(2\pi)-\frac{T}{2}\ln\mid\boldsymbol{\Sigma}\mid-\\&\frac{1}{2}\sum_{t=1}^{T}(\boldsymbol{Z}_t - \boldsymbol{a} - \boldsymbol{B}\boldsymbol{Z}_{kt})^{\mathrm{T}}\boldsymbol{\Sigma}^{-1}(\boldsymbol{Z}_t - \boldsymbol{a} - \boldsymbol{B}\boldsymbol{Z}_{kt})\end{aligned}$$

为求使 $L$ 最大化的参数值,利用优化的一阶条件,对参数求偏导,并令其为零,得

$$\frac{\partial L}{\partial \boldsymbol{a}} = \boldsymbol{\Sigma}^{-1}\left[\sum_{t=1}^{T}(\boldsymbol{Z}_t - \boldsymbol{a} - \boldsymbol{B}\boldsymbol{Z}_{kt})\right] = 0$$

$$\frac{\partial L}{\partial \boldsymbol{B}} = \boldsymbol{\Sigma}^{-1}\left[\sum_{t=1}^{T}(\boldsymbol{Z}_t - \boldsymbol{a} - \boldsymbol{B}\boldsymbol{Z}_{kt})\boldsymbol{Z}_{kt}\right] = 0$$

$$\frac{\partial L}{\partial \boldsymbol{\Sigma}} = -\frac{T}{2}\boldsymbol{\Sigma}^{-1} + \frac{1}{2}\boldsymbol{\Sigma}^{-1}(\boldsymbol{Z}_t - \boldsymbol{a} - \boldsymbol{B}\boldsymbol{Z}_{kt})(\boldsymbol{Z}_t - \boldsymbol{a} - \boldsymbol{B}\boldsymbol{Z}_{kt})^{\mathrm{T}}\boldsymbol{\Sigma}^{-1}$$

解得

$$\hat{a} = \hat{\mu} - \hat{\boldsymbol{B}}\hat{\mu}_k$$

$$\hat{\boldsymbol{\Sigma}} = \frac{1}{T}\sum_{t=1}^{T}(\boldsymbol{Z}_t - \boldsymbol{a} - \boldsymbol{B}\boldsymbol{Z}_{kt})(\boldsymbol{Z}_t - \boldsymbol{a} - \boldsymbol{B}\boldsymbol{Z}_{kt})^{\mathrm{T}}$$

$$\hat{B} = \left[\sum_{t=1}^{T}(\boldsymbol{Z}_t - \hat{\mu})(\boldsymbol{Z}_{kt} - \hat{\mu}_{kt})\right]\left[\sum_{t=1}^{T}(\boldsymbol{Z}_{kt} - \hat{\mu}_{kt})(\boldsymbol{Z}_{kt} - \hat{\mu})^{\mathrm{T}}\right]$$

这里

$$\hat{\mu} = \frac{1}{T}\sum_{t=1}^{T}\boldsymbol{Z}_t$$

$$\hat{\mu}_k = \frac{1}{T}\sum_{t=1}^{T}\boldsymbol{Z}_{kt}$$

给定约束和非约束极大似然估计,下面通过似然比来检验零假设 $\boldsymbol{H}_0: a=0$ 与 $\boldsymbol{H}_1: a\neq 0$。对于约束模型,令 $a=0$,极大似然估计为

$$\hat{B}^* = \sum_{t=1}^{T}(\boldsymbol{Z}_t\boldsymbol{Z}_{kt}^{\mathrm{T}})\sum_{t=1}^{T}(\boldsymbol{Z}_{kt}\boldsymbol{Z}_{kt}^{\mathrm{T}})^{-1}$$

$$\hat{\boldsymbol{\Sigma}}^* = \frac{1}{T}\sum_{t=1}^{T}(\boldsymbol{Z}_t - \hat{B}^*\boldsymbol{Z}_{kt})(\boldsymbol{Z}_t - \hat{B}^*\boldsymbol{Z}_{kt})^{\mathrm{T}}$$

对于对数似然比，$\mathrm{LR}=\ln\left(\frac{f^*}{f}\right)$，由似然函数定义

$$\mathrm{LR}=L^*-L=-\frac{T}{2}(\ln|\hat{\boldsymbol{\Sigma}}^*|-\ln|\hat{\boldsymbol{\Sigma}}|)$$

因为

$$\begin{aligned}&\sum_{t=1}^{T}(\boldsymbol{Z}_t-\hat{a}-\hat{B}\boldsymbol{Z}_{kt})\boldsymbol{\Sigma}^{-1}(\boldsymbol{Z}_t-\hat{a}-\hat{B}\boldsymbol{Z}_{kt})\\&=\sum_{t=1}^{T}\mathrm{Trace}[\boldsymbol{\Sigma}^{-1}(\boldsymbol{Z}_t-\hat{a}-\hat{B}\boldsymbol{Z}_{kt})(\boldsymbol{Z}_t-\hat{a}-\hat{B}\boldsymbol{Z}_{kt})]\\&=\mathrm{Trace}(\hat{\boldsymbol{\Sigma}}^{-1}T\hat{\boldsymbol{\Sigma}})=nT\end{aligned}$$

定义 $J$ 为检验统计量

$$J=-\left(T-\frac{n}{2}-k-1\right)(\ln|\hat{\boldsymbol{\Sigma}}^*|-\ln|\hat{\boldsymbol{\Sigma}}|)\sim\chi^2_{(n)}$$

## 习　题　4

1. 已知一个投资基金的 CAPM 的 $\beta$ 为 1.0，风险溢价为 6.2%，无风险利率为 8%。已知该基金与行业生产指数、不可预计的波动这两个因素有关，且 APT 模型为

$$E(R)=R_f+0.5b_1+0.11b_2$$

(1) 如果基金关于第一个因素的灵敏度 $b_1=-0.5$，则该基金关于第二个因素的灵敏度 $b_2$ 为多少？

(2) 如果基金的持有者重新平衡组合，保持同样的基金回报，仅把关于不可预计的波动的风险减少到零($b_2=0$)，则它关于第一个因素的灵敏度变为多少？

2. 设风险资产与两因素 A、B 有关，且它们的期望回报率分别为 $R_A=10\%$，$R_B=12\%$，无风险利率 $R_f=4\%$，又已知资产对两因素的敏感度 $b_1=0.5$，$b_2=0.75$，用 APT 模型求该资产的期望回报率。

3. 设 $F_1$ 和 $F_2$ 是两个独立的经济指标，并设证券 A 和 B 关于这些指标的信息如下表所示，无风险利率 $R_f=4\%$，用 APT 模型求出两个指标的增长率。

| 证券 | $b_1$ | $b_2$ | 期望回报率/% |
|---|---|---|---|
| A | 1.8 | 2.1 | 40 |
| B | 2.0 | −0.5 | 10 |

4. 考虑一个双因子(市场和流动性)模型，已知关于两种股票的数据如下表所示。

| 股票 | $\beta_M$ | $\beta_L$ | 残差方差 |
|---|---|---|---|
| 股票 1 | 0.8 | 0.2 | 0.4 |
| 股票 2 | 1.2 | 0.4 | 0.6 |

市场的方差 $\sigma_M^2=0.12$，流动性的方差 $\sigma_L^2=0.10$。残值 1 和残值 2 的协方差为 0.02，市场和流动性的协方差为 0。

(1) 计算股票 2 的方差。

(2) 若股票 1 和股票 2 权重相同计算市场 $\beta$ 和流动性 $\beta$。

(3) 假定不存在残值协方差，计算该投资组合的方差；如果再加上残差协方差这个条件，计算该投资组合的方差。

# 第 5 章　期权定价理论

## 5.1　期权概述及二项式定价公式

期权交易最早始于股票期权，已有数十年历史，而利率期权、外汇期权、股价指数期权等都是在股票期权的基础上，在 20 世纪 80 年代初创立的新投资工具。

期权交易早已有之，1973 年以前，在美国就存在场外的期权交易。由于这种交易是直接交易，交易费用很高，而且没有相应的期权二级转让市场，所以期权交易很不活跃。1973 年 4 月 26 日，芝加哥期权交易所正式挂牌。此后，投资者对期权交易很有兴趣，期权交易迅速增长。在美国证券交易所、费城证券交易所、太平洋证券交易所等也引进了期权交易。此外，在美国以外的欧洲、美洲的一些国家也有着非常活跃的各类期权交易。

期权市场的建立和完善保证了期权交易的发展。除此以外，20 世纪 70 年代和 80 年代金融市场、商品市场的剧烈波动使得一些投资者纷纷采取期权战略进行保值，降低组合投资的风险，而另外一些投资者则利用期权作为投机工具，希望通过短线操作赚钱。所有这些因素促使期权交易迅速发展。

### 5.1.1　期权及其有关概念

**1. 期权的定义**

期权分为买入期权(call option)和卖出期权(put option)。

买入期权又称看涨期权、敲入期权，它是给予其持有者在给定时间，或在此时间之前的任一时刻按规定的价格买入一定数量某种资产的权利的一种法律合同。

卖出期权又称看跌期权、敲出期权，它是给予其持有者在给定时间，或在此时间之前的任一时刻按规定的价格卖出一定数量某种资产的权利的一种法律合同。

**2. 期权的要素**

1) 施权价(exercise price 或 striking price)

期权合同中规定的购入或售出某种资产的价格，称期权的施权价。

2) 施权日(maturing data)

期权合同规定的期权的最后有效日期称为期权的施权日或到期日。

3) 标的资产(underlying asset)

期权合同中规定的双方买入或售出的资产为期权的标的资产。

4) 期权费(option premium)

买卖双方购买或出售期权的价格称为期权费或期权价格。

**3. 欧式期权与美式期权(European-style & American-style)**

欧式期权和美式期权对有效期规定不同。

欧式期权只有在到期日当天或在到期日之前的某一规定的时间可以行使权利。

美式期权从一开始购买一直到到期日的任何时刻都可以行使权利。

**4. 期权的购买者和出售者的权利与义务**

任何一个期权都有购买者(buyer)和出售者(writer 或 seller),期权的购买者在购买期权时必须付出一笔费用给出售者,以获得买卖某种资产的权利。这笔付出的费用,就是期权的价格或期权费。

看涨期权的购买者付出期权费,获得购买某种资产的权利,但他并没有到期购买的义务,它拥有购买和不购买的选择权。如果到期日标的资产的市场价格高于施权价,则选择从期权出售者手中购买,否则以市场价在市场购买。

卖出期权的购买者或持有者可以出售某种资产,也可以选择不出售。

因此,对于期权的购买者而言,付出期权费后,只有权利,没有义务购买期权;对期权的出售者而言,接受期权费后,只有义务而没有权利要求购买者购买期权。

**5. 期权的内在价值**

买入期权在执行日的价值 $C$ 为

$$C=\begin{cases}S-E, & S>E\\ 0, & S\leqslant E\end{cases}$$

式中,$E$ 为施权价;$S$ 为标的资产的市场价。

卖出期权在执行日的价值 $P$ 为

$$P=\begin{cases}0, & S\geqslant E\\ E-S, & S<E\end{cases}$$

根据期权的施权价与标的资产市场价之间的关系,期权可分为币内期权(in the money)、币上期权(at the money)和币外期权(out of the money)。

对于买入期权来说,如果 $S>E$,则为币内期权;如果 $S=E$,则为币上期权;如果 $S<E$,则为币外期权。即如果期权的内在价值大于零,则是币内期权;如果期权的内在价值等于零,则是币上期权;如果内在价值小于零,则是币外期权。

## 5.1.2　期权的一般性质

**1. 期权的平价公式**

1) 欧式期权的平价公式

买入期权、卖出期权和标的资产三者之间存在着一种价格依赖关系,它们之间的这种价格依赖关系,就称买入期权、卖出期权平价(call and put parity)。

下面就以欧式股票期权为例,考察一下这种平价关系。

设 $S$ 为股票市价,$C$ 为买入期权价格,$P$ 为卖出期权市价,$E$ 为施权价,$S^*$ 为施权日股票价格,$t$ 为距施权日时间,$r$ 为利率(常数)。

假设投资者现在以价格 $C$ 出售一单位买入期权,以价格 $P$ 购入一单位卖出期权,以

价格 $S$ 购入一单位期权的标的股票,以利率 $r$ 借入一笔借期为 $t$ 的现金,金额为 $Ee^{-rt}$,以上权利义务在施权日全部结清,不考虑交易成本和税收,投资者的现金和在施权日的现金流量如表5.1所示。

表 5.1 投资者的现金和施权日的现金流量

| 现 在 | 施权日 | |
|---|---|---|
| | $S^* \leqslant E$ | $S^* > E$ |
| 出售买入期权,$C$ | 0 | $E-S^*$ |
| 购买卖出期权,$-P$ | $E-S^*$ | 0 |
| 购买股票,$-S$ | $S^*$ | $S^*$ |
| 借入现金,$Ee^{-rt}$ | $-E$ | $-E$ |
| 总计 | 0 | 0 |

不管在施权日股票价格 $S^*$ 如何变化,该组合的价值都为0。由于上述组合为无风险投资组合,期末价值为零。如果假设市场无套利机会,它的期初价值也必然为零,即

$$C - P - S + Ee^{-rt} = 0 \tag{5.1.1}$$

$$C = S + P - Ee^{-rt} \tag{5.1.2}$$

这就是买入期权和卖出期权平价。

同样施权价、同样到期日的买入期权和卖出期权的价格必须符合式(5.1.2),否则就会出现套利机会。

如果市场出现下列情况,有效期为$\frac{1}{4}$年,施权价为46元的买入期权价格 $C$ 为3元,同样的卖出期权的价格 $P$ 为2元,股票价格39元,年利率为5%,根据买入期权和卖出期权平价,

$$P = C - S + Ee^{-rt} = 3 - 39 + 46e^{-0.05\times\frac{1}{4}} = 3.50 > 2$$

因此,$C$,$P$ 不符合买入、卖出期权平价。如果投资者构造下述投资组合:

| | |
|---|---|
| 出售一单位买入期权 | +3 |
| 购买一单位卖出期权 | −2 |
| 买入一单位股票 | −39 |
| 按5%借入现金 | +39.50 |
| 当前现金收入 | +1.50 |

根据以上分析,我们知道,这个资产组合期末价值应等于零,即在施权日不管股价如何变化,投资者都不必付出任何财富,而现在,投资者的现金收入为1.50元。因此,投资者只要构造这个资产组合,马上可以得到1.50单位的无风险收益。如果投资者将这个投资组合放大许多倍,就可得到很高的无风险收益。市场绝对不允许出现这样无风险套利的机会,因此,买入期权、卖出期权的价格必须符合买入、卖出期权平价。

2) 美式期权的平价估计

为了与欧式期权区分,用 $C^E$ 和 $P^E$ 表示欧式期权的价格,用 $C^A$ 和 $P^A$ 表示美式期权的价格,期权有估计式。

具有相同的施权价 $E$ 和相同的施权日 $T$,不支付红利的美式股票看跌期权和看涨期

权的价格满足

$$S(0) - Ee^{-rT} \geqslant C^A - P^A \geqslant S(0) - E$$

假设第一个不等式不成立，即

$$C^A - P^A - S(0) + Ee^{-rT} > 0$$

那么可以卖出 1 份看涨期权，买入 1 份看跌期权和 1 股股票，利用货币市场融资交易。如果美式看涨期权的持有者选择在时间 $t \leqslant T$ 施权，对于股票我们收到 $E$ 和结清货币市场头寸，结束看跌期权并且得到正的金额，即

$$E + [C^A - P^A - S(0)]e^{rt} = [Ee^{-rt} + C^A - P^A - S(0)]e^{rt}$$
$$\geqslant [Ee^{-rT} + C^A - P^A - S(0)]e^{rt} > 0$$

如果看涨期权没有被执行，可以通过在时间 $T$ 实施看跌期权，以价格 $E$ 卖出股票，仍然可以得到正的金额，即

$$E + [C^A - P^A - S(0)]e^{rT} > 0$$

总之，这种情况下存在套利机会。

若第二个不等式不成立，即

$$C^A - P^A - S(0) + E < 0$$

在这种情况下，可以卖出 1 份看跌期权，买入 1 份看涨期权，并卖空 1 股股票，投资余额于货币市场。如果在时间 $t \leqslant T$ 行使美式看跌期权，那么我们可以从货币市场提取 $E$，买入 1 股股票结清股票的空头头寸。最后将持有看涨期权和一个正的金额，即

$$[-C^A + P^A + S(0)]e^{rt} - E > Ee^{rt} - E \geqslant 0$$

如果看跌期权没有执行，那么可以在时间 $T$ 执行看涨期权，买入 1 股结清股票的空头头寸。结清货币市场头寸，最后得到正的金额，即

$$[-C^A + P^A + S(0)]e^{rT} - E > Ee^{rT} - E > 0$$

根据无套利原则，也存在套利机会，可见式(5.1.2)成立。

**2. 期权价格的边界**

首先，注意对于具有相同施权价 $E$ 和到期时间 $T$ 的欧式和美式期权，显然

$$C^E \leqslant C^A, \quad P^E \leqslant P^A$$

这两个不等式成立，因为美式期权至少给出和欧式期权同样的权利。另外，显然看涨期权和看跌期权的价格是非负的，因为这种期权在将来有可能有正的收益但期权的购买者没有义务购买或出售该期权。因此

$$C^E \geqslant 0, \quad P^E \geqslant 0$$

类似地，不等式对于具有更高价值的美式期权也成立。

建立欧式看涨和看跌期权价格的上界和下界。

一方面，显然

$$C^E < S(0)$$

如果相反的不等式成立，即如果 $C^E \geqslant S(0)$，那么将卖出期权 $C^E$ 并且购买股票，将余额投资于货币市场，在施权日 $T$ 将以价格 $\min[S(T), E]$ 卖股票结清看涨期权。套利利润是 $[C^E - S(0)]e^{rT} + \min[S(T), E] > 0$，证明了 $C^E < S(0)$。另一方面，有下界

$$S(0) - Ee^{-rT} \leqslant C^E$$

因为 $P^E \geqslant 0$,不等式可由看跌期权-看涨期权平价公式直接得出。而且,因为 $C^E < S(0)$,由看跌期权-看涨期权平价公式得到

$$P^E < E\mathrm{e}^{-rT}$$

因为 $C^E \geqslant 0$,由看跌期权-看涨期权平价公式得出

$$-S(0) + E\mathrm{e}^{-rT} \leqslant P^E$$

将这些结论归纳如下。

不支付红利的股票的欧式看涨期权和看跌期权的价格满足不等式

$$\max[0, S(0) - E\mathrm{e}^{-rT}] \leqslant C^E < S(0)$$

$$\max[0, -S(0) + E\mathrm{e}^{-rT}] \leqslant P^E < E\mathrm{e}^{-rT}$$

对于支付红利的股票,其边界是

$$\max[0, S(0) - \mathrm{div}_0 - E\mathrm{e}^{-rT}] \leqslant C^E < S(0) - \mathrm{div}_0$$

$$\max[0, -S(0) + \mathrm{div}_0 + E\mathrm{e}^{-rT}] \leqslant P^E < E\mathrm{e}^{-rT}$$

考虑具有相同施权价 $E$ 和施权日的欧式和美式看涨期权,已知 $C^A \geqslant C^E$,因为与欧式期权相比,美式期权给出的权利更多。如果标的股票不支付红利,有 $C^E \geqslant S(0) - E\mathrm{e}^{-rT}$。由此得出,如果 $r > 0$,则 $C^A > S(0) - E$。因为在时间0,美式期权的价格高于回报,所以宁可卖出而不在时间0施权。

如果证明美式期权不可能在时间 $t$ 施权,将意味着在到期之前不会被施权,这样它应该等同于欧式期权。特别地,它们的价格应该是相等的。

当两个期权的施权价到终止时间 $T$ 相同时,不支付红利的股票欧式期权和美式期权的价格是相等的,即 $C^A = C^E$,已经知道 $C^A \geqslant C^E$,如果 $C^A > C^E$,则卖出美式看涨期权,买入欧式看跌期权,以利率 $r$ 投资金额 $C^A - C^E$。如果美式看涨期权在时间 $t \leqslant T$ 施权,则借入1股股票以价格 $E$ 卖出,结清卖出看涨期权的义务,以利率 $r$ 投资 $E$,那么在时间 $T$,可以利用欧式期权以价格 $E$ 买入1股股票,结清股票空头头寸。套利利润将为 $(C^A - C^E)\mathrm{e}^{rT} + E\mathrm{e}^{r(T-t)} - E > 0$。如果美式期权没有被执行,则结清欧式期权,套利利润是 $(C^A - C^E)\mathrm{e}^{rT} > 0$,根据无套利原则,$C^A = C^E$。

乍看起来似乎与直觉矛盾。如果 $S(t) > E$,在时间 $t < T$ 施权,美式看涨期权可以获利 $S(t) - E$,欧式看涨期权不可能在时间 $t < T$ 施权,因此,可能会认为与欧式看涨期权相比,美式看涨期权的价值更高。不过,这并不矛盾。尽管欧式看涨期权不可能在时间 $t < T$ 施权,但它至少能以不低于 $S(t) - E$ 的价格卖出。

对于支付红利的股票,情况有所不同。在这种情况下,美式看涨期权的价值高于相同条件的欧式看涨期权的价值,并且会在到期日之前被施权,至少在某些情况下如此。

另外,经常发生美式看跌期权提前施权的情况,尽管标的股票不支付红利。

设股票的价格是10美元,在一年到期的美式看跌期权的施权价为80美元,利率是16%。现在施权,可得到70美元,将70美元以16%利率投资一年以后,可以获得81.20美元,而看跌期权的价值不可能超过施权价,于是决定提前施权。

下面考虑美式期权的边界。

首先考虑不支付红利股票的期权,美式看涨期权的价格等于欧式看涨期权的价格,$C^A = C^E$,于是美式看涨期权与欧式看涨期权有相同的边界条件。对美式看跌期权,有

$$-S(0)+E\leqslant P^{A}$$

因为 $P^A$ 不可能小于期权在时间 0 的回报。这给出了一个比欧式期权更低的下界，而上界与欧式看跌期权相比更宽松，即

$$P^{A}<E$$

实际上，如果 $P^A\geqslant E$，则存在下面的套利策略：以价格 $P^A$ 卖出美式看跌期权，将得到的金额以利率 $r$ 投资。如果在时间 $t\leqslant T$ 施权，那么以价格 $E$ 买入 1 股标的股票，然后以价格 $S(t)$ 卖出，最后的现金余额将是正的，即 $P^A e^{rt}-E+S(t)>0$。如果期权一直没施权，最终的现金余额仍然是正的，即 $P^A e^{rT}>0$，这些结论概括如下。

不支付红利的股票美式看涨期权和看跌期权的价格满足如下不等式。

$$\max[0,S(0)-Ee^{-rT}]\leqslant C^{A}<S(0)$$

$$\max[0,-S(0)+E]\leqslant P^{A}<E$$

下面考虑支付红利的股票的情形。欧式期权的下界暗含 $S(0)-\mathrm{div}_0-Ee^{-rT}\leqslant C^E\leqslant C^A$ 和 $-S(0)+\mathrm{div}_0+Ee^{-rT}\leqslant P^E\leqslant P^A$，但是因为美式期权的价格在任何时间都不能小于它的回报，我们还有 $S(0)-E\leqslant C^A$ 和 $E-S(0)\leqslant P^A$，而且对于不支付红利的股票，用同样的方法得到上界 $C^A<S(0)$，$P^A<E$。对于支付红利的股票，所有这样的不等式概括如下。

$$\max[0,S(0)-\mathrm{div}_0-Ee^{-rT},S(0)-E]\leqslant C^{A}<S(0)$$

$$\max[0,-S(0)+\mathrm{div}_0+Ee^{-rT},-S(0)+E]\leqslant P^{A}<E$$

### 3. 决定期权价格的变量

期权的价格取决于一些变量，这些变量可能是描述期权的变量，如施权价 $E$、到期日 $T$，描述标的资产的变量，如 $S(0)$ 和红利支付率 $r_{\mathrm{div}}$，与市场有关的变量，如无风险利率 $r$，当然还有交易时间 $t$。

把期权的价格作为一个变量的函数进行分析，其他变量保持不变。这是有效的简化，因为，一般说来，一个变量的变化会随着某些变量或者所有其他变量变化。尽管如此，这种简化的情况会提供有意义的结论。

1) 欧式期权

首先考虑欧式股票期权对施权价的依赖性。考虑标的资产相同，施权时间 $T$ 相同，但施权价 $E$ 的值不同的期权。为强调取决于 $E$，看涨期权和看跌期权的价格分别用 $C^E(E)$ 和 $P^E(E)$ 表示，其他变量如施权时间 $T$、交易时间 $t$ 和标的资产价格 $S(0)$ 对于时间保持不变。

如果 $E'<E''$，则

$$C^{E}(E')\geqslant C^{E}(E'')$$

$$P^{E}(E')\leqslant P^{E}(E'')$$

这意味着 $C^E(E)$ 是 $E$ 的非增函数，$P^E(E)$ 是 $E$ 的非减函数。

这些不等式是显然成立的。与较高价格的买权相比，较低价格的买权更有价值。类似地，与以较低的价格卖出资产相比，以较高的价格卖出资产更好。

如果 $E'<E''$，则可以得到下列不等式

$$C^{E}(E')-C^{E}(E'')\leqslant e^{-rT}(E''-E')$$

$$P^{E}(E'')-P^{E}(E')\leqslant e^{-rT}(E''-E')$$

根据看跌期权-看涨期权平价公式,有

$$C^E(E')-P^E(E')=S(0)-E'\mathrm{e}^{-rT}$$
$$C^E(E'')-P^E(E'')=S(0)-E''\mathrm{e}^{-rT}$$

两式相减,可以得到

$$[C^E(E')-C^E(E'')]+[P^E(E'')-P^E(E')]=(E''-E')\mathrm{e}^{-rT}$$

左边两项是非负的,其中的任何一项都不可能超过右边。

不等式的数学意义是看涨期权和看跌期权的价格作为施权价的函数,满足具有常数 $\mathrm{e}^{-rT}<1$ 的利普希茨条件(Lipschitz condition),即

$$|C^E(E'')-C^E(E')|\leqslant \mathrm{e}^{-rT}|E''-E'|$$
$$|P^E(E'')-P^E(E')|\leqslant \mathrm{e}^{-rT}|E''-E'|$$

假设 $E'\leqslant E''$,$\alpha\in(0,1)$,则

$$C^E[\alpha E'+(1-\alpha)E'']\leqslant \alpha C^E(E')+(1-\alpha)C^E(E'')$$
$$P^E[\alpha E'+(1-\alpha)E'']\leqslant \alpha P^E(E')+(1-\alpha)P^E(E'')$$

换言之,$C^E(E)$和 $P^E(E)$是 $E$ 的凸函数。

为简单起见,令 $E=\alpha E'+(1-\alpha)E''$,设

$$C^E(S)>\alpha C^E(E')+(1-\alpha)C^E(E'')$$

卖出1份施权价为 $E$ 的期权,买入 $\alpha$ 份施权价为 $E'$ 的期权和$(1-\alpha)$份施权价为 $E''$ 的期权,将余额 $C^E(E)-[\alpha C^E(E')+(1-\alpha)C^E(E'')]>0$ 进行无风险投资。在到期日,如果以施权价 $E$ 执行期权,得到回报$[S(T)-E]^+$。执行 $\alpha$ 份施权价为 $E'$ 的看涨期权和$(1-\alpha)$份施权价为 $E''$ 的看涨期权,我们将得到金额 $\alpha[S(T)-E']^+ +(1-\alpha)[S(T)-E'']^+$。根据无套利原则

$$[S(T)-E]^+\leqslant \alpha[S(T)-E']^+ +(1-\alpha)[S(T)-E'']^+$$

看跌期权的凸性可利用看跌期权-看涨期权平价公式得出。

对标的资产价格的依赖性。标的资产的当前价格 $S(0)$由市场决定,它不可能改变,如果考虑由价值为 $S=xS(0)$的 $x$ 股股票构成的资产组合的期权,施权价为 $E$,在时间 $T$ 被施权的资产组合的看涨期权的回报是$[xS(t)-E]^+$。看跌期权的回报是$[E-xS(T)]^+$。将研究期权价格对 $S$ 的依赖性,假设其余变量是固定的。将用 $C^E(S)$和 $P^E(S)$表示看涨期权和看跌期权的价格。

如果 $S'<S''$,那么

$$C^E(S')\leqslant C^E(S'')$$
$$P^E(S')\geqslant P^E(S'')$$

即 $C^E(S)$是 $S$ 的非减函数,$P^E(S)$是 $S$ 的非增函数。

对某个 $S'<S''$,设 $C^E(S')>C^E(S'')$,这里 $S'=x'S(0)$,$S''=x''S(0)$,可以卖出 $x'$ 份股票资产组合的看涨期权,买入 $x''$ 份股票资产组合的看涨期权,这两个期权具有相同的施权价 $E$ 和施权时间 $T$,将余额 $C^E(S')-C^E(S'')$进行无风险投资。因为 $x'<x''$,回报满足$[x'S(T)-E]^+\leqslant[x''S(T)-E]^+$。如果卖出的期权在时间 $T$ 施权,于是,可以行使另外的期权履行义务并且将得到套利利润。

利用类似的套利论证得出看跌期权的不等式。

假设 $S'<S''$，则

$$C^E(S'')-C^E(S')\leqslant S''-S'$$
$$P^E(S')-P^E(S'')\leqslant S''-S'$$

利用看跌期权-看涨期权平价公式

$$C^E(S'')-P^E(S'')=S''-Ee^{-rT}$$
$$C^E(S')-P^E(S')=S'-Ee^{-rT}$$

两式相减，得到

$$[C^E(S'')-C^E(S')]+[P^E(S')-P^E(S'')]=S''-S'$$

左边的两项都是非负的，于是它们之中的任意一项不超过右边。

看涨期权和看跌期权价格 $C^E(S)$和 $P^E(S)$满足具有常数 1 的利普希茨条件

$$|C^E(S'')-C^E(S')|\leqslant|S''-S'|$$
$$|P^E(S'')-P^E(S')|\leqslant|S''-S'|$$

假设 $S'<S''$，$\alpha\in(0,1)$，则

$$C^E[\alpha S'+(1-\alpha)S'']\leqslant\alpha C^E(S')+(1-\alpha)C^E(S'')$$
$$P^E[\alpha S'+(1-\alpha)S'']\leqslant\alpha P^E(S')+(1-\alpha)P^E(S'')$$

这意味着看涨和看跌期权的价格为 $S$ 的凸函数。

为简单起见，令 $S=\alpha S'+(1-\alpha)S''$，设 $S'=x'S(0)$，$S''=x''S(0)$，$S=xS(0)$。于是 $x=\alpha x'+(1-\alpha)x''$。设

$$C^E(S)>\alpha C^E(S')+(1-\alpha)C^E(S'')。$$

卖出 $x$ 股资产组合的看涨期权，买入 $\alpha$ 份 $x'$股构成的资产组合的看涨期权和$(1-\alpha)$份 $x''$股构成的资产组合的看涨期权，将余额 $C^E(S)-\alpha C^E(S')-(1-\alpha)C^E(S'')$进行无风险投资。如果卖出的期权在时间 $T$ 施权，那么，有回报$[xS(T)-X]^+$。为履行这个期权的义务，将其他期权施权。因为

$$[xS(T)-E]^+\leqslant\alpha[x'S(T)-E]^++(1-\alpha)[x''S(T)-E]^+$$

这是一个套利策略。

类似地，套利论证或者利用看跌期权-看涨期权平价可以证明看跌期权的不等式。

2) 美式期权

一般说来，美式期权与其相应的欧式期权有类似的性质，但是看跌期权-看涨期权平价公式不成立。另外，必须考虑提前执行的可能性。

对施权价的依赖性，用 $C^A(E)$和 $P^A(E)$表示看涨和看跌期权的价格，是为了强调依赖于 $E$，其他变量是固定的。

依据与欧式期权同样的理由，较高的施权价对买权来说价值较小，对于卖权来说价值较大。

如果 $E'<E''$，则

$$C^A(E')\geqslant C^A(E'')$$
$$P^A(E')\leqslant P^A(E'')$$

假设 $E'<E''$，则

$$C^A(E')-C^A(E'')\leqslant E''-E'$$

$$P^A(E'') - P^A(E') \leqslant E'' - E'$$

若 $E'<E''$，但 $C^A(E')-C^A(E'')>E''-E'$，卖出施权价为 $E'$ 的看涨期权，买入施权价为 $E''$ 的看涨期权，将余额 $C^A(E')-C^A(E'')$ 进行无风险投资。如果卖出的期权在时间 $t\leqslant T$ 施权，将支付 $[S(t)-E']^+$。另外的期权立刻行权，得到 $[S(t)-E'']^+$。注意

$$[S(t) - E'']^+ - [S(t) - E']^+ \geqslant -(E'' - E')$$

加上无风险投资总量大于 $E''-E'$，就可以得到正的金额，这实际上就是套利利润。这就证明了原来的不等式成立。

类似地，对看跌期权不等式也成立。

与欧式期权一样，美式期权也是施权价的凸函数，即

如果 $E'<E''$，$\alpha\in(0,1)$，则

$$C^A[\alpha E' + (1-\alpha)E''] \leqslant \alpha C^A(E') + (1-\alpha)C^A(E'')$$

$$P^A[\alpha E' + (1-\alpha)E''] \leqslant \alpha P^A(E') + (1-\alpha)P^A(E'')$$

为简单起见，令 $E=\alpha E'+(1-\alpha)E''$，如果

$$C^A(E) > \alpha C^A(E') + (1-\alpha)C^A(E'')$$

卖出1份施权价为 $E$ 的期权，买入 $\alpha$ 份施权价为 $E'$ 的期权和 $(1-\alpha)$ 份施权价为 $E''$ 的期权，将余额无风险投资。如果卖出的期权被施权，则将持有的两个期权施权，如果卖出的期权一直没被施权，不需要做任何事情，按这种方法，将取得套利。因为

$$[S(t) - E]^+ \leqslant \alpha[S(t) - E']^+ + (1-\alpha)[S(t) - E'']^+$$

可见原不等式成立。类似地，对于美式看跌期权，期权价格也是施权价的凸函数。

下面研究美式期权对标的资产价格的依赖性。

首先，考虑 $x$ 股的资产组合的期权。这个资产组合的美式看涨和看跌期权的价格用 $C^A(S)$ 和 $P^A(S)$ 表示，其中 $S=xS(0)$ 是资产组合的价值，其余的变量保持不变，在时间 $t$，对看涨期权的回报是 $[xS(t)-E]^+$，对看跌期权的回报是 $[E-xS(t)]^+$。

如果 $S'<S''$，则

$$C^A(S') \leqslant C^A(S'')$$

$$P^A(S') \geqslant P^A(S'')$$

与欧式期权类似，美式看涨期权的价格是标的资产价格的增函数，美式看跌期权的价格是标的资产价格的减函数。这是因为，如果对某个 $S'<S''$ 有 $C^A(S')>C^A(S'')$，这里 $S'=x'S(0)$，$S''=x''S(0)$。可以卖出 $x'$ 股资产组合的看涨期权，买入 $x''$ 股资产组合的看涨期权，这两个期权的施权价 $E$ 和终止时间 $T$ 相同，将这些交易的余额进行无风险投资，如果卖出的期权在时间 $t\leqslant T$ 被施权，则可以将另一个期权立刻施权履行义务。因为 $x'\leqslant x''$，回报满足 $[x'S(t)-E]^+\leqslant[x''S(t)-E]^+$。因此，这个策略提供了一个套利机会。

可见 $C^A(S')\leqslant C^A(S'')$ 成立，类似地，也可得到美式期权价格的估计式，$P^A(S')\geqslant P^A(S'')$。

假设 $S'<S''$，则

$$C^A(S'') - C^A(S') \leqslant S'' - S'$$

$$P^A(S') - P^A(S'') \leqslant S'' - S'$$

由于美式看涨期权的价格与欧式看涨期权的价格相同，由欧式看涨期权的价格估计式，可见第一个不等式成立。

对于看跌期权，设 $P^A(S')-P^A(S'')>S''-S'$，对某个 $S'<S''$ 成立，这里 $S'=x'S(0)$，$S''=x''S(0)$。买 $x''-x'>0$ 股股票，买 $x''$ 股资产组合的看跌期权和卖 $x'$ 股资产组合的看跌期权，这两个期权的施权价 $E$ 和终止时间 $T$ 相同，这些交易的余额 $-(S''-S')-P^A(S'')+P^A(S')>0$，$x'$ 股股票期权的持有者选择在时间 $t\leqslant T$ 施权，将要支付 $[E-x'S(t)]^+$。利用卖出 $x''-x'$ 股股票和在时间 $t$ 施权 $x''$ 股股票的期权，所得足以履行这个义务：

$$(x''-x')S(t)+[E-x''S(t)]^+\geqslant[E-x'S(t)]^+$$

这是因为 $x''\geqslant x'$。如果 $x'$ 股股票的看跌期权一直没有施权，不必采取任何行动。在任何情况下，原来的利润及利息归我们所有，产生一个套利机会。由无套利原理，可见第一个不等式成立，与欧式期权一样，美式期权也是标的资产价格的凸函数，即

假设 $S'<S''$，令 $\alpha\in(0,1)$，则

$$C^A[\alpha S'+(1-\alpha)S'']\leqslant\alpha C^A(S')+(1-\alpha)C^A(S'')$$

$$P^A[\alpha S'+(1-\alpha)S'']\leqslant\alpha P^A(S')+(1-\alpha)P^A(S'')$$

证明如下：

令 $S=\alpha S'+(1-\alpha)S''$，$S'=x'S(0)$，$S''=x''S(0)$，$S=xS(0)$。

如果

$$C^A(S)>\alpha C^A(S')+(1-\alpha)C^A(S'')$$

可以卖出 $x$ 股股票资产组合的看涨期权，买入 $x'$ 股资产组合的看涨期权和 $x''$ 股资产组合的看涨期权，所有这些期权具有相同的施权价 $E$ 和到期日 $T$，这些交易的余额 $C^A(S)-\alpha C^A(S')-(1-\alpha)C^A(S'')$ 投资于无风险资产，如果卖出的期权在时间 $t\leqslant T$ 施权，必须支付 $[xS(t)-E]^+$，这里 $x=\alpha x'+(1-\alpha)x''$，可以将其他两个期权施权，履行这个义务，这是一个套利策略，因为

$$[xS(t)-E]^+\leqslant\alpha[x'S(t)-E]^++(1-\alpha)[x''S(t)-E]^+$$

由无套利原理，可见美式看涨期权是施权价的凸函数。类似地，可以证明美式看跌期权的价格也是施权价的凸函数。

美式期权可在到期日之前的任何时间施权，讨论美式期权价格对到期时间的依赖性。

对于美式期权也可以建立期权价格对到期时间 $T$ 依赖性的一般公式，为强调对时间 $T$ 的依赖性，把美式看涨和看跌期权的价格写为 $C^A(T)$ 和 $P^A(T)$，假设其他变量是固定的。

美式期权的价格是到期时间的增函数，如果 $T'<T''$，则

$$C^A(T')\leqslant C^A(T'')$$

$$P^A(T')\leqslant P^A(T'')$$

证明如下：

假设 $C^A(T')>C^A(T'')$，卖出在时间 $T'$ 到期的期权，买入具有相同施权价在时间 $T''$ 到期的期权，将余额投资于无风险资产，如果卖出的期权在时间 $t\leqslant T'$ 被施权，可以立即实施其他期权履行义务，投资于无风险资产的正的余额，$C^A(T')-C^A(T'')>0$ 是套利利润。由无套利原理可见结论成立。

类似地，看跌期权的价格也是到期时间的增函数。

**4. 期权的时间价值**

经常使用如下方便的术语,在时间 $t$ 施权价为 $E$ 的看涨期权是

币内的,如果 $S(t)\geqslant E$;

币上的,如果 $S(t)=E$;

币外的,如果 $S(t)<E$。

类似地,对于看跌期权是

币内的,如果 $S(t)<E$;

币上的,如果 $S(t)=E$,

币外的,如果 $S(t)>E$。

尽管不太精确,术语极币内(deep in the money)和极币外(deep out the money)还是很方便的,这两个术语含义是不等式两边的差值大于零或小于零,且差值很大的时候,也是我们研究的情况。

美式币内期权如果施权立即带来正的回报,而对于币外期权则不然,利用与欧式期权相同的术语,尽管它们的含义不同,尽管一般的期权是币内的,在施权日不总是这样,在施权日回报也可能会变为零。

在时间 $t\leqslant T$ 施权价为 $E$ 的期权的内在价值等于$[S(t)-E]^+$,施权价相同的看跌期权的内在价值是$[E-S(t)]^+$。

可以看出币外期权和币上期权的内在价值是零,币内期权的内在价值是正的,在到期日 $T$ 期权的价格与其内在价值一致,由于可能未来获利。美式期权在到期日之前的价格可以大于它的内在价值,欧式期权在它施权之前的价格可以大于或者小于内在价值。

期权的时间价值是期权价值和内在价值之差,即

$$C^E(t)-[S(t)-E]^+,\text{对欧式看涨期权}$$
$$P^E(t)-[E-S(t)]^+,\text{对欧式看跌期权}$$
$$C^A(t)-[S(t)-E]^+,\text{对美式看涨期权}$$
$$P^A(t)-[E-S(t)]^+,\text{对美式看跌期权}$$

研究某些有代表性的数据。设股票当前价格是 125.23 美元,考虑表 5.2 所示情况。

**表 5.2 股票当前价格为 125.23 美元的情况**

| 施权价/美元 | 内在价值/美元 | | 时间价值/美元 | | 期权价格/美元 | |
|---|---|---|---|---|---|---|
| | 看涨期权 | 看跌期权 | 看涨期权 | 看跌期权 | 看涨期权 | 看跌期权 |
| 110 | 15.23 | 0.00 | 3.17 | 2.84 | 18.40 | 2.84 |
| 120 | 5.23 | 0.00 | 7.04 | 6.46 | 12.27 | 6.46 |
| 130 | 0.00 | 5.23 | 6.78 | 4.41 | 6.78 | 9.64 |

施权价为 110 美元的美式看涨期权是币内的,内在价值为 15.23 美元,期权的价值至少等于内在价值。一般说来,一方面因为期权可能立即执行,因为有可能将来获利,价格大于内在价值;另一方面施权价为 110 美元的看跌期权是币外的,它的内在价值是零,由于有将来获利的可能性,看跌期权的价格全部是正的,对于其他施权价的类似关系可在表中看出。

作为 $S$ 的函数的欧式看涨期权的时间价值永远不可能是负的,并且对于 $S$ 的相当大

的值，它大于 $E-Ee^{-rT}$，这是可以由不等式 $C^E(S)\geqslant S-Ee^{-rT}$ 得出的。

欧式看跌期权的市场价值可以小于它的内在价值，即时间价值可以是负的，只有看跌期权是币内的，即 $S<E$（并且是极币内的），才可能是这种情形。

因为欧式期权必须到施权时间 $T$ 才能实现回报，在此期间股票上涨超过 $E$ 的风险是应当考虑的，这会减少期权的价值。

对于任意的施权价为 $E$ 的欧式或者美式看涨或者看跌期权，在 $S=E$ 时，时间价值达到最大值。

现在论证欧式看涨期权的情况，当 $S\leqslant E$ 时，期权的内在价值是零。$C^E(S)$ 为 $S$ 的增函数，这意味着当 $S\leqslant E$ 时，时间价值是 $S$ 的增函数；另外，对于任意的 $S'<S''$，$C^E(S'')-C^E(S')\leqslant S''-S'$。由此得出，如果 $E\leqslant S'<S''$，$C^E(S'')-(S''-E)^+\leqslant C^E(S')-(S'-E)^+$，这意味着当 $S\geqslant E$，时间价值为 $S$ 的减函数。因此时间价值在 $S=E$ 达到最大值。

其他期权的证明是类似的。

### 5.1.3 期权的应用举例

**1. 应用期权进行保值**

保值是指投资者将自身不愿意承担的风险转让给愿意承担这种风险的投资者的行为。期权工具可以用来防范不利的价格波动产生的风险。

1）持股购入看跌期权

我们以股票期权为例。如果某投资人拥有某公司股票的同时又买入该公司股票的看跌期权，不管看跌期权的施权价高低，到期时间长短，这种看跌期权都是一种减少亏损的保值措施。

**例 5.1**

某投资者以每股 46 元价格买入 100 股股票，同时购入施权价（协定价格）为 45 元的看跌期权，期权费为 $1\frac{1}{16}$ 元一份，这种看跌期权合约（100 股构成）的保值功能从盈亏平衡表可看出，如表 5.3 所示。

**表 5.3 盈亏平衡表**

| 期权到期日的股票价格/元 | 0 | 25 | 45 | 65 |
|---|---|---|---|---|
| 买入股票每股 46 元 | −46 | −21 | −1 | 19 |
| 购入看跌期权费 $1\frac{1}{16}$ 元 | $43\frac{15}{16}$ | $18\frac{15}{16}$ | $-1\frac{1}{6}$ | $-1\frac{1}{16}$ |
| 净值 | $-2\frac{1}{16}$ | $-2\frac{1}{16}$ | $-2\frac{1}{16}$ | $17\frac{15}{16}$ |

从表 5.3 中可知，只要股票价格等于或者低于 45 元，看跌期权策略的购买者就会遭到损失，其最大亏损为每股 $2\frac{1}{16}$ 元。当期权到期，股票价格在 45～65 元时，采取持股并购入该股票的看跌期权的投资策略，可以盈亏平衡。只要略加计算就可以找到盈亏平衡点的股票价格为 $47\frac{1}{16}$ 元，如图 5.1 所示。

**例　5.1(续)**

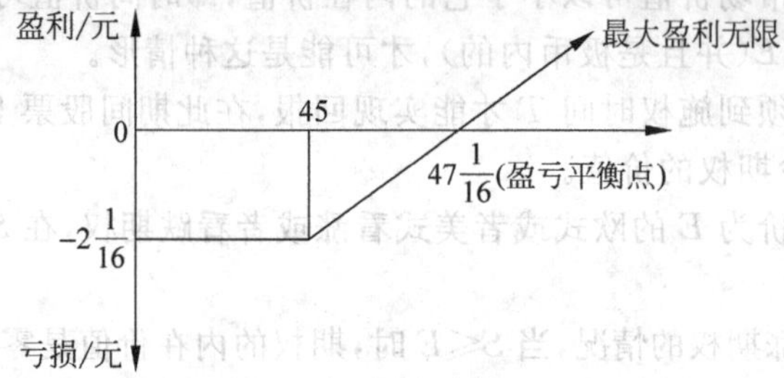


图 5.1　盈亏平衡点的计算

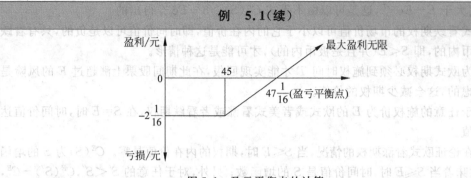

许多机构和个人投资者希望从股票的长期投资中获利。对他们而言,看跌期权就是一种方便的金融工具,可以防止已经拥有的股票的下跌风险,从而获得一种暂时的保值效果。

2) 卖空,购入看涨期权的保值功能

前面已经介绍了应用看跌期权来防范股票下跌风险的方法,同样我们也可以应用看涨期权对股票上涨而产生的风险进行保值。投资者在进行某项投资时,一般总是先买入某种期权,然后再出售这种证券,但并不是每种投资都按这种程式来进行。例如,在卖空的条件下,可以第一笔交易是出售,第二笔交易是买入。

空头出售方首先从它的经纪人那里借入股票,进行出售,然后在将来某时刻以更低的价格买入同样数额的股票来归还借入的股票。

空头出售股票的风险来自股票价格上涨,并且存在无限亏损的可能性。

例如,某投资人以每股46元价格空头出售某公司股票,盈利和亏损情形如图5.2所示。

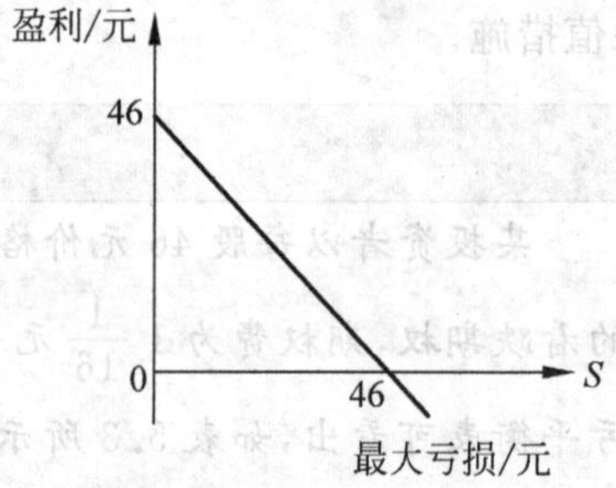


图 5.2　某股票的盈亏情形

如何对图5.2空头出售面临的风险进行保值?其中一种方法是将空头出售与买入看涨期权结合起来。

例如,股票每股单位价格46元,购入看涨期权,实施价为50美元,期权费$\frac{7}{16}$元,表5.4为空头出售股票与购入看涨期权组合的盈亏平衡表。

**表 5.4　空头出售股票与购入看涨期权组合的盈亏平衡表**

| 期权到期时的股票价格/元 | 0 | 25 | 35 | 50 | 65 |
|---|---|---|---|---|---|
| 空头出售股票46元 | 46 | 21 | 11 | −4 | −19 |
| 购入看涨期权,施权价50元<br>期权费7/16元 | $-\frac{7}{16}$ | $-\frac{7}{16}$ | $-\frac{7}{16}$ | $-\frac{7}{16}$ | $14\frac{9}{16}$ |
| 净值 | $45\frac{9}{16}$ | $20\frac{9}{16}$ | $10\frac{9}{16}$ | $-4\frac{7}{16}$ | $-4\frac{7}{16}$ |

购入看涨期权对空头股票的保值功能如图 5.3 所示。

**2. 应用期权增值**

投资者应用期权来使既定的资产组合增加收益，这是期权工具的另一种应用。

1）出售看涨期权来获取收益

出售看涨期权是以已经持有的股票作为基础时称为出售抵补看涨期权。例如，某投资者以每股 46 元价格买入某公司股票 300 股。投资经纪人建议出售 3 份该公司股票的看涨期权$\left(\text{期限 5 个月，施权价为 50 元，期权费 }1\frac{1}{4}\text{元}\right)$。

出售 3 份看涨期权，可得期权费 1.25×300＝375(元)。期权到期日出现的最坏情况是股票价格降为零。如果你不卖出看涨期权，则亏损46 元/股，此时亏损 $46-1\frac{1}{4}=44\frac{3}{4}$(元)，即 $44\frac{3}{4}$是盈亏平衡点，如图 5.4 所示。如果股票价格超过 50 元，按协议，购入看涨期权者，以每股价格 50 元买入你手中的股票，实际每股收益为 $5\frac{1}{4}$元。因此，投资者经常用这种出售抵补看涨期权的方法使股票增值。

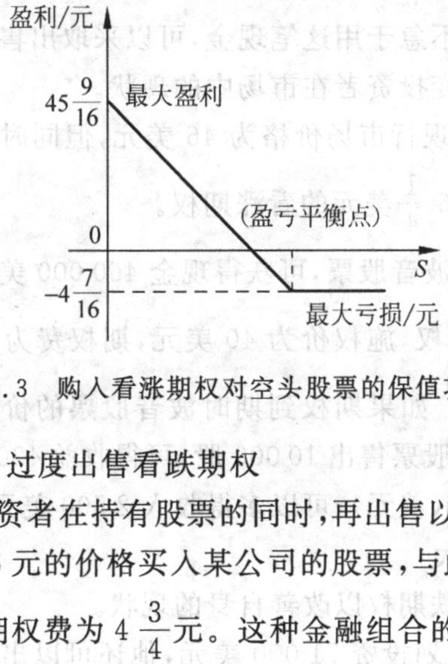


图 5.3　购入看涨期权对空头股票的保值功能

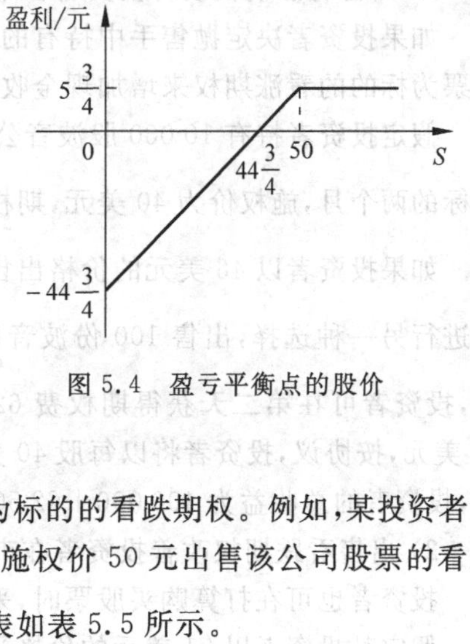


图 5.4　盈亏平衡点的股价

2）过度出售看跌期权

投资者在持有股票的同时，再出售以这种股票为标的的看跌期权。例如，某投资者以每股 46 元的价格买入某公司的股票，与此同时又以施权价 50 元出售该公司股票的看跌期权，期权费为 $4\frac{3}{4}$元。这种金融组合的盈亏平衡表如表 5.5 所示。

**表 5.5　金融组合的盈亏平衡表**

| 股权到期时的股票价格/元 | 0 | 20 | 40 | $45\frac{5}{8}$ | 60 |
|---|---|---|---|---|---|
| 多头股票 | −46 | −26 | −6 | $-\frac{3}{8}$ | 14 |
| 空头看跌期权 | $-45\frac{1}{4}$ | $-25\frac{1}{4}$ | $-5\frac{1}{4}$ | $\frac{3}{8}$ | $4\frac{3}{4}$ |
| 净值 | $-91\frac{1}{4}$ | $-51\frac{1}{4}$ | $-11\frac{1}{4}$ | 0 | $18\frac{3}{4}$ |

从表5.4中可知,当股票价格上涨高于施权价,看跌期权到期无价值,多头股票新产生的利润将随股价的上扬而不断增加。反之,如果股票价格低于施权价,将受到双重损失,如图5.5所示。

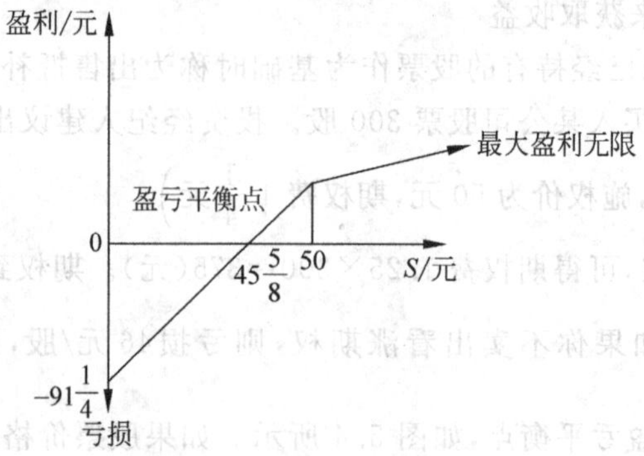


图5.5 盈亏平衡点的股价

**3. 改善投资者在市场中的现状**

1) 出售看涨期权改善投资者在市场中的现状

如果投资者决定抛售手中持有的股票,但又不急于用这笔现金,可以采取出售以这种股票为标的的看涨期权来增加现金收益,从而改变投资者在市场中的现状。

假定投资者持有10 000股波音公司的股票,现行市场价格为46美元,但同时有期限为标的两个月,施权价为40美元,期权费为每股$6\frac{1}{4}$美元的看涨期权。

如果投资者以46美元的价格出售10 000股波音股票,可获得现金460 000美元。如果进行另一种选择,出售100份波音股票看涨期权,施权价为40美元,期权费为$6\frac{1}{4}$美元,投资者可在第二天获得期权费62 500美元。如果期权到期时波音股票的价格高于40美元,按协议,投资者将以每股40美元价格将股票售出10 000股,可得收益400 000美元,投资者的总收益为400 000+62 500=462 500(美元),可以多得收入2 500美元。

2) 出售看跌期权改善投资者在市场中的现状

投资者也可在打算购买股票时,采用出售看跌期权以改善自身的现状。

假定某投资者以71美元的价格买入股票,计划投资71 000美元,他还可以出售3个月期限的看跌期权,施权价为80美元,期权费每股10.5美元,获得的期权费收入计10 500美元。如果该股票的价格在期权到期时,依然低于期权的施权价80美元,投资人就要以80美元的价格买入1 000股股票,由于执行期权而产生的现金支出为8 000美元,减去期权费10 500美元,总支出69 500美元。

从上例可以看到,通过出售股票看跌期权,可以使投资人以每股69.5美元买入股票低于71美元的现行价格。采用这种投资策略,当然包含着某些风险因素。若这种股票上涨突破80美元的期权协定价格,看跌期权就不会执行,即使出现这样的情形,也依然得到了期权费。

## 5.1.4　二项式期权定价模型

Cox,Ross 和 Rubinstein(1979)首先推导出二项式期权定价模型。尽管推导此模型涉及的数学不深,但模型隐含的经济意义却十分重要。现在介绍二项式期权定价模型,我们考虑欧式股票期权的定价问题。根据平价公式,只考虑买入期权的定价问题。下面以股票期权为例研究二项式期权定价模型。

**1. 模型的假设**

模型的假设有以下几点:

(1) 资本市场是完全竞争的市场。

(2) 不考虑交易成本的税收。

(3) 无卖空限制。

(4) 市场存在无风险资产,其利率是固定的。

(5) 股票不支付红利。

(6) 投资者是理性的。

**2. 单期二项式期权定价模型**

首先考虑单期模型,存在两个时刻,时刻 0 表示现在,时刻 1 表示将来,用 $S$ 表示在 0 时刻的股票价格,在时刻 1 股票价格是随机变量。设有两种状态:价格上涨 $u$ 倍($u>1$),下跌 $d$ 倍($d<1$),设无风险利率为 $r_f$,令 $r=1+r_f$,如果市场不存在套利机会,则 $u>1+r_f>1>d$,股票上涨的概率为 $q$,股票价格的变化如图 5.6 所示。

设施权价为 $E$,当 $t=1$ 时,如果股票价格上涨,则期权的价值 $C_u=\max(uS-E,0)$;如果股票价格下跌,期权的价值 $C_d=\max(dS-E,0)$,期权在 0 时刻的价值为 $C$,则期权的价格变化如图 5.7 所示。

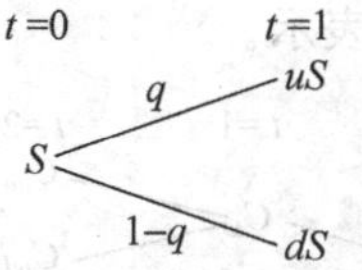


图 5.6　股票价格的变化

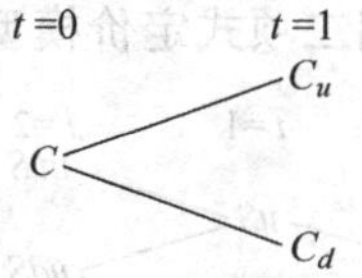


图 5.7　期权的价格变化

现在我们构造一个组合,选择 $\Delta$ 份股票和无风险资产 $B$,使该组合复制期权的价值。为此,$\Delta$ 和 $B$ 满足如下条件:

$$C_u = \Delta uS + rB \tag{5.1.3}$$

式(5.1.3)表示在时刻 1 股票上涨时,资产组合的价值等于期权的价值

$$C_d = \Delta dS + rB \tag{5.1.4}$$

式(5.2.4)表示在时刻 1 股票下跌时,资产组合的价值等于期权的价值

由方程(5.1.3)和(5.1.4),解得

$$\Delta = \frac{C_u - C_d}{S(u-d)} \tag{5.1.5}$$

$$B = \frac{uC_d - dC_u}{(u-d)r} \tag{5.1.6}$$

根据无套利原则,因为资产组合的价值在时刻1与期权的价值相同,所以在时刻0,期权的价值$C$与资产组合的价值相等。因此,在时刻0应有

$$C=\Delta S+B \tag{5.1.7}$$

将式(5.1.5)和式(5.1.6)代入式(5.1.7),得

$$C=\frac{1}{r}\left(\frac{r-d}{u-d}C_u+\frac{u-r}{u-d}C_d\right) \tag{5.1.8a}$$

注意到$\frac{r-d}{u-d}+\frac{u-r}{u-d}=1$,令$p_*=\frac{r-d}{u-d}$,则$1-p_*=\frac{u-r}{u-d}$,于是

$$C=\frac{1}{r}[p_*C_u+(1-p_*)C_d] \tag{5.1.8b}$$

**3. 风险中性概率**

如果将$(p_*,1-p_*)$看作一个概率分布,则式(5.1.8b)说明期权在0时刻的价格$C$等于时刻1的价格(随机变量),对上述分布取期望,然后用无风险利率折现。

由式(5.1.8a)和式(5.1.8b)可见,期权价格与股票价格$S$、施权价格$E$、股票上涨倍数$u$和下跌倍数$d$有关,与投资者的风险偏好无关。如果存在套利机会,由于投资者追求财富最大化,就会利用套利机会套利,从而使套利机会消失。

我们这里用取期望的分布是$(p_*,1-p_*)$,而不是原来股票上涨和下跌的概率$(q,1-q)$。如果原来股票上涨的概率满足

$$q(uS)+(1-q)dS=rS \tag{5.1.9}$$

$$q=\frac{r-d}{u-d}=p_*$$

式(5.1.9)说明此时上涨和下跌的期望值等于无风险资产的价值,因此称$p_*$为风险中性概率。

**4. 两期二项式期权定价模型**

此时股票价格的变动模式如图5.8所示。

对于两期二项式定价模型期权的价格变化可用图5.9表示。

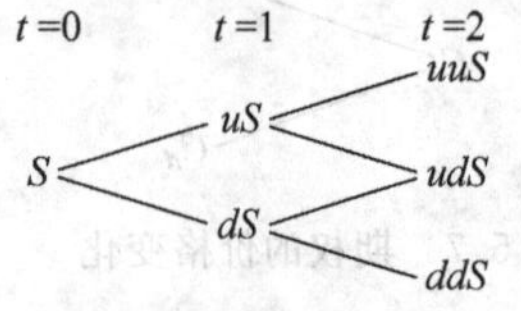


图5.8 股票价格的变动模式

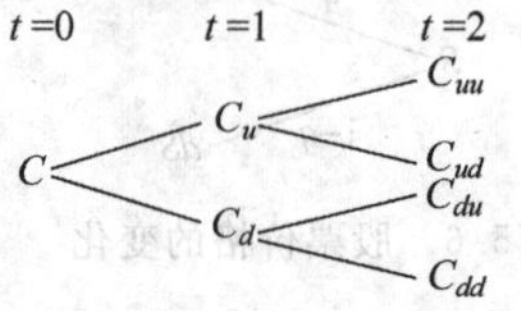


图5.9 两期二项式定价模型期权的价格变化

其中,$C_{uu}=\max(u^2S-E,0)$,$C_{du}=C_{ud}=\max(udS-E,0)$,$C_{dd}=\max(ddS-E,0)$。

如果我们将$t=1$到$t=2$看作是单期,则由单期模型定价公式(5.1.8b),得

$$C_u=\frac{1}{r}[p_*C_{uu}+(1-p_*)C_{ud}] \tag{5.1.10}$$

$$C_d=\frac{1}{r}[p_*C_{ud}+(1-p_*)C_{dd}] \tag{5.1.11}$$

将式(5.1.10)和式(5.1.11)代入式(5.1.8b),得

$$C=\frac{1}{r^2}[p_*^2C_{uu}+2p_*(1-p_*)C_{ud}+(1-p_*)^2C_{dd}] \tag{5.1.12}$$

显然

$$p_*^2+2p_*(1-p_*)+(1-p_*)^2=1$$

可将$[p_*^2,2p_*(1-p_*),(1-p_*)^2]$看成概率分布。式(5.1.12)说明，对于两期模型期权的价格等于 $t=2$ 时期权的价值用上述概率分布取期望然后再折现。

**5. 一般情形(N 期)二项式期权定价模型**

对于 $N$ 期的情形，如果股票价格有 $n$ 次上涨，另 $N-n$ 次下跌，此时期权的价值为 $\max(u^n d^{N-n}S-E,0)$，则用数学归纳法，可以证明

$$C=\frac{1}{r^N}\sum_{n=0}^{N}B(n\mid N,p_*)\max[u^n d^{N-d}S-E,0] \tag{5.1.13}$$

其中

$$B(n\mid N,p_*)=\frac{N!}{n!(N-n)!}p_*^n\ (1-p_*)^{(N-n)} \tag{5.1.14}$$

式(5.1.14)类似于二项式公式，因此将此定价模型称为二项式期权定价模型。在 0 时刻的价格等于在 1 时刻的价格，用风险中性概率分布取期望，然后再用无风险收益率折现。

**例　5.2**

设 $S=20,u=1.2,d=0.067,r_f=0.1,E=21$，则

$$C_u=\max(24-21,0)=3,\quad C_d=(13.4-21,0)=0,\quad p_*=\frac{r-d}{u-d}=\frac{1.1-0.67}{1.2-0.67}$$

此时欧式买入期权的价格

$$\begin{aligned}C&=\frac{1}{r}[p_*C_u+(1-p_*)C_d]\\&=\frac{1}{1.1}\times\left(\frac{1.1-0.67}{1.2-0.67}\times3+\frac{1.2-1.1}{1.2-0.67}\times0\right)\\&\approx2.2127\end{aligned}$$

**例　5.3**

假定

$$\begin{aligned}&S_0=100,\quad u=1.1\\&E=105,\quad d=0.9\\&r_f=0.05\end{aligned}$$

期权到期时间为 $t=3$，首先构造一个三期的股票价格二叉树模型。

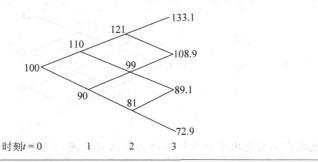

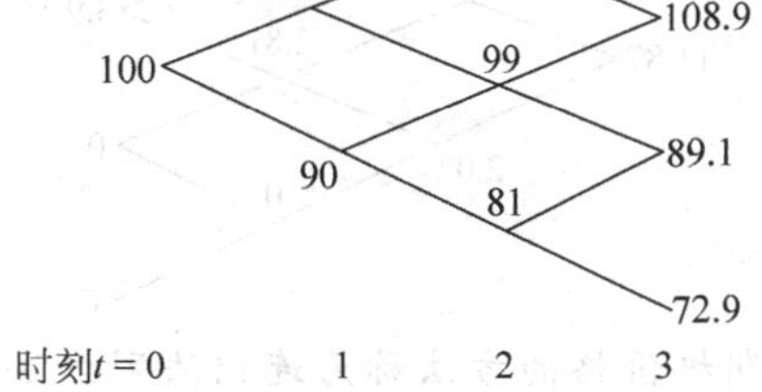

**例　5.3(续)**

根据施权价，可求出 $t=3$ 时刻的看涨期权价格

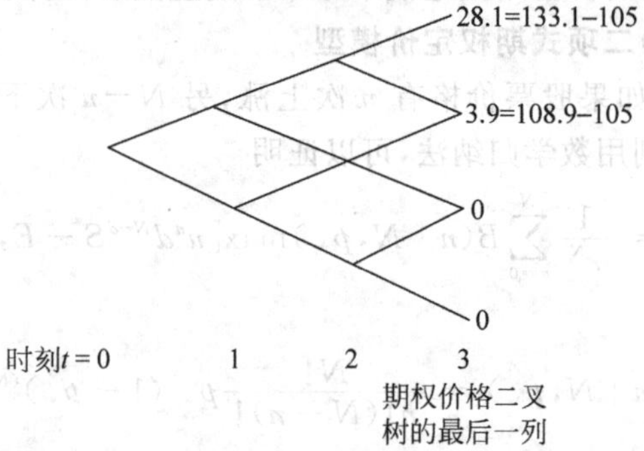


风险中性概率 $p_*=\dfrac{r-d}{u-d}=\dfrac{1.05-0.9}{1.1-0.9}=0.75$

$t=2$ 时，最上方节点的期权值为

$$0.7564\times 28.1+0.2436\times 3.9\approx 22.20$$

类似地，可求出 $t=2$ 时，其他结点看涨期权价格。

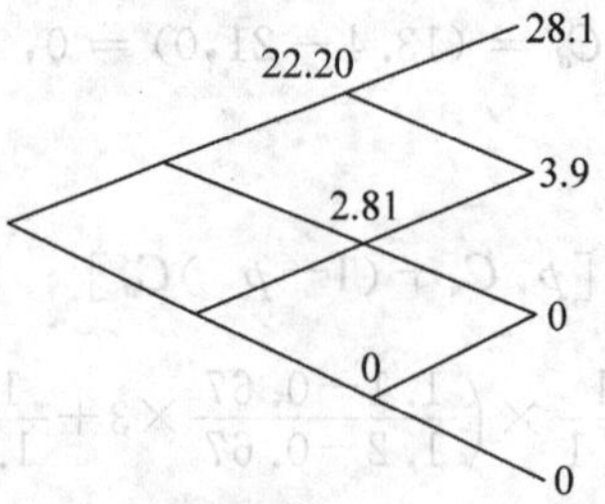


用类似的方法求 $t=1$ 结点的看涨期权的价格。

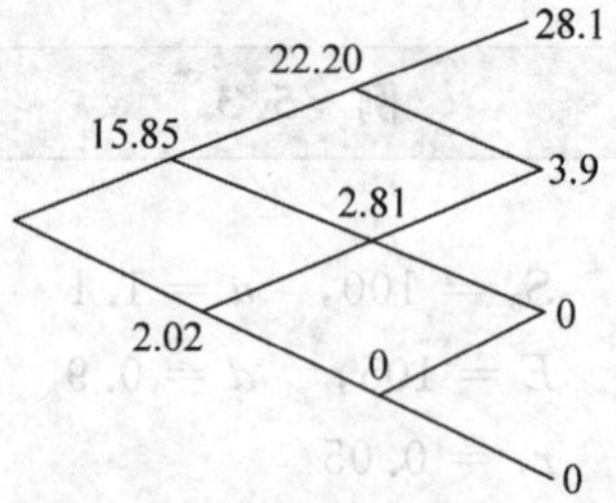


最后求出完整的期权价格的二叉树。

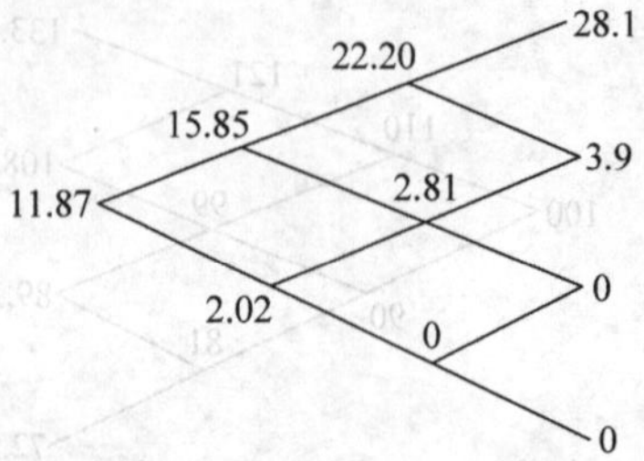


把从后向前逐次求出期权价格的方法称为连销法则方法。

**6. 考克斯-罗斯-鲁宾斯坦公式**

对于欧式看涨期权，式(5.1.13)求和可以从使得

$$S(0)\,(1+u)^m\,(1+d)^{N-m} > E$$

的项开始，因此有

$$C^E(0) = (1+r)^{-N}\sum_{k=m}^{N}\binom{N}{k}p_*^k\,(1-p_*)^{N-k}[S(0)\,(1+u)^k\,(1+d)^{N-k}-E]$$

可以写为

$$C^E(0) = x(1)S(0) + y(1)$$

期权的价格与复制它的资产组合的初始价值有关，这里

$$x(1) = (1+r)^{-N}\sum_{k=m}^{N}\binom{N}{k}p_*^k\,(1-p_*)^{N-k}\,(1+u)^k\,(1+d)^{N-k}$$

$$y(1) = -E(1+r)^{-N}\sum_{k=m}^{N}\binom{N}{k}p_*^k\,(1-p_*)^{N-k}$$

$x(1)$的表达式可以写为

$$x(1) = \sum_{k=m}^{N}\binom{N}{k}\left(p_*\frac{1+u}{1+r}\right)^k\left[(1-p_*)\frac{1+d}{1+r}\right]^{N-k} = \sum_{k=m}^{N}\binom{N}{k}q^k\,(1-q)^{N-k}$$

这里

$$q = p_*\frac{1+u}{1+r}$$

$\left[\text{注意 } p_*\frac{1+u}{1+r}\text{和}(1-p_*)\frac{1+d}{1+r}\text{之和为 }1\text{。}\right]$直接推导或利用看跌一看涨期权平价可以得到看跌期权的公式。

这些重要的结果总结为如下定理，其中$\Phi(m,N,p)$表示$N$次试验并且在每次试验中状态的概率为$p$的累积二项分布。

$$\Phi(m,N,p) = \sum_{k=0}^{m}\binom{N}{k}p^k\,(1-p)^{N-k}$$

可以得到如下的考克斯-罗斯-鲁宾斯坦(Cox-Ross-Rubinstein)公式。

在二叉树模型中，施权价为$E$，到期日为$T$，在$N$时段以后施权的欧式看涨和看跌期权的价格为

$$C^E(0) = S(0)[1-\Phi(m-1,N,q)] - (1+r)^{-N}X[1-\Phi(m-1,N,p_*)]$$

$$C^E(0) = -S(0)\Phi(m-1,N,q) + (1+r)^{-N}X\Phi(m-1,N,p_*)$$

最初的复制资产组合$x(1)$，$y(1)$如表 5.6 所示。

**表 5.6　最初的复制资产组合**

| 期权 | $x(1)$ | $y(1)$ |
|---|---|---|
| 看跌期权 | $1-\Phi(m-1,N,q)$ | $-(1+r)^{-N}X[1-\Phi(m-1,N,p_*)]$ |
| 看涨期权 | $-\Phi(m-1,N,q)$ | $(1+r)^{-N}X\Phi(m-1,N,p_*)$ |

**7. 在二叉树模型中的美式期权**

美式期权可以在满足条件$0\leqslant n\leqslant N$的任何时段$n$施权，其回报是$f[S(n)]$，当然只

能施权一次。美式期权在时间 $n$ 的价格用 $V^A(n)$ 表示。

首先，分析在两个时段以后施权的美式期权，除非期权已经被施权，在施权时它的价值为

$$V^A(2) = f[S(2)]$$

这里有取决于 $S(2)$ 价值的三个值，在时间 1 期权的持有者可以选择立刻施权，其回报是 $f[S(1)]$，或者等到时间 2，这时美式期权的价值将变成 $f[S(2)]$，$f[S(2)]$ 当作单期欧式未定权益在时间 1 定价来计算等待情况的价值，给出时间 1 的价值：

$$\frac{1}{1+r}\{p_* f[S(1)(1+u)] + (1-p_*) f[S(1)(1+d)]\}$$

期权的持有者可以在后者的价值和立刻得到的回报 $f[S(1)]$ 之间做出选择。因此，美式期权在时间 1 的价值是两个价值的较高者，即

$$\begin{aligned} V^A(1) &= \max\{f[S(1)], \frac{1}{1+r}[p_* f(S(1)(1+u)) + (1-p_*) f(S(1)(1+d))]\} \\ &= f_1[S(1)] \end{aligned}$$

(取两个值的随机变量)，其中

$$f_1(x) = \max\{f(x), \frac{1}{1+r}[p_* f(x(1+u)) + (1-p_*) f(x(1+d))]\}$$

类似的论证可得到美式期权在时间 0 的价值，即

$$V^A(0) = \max\left\{f(S(0)), \frac{1}{1+r}[p_* f_1(S(0)(1+u) + (1-p_*) f_1(S(0)(1+d))]\right\}$$

**例　5.4**

为了说明上面的方法，考虑一个美式看跌期权，其施权价 $E=80$ 美元，在时间 2 到期，股票的初始价格 $S(0)=80.00$ 美元，二叉树模型中的 $u=0.1, d=-0.05, r=0.05$，(考虑看跌股票期权，因为知道美式看涨期权和欧式看涨期权的价值相同) 股票的价值为

| $n$ | 0 | 1 | 2 |
|---|---|---|---|
| $S(n)$ | 80.00 | 88.00<br>76.00 | 96.80<br>83.60<br>72.20 |

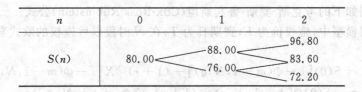

用 $P^A(n)$ 表示美式看跌期权的价格，其中 $n=0, 1, 2$。在到期日的回报只有两次下跌状况下为正，即

| $n$ | 0 | 1 | 2 |
|---|---|---|---|
| $P^A(n)$ | ? | ?<br>? | 0.00<br>0.00<br>7.80 |

**例 5.4(续)**

在时间1,期权的持有者可以选择立刻施权或者等到时间2,在时间1价格上涨的状态下,立刻施权的回报和选择等待的期权价值都是零,在下跌的状态下,立刻施权的回报是4美元,而等待的价值是$1.05^{-1}\times\frac{1}{3}\times 7.8\approx 2.48$(美元),期权的持有者将选择较高的值(在价格下降的状态下在时间1施权),这样就可以得出美式看跌期权在时间1的价值:

| $n$ | 0 | 1 | 2 |
|---|---|---|---|
| $P^A(n)$ | ? | 0.00<br>4.00 | 0.00<br>0.00<br>7.80 |

在时间0,也是在如下的二者之间进行选择:回报为零,等待的值是$1.05^{-1}\times\frac{1}{3}\times 4\approx 1.27$(美元)。取其中较高者,这样就完成了期权价格树,即

| $n$ | 0 | 1 | 2 |
|---|---|---|---|
| $P^A(n)$ | 1.27 | 0.00<br>4.00 | 0.00<br>0.00<br>7.80 |

比较可见,欧式看跌期权的价格$P^E(0)=1.05^{-1}\times\frac{1}{3}\times 2.48\approx 0.79$(美元),显然小于美式看跌期权的价格$P^A(0)=1.27$美元。

**例 5.5**

证明:如果支付红利,美式看涨期权和欧式看涨期权价格不相等。

比较施权价为$E=120.00$美元,在时间2支付红利14美元,在时间2到期的美式看涨期权和欧式看涨期权的价格,股票的初始价格$S(0)=120.00$美元,在二叉树模型中,$u=0.2$,$d=-0.1$,$r=0.1$。

除净红利的股票价格为

| $n$ | 0 | 1 | 2 |
|---|---|---|---|
| $S(n)$<br>除净红利 | 120.00 | 144.00<br>108.00 | 158.80<br>115.60<br>83.20 |

**例　5.5(续)**

相应的欧式和美式看涨期权的价值为

| $n$ | 0 | 1 | 2 |
|---|---|---|---|
| | | | 38.80 |
| | | 23.52 | 38.80 |
| $C^E(n)$ | 14.25 | **24.00** | 0.00 |
| $C^A(n)$ | 14.55 | 0.00 | 0.00 |
| | | 0.00 | 0.00 |
| | | | 0.00 |

美式期权在时间1价格上涨时被施权，这时的回报是24美元(粗黑体数字)，它高于持有至到期日的价值。因此，美式看涨期权的价值高于欧式看涨期权的价值。

# 5.2　市场有效性与Itô引理

## 5.2.1　市场有效性

对金融市场有效性的研究始于20世纪初。法国数学家Bachelier早在1900年就开始研究热传导及布朗运动，首先提出了金融资产价格服从对数正态分布的假设，并用布朗运动来描述金融资产的收益，开始对市场的有效性进行研究。但是他的研究成果直到期权定价公式的研究才引起了人们的重视。现代金融市场有效性研究的奠基性工作是Samnelson 1965年的论文以及20世纪70年代Fama的研究成果。近几十年来，金融市场有效性的研究方法是把市场的有效性和市场对信息的反应结合起来。1992年Malkiel认为市场有效性内容应当包括以下3个方面的内容。

(1) 有效的市场就是能在资产价格中完全反映证券价格相关信息的市场。

(2) 市场对每个给定的信息集合都是有效的，把这一信息集合中的所有信息公开后，不会对资产的价格产生影响。

(3) 市场对某个信息集合是有效的，投资者使用这一信息进行交易不可能获得任何利益。

近几十年来，金融市场有效程度用价格对信息的反映程度来衡量。1967年Robert把有效市场假设分为3类。

(1) 弱有效市场(weak form)。所采用的信息只包含市场过去的历史价格和收益。

(2) 半强有效市场(semistrong form)。所采用的信息包含市场所有参与者都知道的信息。

(3) 强有效市场(strong form)。所采用的信息包含市场所有参与者都知道的信息，包括私有信息。

1965 年 Samnelson 提出的信息有效市场，不是微观经济中的资源配置的帕累托(Pareto)有效市场。在有效市场中，证券的价格已完全反映了目前市场参与者全体所拥有的信息和对市场的预期。在有效市场中，资产价格的变化是不可预测的，对一个理想的"无摩擦"又没有交易成本的市场，价格完全反映了可得到的信息。

### 5.2.2　股票价格变动模式

期权的价格与相应标的资产的价格密切相关，而股票期权是期权中最典型的期权。我们研究股票期权首先要考虑股票价格变动模式。为此，引入如下概念。

如果某变量以某种不确定的方式随时间变化，则称该变量遵循某种随机过程(stochastic process)。随机过程分为离散时间和连续时间两种。离散时间随机过程是变量只能在某些确定的时间点上变化的过程，而一个连续时间随机过程是变量的值的变化可以在任何时刻发生。连续时间随机过程中，时间变量可在某一范围内取任意值，而在离散随机过程中，时间变量只能取某些离散值。

马尔可夫过程(Markov process)是一种特殊类型的随机过程。在这个过程中，只有变量的当前值与未来的预测有关，变量过去的历史和变量从过去到现在的演变方式则与未来的预测不相关。人们通常假设股票价格遵循马尔可夫过程。

股票价格变动的马尔可夫性质与股票市场弱有效性(weak form of market efficiency)相一致。也就是说，股票的现价已经包含了所有信息，包括了所有过去的价格信息。

股票行为模式可用著名的维纳过程(Wiener process)来表达。维纳过程是马尔可夫过程的一种特殊形式。在物理学中，用维纳过程来描述某个粒子受到大量小分子碰撞的运动，有时称为布朗运动(Brownian motion)，它是一种特殊的马尔可夫过程。

**1. 基本维纳过程及其性质**

设随机过程 $Z=Z(t)$，在一个很小的时间间隔 $\Delta t$ 的变化用 $\Delta z_t$ 表示。如果 $\Delta z_t$ 具有如下性质。

**性质 1**
$$\Delta z_t=\varepsilon\sqrt{\Delta t} \tag{5.2.1}$$
式中，$\varepsilon$ 为服从标准正态分布的随机变量。

**性质 2**　对于不同的时间间隔 $\Delta t$，$\Delta z_t$ 相互独立，则称 $Z=Z(t)$ 为维纳过程或称布朗运动。

由性质 1 知，$\Delta z_t$ 本身服从正态分布，而且 $\Delta z_t$ 的期望值为零，$\Delta z_t$ 的标准差为 $\sqrt{\Delta t}$，$\Delta z_t$ 的方差为 $\Delta t$。

性质 2 隐含 $Z$ 遵循马尔可夫过程。

我们考虑在一段时间间隔 $T$ 中 $Z$ 值的变化 $\Delta z_T=Z(T)-Z(0)$。将$[0,T]$作一个分割
$$0=t_0<t_1<\cdots<t_N=T,\quad \Delta t_i=t_i-t_{i-1},\quad i=1,2,\cdots,N$$
因此

$$Z(T)-Z(0)=\sum_{i=1}^{N}\varepsilon_i\sqrt{\Delta t_i} \tag{5.2.2}$$

其中$\varepsilon_i$服从标准正态分布，而且$\varepsilon_i$与$\varepsilon_j$相互独立($i\neq j$)。由式(5.2.2)可知$Z(T)-Z(0)$服从正态分布，而且

$$E(\Delta z_T)=E[Z(T)-Z(0)]=\sum_{i=1}^{N}E(\varepsilon_i)\sqrt{\Delta t_i}=0$$

$$\mathrm{Var}(\Delta z_T)=\mathrm{Var}[Z(T)-Z(0)]=\sum_{i=1}^{N}\mathrm{Var}(\varepsilon_i\sqrt{\Delta t_i})=\sum_{i=1}^{N}\Delta t_i=T$$

$$\sigma(\Delta z_T)=\sigma[Z(T)-Z(0)]=\{\mathrm{Var}[Z(T)-Z(0)]\}^{\frac{1}{2}}=\sqrt{T}$$

令$\Delta t\to 0$，把式(5.2.1)写成微分形式，可以得到

$$\mathrm{d}Z=\varepsilon\sqrt{\mathrm{d}t}$$

**2. 一般维纳过程**

在上面讨论的维纳过程中，$\varepsilon$的期望值为零，方差为1，即漂移率为零。这意味着未来时刻$Z$的期望值等于当前值，经历了长度为$T$的时间间隔，方差为$T$，变量的一般维纳过程可以用$\mathrm{d}x$表示，定义如下：

$$\mathrm{d}x=a\,\mathrm{d}t+b\,\mathrm{d}z \tag{5.2.3}$$

式中，$a,b$为常数。

方程(5.2.3)由两项组成，如果不考虑$b\,\mathrm{d}z$，则

$$\mathrm{d}x=a\,\mathrm{d}t$$

即

$$\frac{\mathrm{d}x}{\mathrm{d}t}=a \quad 或 \quad x=x_0+at$$

其中，$x_0$为$x$在零时刻的值，经过长度为$T$的时间段后，$x$的增加值为$aT$。

方程(5.2.3)右边的$b\,\mathrm{d}z$可以看作$x$的轨迹上的噪声波动率，这些噪声波动率为维纳过程的$b$倍。

经过一个时间增量$\Delta t$以后，$x$的增量值记为$\Delta x$，由式(5.2.1)和式(5.2.3)可得

$$\Delta x=a\Delta t+b\varepsilon\sqrt{\Delta t}$$

其中，如前所述，$\varepsilon$服从标准正态分布，因此$\Delta x$服从正态分布，且$\Delta x$的均值

$$E(\Delta x)=a\Delta t$$

$\Delta x$的方差

$$\mathrm{Var}(\Delta x)=b^2\Delta t$$

$\Delta x$的标准差

$$\sigma(\Delta x)=b\sqrt{\Delta t}$$

类似地，经过一段时间$T$后，$x$值的变化$x(T)-x(0)$服从正态分布，而且均值、方差、标准差分别为$aT$、$b^2T$和$b\sqrt{T}$。式(5.2.3)给出了一般维纳过程漂移率(单位时间的平均漂移)的期望值为$a$，方差率(单位时间的方差)的期望值为$b^2$，如图5.10所示。

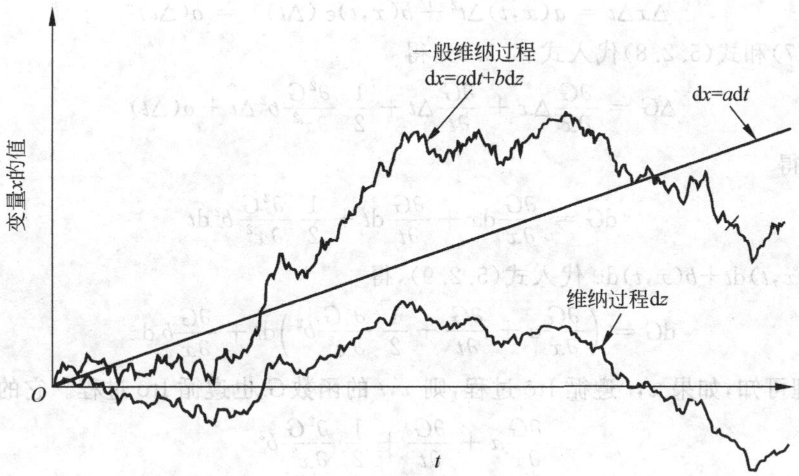


图 5.10　一般维纳过程图

**3. 伊藤过程及伊藤引理**

上面讨论的随机过程中，$a,b$ 为常数，但是在实际应用中，漂移率和方差率是 $x$ 和 $t$ 的函数，这种过程为 Itô 过程，其表达式为

$$\mathrm{d}x = a(x,t)\mathrm{d}t + b(x,t)\mathrm{d}z \tag{5.2.4}$$

因为股票期权的价格应该是标的资产的价格和时间的函数。更一般地，任何一种衍生证券的价格都是这些衍生证券的标的资产这个随机变量和时间的函数。因此，Itô 过程是研究期权定价的重要工具，而如下的伊藤引理起着关键性的作用。它是由日本数学家 Itô 于 1951 年发现的。

**定理 5.1** 伊藤引理(Itô's lemma)　假设变量 $x$ 遵循 Itô 过程：

$$\mathrm{d}x = a(x,t)\mathrm{d}t + b(x,t)\mathrm{d}z$$

其中 $\mathrm{d}z$ 是一个基本维纳过程，设 $G=G(x,t)$ 是 $x$ 和 $t$ 的函数，函数 $G$ 二次连续可微，则 $G(x,t)$ 遵循如下过程：

$$\mathrm{d}G = \left(\frac{\partial G}{\partial x}a + \frac{\partial G}{\partial t} + \frac{1}{2}\frac{\partial^2 G}{\partial x^2}b^2\right)\mathrm{d}t + \frac{\partial G}{\partial x}b\,\mathrm{d}z \tag{5.2.5}$$

**证明**　由多元函数的泰勒公式

$$\Delta G = \frac{\partial G}{\partial x}\Delta x + \frac{\partial G}{\partial t}\Delta t + \frac{1}{2}\frac{\partial^2 G}{\partial x^2}\Delta x^2 + \frac{\partial^2 G}{\partial x\partial t}\Delta x\Delta t + \frac{1}{2}\frac{\partial^2 G}{\partial t^2}\Delta t^2 + \cdots \tag{5.2.6}$$

因为

$$\Delta x = a(x,t)\Delta t + b(x,t)\varepsilon\sqrt{\Delta t} \tag{5.2.7}$$

$$\Delta x^2 = a^2\Delta t^2 + 2ab\varepsilon\Delta t\sqrt{\Delta t} + b^2\varepsilon^2\Delta t$$

其中 $\varepsilon$ 服从标准正态分布，$E(\varepsilon)=0$，$E(\varepsilon^2)=1$。则 $E(b^2\varepsilon^2\Delta t)=b^2\Delta t$，又因为 $\mathrm{Var}(\Delta x^2)\to 0$，当 $\Delta t\to 0$ 时，

$$\Delta x^2 = b^2\Delta t + o(\Delta t) \tag{5.2.8}$$

又由式(5.2.7)，

$$\Delta x \Delta t = a(x,t)\Delta t^2 + b(x,t)\varepsilon(\Delta t)^{\frac{3}{2}} = o(\Delta t)$$

将式(5.2.7)和式(5.2.8)代入式(5.2.6)，得

$$\Delta G = \frac{\partial G}{\partial x}\Delta x + \frac{\partial G}{\partial t}\Delta t + \frac{1}{2}\frac{\partial^2 G}{\partial x^2}b^2\Delta t + o(\Delta t)$$

令 $\Delta t \to 0$，得

$$dG = \frac{\partial G}{\partial x}dx + \frac{\partial G}{\partial t}dt + \frac{1}{2}\frac{\partial^2 G}{\partial x^2}b^2 dt \tag{5.2.9}$$

将 $dx = a(x,t)dt + b(x,t)dz$ 代入式(5.2.9)，得

$$dG = \left(\frac{\partial G}{\partial x}a + \frac{\partial G}{\partial t} + \frac{1}{2}\frac{\partial^2 G}{\partial x^2}b^2\right)dt + \frac{\partial G}{\partial x}b\,dz$$

由 Itô 引理可知，如果 $x,t$ 遵循 Itô 过程，则 $x,t$ 的函数 $G$ 也遵循 Itô 过程。它的漂移率为

$$\frac{\partial G}{\partial x}a + \frac{\partial G}{\partial t} + \frac{1}{2}\frac{\partial^2 G}{\partial x^2}b^2$$

它的方差率为

$$\left(\frac{\partial G}{\partial x}\right)^2 b^2$$

**4. 股票价格变动模式**

我们下面讨论不付红利股票遵循的随机过程。如果假设股票价格遵循一般维纳过程，具有不变的期望漂移率和方差率，那么该假设与实际情况不符。因为这意味着，股票的百分比收益与股票的价格无关。即如果投资者在股票价格为 10 元时期望收益率为 14%，那么股票价格为 50 元时，期望收益率也是 14%，这显然是不能成立的，需要做一些修正。如果股票价格为 $S$，那么期望漂移率为 $\mu S$，其中 $\mu$ 为常数，参数 $\mu$ 是股票的期望收益率，在经过一个较短的时间间隔 $\Delta t$ 以后，$S$ 的增长期望值为 $\mu S\Delta t$。如果我们再假设股票的方差率为零，则有

$$dS = \mu S dt$$

或

$$\frac{dS}{S} = \mu dt$$

求解上述微分方程，设在时刻为 0 时的价格为 $S_0$，则

$$S = S_0 e^{\mu t}$$

上式说明当股票的方差率为零时，股票的价格以单位时间为 $\mu$ 的连续复利方式增长。

我们假设在很短的时间间隔 $\Delta t$ 内，百分比收益率的方差保持不变。换句话说，不管股价是 10 元还是 50 元，股票收益率的不确定性是相同的，以 $\sigma^2$ 表示股价比例变化的方差率，则 $\sigma^2\Delta t$ 是 $\Delta t$ 时间后的股票价格 $S$ 变化的方差率。因此，$S$ 的瞬间方差率为 $\sigma^2 S^2$。

由以上的讨论可以得出结论：股票的价格 $S$ 遵循瞬时期望漂移率为 $\mu S$ 和瞬时方差率为 $\sigma^2 S^2$ 的 Itô 过程，即

$$dS = \mu S dt + \sigma S dz \tag{5.2.10}$$

或

$$\frac{dS}{S} = \mu dt + \sigma dz \tag{5.2.11}$$

式(5.2.11)是描述股票价格时使用最广泛的一种模型。变量 $\sigma$ 通常被称为股票价格的波

动率,变量为 $\mu$ 股票价格的期望收益率。

由式(5.2.10)和 Itô 引理,如果 $S$ 和 $t$ 的函数 $G$ 遵循的 Itô 过程为

$$dG=\left(\frac{dG}{dS}\mu S+\frac{\partial G}{\partial t}+\frac{1}{2}\frac{\partial^2 G}{\partial S^2}\sigma^2 S^2\right)dt+\frac{\partial G}{\partial S}\sigma S dz \tag{5.2.12}$$

如果 $G=\ln S$,因为

$$\frac{\partial G}{\partial S}=\frac{1}{S},\quad \frac{\partial^2 G}{\partial S^2}=-\frac{1}{S^2},\quad \frac{\partial G}{\partial t}=0$$

则由式(5.2.12),得

$$dG=\left(\mu-\frac{\sigma^2}{2}\right)dt+\sigma dz$$

如果 $\mu$ 和 $\sigma$ 是常数,则 $G$ 服从一般维纳过程,具有漂移率 $\mu-\frac{\sigma^2}{2}$,方差率 $\sigma^2$。

当前时刻 $t$ 到将来某一时刻 $T$ 之间 $G$ 的变化是正态分布,其期望值为

$$\left(\mu-\frac{\sigma^2}{2}\right)(T-t) \tag{5.2.13}$$

方差为

$$\sigma^2(T-t) \tag{5.2.14}$$

设 $t$ 时刻 $G$ 的值为 $\ln S$,$T$ 时刻 $G$ 的值为 $\ln S_T$,此时从 $t$ 时刻到 $T$ 时刻的 $G$ 的变化为

$$\ln S_T-\ln S \tag{5.2.15}$$

因此,由式(5.2.13)和式(5.2.14)得

$$\ln S_T-\ln S\sim\phi\left[\left(\mu-\frac{\sigma^2}{2}\right)(T-t),\sigma\sqrt{T-t}\right] \tag{5.2.16}$$

$$\ln S_T\sim\phi\left[\ln S+\left(\mu-\frac{\sigma^2}{2}\right)(T-t),\sigma\sqrt{T-t}\right] \tag{5.2.17}$$

这表明 $S_T$ 服从对数正态分布,$\ln S_T$ 的标准差与 $\sqrt{T-t}$ 成正比例。如果 $S$ 表示股票价格,说明股票价格的对数不确定性(用标准差来表示)与未来时间长度的平方根成正比。

具有对数正态分布的变量可以在 0 和无穷大之间任意取值。图 5.11 所示为对数正态分布。与正态分布不同,对数正态分布的图形是偏的,这是因为它的均值、中值与正态分布不同。

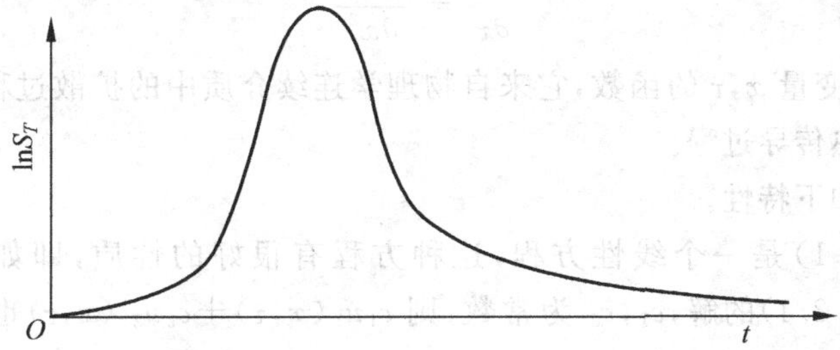


图 5.11　对数正态分布

由式(5.2.17)即对数正态分布的定义,可知

$$E(S_T)=Se^{\mu(T-t)} \tag{5.2.18}$$

$$\mathrm{Var}(S_T)=S^2e^{2\mu(T-t)}\left[e^{\sigma^2(T-t)}-1\right] \tag{5.2.19}$$

如果我们用$\eta$表示$t$与$T$之间连续复利年收益，则

$$S_T = Se^{\eta(T-t)} \tag{5.2.20}$$

所以

$$\eta = \frac{1}{T-t}\ln\frac{S_T}{S} \tag{5.2.21}$$

由式(5.2.16)得

$$\ln\frac{S_T}{S} \sim \phi\left[\left(\mu - \frac{\sigma^2}{2}\right)(T-t), \sigma\sqrt{T-t}\right] \tag{5.2.22}$$

因此

$$\eta \sim \phi\left(\mu - \frac{\sigma^2}{2}, \frac{\sigma}{\sqrt{T-t}}\right) \tag{5.2.23}$$

可见连续复合收益$\eta$服从均值为$\mu - \frac{\sigma^2}{2}$，标准差为$\frac{\sigma}{\sqrt{T-t}}$的正态分布。

假设股票期权的价格只与股票价格$S$和$t$有关，记为$V(S,t)$，由Itô引理得

$$\mathrm{d}V = \frac{\partial V}{\partial S}\sigma S\mathrm{d}z + \left(\mu S\frac{\partial V}{\partial S} + \frac{\sigma^2 S^2}{2\sigma}\frac{\partial^2 V}{\partial S^2} + \frac{\partial V}{\partial t}\right)\mathrm{d}t$$

期权价格的求解与偏微分方程有关。

## 5.3　与期权定价有关的偏微分方程基础

偏微分方程求解比较复杂，需要专门的知识，但描述期权定价的偏微分方程是一类比较简单的偏微分方程，即扩散方程。本节主要介绍这类方程的求解方法。

由于求解偏微分方程没有固定的方法，需要在求解之前决定求解过程，需要考虑如下问题。

(1) 如果在某一区间内求解方程，方程的解在区间端点的值是多少，即边界条件。

(2) 方程解的性质是连续的，还是间断的。

在期权定价问题中经常遇到的一类偏微分方程是扩散方程或称热传导方程。

$$\frac{\partial u}{\partial \tau} = \frac{\partial^2 u}{\partial x^2} \tag{5.3.1}$$

其中$u=(x,\tau)$是变量$x,\tau$的函数，它来自物理学连续介质中的扩散过程。例如，在一个均匀细长棍中的热传导过程。

这种方程有如下特性。

(1) 式(5.3.1)是一个线性方程，这种方程有很好的性质，即如果$u_1=(x,\tau)$，$u_2=(x,\tau)$是式(5.3.1)的解，$c_1,c_2$为常数，则$c_1u_1(x,\tau)+c_2u_2(x,\tau)$也是方程(5.3.1)的解。

(2) 扩散方程是二阶方程，偏导数的最高阶数为二阶。

(3) 方程的解是$x$的解析函数，在实践中可以认为$u$是$x$的光滑函数，边界条件可能使得解对时间产生不连续性。

从物理学的角度，热流从温度高的地方向温度低的地方流动，温度变化是连续的，扩

散方程

$$\frac{\partial u}{\partial \tau}=\frac{\partial^2 u}{\partial x^2}, \quad -\infty < x < +\infty$$

对于初始条件

$$u(x,0)=u_0(x)$$

和

$$u\to 0, \quad x\to\pm\infty$$

的解也都是解析的。

这类方程解的形式是

$$u(x,\tau)=\frac{1}{2\sqrt{\pi\tau}}\mathrm{e}^{\frac{-x^2}{4\tau}}, \quad -\infty < x < +\infty, \quad \tau > 0 \tag{5.3.2}$$

这可以用求解偏导数的方法直接验证。

对于 $\tau>0$，$u=(x,\tau)$是一条光滑的高斯曲线(Gaussian curve)，这时它是标准正态分布的密度函数。

在 $\tau=0$ 时，定义它为 delta 函数

$$u_\delta(x,0)=\delta(x)$$

即

$$\delta(x)=\begin{cases}0, & x\neq 0\\ \infty, & x=0\end{cases}$$

当 $x\neq 0$ 时，$u(x,0)=\lim\limits_{\tau\to 0}u(x,\tau)=0$；

当 $x=0$ 时，$\delta(0)=\lim\limits_{\tau\to 0}u(0,\tau)=\infty$。

但对于任意 $\tau>0$

$$\int_{-\infty}^{+\infty}u(x,\tau)\mathrm{d}x=1$$

于是

$$\lim_{\tau\to 0}\int_{-\infty}^{+\infty}u(x,\tau)\mathrm{d}x=1$$

定义$\int_{-\infty}^{+\infty}\delta(x)\mathrm{d}x=1$，delta 函数用来描述这样一种现象：当函数值越来越集中在某一个小区间内，但区间越小，函数值越大，而且积分值为 1。

如果令

$$\delta_\varepsilon(x)=\frac{1}{2\sqrt{\pi\varepsilon}}\mathrm{e}^{\frac{-x^2}{4\varepsilon}}$$

则 $\delta_\varepsilon(x)$为扩散方程的基本解。它的极限定义为 $\delta(x)$，即

$$\delta(x)=\lim_{\varepsilon\to 0}\delta_\varepsilon(x)$$

而且对于任意光滑函数 $\Phi(x)$有

$$\int_{-\infty}^{+\infty}\Phi(x)\delta(x)\mathrm{d}x=\lim_{\varepsilon\to 0}\int_{-\infty}^{+\infty}\delta_\varepsilon(x)\Phi(x)\mathrm{d}x=\Phi(0)$$

对于任意 $a,b>0$，有

$$\int_{-a}^{b}\delta(x)\Phi(x)\mathrm{d}x=\Phi(0)$$

对任意 $x_0$ 有

$$\int_{-\infty}^{+\infty}\delta(x-x_0)\Phi(x)\mathrm{d}x=\Phi(x_0)$$

定义

$$H(x)=\int_{-\infty}^{x}\delta(s)\mathrm{d}s=\lim_{\varepsilon\to 0}\int_{-\infty}^{x}\delta_\varepsilon(s)\mathrm{d}s$$

显然

$$H(x)=\begin{cases}0, & x<0\\ 1, & x\geqslant 0\end{cases}$$

而且 $H'(x)=\delta(x)$。

例如，某人一无所有，但在某时刻 $t=t_0>0$ 获得财富 $D_\delta$，其财富是时间 $t$ 的函数，用 $M(t)$来表示，则

$$M(t)=\begin{cases}0, & 0<t<t_0\\ 0+D_\delta, & t\geqslant t_0\end{cases}$$

所以，$M(t)$满足微分方程

$$\frac{\mathrm{d}M}{\mathrm{d}t}=D_\delta\delta(t-t_0)$$

$M(t)$不连续，使得$\frac{\mathrm{d}M}{\mathrm{d}t}$在 $t=t_0$ 出现了一个 delta 函数。

现在来寻求适合于扩散方程解的初始条件和边界条件的解，假如在有限区间 $-L<x<L$内求解扩散方程

$$\frac{\partial u}{\partial\tau}=\frac{\partial^2 u}{\partial x^2}$$

首先要确定初始条件 $u(x,0)=u_0(x)$。

其次要确定边界条件，就是 $u(x,\tau)$两端点的值。边界条件有两种形式，第一种是直接给出 $u(-L,\tau)$和 $u(L,\tau)$；第二种形式给出$\left.\frac{\partial u}{\partial x}\right|_{(-L,\tau)}$和$\left.\frac{\partial u}{\partial x}\right|_{(L,\tau)}$，分别写成如下形式：

第一种形式

$$\frac{\partial u}{\partial\tau}=\frac{\partial^2 u}{\partial x^2},\quad -L<x<L$$

$$u(x,0)=u_0(x)$$

$$u(-L,\tau)=g_-(\tau);\quad u(L,\tau)=g_+(\tau)$$

第二种形式

$$\frac{\partial u}{\partial\tau}=\frac{\partial^2 u}{\partial x^2},\quad -L<x<L$$

$$u(x,0)=u_0(x)$$

$$\frac{\partial u}{\partial x}(-L,\tau)=h_-(\tau),\quad \frac{\partial u}{\partial x}(L,\tau)=h_+(\tau)$$

对于无限区间的情形，可以认为是 $L$ 趋于无穷大的结果。当 $x=\pm\infty$ 时，我们不可能像有限区间那样，给出确定的边界值，但一般来说只要当 $x\to\pm\infty$ 时，$u(x,\tau)$ 增长不太快时，解就存在，又唯一，而且连续地依赖于 $u_0(x)$。对于初值问题

$$\frac{\partial u}{\partial \tau}=\frac{\partial^2 u}{\partial x^2},\quad -\infty<x<+\infty,\tau>0 \tag{5.3.3}$$

在初始条件

$$u(x,0)=u_0(x) \tag{5.3.4}$$

其中 $u_0(x)$ 满足下列条件

$$\lim_{x\to+\infty} u_0(x)\mathrm{e}^{-ax^2}=0,\quad u>0 \tag{5.3.5}$$

和边界条件

$$\lim_{x\to+\infty} u(x,\tau)\mathrm{e}^{-ax^2}=0,\quad \text{对任何 } a>0,\tau>0 \tag{5.3.6}$$

其解是适定的(解存在并且唯一)。

当需要求解半无限区间问题时，就将上述两类边界条件同时考虑。例如，要在 $0<x<+\infty$ 和 $\tau>0$ 时求解方程 $\frac{\partial u}{\partial \tau}=\frac{\partial^2 u}{\partial x^2}$，只要给出光滑的初值条件 $u_0(x)$，$0<x<+\infty$，以及充分光滑的边界条件，当 $x=0$ 时，$u(0,t)=g_0(t)$ 和当 $x$ 趋于 $+\infty$ 时的边界条件 $\lim\limits_{x\to+\infty} u(x,\tau)\mathrm{e}^{-ax^2}=0$，$a>0$ 和 $\lim\limits_{x\to+\infty} u(x,t)\mathrm{e}^{-ax^2}=0$，对任何 $x>0$，$t>0$。

在某些特殊的情况下，偏微分方程及其边界条件的解 $u(x,\tau)$，只取决于两个独立变量的某种结合。这时偏微分方程可化为常微分方程，组合成的变量成为唯一的自变量。这时，常微分方程的解称为原偏微分方程的相似解。

考虑如下问题

$$\frac{\partial u}{\partial \tau}=\frac{\partial^2 u}{\partial x^2},\quad x>0,\tau>0 \tag{5.3.7}$$

初始条件

$$u(x,0)=1 \tag{5.3.8}$$

边界条件

$$\left.\begin{aligned} u(0,\tau)&=0,\quad x=0\\ u&\to 0,\quad x\to+\infty\end{aligned}\right\} \tag{5.3.9}$$

此时，假设方程的解只与 $x$ 和 $\tau$ 组合的变量

$$\xi=\frac{x}{\sqrt{\tau}} \tag{5.3.10}$$

有关，所以 $u(x,\tau)=U(\xi)$，求微分，有

$$\frac{\partial u}{\partial \tau}=U'(\xi),\quad \frac{\partial \xi}{\partial \tau}=-\frac{1}{2\tau}\xi U'(\xi)$$

$$\frac{\partial^2 u}{\partial x^2}=\frac{1}{\tau}U''(\xi)$$

代入式(5.3.7)，得常微分方程

$$U''+\frac{1}{2}\xi U'=0 \tag{5.3.11}$$

由初始条件和边界条件可得

$$U(0)=1,\quad U(+\infty)=0$$

分离变量后,得

$$U'(\xi)=C\mathrm{e}^{-\xi^2/4}$$

再积分,得

$$U(\xi)=C\int_0^{\xi}\mathrm{e}^{-S^2/4}\mathrm{d}s+D$$

应用边界条件,定出常数 $C=\frac{1}{\sqrt{\pi}}$,$D=0$,得

$$U(\xi)=\frac{1}{\sqrt{\pi}}\int_0^{\xi}\mathrm{e}^{-S^2/4}\mathrm{d}s$$

将 $\xi=\frac{x}{\sqrt{\tau}}$ 代入,得

$$u(x,\tau)=\frac{1}{\sqrt{\pi}}\int_{x/\sqrt{\tau}}^{+\infty}\mathrm{e}^{-S^2/4}\mathrm{d}s$$

容易证明 $u(x,\tau)$满足式(5.3.7)~式(5.3.9)。

现在来考虑 delta 函数的情形,设 $\xi=\frac{x}{\sqrt{\tau}}$,假设

$$u(x,\tau)=\tau^{-\frac{1}{2}}U(\xi)$$

则有

$$U''+\left(\frac{1}{2}\xi U\right)'=0$$

积分两次,可得

$$U(\xi)=C\mathrm{e}^{-\xi^2/4}+D$$

式中,$C$,$D$ 为常数,选择 $D=0$,$C=\frac{1}{2\sqrt{\pi}}$,得到基本解

$$u(x,\tau)=\frac{1}{2\sqrt{\pi\tau}}\mathrm{e}^{-x^2/4\tau} \tag{5.3.12}$$

利用扩散方程的基本解,可求出式(5.3.3)~式(5.3.6)问题的显式解。利用 $\delta$ 函数,可将初值写成

$$u_0(x)=\int_{-\infty}^{+\infty}u_0(\xi)\delta(\xi-x)\mathrm{d}\xi$$

基本解

$$u(x,\tau)=\frac{1}{2\sqrt{\pi\tau}}\mathrm{e}^{-S^2/4\tau}$$

的初值为

$$u_\delta(S,0)=\delta(S)$$

因为 $u(S-x,\tau)=u(x-S,\tau)$,不论 $x$ 或 $S$ 作为空间变量

$$u(S-x,\tau)=\frac{1}{2\sqrt{\pi\tau}}\mathrm{e}^{-(S-x)^2/4\tau}$$

都是扩散方程的解之一,其初值为

$$u(S-x,0)=\delta(S-x)$$

这样，对于 $x$ 和 $\tau$ 的函数 $u_0(S)u\delta(S-x,\tau)$ 满足扩散方程

$$\frac{\partial u}{\partial \tau}=\frac{\partial^2 u}{\partial x^2}$$

并具有初值 $u_0(S)\delta(S-x)$，由于扩散方程是线性的，因此把这种形式的解加在一起，得到扩散方程的解为

$$u(x,\tau)=\frac{1}{2\sqrt{\pi\tau}}\int_{-\infty}^{+\infty}u_0(s)\mathrm{e}^{-(x-s)^2/4\tau}\mathrm{d}s \tag{5.3.13}$$

其初值为

$$u(x,0)=\int_{-\infty}^{+\infty}u_0(s)\delta(s-x)\mathrm{d}s=u_0(x)$$

这就是前面所提的初值问题的显式解。

# 5.4 布莱克-斯科尔斯期权定价公式

## 5.4.1 布莱克-斯科尔斯期权定价公式

**1. 期权定价的基本假设**

期权定价的基本假设包括以下几点。

(1) 标的资产的价格 $S$ 服从对数正态分布，即 $\mathrm{d}S=S\mu\,\mathrm{d}t+S\sigma\mathrm{d}z$。

(2) 在期权的有效期内无风险利率 $r$ 和标的资产价格 $S$ 的波动方差率是时间的已知函数。

(3) 套期保值没有交易成本。

(4) 没有套利机会，所有的无风险资产组合具有相同的收益率，即无风险利率 $r$。

(5) 在期权的有效期内不支付红利。

(6) 标的资产可以连续交易。

(7) 允许卖空，资产可以细分。

假定期权的价格 $V(S,t)$ 是标的资产的价格 $S$ 和时间 $t$ 的函数。

**2. 构造无风险资产组合**

现在构造资产组合 $g$，$g(S,t)=f(S,t)-\delta S$，$g$ 满足在充分小的时间间隔 $\mathrm{d}t$ 内为无风险组合，其中 $\delta$ 为待定常数。则由 Itô 引理

$$\mathrm{d}g=\mathrm{d}f-\delta\mathrm{d}S=\frac{\partial f}{\partial S}\sigma S\mathrm{d}z+\left(\mu S\frac{\partial f}{\partial S}+\frac{1}{2}\sigma^2S^2\frac{\partial^2 f}{\partial S^2}+\frac{\partial f}{\partial t}\right)\mathrm{d}t-\delta(\sigma S\mathrm{d}z+\mu S\mathrm{d}t)$$

整理后，得

$$\mathrm{d}g=\sigma S\left(\frac{\partial f}{\partial S}-\delta\right)\mathrm{d}z+\left[\mu S\left(\frac{\partial f}{\partial S}-\delta\right)+\frac{1}{2}\sigma^2S^2\frac{\partial^2 f}{\partial S^2}+\frac{\partial f}{\partial t}\right]\mathrm{d}t$$

现在选择 $\delta=\dfrac{\partial f}{\partial S}$，则

$$\mathrm{d}g=\left(\frac{1}{2}\sigma^2S^2\frac{\partial^2 f}{\partial S^2}+\frac{\partial f}{\partial t}\right)\mathrm{d}t$$

此时,d$z$的系数为零,随机过程$g$变为确定性过程,这是因为$f$和$S$不相互独立,其随机成分比例相关,构造一个线性组合使两者波动相互抵消。

对于期权定价问题,可以构造投资组合,一个单位期权(其价值为$V$)和$-\delta$单位标的资产,则这一资产组合的价值为

$$\pi = V - \delta S \tag{5.4.1}$$

单位时间内这一组合的价值变化为

$$\mathrm{d}\pi = \mathrm{d}V - \delta \mathrm{d}S \tag{5.4.2}$$

根据上面的讨论,选择$\delta=\dfrac{\partial V}{\partial S}$,则有

$$\mathrm{d}\pi = \left(\frac{1}{2}\sigma^2 S^2 \frac{\partial^2 V}{\partial S^2} + \frac{\partial V}{\partial t}\right)\mathrm{d}t \tag{5.4.3}$$

这时投资组合$\pi$是确定性资产,由无套利假设,$\mathrm{d}\pi=\pi r\mathrm{d}t$。

**3. Black-Scholes 期权微分方程**

假定无风险利率为$r$,由无套利机会假设及风险中性定价原理,任何无风险资产组合的收益率都等于无风险利率$r$,由式(5.4.3),d$\pi$是无风险组合,因此$\mathrm{d}\pi=r\pi\mathrm{d}t$,代入式(5.4.3),得

$$\frac{\partial V}{\partial t} + \frac{1}{2}\sigma^2 S^2 \frac{\partial^2 V}{\partial S^2} + rS\frac{\partial V}{\partial S} - rV = 0 \tag{5.4.4}$$

这一公式称为Black-Scholes期权微分方程,该公式表明期权的价格只与$S$和$t$有关,满足微分方程(5.4.4)。$\delta=\dfrac{\partial V}{\partial S}$描述了期权价值与标的资产价值之间的关系,是构造无风险投资组合的关键。

**4. Black-Scholes 欧式期权定价公式**

以$C(S,t)$表示欧式买入期权(call option)的价值,由Black-Scholes公式,它满足如下偏微分方程:

$$\frac{\partial C}{\partial t} + \frac{1}{2}\sigma^2 S^2 \frac{\partial^2 C}{\partial S^2} + rS\frac{\partial C}{\partial S} - rC = 0 \tag{5.4.5}$$

因为当$S=0$时,期权没有价值,所以初始条件为

$$C(0,t) = 0 \tag{5.4.6}$$

当$S\to\infty$时,$C(S,t)\to\infty$,所以

$$C(S,t) \sim S,\quad S\to\infty \tag{5.4.7}$$

期权到期时,即$t=T$时,$C(S,t)=\max(S-E,0)$,其中$E$为施权价。边界条件为

$$C(S,t) = \max(S-E,0) \tag{5.4.8}$$

在条件式(5.4.6)和边界条件式(5.4.7)和式(5.4.8)下,求解方程(5.4.5)。

方程(5.4.5)与扩散方程类似,要把方程转化为扩散方程,需消去$S$和$S^2$,作如下变换,令$S=E\mathrm{e}^x$, $t=T-\dfrac{\tau}{\frac{1}{2}\sigma^2}$,$C=EV(x,\tau)$,直接计算可得

$$\frac{\partial C}{\partial t} = E\frac{\partial V}{\partial \tau}\frac{\mathrm{d}\tau}{\mathrm{d}t} = E\frac{\partial V}{\partial \tau}\left(-\frac{1}{2}\sigma^2\right) = -\frac{1}{2}E\sigma^2\frac{\partial V}{\partial \tau} \tag{5.4.9}$$

$$\frac{\partial C}{\partial S}=E\frac{\partial V}{\partial x}\frac{\mathrm{d}x}{\mathrm{d}S}=E\frac{\partial V}{\partial x}(E\mathrm{e}^{x})^{-1}=\mathrm{e}^{-x}\frac{\partial V}{\partial x} \tag{5.4.10}$$

$$\frac{\partial^2 C}{\partial S^2}=-\mathrm{e}^{-x}\frac{\partial V}{\partial x}\frac{\mathrm{d}x}{\mathrm{d}S}+\mathrm{e}^{-x}\frac{\partial^2 V}{\partial x^2}\frac{\mathrm{d}x}{\mathrm{d}S}$$

$$=-\mathrm{e}^{-x}E^{-1}\mathrm{e}^{-x}\frac{\partial V}{\partial x}+\mathrm{e}^{-x}E^{-1}\mathrm{e}^{-x}\frac{\partial^2 V}{\partial x^2} \tag{5.4.11}$$

将式(5.4.9)～式(5.4.11)代入式(5.4.5)，得

$$\frac{\partial V}{\partial \tau}=\frac{\partial^2 V}{\partial x^2}+(k-1)\frac{\partial V}{\partial x}-kV \tag{5.4.12}$$

其中 $k=\dfrac{r}{\frac{1}{2}\sigma^2}$。

又因为

$$C(S,\tau)=EV(x,\tau)=EV\left(\ln\frac{S}{E},T-\frac{\tau}{\frac{1}{2}\sigma^2}\right)$$

$$C(S,T)=EV\left(\ln\frac{S}{E},0\right)=EV(x,0)$$

$$\max(S-E,0)=\max(\mathrm{e}^x-1,0)$$

代入边界条件式

$$C(S,t)=\max(S-E,0)$$

中，得到新的边界条件式

$$V(x,0)=\max(\mathrm{e}^x-1,0) \tag{5.4.13}$$

为消去式(5.4.12)后边两项，设

$$V=\mathrm{e}^{\alpha x+\beta\tau}u(x,\tau)$$

其中 $\alpha,\beta$ 为待定常数，代入式(5.4.12)得到

$$\beta u+\frac{\partial u}{\partial \tau}=\alpha^2 u+2\alpha\frac{\partial u}{\partial x}+\frac{\partial^2 u}{\partial x^2}+(k-1)\left(\alpha u+\frac{\partial u}{\partial x}\right)-ku$$

为消去含 $u$ 的项，选择

$$\beta=\alpha^2+(k-1)\alpha-k \tag{5.4.14}$$

为消去 $\dfrac{\partial u}{\partial x}$ 项，选择

$$0=2\alpha+(k-1) \tag{5.4.15}$$

由式(5.4.14)和式(5.4.15)解得

$$\alpha=-\frac{1}{2}(k-1)$$

$$\beta=-\frac{1}{4}(k+1)^2$$

于是

$$V=\mathrm{e}^{-\frac{1}{2}(k-1)x-\frac{1}{4}(k+1)^2\tau}u(x,\tau)$$

方程(5.4.12)为

$$\frac{\partial u}{\partial \tau}=\frac{\partial^2 u}{\partial x^2},\quad -\infty<x<+\infty,\quad \tau>0 \tag{5.4.16}$$

初始条件

$$V(x,0)=\max(e^x-1,0)$$

即

$$e^{-\frac{1}{2}(k-1)x}u(x,0)=\max(e^x-1,0)$$

$$u(x,0)=\max\left[e^{\frac{1}{2}(k+1)x}-e^{\frac{1}{2}(k-1)x},0\right] \tag{5.4.17}$$

由式(5.4.13)得

$$u(x,\tau)=\frac{1}{2\sqrt{\pi\tau}}\int_{-\infty}^{+\infty}u_0(S)e^{-\frac{(x-S)^2}{4\tau}}\mathrm{d}S \tag{5.4.18}$$

为计算方便,令 $x'=\frac{S-x}{\sqrt{2\tau}}$,则 $S=x+\sqrt{2\tau}x'$。代入式(5.4.18),得

$$u(x,\tau)=\frac{1}{\sqrt{2\pi}}\int_{-\infty}^{+\infty}u_0(x'\sqrt{2\tau}+x)e^{-\frac{x'^2}{2}}\mathrm{d}x' \tag{5.4.19}$$

由式(5.4.17),$u_0(x)=u(x,0)=\max\left[e^{\frac{1}{2}(k+1)x}-e^{\frac{1}{2}(k-1)x},0\right]$,当 $x'\leqslant-\frac{x}{\sqrt{2\tau}}$时,

$$u_0(x'\sqrt{2\tau}+x)=0$$

当 $x'>-\frac{x}{\sqrt{2\tau}}$时

$$u_0(x'\sqrt{2\tau}+x)=e^{\frac{1}{2}(k+1)(x'\sqrt{2\tau}+x)}-e^{\frac{1}{2}(k-1)(x'\sqrt{2\tau}+x)}$$

于是,式(5.4.19)变为

$$\begin{aligned}u(x,\tau)&=\frac{1}{\sqrt{2\pi}}\int_{-x/\sqrt{2\tau}}^{+\infty}e^{\frac{1}{2}(k+1)(x'\sqrt{2\tau}+x)}e^{-\frac{x'^2}{2}}\mathrm{d}x'-\frac{1}{\sqrt{2\pi}}\int_{-x/\sqrt{2\tau}}^{+\infty}e^{\frac{1}{2}(k-1)(x'\sqrt{2\tau}+x)}e^{-\frac{x'^2}{2}}\mathrm{d}x'\\&=I_1+I_2\end{aligned}$$

式中

$$\begin{aligned}I_1&=\frac{1}{\sqrt{2\pi}}\int_{-x/\sqrt{2\tau}}^{+\infty}e^{\frac{1}{2}(k+1)(x'\sqrt{2\tau}+x)}e^{-\frac{x'^2}{2}}\mathrm{d}x'\\&=\frac{e^{\frac{1}{2}(k+1)x}}{\sqrt{2\pi}}\int_{-x/\sqrt{2\tau}}^{+\infty}e^{\frac{1}{4}(k+1)^2\tau}e^{-\frac{1}{2}\left[x'-\frac{1}{2}(k+1)\sqrt{2\tau}\right]^2}\mathrm{d}x'\\&=\frac{e^{\frac{1}{2}(k+1)x+\frac{1}{4}(k+1)\tau}}{\sqrt{2\pi}}\int_{-d_1}^{\infty}e^{-\frac{1}{2}\rho^2}\mathrm{d}\rho\\&=e^{\frac{1}{2}(k+1)x+\frac{1}{4}(k+1)\tau}N(d_1)\end{aligned} \tag{5.4.20}$$

式中

$$\rho=x'-\frac{1}{2}(k+1)\sqrt{2\tau},\quad d_1=\frac{x}{\sqrt{2\tau}}-\frac{1}{2}(k+1)\sqrt{2\tau}$$

$$N(d_1)=\frac{1}{\sqrt{2\pi}}\int_{-\infty}^{d_1}e^{-\frac{1}{2}S^2}\mathrm{d}S$$

是正态分布的累积分布函数。

用$(k-1)$代替$(k+1)$,就得到 $I_2$ 的值

$$I_2 = e^{\frac{1}{2}(k-1)x+\frac{1}{4}(k-1)^2\tau}N(d_2)$$

式中 $d_2=\frac{x}{\sqrt{2\tau}}-\frac{1}{2}(k-1)\sqrt{2\tau}$。将变量代回

$$V(x,\tau)= e^{-\frac{1}{2}(k-1)x-\frac{1}{4}(k+1)^2\tau}u(x,\tau)$$

$$x=\ln\left(\frac{S}{E}\right)$$

$$t=\frac{1}{2}\sigma^2(T-\tau)$$

$$C=EV(x,\tau)$$

得

$$C(S,t)=SN(d_1)-Ee^{-r(T-t)}N(d_2) \tag{5.4.21}$$

式中

$$d_1=\frac{\ln\left(\frac{S}{E}\right)+\left(r+\frac{1}{2}\sigma^2\right)(T-t)}{\sigma\sqrt{T-t}} \tag{5.4.22}$$

$$d_2=\frac{\ln\left(\frac{S}{E}\right)+\left(r-\frac{1}{2}\sigma^2\right)(T-t)}{\sigma\sqrt{T-t}}=d_1-\sigma\sqrt{T-t} \tag{5.4.23}$$

式(5.4.21)就是著名的布莱克-斯科尔斯欧式买入期权的定价公式。

由期权的平价公式以及累积正态分布的性质，$N(d)+N(-d)=1$，可得出欧式卖出期权(put option)的定价公式：

$$P(S,t)=Ee^{-r(T-t)}N(-d_2)-SN(-d_1)$$

**例 5.6**

当前的股票价格为50元，欧式看涨期权的执行价格为45元，无风险年利率是6%，期权的有效期为3个月，即0.25年，股票价格的方差率为20%。此时 $t=0$，$S=50$，$E=45$，$T=0.25$，$\sigma=0.2$，$r=0.06$，代入式(5.4.22)得

$$d_1=\frac{\ln\left(\frac{S}{E}\right)+\left(r+\frac{1}{2}\sigma^2\right)(T-t)}{\sigma\sqrt{T-t}}=0.65$$

将 $d_1$ 代入式(5.4.23)，得

$$d_2=d_1-\sigma\sqrt{T-t}=0.426\,2$$

将 $d_1$，$d_2$ 代入式(5.4.21)，得期权价格

$$C(S,t)=SN(d_1)-Ee^{-r(T-t)}N(d_2)=7.62(元)$$

## 5.4.2 影响期权价格的因素分析

由式(5.4.21)期权价格受到下列5个因素的影响：$S$(当前价格)、$E$(执行价格)、$T$(期权的期限)、$\sigma^2$(股票价格方差率)、$r$(无风险利率)。我们以欧式买入期权为例来分析

这5个因素对期权的价格的影响。

**1. Delta**

首先分析股票价格 $S$ 变化对期权价格的影响。令 $\delta=\frac{\partial C}{\partial S}$，它表示在其他因素不变时，股票价格变动速度与期权价格变化速度之间的关系。例如，$\delta=0.5$ 时，表示当股票价格上升0.1时，期权价格上升0.05，因为期权价格是股票价格的非线性函数，这一关系在当前价格水平 $S$ 附近很小的范围内才能成立。

根据以前的推导，当投资者持有0.5单位的股票，同时卖出1份买入期权，使组合成为无风险组合，因此称 $\delta$ 为对冲比率。

对于欧式买入期权，由式(5.4.21)得

$$\frac{\partial C}{\partial S}=N(d_1)+SN'(d_1)\frac{\partial d_1}{\partial S}-E\mathrm{e}^{-rT}N'(d_2)\frac{\partial d_2}{\partial S} \tag{5.4.24}$$

由式(5.4.23)得

$$\frac{\partial d_1}{\partial S}=\frac{\partial d_2}{\partial S}$$

代入式(5.4.24)，得

$$\frac{\partial C}{\partial S}=N(d_1)+[SN'(d_1)-E\mathrm{e}^{-rT}N'(d_2)]\frac{\partial d_2}{\partial S} \tag{5.4.25}$$

因为 $N$ 是累积正态分布，所以

$$\begin{aligned}N'(d_2)&=\frac{1}{\sqrt{2\pi}}\mathrm{e}^{-\frac{d_2{}^2}{2}}=\frac{1}{\sqrt{2\pi}}\mathrm{e}^{-(d_1-\sigma\sqrt{T})^2}\\&=\frac{1}{\sqrt{2\pi}}\mathrm{e}^{-\frac{d_1{}^2}{2}}\mathrm{e}^{\frac{2d_2\sqrt{T}-\sigma^2T}{2}}\\&=N'(d_1)\cdot\frac{S}{E}\mathrm{e}^{-rT}\end{aligned}$$

代入式(5.4.25)，得

$$\delta_C=N(d_1) \tag{5.4.26a}$$

对于欧式卖出期权，由买入期权和卖出期权的平价公式，得

$$\delta_P=\frac{\partial P}{\partial S}=1-N(d_1) \tag{5.4.26b}$$

**2. Gamma**

Gamma是与Delta值密切相关的敏感性指标，它是Delta值的敏感性指标。它表示股票价格的变动对该期权的Delta值的影响程度，即

$$\Gamma=\frac{\partial\delta}{\partial S}$$

进一步，由Delta的表达式可得

$$\Gamma_C=\frac{\partial^2C}{\partial S^2}=\frac{1}{\sigma S\sqrt{2\pi(T-t)}}\mathrm{e}^{-\frac{d_1^2}{2}} \tag{5.4.27a}$$

对于欧式卖出期权

$$\Gamma_P = \frac{\partial^2 P}{\partial S^2} = \frac{\partial N(d_1)}{\partial S} = \frac{1}{\sigma S\sqrt{2\pi(T-t)}}e^{-\frac{d_1^2}{2}} \tag{5.4.27b}$$

实际上，Gamma 反映了股票价格的变动对 Delta 值的影响程度。换句话说，Gamma 反映了期权价格对股票价格的二次敏感程度。无论是看涨期权还是看跌期权，Gamma 值都与股票价格呈现同方向变化，因此在任何的条件下，期权的 Gamma 值都是正的。

**3. Lambda**

$\lambda$ 是反映股票价格的波动性对期权价格影响程度的敏感性指标。看涨期权的 Lambda 等于看跌期权的 Lambda。以看涨期权为例进行 Lambda 的推导：

$$\lambda_C = \frac{\partial C}{\partial \sigma} = SN'(d_1)\frac{\partial d_1}{\partial \sigma} - Ee^{-rT}N'(d_2)\frac{\partial d_2}{\partial \sigma} \tag{5.4.28}$$

$$\frac{\partial d_1}{\partial \sigma} = -\frac{r}{\sigma^2\sqrt{T}} + \frac{1}{2}\sqrt{T-t} \tag{5.4.29}$$

$$\frac{\partial d_2}{\partial \sigma} = \frac{\partial d_1}{\partial \sigma} - \sqrt{T} = -\frac{r}{\sigma^2\sqrt{T-t}} - \frac{1}{2}\sqrt{T-t} \tag{5.4.30}$$

将式(5.4.29)和式(5.4.30)代入式(5.4.28)得

$$\lambda_C = \frac{\partial C}{\partial \sigma} = SN'(d_1)\left(-\frac{r}{\sigma^2\sqrt{T}} + \frac{1}{2}\sqrt{T}\right) - e^{-rT}EN'(d_2)\left(-\frac{r}{\sigma^2\sqrt{T}} - \frac{1}{2}\sqrt{T}\right) \tag{5.4.31}$$

将 $N'(d_2) = N'(d_1)e^{rT}\dfrac{S}{E}$ 代入式(5.4.31)得

$$\begin{aligned}\lambda_C = \frac{\partial C}{\partial \sigma} &= SN'(d_1)\left[\left(-\frac{r}{\sigma^2\sqrt{T}} + \frac{1}{2}\sqrt{T}\right) - \left(-\frac{r}{\sigma^2\sqrt{T}} - \frac{1}{2}\sqrt{T}\right)\right] \\ &= SN'(d_1)\sqrt{T}\end{aligned} \tag{5.4.32}$$

根据欧式看涨期权与看跌期权平价关系很容易得到

$$\begin{aligned}\lambda_P = \frac{\partial P}{\partial \sigma} &= SN'(d_1)\left[\left(-\frac{r}{\sigma^2\sqrt{T}} + \frac{1}{2}\sqrt{T}\right) - \left(-\frac{r}{\sigma^2\sqrt{T}} - \frac{1}{2}\sqrt{T}\right)\right] \\ &= SN'(d_1)\sqrt{T}\end{aligned} \tag{5.4.33}$$

式(5.4.32)和式(5.4.33)表明，欧式看涨期权和看跌期权的 Lambda 相同。

股票价格的波动性对期权价格具有重大影响。在其他条件一定时，波动性越大，期权价格越高；波动性越小，期权价格越低。以单一期权来说，则无论是看涨期权还是看跌期权，其 Lambda 恒为正值。就某一投资组合而言，其整个投资组合的 Lambda 值可能是正的，也可能是负的。

在金融期权的套期保值交易中，Lambda 是一个重要指标。布莱克-斯科尔斯模型假定股票价格的波动性为已知常数。这一假定不符合实际。通常根据历史资料对未来的波动性作出估计，或用求期权定价模型的反函数的方法估计未来的波动性。这些估计都与实际不符。于是在金融期权交易中，将面临着波动性变动的风险。为了回避这一风险，必须缩小整个期权头寸的Lambda,把波动性改变可能造成的损失减少到最低。

**4. Theta**

$\theta$是衡量到期日对期权价格影响程度的敏感性指标。一般情况下,期权价格随着权利时间段的缩短而下降,说明期权价格与到期时间呈现同方向变化。Theta($\theta$)一般是负值。下面证明这种结论。由看涨期权定价公式,得

$$\frac{\partial C}{\partial T}=SN'(d_1)\frac{\partial d_1}{\partial T}-\left[-r\mathrm{e}^{-rT}EN'(d_2)+\mathrm{e}^{-rT}EN'(d_2)\frac{\partial d_2}{\partial T}\right] \tag{5.4.34}$$

$$\frac{\partial d_1}{\partial T}=\frac{r}{\sigma}\left(-\frac{1}{2T^{\frac{3}{2}}}\right)+\frac{1}{4}\sigma\frac{1}{\sqrt{T}} \tag{5.4.35}$$

$$\frac{\partial d_2}{\partial T}=\frac{\partial d_1}{\partial T}-\frac{1}{2}\sigma\frac{1}{\sqrt{T}} \tag{5.4.36}$$

将式(5.4.35)和式(5.4.36)代入式(5.4.34)并化简,得

$$\theta_C=\frac{\partial C}{\partial T}=-rE\mathrm{e}^{-rT}N(d_2)-\frac{\sigma SN(d_1)}{2\sqrt{T}} \tag{5.4.37}$$

$$\theta_P=\frac{\partial P}{\partial T}=-rE\mathrm{e}^{-rT}[1-N(d_2)]-\frac{\sigma S[1-N(d_1)]}{2\sqrt{T}} \tag{5.4.38}$$

欧式期权的施权机会只有一次,因此$T$长的期权并不意味着比$T$短的期权有更多的获益机会。实际上,$\theta$代表期权价格随时间推移而逐渐衰减的程度。时间价值是期权价格的一部分,而时间价值与$T$并不呈现线性关系。随着$T$的缩短,时间价值将以越来越快的速度衰减。根据这一特征,一般情况下,期权的剩余期限$T$越短,$|\theta|$越大。

**5. Rho**

$\rho$是衡量利率对期权价格影响程度的敏感性指标。利率的变动对看涨期权的价格有正的影响,对看跌期权的价格有负的影响。所以,看涨期权的$\rho$值一般为正,看跌期权的$\rho$一般为负。下面是证明。

对看涨期权定价公式两边对利率求导数:

$$\frac{\partial C}{\partial r}=SN'(d_1)\frac{\partial d_1}{\partial r}+T\mathrm{e}^{-rT}EN(d_2)-\mathrm{e}^{-rT}EN'(d_2)\frac{\partial d_2}{\partial r} \tag{5.4.39}$$

而

$$\frac{\partial d_1}{\partial r}=\frac{1}{\sigma\sqrt{T}} \tag{5.4.40}$$

$$\frac{\partial d_1}{\partial r}=\frac{\partial d_2}{\partial r} \tag{5.4.41}$$

所以

$$\frac{\partial C}{\partial r}=SN'(d_1)\frac{1}{\sigma\sqrt{T}}+T\mathrm{e}^{-rT}EN(d_2)-\mathrm{e}^{-rT}EN'(d_2)\frac{1}{\sigma\sqrt{T}} \tag{5.4.42}$$

因为 $N'(d_2)=N'(d_1)\dfrac{S}{E}\mathrm{e}^{-rT}$,

所以

$$\rho_C=\frac{\partial C}{\partial r}=T\mathrm{e}^{-rT}EN(d_2)>0 \tag{5.4.43}$$

由欧式看涨期权与看跌期权平价关系，得

$$\frac{\partial C}{\partial r} - TE\mathrm{e}^{-rT} = \frac{\partial P}{\partial r} \tag{5.4.44}$$

$$\rho_P = \frac{\partial P}{\partial r} = -TE\mathrm{e}^{-rT}[1 - N(d_2)] < 0 \tag{5.4.45}$$

式(5.4.43)和式(5.4.45)说明，当利率上升时，看涨期权价格上升，看跌期权价格下降。

### 5.4.3 利用 Greek 参数套期保值

为了使资产组合不受股票价值波动的影响，我们考虑构造使得该组合的 delta 和 gamma 为零的资产组合。

(1) Delta-gamma 套期保值。我们考虑欧式看涨期权卖出者的套期保值头寸，资产组合的构造基于使得 delta 和 gamma 都为零。为此，形如$(x,y,z)$的资产组合只能构造 delta 为零的资产组合。给定期权头寸，比如说 $z=-1\,000$，这里仅保留一个参数可以调整，即标的资产头寸 $x$，以便构造 delta 为零的资产组合(表 5.7)。为了使得 gamma 也等于零，我们考虑具有相同标的股票的另一个期权，如 60 天以后施权，$\hat{T}=60/365$，施权价 $\hat{E}=65$ 的看涨期权，并构造资产组合$(x,y,z,\hat{z})$，这里 $\hat{z}$ 是另一个期权的头寸，$r=8\%$，$\sigma=30\%$，$S(0)=60$。

**表 5.7 价格和 Greek 参数**

| 期权 | 到期时间 | 施权价 | 期权价格 | delta | gamma | vega |
|---|---|---|---|---|---|---|
| 原来的 | 90/365 | 60 | 4.144 5 | 0.582 0 | 0.043 7 | 11.634 3 |
| 另外的 | 60/365 | 65 | 1.378 3 | 0.312 4 | 0.048 5 | 8.610 7 |

我们选择 $x$ 和 $\hat{z}$，使得资产组合的 delta 和 gamma 都为零：

$$\text{delta}_V = x - 1\,000\text{delta}_{C^E} + \hat{z}\text{delta}_{\hat{C}^E} = 0 \tag{5.4.46}$$

$$\text{gamma}_V = -1\,000\text{gamma}_{C^E} + \hat{z}\text{gamma}_{\hat{C}^E} = 0 \tag{5.4.47}$$

并且选择货币头寸 $y$，使得资产组合的价值为零：

$$V(S) = xS + y - 1\,000C^E(S) + \hat{z}\,\hat{C}^E(S) = 0 \tag{5.4.48}$$

将表 5.7 中的数据代入式(5.4.46)和式(5.4.47)，得到如下的方程组

$$x - 581.957 + 0.312\,4\hat{z} = 0$$

$$-43.688 + 0.048\,5\hat{z} = 0$$

其解为 $x\approx300.58$，$\hat{z}\approx900.76$，利用解得的 $x$ 和 $\hat{z}$ 及表 5.5 中的数据，解得 $\hat{y}\approx-15\,131.77$。即我们取得股票的多头，另外一个期权的多头和现金空头(我们已经取得原来期权的空头头寸 $z=-1\,000$)。

一天以后，如果股票价格上涨，原来的期权价格更高，增加了我们的义务，这将被股票增加的价值和持有的另外一个期权增加的价值抵消。如果股票价格下跌，则情况相反。在这两种情况下，由于一天后应付利息，货币债务增加，资产组合的价值由表 5.8 给出(为便于比较我们还列出 delta 风险中性资产组合的价值)。

**表 5.8 资产组合的价值**

| $S\left(\frac{1}{365}\right)$ | delta-gamma | delta |
|---|---|---|
| 58.00 | −2.04 | −71.35 |
| 58.50 | 0.30 | −31.56 |
| 59.00 | 1.07 | −3.26 |
| 59.50 | 0.81 | 13.69 |
| 60.00 | 0.02 | 19.45 |
| 60.50 | −0.79 | 14.22 |
| 61.00 | −1.11 | −1.77 |
| 61.50 | −0.49 | −28.24 |
| 62.00 | 1.52 | −64.93 |

我们还可以看到，在给定的股票价格范围内，基本上是安全的。对于股票价格较大的改变，与 delta 套期保值比较，头寸还会有所改善。资产组合的价值如表 5.9 所示。

**表 5.9 资产组合的价值(当股票价格较大改变时)**

| $S\left(\frac{1}{365}\right)$ | delta-gamma | delta |
|---|---|---|
| 50 | −614.08 | −2 233.19 |
| 55 | −78.22 | −554.65 |
| 60 | 0.02 | 19.45 |
| 65 | 63.13 | −481.60 |
| 70 | 440.81 | −1 765.15 |

可见，delta-gamma 风险中性资产组合比 delta 风险中性资产组合对股票价格变动能够提供更好的套期保值的作用。

(2) Delta-vega 套期保值。下面我们将为防止波动率增加进行套期保值，同时保持股票的价格在相对小的范围内变化。如前所述，通过构造包含另一个期权的 delta-vega 风险中性资产组合实现套期保值，满足

$$\mathrm{delta}_V = x - 1\,000\mathrm{delta}_{c^E} + \hat{z}\mathrm{delta}\,\hat{C}^E = 0$$

$$\mathrm{vega}_V = -1\,000\mathrm{vega}_{c^E} + \hat{z}\mathrm{vega}\,\hat{C}^E = 0$$

由这些条件我们得到方程组

$$x - 581.957 + 0.312\,373\hat{z} = 0$$

$$-11\,634.305 + 8.610\,681\hat{z} = 0$$

其近似解为 $x\approx 159.89$，$\hat{z}\approx 1\,351.15$。相应的货币头寸 $y\approx -7\,311.12$。

假设第一天后波动率增加到 $\sigma=32\%$。我们对 delta-vega 和 delta 套期保值结果进行比较，如表 5.10 所示。

表 5.10 delta-vega 和 delta 套期保值结果比较

| $S\left(\frac{1}{365}\right)$ | delta-gamma | delta |
|---|---|---|
| 58.00 | −5.90 | −299.83 |
| 58.50 | −12.81 | −261.87 |
| 59.00 | −16.05 | −234.69 |
| 59.50 | −14.99 | −218.14 |
| 60.00 | −9.06 | −212.08 |
| 60.50 | 2.27 | −216.33 |
| 61.00 | 19.52 | −230.68 |
| 61.50 | 43.17 | −254.90 |
| 62.00 | 73.62 | −288.74 |

由表 5.10 可见，delta-vega 的取值都远远大于 delta 的取值，说明 delta-vega 风险中性资产组合比 delta 风险中性资产组合对股票波动率增加提供了更好的套期保值作用。

## 5.5 有红利支付的 Black-Scholes 期权定价公式

5.4 节介绍的 Black-Scholes 公式是在很多假设条件下得出的。如果这些条件不满足，期权定价公式必须进行相应的修正。现在我们考虑有红利支付的情况。

### 5.5.1 红利连续支付的情况

首先考虑一种简单的情况，假定红利的收益率为常数 $D_0$，则在 $dt$ 时间内持有一份标的资产的红利收入为 $D_0 S dt$。在 $dt$ 时间内支付红利后，标的资产的价格也将相应地下降相同的幅度 $D_0 S dt$，此时价格的随机过程应为

$$dS = \sigma S dx + (\mu - D_0) S dt \tag{5.5.1}$$

持有一个价值为 $V$ 的期权和数量为 $\delta$ 的标的资产，支付红利后标的资产的下降值为

$$D_0 S \delta \, dt \tag{5.5.2}$$

投资组合相应地变化为

$$d\pi = dV - \delta dS - D_0 S \delta \, dt$$

类似地，我们得到相应的 Black-Scholes 公式

$$\frac{\partial V}{\partial t} + \frac{1}{2}\sigma^2 S^2 \frac{\partial^2 V}{\partial S^2} + (r - D_0) S \frac{\partial V}{\partial S} - rV = 0 \tag{5.5.3}$$

这就是连续支付红利的期权所满足的微分方程。

当 $S$ 无限增大时，买入期权的价值与标的资产的价值（不包括红利）应当相等，因此

$$C(S,t) \sim S e^{-D_0(T-t)}, \quad \text{当 } S \to \infty \text{ 时}$$

类似地，把式(5.5.3)变为扩散方程，然后求解。作一个简单的代换，设

$$\overline{S} = Se^{-D_0(T-t)}$$

则由欧式期权 Black-Scholes 定价公式,得到

$$C(S,t) = e^{-D_0(T-t)} SN(d_{10}) - Ee^{-r(T-t)} N(d_{20}) \tag{5.5.4}$$

式中

$$d_{10} = \frac{\ln\left(\frac{S}{E}\right) + \left(r - D_0 + \frac{1}{2}\sigma^2\right)(T-t)}{\sigma\sqrt{T-t}} \tag{5.5.5}$$

$$d_{20} = d_1 - \sigma\sqrt{T-t} \tag{5.5.6}$$

## 5.5.2　离散红利支付情况下的期权定价公式

假设在期权的有效期内,在 $t=t_d$ 时支付一次红利,支付率为 $d_y$,资产的持有者在 $t_d$ 时的收入可表示为 $d_yS$,$S$ 是支付红利时的资产价格。如果按无套利假设,红利支付前的价值和红利支付后的价值应当相等,以 $S(t_d^+)$表示支付红利后的资产的价格,以$S(t_d^-)$表示红利支付前资产的价格,即应当有下列等式

$$S(t_d^+) = S(t_d^-)(1-d_y) \tag{5.5.7}$$

因此,一般来说,$S(t_d^+)$,$S(t_d^-)$不相等,于是股票在 $t_d$ 处有股票价格的跳跃发生。现在考虑标的资产的价格发生跳跃变化时对期权的价值有什么影响。

按照无套利假设,期权的价值必须依时间连续变化,因此

$$V[S(t_d^-),t_d^-] = V[S(t_d^+),t_d^+] \tag{5.5.8}$$

将式(5.5.7)代入式(5.5.8),得

$$V(S,t_d^-) = V[S(1-d_y),t_d^+] \tag{5.5.9}$$

现在考虑欧式买入期权的情形。Black-Scholes 方程是后向方程,从到期日往前推。如果在期权的有效期内发放一次红利,则期权定价问题可在时间 $t_d$ 处分别处理。

(1) 求解 $t_d^+$ 至到期日的 Black-Scholes 方程。

(2) 应用跳跃条件求出 $t=t_d^-$ 时的价值。

(3) 用(2)找出的值为终值条件,求解 $t=t_d^-$ 以前的扩散方程。

以 $C_d(S,t)$表示含红利的买入期权的价值,用 $C(S,t,E)$表示施权价为 $E$ 的标准欧式买入期权的价值。但是在支付红利后,不存在支付红利问题,这时所讨论的期权就是一般的买入期权,因此

$$C_d(S,t) = C(S,t,E),\quad \text{对于 } t_d^+ \leqslant t \leqslant T$$

利用式(5.5.8),有

$$C_d(S,t_d^-) = C_d[S(1-d_y),t_d^+] = C_d[S(1-d_y),t_d^+;\ E] \tag{5.5.10}$$

在到期日,有

$$\begin{aligned} C_d[S(1-d_y),T;\ E] &= \max[S_T(1-d_y) - E, 0] \\ &= (1-d_y)\max[S_T - E(1-d_y)^{-1}, 0] \end{aligned} \tag{5.5.11}$$

因此,支付红利前,有

$$C_d(S,t) = (1-d_y)C[S,t,E(1-d_y)^{-1}],\quad \text{对于 } t \leqslant t_d \tag{5.5.12}$$

从式(5.5.12)可以看出,红利支付使期权的价值减小。原因是期权的持有者并没有因为发放红利而受益。

通过以上的分析,如果两个期权合约的价格相同,且对应的标的资产的价格也相同,但一个支付红利,另一个不支付红利。在这种情况下,由于支付红利使标的资产的价格在支付红利后下降,所以支付红利对应的期权价值应相应减少,施权价也相应减少。

## 5.5.3 参数与时间相关的情形

当期权定价公式中的参数随时间的变化而变化,即参数是时间的函数时,Black-Scholes 微分方程仍然成立。当利率不是常数,随时间变化,即 $r=r(t)$时,施权价的现值为 $E\mathrm{e}^{-\int_t^T r(\tau)\mathrm{d}\tau}$。当 $r$ 和 $\sigma$ 都是 $t$ 的函数时,Black-Scholes 方程为

$$\frac{\partial V}{\partial t}=\frac{1}{2}\sigma^2(t)S^2\frac{\partial^2 V}{\partial S^2}+r(t)S\frac{\partial V}{\partial S}-r(t)V=0 \tag{5.5.13}$$

作如下变换

$$\bar{S}=S\mathrm{e}^{\alpha(t)} \tag{5.5.14}$$

$$\bar{V}=V\mathrm{e}^{\beta(t)} \tag{5.5.15}$$

$$\bar{t}=\gamma(t) \tag{5.5.16}$$

将式(5.5.14)~式(5.5.16)代入式(5.5.13),得

$$\frac{\partial\gamma(t)}{\partial t}\frac{\partial\bar{V}}{\partial\bar{t}}+\frac{1}{2}\sigma^2(t)\bar{S}^2\frac{\partial^2\bar{V}}{\partial\bar{S}^2}+\left\{\gamma(t)+\frac{\mathrm{d}[\alpha(t)]}{\mathrm{d}t}\right\}\bar{S}\frac{\partial\bar{V}}{\partial\bar{S}}-\left\{\gamma(t)+\frac{\mathrm{d}[\beta(t)]}{\mathrm{d}t}\right\}\bar{V}=0 \tag{5.5.17}$$

选择

$$\alpha(t)=\int_t^T r(\tau)\mathrm{d}\tau \tag{5.5.18}$$

$$\beta(t)=\int_t^T r(\tau)\mathrm{d}\tau \tag{5.5.19}$$

$$r(t)=\int_t^T \sigma^2(\tau)\mathrm{d}\tau \tag{5.5.20}$$

将式(5.5.18)~式(5.5.20)代入式(5.5.17),得

$$\frac{\partial\bar{V}}{\partial\bar{t}}=\frac{1}{2}\bar{S}^2\frac{\partial^2\bar{V}}{\partial\bar{S}^2}$$

这一方程的系数是独立于时间的,按这一方程解出 $\bar{V}$,代入式(5.5.17)中,可得

$$V=\mathrm{e}^{-\beta(t)}\bar{V}[S\mathrm{e}^{\alpha(t)},\gamma(t)] \tag{5.5.21}$$

用 $V_{BS}$表示 $r,\sigma$ 为常数,不支付红利的 Black-Scholes 方程的解,则得

$$V_{BS}=\mathrm{e}^{-r(T-t)}\bar{V}_{BS}[S\mathrm{e}^{-r(T-t)},\sigma^2(T-t)] \tag{5.5.22}$$

比较式(5.5.21)和式(5.5.22)可以发现,在参数不为常数的情况下,只要用$\frac{1}{T-t}\int_t^T r(\tau)\mathrm{d}\tau$代替 $r$,用$\frac{1}{T-t}\int_t^T\sigma^2(\tau)\mathrm{d}\tau$ 代替 $\sigma^2$,就可得出方程的解。

## 5.6　美式期权定价公式

### 5.6.1　美式期权的自由边界问题

美式期权和欧式期权的不同之处在于,欧式期权的执行日是在施权日或在施权日之前的某一时刻,而美式期权可在施权日之前,包括施权日的任意时刻执行,美式期权可提前执行。这样就增加了期权持有者的获利机会,因此美式期权的价值应大于欧式期权的价值。

以卖出期权为例,对于欧式期权,尽管在施权日之前,有可能出现标的资产 $S$ 在某区间内有 $P(S,t)<\max(E-S,0)$。但对于美式期权来说,一旦出现了这种情况,就有了套利机会,因为如果以 $S$ 价格购入标的资产,以 $P$ 价格购入卖出期权,$E$ 为施权价,就可得到 $E-P-S$ 的无风险收益。因此,求美式期权的期权定价公式时,就要加上边界条件

$$P(S,t)\geqslant \max(E-S,0) \tag{5.6.1}$$

同时对于美式买入期权应当加上边界条件

$$C(S,t)\geqslant \max(S-E,0) \tag{5.6.2}$$

这样在美式期权的定价问题中,标的资产价格不仅在确定美式期权的价值中起作用,而且还要确定是继续持有期权,还是执行期权。也就是说,对于欧式期权中的边界条件只是在施权日 $T$ 给出,而对于美式期权对于 $T$ 的区间内任何时刻也给出边界条件,因此称为自由边界问题。对于任意时刻 $t<T$,存在一个与 $t$ 有关的 $S$ 值称为最佳执行价格(optimal exercise price),而这一价格在事先是不知道的,因而称为自由边界。

### 5.6.2　美式期权提前执行条件

当标的资产价格发生变化的时候,有时会发生提前执行期权的情况。我们先用支付红利引起价格变化的方法来说明在什么情况下提前执行期权是可取的。

假设在 $t_1<t_2<\cdots<t_n$,支付红利的水平为 $D_1,D_2,\cdots,D_n$,如果在 $t_n$ 执行期权,投资者的获利为

$$S(t_n)-E \tag{5.6.3}$$

若没有执行期权,标的资产的价格下降到 $S(t_n)-D_n$。根据前面的分析,此时期权的价值大于

$$S(t_n)-D_n-E\mathrm{e}^{-r(T-t_n)} \tag{5.6.4}$$

根据式(5.6.3)和式(5.6.4),投资者如果持有期权,应满足如下条件

$$S(t_n)-D_n-E\mathrm{e}^{-r(T-t_n)}\geqslant S(t_n)-E$$

即

$$D_n\leqslant E[1-\mathrm{e}^{-r(T-t_n)}] \tag{5.6.5}$$

因此,如果下列条件

$$D_n> E[1-\mathrm{e}^{-r(T-t_n)}] \tag{5.6.6}$$

成立,执行期权是最佳选择。

类似地,对于时刻 $t_{n-1}$ 做相同的分析,可以得出,当 $D_{n-1}\leqslant E[1-\mathrm{e}^{-r(t_n-t_{n-1})}]$时,持有期

权；反之，当 $D_{n-1} > E[1-e^{-r(t_n - t_{n-1})}]$时，执行期权；一般地，当 $D_n \leqslant E[1-e^{-r(t_{n+1}-t_n)}]$时，持有期权；当 $D_n > E[1-e^{-r(t_n - t_{n-1})}]$时，执行期权。

### 5.6.3* 美式期权价值求解方法

通过对期权价值的分析，可以得出结论：美式期权是否提前执行，要考虑最后一个除权日，因此 Black 提出一个求解美式期权的近似解法，即分别计算在施权日 $T$ 和最后一个红利支付日 $t_n$ 的欧式期权的价值，选择较大者作为美式期权的价值。

对于买入期权，有如下形式

$$C = (S - D_1 e^{-r\tau_1})N(b_1) + (S - D_1 e^{-r\tau_1})M\left(a_1 - b_1 - \sqrt{\frac{\tau_1}{\tau}}\right) - Ee^{-rt}M\left(a_2 - b_2 - \sqrt{\frac{\tau_1}{\tau}}\right) - (E - D_1)e^{-r\tau_1}N(b_2) \tag{5.6.7}$$

式中

$$a_1 = \frac{\ln\left(\frac{S - D_1 e^{-r\tau_1}}{E}\right) + \left(r + \frac{\sigma^2}{2}\right)\tau}{\sigma\sqrt{\tau}}$$

$$a_2 = a_1 - \sigma\sqrt{\tau}$$

$$b_1 = \frac{\ln\left(\frac{S - D_1 e^{-r\tau_1}}{\overline{S}}\right) + \left(r + \frac{\sigma^2}{2}\right)\tau}{\sigma\sqrt{\tau}}$$

$$b_2 = b_1 - \sigma\sqrt{\tau}$$

$$\tau_1 = t_1 - t$$

$$\tau = T - t$$

$M(a, b; \rho)$是标准二维正态分布的累积概率。$\overline{S}$ 是方程

$$C(\overline{S}, t_1) = \overline{S} + D_1 - E$$

的解，其中 $C(\overline{S}, t_1)$是 $S=\overline{S}$ 且 $t=t_1$ 时标准欧式买入期权价值。

当 $\overline{S} = +\infty$时，$b_1, b_2 = -\infty$。用 $S - D_1 e^{-r\tau_1}$ 代替 $S$，式(5.6.7)就是一般的 Black-Scholes 期权定价公式。

若 $\overline{S} < +\infty$，当

$$S(t_1) > \overline{S} + D_1$$

时，应当在 $t_1$ 时执行期权。

式(5.6.7)的详细论证，可参阅 Roll、Geske 和 Whaley 的相关文献。

设美式卖出期权的价值为 $P(S,t)$，在执行边界 $S=S_f(t)$上，考察 $P(S,t)$对 $S$ 的变化率，考察$\frac{\partial P}{\partial S}$。在数学上分如下 3 种：$\frac{\partial P}{\partial S} < -1$，$\frac{\partial P}{\partial S} > -1$，$\frac{\partial P}{\partial S} = -1$。如出现第一种情况，说明当 $S$ 增加时，$P(S,t)$变化的速度比 $\max(S-E, 0)$要快，这是不可能的，使得 $P < \max(S-E, 0)$，这与式(5.6.1)矛盾。

如果$\frac{\partial P}{\partial S} > -1$，在 $S_f(t)$附近，选择 $S_f(t)$的微小变化，就可以增加期权的价值。此时

$S_f(t)$不符合最佳边界的条件。因此，自由边界条件应当是

$$\frac{\partial P}{\partial S}=-1, \quad 在\ S=S_f(t)\ 点 \tag{5.6.8}$$

根据无套利假设，投资组合的收益不能大于银行存款。采用欧式期权同样的方法，美式卖出期权定价问题可以写成如下形式，在任意时刻 $t$，可将 $S$ 分为两个区间考虑。

(1) 当 $0\leqslant S<S_f(t)$时，有

$$P=E-S, \quad \frac{\partial P}{\partial t}+\frac{1}{2}\sigma^2 S^2\frac{\partial^2 P}{\partial S^2}+rS\frac{\partial P}{\partial S}-rP<0 \tag{5.6.9}$$

(2) 当 $S_f(t)<S<\infty$时，有

$$P>E-S, \quad \frac{\partial P}{\partial t}+\frac{1}{2}\sigma^2 S^2\frac{\partial^2 P}{\partial S^2}+rS\frac{\partial P}{\partial S}-rP=0 \tag{5.6.10}$$

(3) 当 $S=S_f(t)$时，边界条件 $P(S,t)$和$\frac{\partial P}{\partial S}$是连续的，而且

$$P[S_f(t),t]=\max[E-S_f(t),0], \quad \frac{\partial P}{\partial S}[S_f(t),t]=-1 \tag{5.6.11}$$

上述方程没有解析解，一般只能用数值解法求出近似解。

美式期权和欧式期权的价值关系，大体如图 5.12 所示。

用图 5.12 中的 $L_1$ 表示美式卖出期权的价值线，$L_2$ 表示欧式卖出期权的价值线。

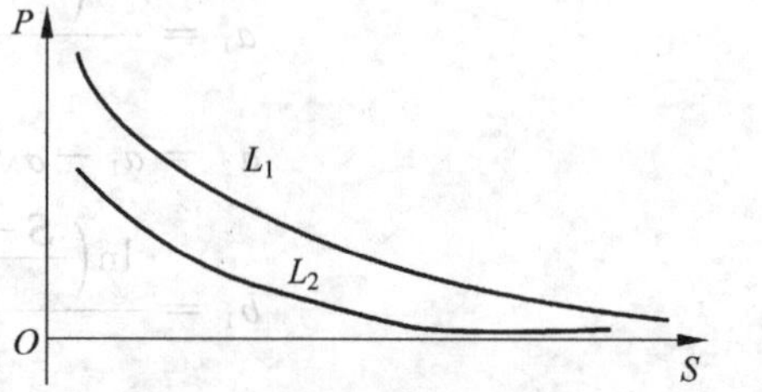

图 5.12　美式期权和欧式期权的价值关系

一般情况下，对于内在价值为 $\theta(S,t)$，股利支付率为 $D_0$ 的美式卖出期权，其价值满足 Black-Scholes 不等式

$$\frac{\partial P}{\partial t}+\frac{1}{2}\sigma^2 S^2\frac{\partial^2 P}{\partial S^2}+(r-P_0)S\frac{\partial P}{\partial S}-rP\leqslant 0 \tag{5.6.12}$$

当最佳策略是执行期权时，$P=\theta$，式(5.6.12)小于号成立；当最佳策略是持有期权时，$P>\theta$，式(5.6.12)取等号。

## 5.6.4* 关于自由边界问题的进一步讨论

在数学上，美式期权比欧式期权复杂，要求出解析解是不可能的，只能采取数值解法。这一困难是因为美式期权的边界条件是自由边界条件。下面我们讨论如何消除这一困难。

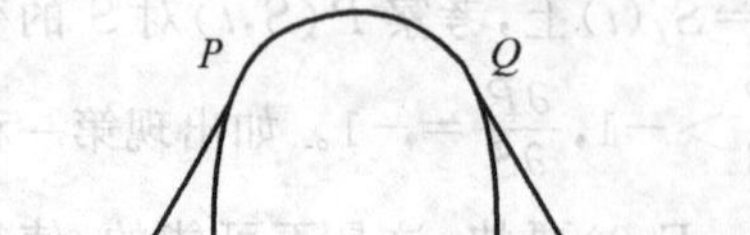

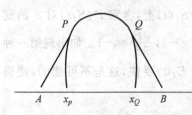

图 5.13　障碍物的形状与绳子

首先考虑数学上的障碍问题。

在图 5.13 中，一根有弹性的绳子固定在 $A$，$B$ 两点，位于障碍物上，绳子的位置决定于障碍物的特征，障碍物有唯一解要满足如下条件。

(1) 绳子在障碍物上。

(2) 绳子的曲率不大于零。

(3) 绳子是连续的。

(4) 绳子的斜率是连续的。

将此问题表述如下。

假设以 $u(x)$表示绳子的位置，$f(x)$表示障碍物的高度，$f(-1)<0$，存在 $x_0(-1<x_0<1)$使得 $f(x_0)>0$。假设 $f''(x)<0$，此条件保证障碍物与绳子只有一个接触区间，自由边界是 $P(x=x_P)$和 $Q(x=x_Q)$，表示绳子接触到障碍物的位置，这个位置事先不能确定，需要在求解方程时确定。在绳子和障碍物接触的区间内，$u=f$，在绳子和障碍物不接触的区间，绳子是直线，还要确定 $u(x_P)=f(x_P)$，$u(x_Q)=f(x_Q)$。因为 $P$ 和 $Q$ 的位置事先并不知道，需要用两个边界条件来确定其位置，在 $P$，$Q$ 两点，$u$ 的一阶导数是连续的，可将障碍问题表述如下：

$$\begin{cases} u(-1)=0 \\ u''(x)=0, \quad -1<x<x_P \\ u(x_P)=f(x_P), \quad u'(x_P)=f'(x_P) \\ u(x)=f(x), \quad x_P<x<x_Q \\ u(x_Q)=f(x_Q), \quad u'(x_Q)=f'(x_Q) \\ u''(x)=0, \quad x_Q<x<1 \\ u(1)=0 \end{cases} \tag{5.6.13}$$

只要给定 $f(x)$，通过求解，上述问题 $u(x)$和 $P$，$Q$ 的值就能唯一确定。

上述问题的解如果用函数 $u$ 和 $f$ 来表示，为

$$u''(x)=0, \qquad u>f$$
$$u''(x)=f''(x)<0, \quad u=f$$

这使得上述方程可写成线性互补问题

$$u''(u-f)=0, \quad u''\leqslant 0, \quad u-f\geqslant 0 \tag{5.6.14}$$

约束条件为

$$u(-1)=u(1)=0, \quad u(x)\text{ 与 }u'(x)\text{连续} \tag{5.6.15}$$

线性互补问题隐含了边界条件，当 $u=f$ 时，即是自由边界点；当 $u-f$ 由 0 变为大于 0 时，就是自由边界所在位置。

现在来看美式卖出期权，我们还是采用 Black-Scholes 公式推导过程中的变量替换方法，不同的是自由边界 $S=S_f(t)$也要进行变换。现将美式卖出期权由$(S,t)$的表述变为$(x,\tau)$表示的方程，这时 $S=S_f(t)$要变为 $x=x_f(\tau)$，因为 $S_f(t)<E$，所以 $x_f(\tau)<0$，收益函数 $\max(E-S,0)$变为

$$g(x,\tau)=\mathrm{e}^{\frac{1}{2}(k+1)^2\tau}\max\left[\mathrm{e}^{\frac{1}{2}(k-1)x}-\mathrm{e}^{\frac{1}{2}(k+1)x},0\right] \tag{5.6.16}$$

因此有

$$\begin{cases} \dfrac{\partial u}{\partial \tau}=\dfrac{\partial^2 u}{\partial x^2}, & x>x_f(\tau) \\ u(x,\tau)=g(x,t), & x\leqslant x_f(\tau) \end{cases} \tag{5.6.17}$$

初始条件为

$$u(x,0)=g(x,0)=\max[\mathrm{e}^{\frac{1}{2}(k-1)x}-\mathrm{e}^{\frac{1}{2}(k+1)x},0] \tag{5.6.18}$$

边界条件为

$$\lim_{x\to\infty}u(x,\tau)=0,\quad \lim_{x\to\infty}[u(x)-g(x)]=0 \tag{5.6.19}$$

约束条件为

$$u(x,t)\geqslant \mathrm{e}^{\frac{1}{2}(k+1)^2\tau}\max[\mathrm{e}^{\frac{1}{2}(k-1)x}-\mathrm{e}^{\frac{1}{2}(k+1)x},0] \tag{5.6.20}$$

比照障碍物问题,上述表述可以写成线性互补形式

$$\begin{cases}\left(\dfrac{\partial u}{\partial \tau}-\dfrac{\partial^2 u}{\partial x^2}\right)[u(x,\tau)-g(x,\tau)]=0\\ \dfrac{\partial u}{\partial \tau}-\dfrac{\partial^2 u}{\partial x^2}\geqslant 0,\quad u(x,\tau)-g(x,\tau)\geqslant 0\end{cases} \tag{5.6.21}$$

初始条件为

$$u(x,0)=g(x,0)$$

边界条件为

$$u(x^+,\tau)=g(x^+,\tau)=0,\quad u(-x^-,\tau)=g(-x^-,\tau) \tag{5.6.22}$$

连续条件为

$$u \text{ 和 } \frac{\partial u}{\partial x} \text{ 连续}$$

式(5.6.21)和式(5.6.22)没有明显的自由边界问题,有利于数值求解。

如果要证明线性互补形式与原始的自由边界形式等价,以及存在唯一解,需要用到比较高深的抛物型变分不等式。

下面讨论美式买入期权定价问题,对于欧式期权,前面已经得出,$C(S,t)$满足下列 Black-Scholes 微分方程

$$\frac{\partial C}{\partial t}+\frac{1}{2}\sigma^2S^2\frac{\partial^2 C}{\partial S^2}+(r-D_0)S\frac{\partial C}{\partial S}-rC=0 \tag{5.6.23}$$

$$C(S,T)=\max(S-E,0) \tag{5.6.24}$$

美式期权可提前执行,所以有

$$C(S,T)\geqslant \max(S-E,0) \tag{5.6.25}$$

如果存在最佳执行边界 $S=S_f(t)$,则在边界上有

$$C[S_f(t),t]=S_f(t)-E,\quad \frac{\partial C}{\partial S}[S_f(t),t]=1 \tag{5.6.26}$$

如果存在最佳边界,只有当 $C(S,t)>\max(S-E,0)$时,式(5.6.2)才成立。对于美式期权,因为相应的 $\max(S-E,0)$不是式(5.6.23)的解,所以该式应写为

$$\frac{\partial C}{\partial t}+\frac{1}{2}\sigma^2S^2\frac{\partial^2 C}{\partial S^2}+(r-D_0)S\frac{\partial C}{\partial S}-rC\leqslant 0$$

类似地,对式(5.6.23)应作如下变换

$$S=E\mathrm{e}^x,\quad t=T-\frac{\tau}{\frac{1}{2}\sigma^2},\quad C(S,t)=S-E+EC(x,\tau)$$

则式(5.6.23)变为

$$\frac{\partial C}{\partial \tau}=\frac{\partial^2 C}{\partial x^2}+(k'-1)\frac{\partial C}{\partial x}-kC+f(x) \tag{5.6.27}$$

其中$-\infty<x<+\infty,\tau>0$

$$k=\frac{r}{\frac{1}{2}\sigma^2},\quad k'=\frac{r-D_0}{\frac{1}{2}\sigma^2} \tag{5.6.28}$$

$$f(x)=(k'-k)e^x+k \tag{5.6.29}$$

如果$r>D_0>0$,则$k>k'>0$。式(5.6.25)和扩散方程类似,但略有不同,多出了3项。针对不同情况,作如下讨论。

(1) 如果$\frac{\partial C}{\partial \tau}=(k'-1)\frac{\partial C}{\partial x}$,则容易求出方程的解为$C(x,t)=F[x+(k'-1)\tau]$。因此,令$\xi=x+(k'-1)\tau$,就可以消除此项,得到

$$\frac{\partial C}{\partial \tau}=\frac{\partial^2 C}{\partial \xi^2}-kC-f[\xi-(k'-1)\tau]$$

(2) 如果$\frac{\partial C}{\partial \tau}=-kC$,则方程的解为$C=e_0e^{-k\tau}$,作变量代换$C(x,\tau)=e^{-k\tau}w(x,\tau)$,则方程变为

$$\frac{\partial w}{\partial \tau}=\frac{\partial^2 w}{\partial \xi^2}-e^{k\tau}f[\xi-(k'-1)\tau]$$

(3) 如果$\frac{\partial C}{\partial \tau}=f(x)$,则当$f(x)<0$时,$\frac{\partial C}{\partial \tau}<0$,此时,$C$随$\tau$的增加而减小。

现在考虑自由边界问题,假定存在自由边界$x=x_f(\tau)$,则在边界上有

$$C[x_f(\tau),\tau]=\frac{\partial C}{\partial x}[x_f(\tau),\tau]=0$$

而约束条件$C\geqslant\max(S-E,0)$变为$e_0\geqslant\max(1-e^x,0)$,$f(x)$决定了自由边界行为。$C(x,0)$和$f(x)$变化如图5.14和图5.15所示。

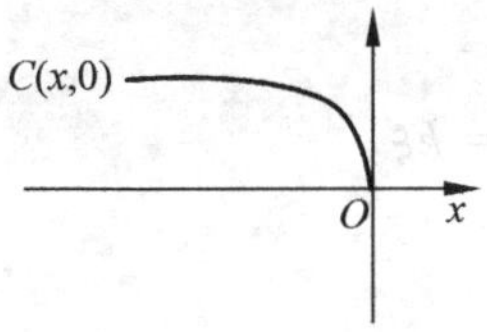


图5.14 $C(x,0)$的变化

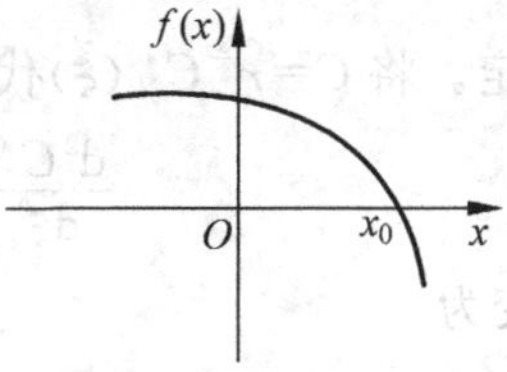


图5.15 $f(x)$的变化

从图中可以看出,当$x<x_0$时,$f(x)>0$;当$x\geqslant x_0$时,$f(x)\leqslant 0$,其中$x_0=\ln\left(\frac{k}{k-k'}\right)=\ln\left(\frac{r}{D_0}\right)>0$。

考虑$x>x_0$的情形,此时

$$C(x,0)=\frac{\partial C(x,0)}{\partial x}=\frac{\partial^2 C(x,0)}{\partial x^2}$$

代入式(5.6.27),得

$$\frac{\partial C}{\partial \tau}=f(x)$$

这说明,当 $x>x_0$ 时,因为 $f(x)<0$,有 $C<0$,这是不可能的。这也就是说式(5.6.24)的存在意味着边界条件的存在,最佳边界为 $x_f(\tau)=x_0$ 时,对应的条件为

$$S_f(\tau)=\frac{rE}{D_0}$$

当 $D_0=0$ 时,$x_f=+\infty$,$x_f(T)=+\infty$,这时不存在自由边界。也就是说,对于无红利支付的美式期权,最佳策略是持有期权至到期日。

自由边界 $x=x_f(\tau)$,起点 $x_f(0)=x_0$,为了研究在 $x_0$ 点附近自由边界的变化,在 $x_0$ 点将 $f(x)$ 展开成泰勒级数,得

$$f(x)=f(x_0)+f'(x_0)(x-x_0)+o(x-x_0)^2$$

对于一个微小的时间 $\tau$,由图5.15可见,$f(x_0)=0$,于是

$$f(x)\sim (x-x_0),\quad f'(x_0)=-k(x-x_0)$$

在 $x_0$ 附近,$C(x,t)$ 满足

$$\frac{\partial C}{\partial \tau}=\frac{\partial^2 C}{\partial x^2}-k(x-x_0) \tag{5.6.30a}$$

边界条件为

$$\text{在 } x=x_f(x),x_f(0)=x_0\text{ 上},\quad C=\frac{\partial C}{\partial x}=0 \tag{5.6.30b}$$

称该问题为局部问题,这一局部问题存在精确解

$$C=r^{\frac{3}{2}}C^*(\xi)$$

式中,$\xi=\dfrac{x-x_0}{\sqrt{\tau}}$;$C^*$ 为待定的常微分方程。

自由边界条件为

$$x_f(\tau)=x_0+\xi_0\sqrt{\tau}$$

其中 $\xi_0$ 待定。将 $C=r^{\frac{3}{2}}C^*(\xi)$ 代入式(5.6.30a),得

$$\frac{\mathrm{d}^2 C^*}{\mathrm{d}\xi^2}+\frac{1}{2}\xi\frac{\mathrm{d}C^*}{\mathrm{d}\xi}-\frac{3}{2}C^*=k\xi \tag{5.6.31}$$

自由边界变为

$$C^*(\xi_0)=\mathrm{d}C^*(\xi_0)/\mathrm{d}\xi$$

当 $\xi\to-\infty$,因为 $x\to-\infty$,有 $\dfrac{\partial^2 C}{\partial x^2}\to 0$,使得 $C^*\sim -k\xi$。为求解式(5.6.31),先解齐次方程

$$\frac{\mathrm{d}^2 C^*}{\mathrm{d}\xi^2}+\frac{1}{2}\xi\frac{\mathrm{d}C^*}{\mathrm{d}\xi}-\frac{1}{2}C^*=0$$

容易求出

$$C_1^*(\xi)=\xi^2+6\xi \tag{5.6.32}$$

是一个特解。

令 $C_2^*(\xi)=C_1^*(\xi)a(\xi)$,可求出另一解

$$C_2^*(\xi) = (\xi^2+4)\mathrm{e}^{-\frac{1}{4}\xi^2} + \frac{1}{2}(\xi^2+6\xi)\int_{-\infty}^{\xi} \mathrm{e}^{-\frac{1}{4}s^2}\,\mathrm{d}S \tag{5.6.33}$$

齐次方程的通解为

$$C^*(\xi) = AC_1^*(\xi) + BC_2^*(\xi)$$

因为$-k\xi$是式(5.6.31)的一个特解,所以方程(5.6.31)的通解为

$$C^*(\xi) = -k\xi + AC_1^*(\xi) + BC_2^*(\xi)$$

当$\xi\to+\infty$时,$C_1^*(\xi)\to+\infty$,$C_2^*(\xi)\to+\infty$,$C^*(\xi)\sim -k\xi$。因此,$A=0$,于是

$$C^*(\xi) = -k\xi + BC_2^*(\xi)$$

将边界条件$C^*(\xi_0)=0$和$\dfrac{\mathrm{d}C^*(\xi_0)}{\mathrm{d}\xi}=C^*(\xi_0)$代入,得

$$BC_2^*(\xi_0) = \xi_0, \quad \frac{B\mathrm{d}C_2^*(\xi_0)}{\mathrm{d}\xi} = 1$$

上面两式相除,得

$$\frac{\xi_0\,\mathrm{d}C_2^*(\xi_0)}{\mathrm{d}\xi} = C_2^*(\xi_0)$$

代入式(5.6.33),得

$$\xi_0^3\mathrm{e}^{\frac{1}{4}\xi_0^2}\int_{-\infty}^{\xi_0}\mathrm{e}^{-\frac{S^2}{4}}\,\mathrm{d}S = 2(2-\xi_0^2) \tag{5.6.34}$$

常数$B=\dfrac{\xi_0}{C_2^*(\xi_0)}$。可以证明超越方程(5.6.34)存在唯一解,并用数值方法求出$\xi_0=0.903\,4$。

通过上面的讨论,我们得到美式买入期权在$\tau=0$附近,$x$在$x_0$附近的局部解。因为在到期日,美式买入期权的最佳执行价接近于$\dfrac{rE}{D_0}$,所以

$$S_f(t) = \frac{rE}{D_0}\left(1+\xi_0\sqrt{\frac{1}{2}\sigma^2(T-t)+k}\right), \quad t\to T$$

对于买入期权,$\xi_0$是常数。

## 5.7　远期合约和期货合约

本节介绍远期合约和期货合约的定价理论。远期合约和期货合约一般都采用无套利原则定价。就其定价公式来说,要比期权定价简单,为完整起见,在本节介绍另外两种金融衍生产品及其定价公式。

### 5.7.1　远期合约

**1. 基本概念和符号**

远期合约是在将来固定的日期(交割日),以预先指定的价格(远期价格)买或卖一种资产的协议。同意卖出资产的协议一方被说成取得空头远期头寸。在交割日承担买入资产责任的一方称为拥有多头远期头寸。签订远期合约的主要原因是不受风险资产的未知的未来价格影响,有各种这样的例子。例如,农场主希望事先固定农作物的销售价,进口

商希望在将来以固定的汇率筹措外币,基金经理希望在将来以固定的价格卖出股票。远期合约是双方之间的直接协议。在双方一致同意的时间,一般用实物交割方式结算,有时也可用现金结算。

假设用0表示远期合约交易的时间,用$T$表示交割时间,用$F(0,T)$表示远期的价格。在时间$t$标的资产的价格用$S(t)$表示。在远期合约交易时,在时间0任何一方都没有支付。在交割日,如果$F(0,T)<S(T)$,那么持有多头远期头寸的一方获利。他们能以$F(0,T)$价格买资产,以市场价格卖资产,在时间$T$产生的利润为$S(T)-F(0,T)$。同时,持有空头远期头寸的一方将损失$S(T)-F(0,T)$。因为他们将以低于市场价格卖出资产。如果$F(0,T)>S(T)$,那么情况相反,在交割日多头远期头寸的回报为$S(T)-F(0,T)$,空头远期头寸的回报为$F(0,T)-S(T)$。

如果合约在时间$t<T$而不是在时间0交易,那么远期的价格记为$F(t,T)$,在交割日多头远期头寸的回报为$S(T)-F(t,T)$,空头远期头寸的回报为$F(t,T)-S(T)$。

**2. 远期价格**

各种资产的远期价格公式可以利用无套利原则得到。本节将从最简单的情况开始。

不支付红利的股票。考虑这样一种证券,它没有储藏成本,持有证券不产生利润(价格的随机波动产生的资本利得除外)。典型的例子是不支付红利的股票。在连续复利情况下,无风险收益率用$r$表示,并且假设$r$为常数。

取得在时间$T$交割,价格为$F(0,T)$的股票远期多头头寸的另一个选择是,在时间0借入$S(0)$美元购买股票,并持有到时间$T$。在时间$T$归还贷款及利息的总金额$S(0)e^{rT}$与远期价格$F(0,T)$相等。于是得到如下结论。

不支付红利股票的远期合约价格为

$$F(0,T)=S(0)e^{rT}, \tag{5.7.1}$$

这里$r$是在连续复利的条件下的常数无风险利率。如果合约从$t\leqslant T$算起,则

$$F(t,T)=S(t)e^{r(T-t)}。 \tag{5.7.2}$$

用无套利原理证明上面的结论,采取如下策略就可以获得套利机会。

首先,用反证法证明式(5.7.1),假设$F(0,T)>S(0)e^{rT}$。在这种情况下,在时间0:

(1) 借入金额$S(0)$直到时间$T$。

(2) 以$S(0)$价格买入1股股票。

(3) 取得空头远期头寸,即同意在时间$T$以$F(0,T)$的价格卖出1股股票。

然后,在时间$T$:

(1) 以$F(0,T)$价格卖出股票。

(2) 支付$S(0)e^{rT}$结清贷款及利息。

这将带来无风险利润

$$F(0,T)-S(0)e^{rT}>0$$

这与无套利原则矛盾。假设$F(0,T)<S(0)e^{rT}$,在这种情况下,我们构造与前面相反的策略,在时间0:

(1) 以价格$S(0)$卖空1股股票。

(2) 以无风险利率投资这个收入。

(3) 以远期价格 $F(0,T)$ 签订多头远期合约。

然后，在时间 $T$：

(1) 兑现无风险投资本金和利息，获得 $S(0)e^{rT}$ 美元。

(2) 利用远期合约以 $F(0,T)$ 买入股票。

(3) 结清股票的空头头寸归还给所有者。

最后获得正的金额

$$S(0)e^{rT}-F(0,T)>0$$

这仍与无套利原则矛盾。

式(5.7.2)的证明是类似的，简单地用时间 $t$ 代替时间 0，注意远期合约交易和结算之间的时间是 $T-t$。

总是考虑 $F(t,T)=S(t)e^{r(T-t)}>S(t)$ 的情况，差 $F(t,T)-S(t)$ 称为基差(basis)，当 $t\leqslant T$ 时，基差收敛于 0。

在复利的情况下，远期价格为 $F(0,T)=S(0)\left(1+\frac{r}{m}\right)^{mT}$。

假设在远期合约开始和交割之间的一个时间 $t$ 股票支付红利 div。在时间 $t$，股票的价格下降红利支付的金额。远期价格公式中包含的股票价格减去支付的红利的现值。对于支付红利的情况，有如下结论。

股票在时间 $t$ 支付红利 div 的远期合约价格为

$$F(0,T)=[S(0)-e^{rt}\,\mathrm{div}]e^{rT} \tag{5.7.3}$$

这里 $0<t<T$。

还是利用无套利原则证明上述结论，用反证法，假设

$$F(0,T)>[S(0)-e^{rt}\,\mathrm{div}]e^{rT},$$

将构造一个套利策略，在时间 0：

(1) 签订价格为 $F(0,T)$ 的空头远期合约，在时间 $T$ 交割。

(2) 借入 $S(0)$ 美元，买入 1 股股票。

在时间 $t$，兑现现金红利 div，并将其进行无风险利率投资，持续时间为 $T-t$。

在时间 $T$：

(1) 以 $F(0,T)$ 的价格卖出股票。

(2) 支付 $S(0)e^{rT}$ 结清贷款和利息，并得到 $e^{r(T-t)}\,\mathrm{div}$。

最后的余额是正的，即

$$F(0,T)-S(0)e^{rT}+e^{r(T-t)}\,\mathrm{div}>0$$

与无套利原则矛盾。另外，设

$$F(0,T)<[S(0)-e^{-rt}\,\mathrm{div}]e^{rT}$$

在这种情况下，可采用如下策略套利，在时间 0：

(1) 签订价格为 $F(0,T)$ 的空头远期合约，在时间 $T$ 交割。

(2) 卖空 1 股并以无风险利率进行投资。

在时间 $t$，借入 div 美元，支付红利给股票的所有者。

在时间 $T$：

(1) 以 $F(0,T)$ 价格买 1 股股票，并且结清股票的空头头寸。

(2) 兑现无风险投资及利息，获得 $S(0)e^{rT}$，支付 $e^{r(T-t)}\text{div}$ 结清贷款和利息。

最后得到正的金额

$$-F(0,T)+S(0)e^{rT}-e^{r(T-t)}\text{div}>0$$

综合前段证明，根据无套利原则，式(5.7.3)成立。

这个公式容易推广到多次支付红利的情况，即

$$F(0,T)=[S(0)-\text{div}_0]e^{rT} \tag{5.7.4}$$

式中，$\text{div}_0$ 为在远期合约生命期内支付的所有红利的现值。

红利经常是按指定利率连续支付的，而不是离散支付。例如，在股票资产组合高度分散的情况下，自然假设是连续支付的，而不是在一年内频繁地分散支付的。另一个例子是外币，按贷款利率产生利息。

首先对外币的情况推导价格公式，设在纽约 1 英镑的价格是 $P(t)$ 美元。设投资于英镑和美元的无风险利率分别是 $r_{\text{GBP}}$ 和 $r_{\text{USD}}$。比较如下策略。

A：以利率 $r_{\text{USD}}$ 投资 $P(0)$ 美元到时间 $T$。

B：以 $P(0)$ 美元买入 1 英镑，以利率 $r_{\text{GBP}}$ 投资到时间 $T$，取得英镑远期合约空头头寸 $e^{r_{\text{GBP}}T}$，交割时间为 $T$，远期价格为 $F(0,T)$。

这两个策略的初始支付相同，于是终值也应该相同：

$$P(0)e^{r_{\text{USD}}T}=e^{r_{\text{GBP}}T}F(0,T)$$

由此得出

$$F(0,T)=P(0)e^{(r_{\text{USD}}-r_{\text{GBP}})T} \tag{5.7.5}$$

下面假设股票以付息率 $r_{\text{div}}>0$ 连续支付红利，称为(连续的)红利收益。如果红利再投资于股票，那么在时间 0 投资的 1 股股票在时间 $T$ 变成 $e^{r_{\text{div}}T}$ 股股票(这种情况类似于连续复利)。因此，为了在时间 $T$ 拥有 1 股股票，那么在时间 0 应有 $e^{-r_{\text{div}}T}$ 股股票。得到如下结论。

以付息率 $r_{\text{div}}$ 连续支付红利的股票远期价格为

$$F(0,T)=S(0)e^{(r-r_{\text{div}})T} \tag{5.7.6}$$

用无套利原则证明式(5.7.6)，用反证法，假设

$$F(0,T)>S(0)e^{(r-r_{\text{div}})T}$$

在这种情况下，在时间 0：

(1) 签订一个空头远期合约。

(2) 支付 $S(0)e^{-r_{\text{div}}T}$ 买 $e^{-r_{\text{div}}T}$ 股股票。

在 0～$T$ 收到连续支付的红利，再投资股票，在时间 $T$ 将有 1 股股票，上面已经作出解释。在时间 $T$：

(1) 以价格 $F(0,T)$ 卖出股票，结清空头远期头寸。

(2) 支付 $S(0)e^{(r-r_{\text{div}})T}$，结清贷款和利息。

最终的余额 $F(0,T)-S(0)e^{(r-r_{\text{div}})T}>0$，这就是套利利润，与无套利原则矛盾。

现在假设

$$F(0,T) < S(0)e^{(r-r_{div})T}$$

在这种情况下，采用如下策略，则在时间 0：

(1) 取得一个多头远期头寸。

(2) 卖空 $e^{-r_{div}T}$股股票收入并做无风险投资 $S(0)e^{-r_{div}T}$。

在时间 0～$T$，需要支付红利给股票的所有者，利用卖空股票筹集的现金，投资者的股票的空头头寸在时间 $T$ 增加到 1。在时间 $T$：

(1) 以 $F(0,T)$价格买入股票归还给所有者，结清远期多头头寸和股票的空头头寸。

(2) 从无风险投资得到 $S(0)e^{(r-r_{div})T}$。

还是得到正的金额 $S(0)e^{(r-r_{div})T}-F(0,T)>0$，与无套利原则矛盾。这样便证明了式(5.7.6)。

一般地，如果合约在时间 $t<T$ 开始，则

$$F(t,T) = S(t)e^{(r-r_{div})(T-t)} \tag{5.7.7}$$

**3. 远期合约的价值**

每一个远期合约开始生效时的价值是 0，随着时间的推移，标的资产的价格可能变化，因此，一般说来，远期合约的价值也随之改变，不总是零。特别地，在交割日，远期合约多头的价值是 $S(T)-F(0,T)$，它可能取值为正、零或者负。下面将推导体现远期价值变化的公式。

假设在时间 $t(0<t<T)$开始生效的远期合约的价格 $F(t,T)$高于 $F(0,T)$。这对于在时刻 0 开始的具有多头远期合约的投资者是个好消息。若一个投资者在时间 $t$ 新签订一个远期合约，交割日在时间 $T$，与时刻 0 购买的多头远期合约相比，在时间 $T$ 该投资者将得到收益 $F(t,T)-F(0,T)$。为求初始的远期头寸在时间 $t$ 的价值，将这个收益折现到时间 $t$，这个折现金额被在时间 0 购买远期多头合约的投资者收到(如果是负的，为支付)，并在时间 $t$ 结算，即早于交割日 $T$。于是得到如下结论。

对每个满足 $0\leqslant t\leqslant T$ 的时间 $t$，远期价格为 $F(0,T)$的多头远期合约在时间 $t$ 的价值是

$$V(t) = [F(t,T) - F(0,T)]e^{-r(T-t)} \tag{5.7.8}$$

用无套利原则证明，用反证法，假设

$$V(t) < [F(t,T) - F(0,T)]e^{-r(T-t)}$$

如果这样，那么在时间 $t$，可用如下策略套利：

(1) 借入金额 $V(t)$，签订价格为 $F(0,T)$、交割日为 $T$ 的远期多头合约。

(2) 构造空头远期头寸，其价格为 $F(t,T)$，没有成本。

接下来，在时间 $T$：

(1) 结清远期合约，如果是多头，得到金额 $S(T)-F(0,T)$(如果是负的，为支付)，结清空头头寸得到 $-S(T)+F(t,T)$。

(2) 归还贷款及利息总额为 $V(t)e^{t(T-t)}$。

最后的金额为 $F(t,T)-F(0,T)-V(t)e^{t(T-t)}>0$，这将是套利利润。

如果假设

$$V(t) > [F(t,T) - F(0,T)]e^{-r(T-t)}$$

采用类似的策略，就可得到套利利润。

注意，$V(0)=0$ 是远期合约的初始价值，$V(T)=S(T)-F(0,T)$[因为 $F(T,T)=$

$S(T)$]是最终回报。

对于不支付红利的股票的远期,由式(5.7.8)可知

$$V(t)=[S(t)\mathrm{e}^{r(T-t)}-S(0)\mathrm{e}^{rT}]\mathrm{e}^{-r(T-t)}=S(t)-S(0)\mathrm{e}^{rt} \quad (5.7.9)$$

这给我们的启示是,如果股票价格以与无风险投资同样的利率增长,那么远期合约的价值为零。增长高于无风险利率,则多头远期合约的持有者获得收益。

考虑一个合约,其交割价格是 $E$ 而不是 $F(0,T)$,则合约在时间 $t$ 的价值由用 $X$ 替代 $F(0,T)$ 的式(5.7.8)给出,

$$V_X(t)=[F(t,T)-E]\mathrm{e}^{-r(T-t)}$$

这样的合约初始价值可以不是零,在股票不支付红利的情况下,

$$V_X(0)=[F(0,T)-E]\mathrm{e}^{-rT}=S(0)-E\mathrm{e}^{-rT} \quad (5.7.10)$$

对于在 $0\sim T$ 支付红利的股票,合约的初始价值是

$$V_X(0)=S(0)-\mathrm{div}_0-E\mathrm{e}^{-rT}$$

$\mathrm{div}_0$ 是红利在时间 0 的折现值。对以支付率 $r_{\mathrm{div}}$ 连续支付红利的股票而言,合约的初始价值是

$$V_X(0)=S(0)\mathrm{e}^{-r_{\mathrm{div}}T}-E\mathrm{e}^{-rT}$$

### 5.7.2 期货

**1. 期货的基本概念**

在远期合约交割时,远期合约两方中一方会损失货币,另一方获利,由于远期是双方直接合约,获利方存在另一方的违约风险,期货合约可以避免这样的风险。

暂时假设时间是具有时段长度为 $\tau$ 的离散时间,一般是1天。

与远期合约一样,期货包括一个标的资产和一个指定的交割日,如价格为 $S(n)$ 的股票(其中 $n=0,1,\cdots$)和时间 $T$。除了通常的股票价格之外,对每一个满足 $n\tau\leqslant T$ 的时段 $n=0,1,\cdots$,市场指定所谓的期货价格 $f(n,T)$。这些价格在时间 0 是未知的,除了 $f(0,T)$ 外,将认为它们是随机变量。

与远期合约一样,开始的期货头寸没有成本,不同之处在于合约生命周期内的现金流。远期合约只有在交割日支付 $S(T)-F(0,T)$,期货合约包含由市场决定的随机现金流,即在每一个满足 $n\tau\leqslant T$ 时段($n=1,2,\cdots$),期货合约多头持有者将得到金额

$$f(n,T)-f(n-1,T)$$

如果是正的,为收益;如果是负的,为支付。期货的空头头寸恰好相反。

附加以下两个条件:

(1) 在交割日,期货价格为 $f(T,T)=S(T)$。

(2) 在每一个使得 $n\tau\leqslant T$ 成立的时段 $n$($n=0,1,\cdots$),期货头寸的价值是零。在每一个时段$n\geqslant1$,这个价格盯市(marking to market)以后计算。

第二个条件意味着在 $0\sim T$ 任何时段平仓、不开仓或者转换头寸都没有成本。

为保证履行包含在期货头寸中的义务,当然要强加一些特殊的规则。每一个签订期货合约的投资者都要支付保证金,称为初始保证金,支付给交易所作为担保。在多头期货头寸的情况下,如果 $f(n,T)-f(n-1,T)$是正的,则保证金加上这个金额;如果是负的,

则保证金减去这个金额。在每个时段,一般是一天一次(对于空头头寸则相反)。超过初始保证金的部分投资者可以收回。另外,如果保证金低于确定的水平,通知投资者维持保证金,交易所将提出保证金催交,要求投资者做支付并达到初始保证金的水平。期货头寸在任何时间可能结清,在这种情况下,保证金归还给投资者。特别地,如果投资者对保证金催交没有反应,交易所立刻平仓。因此,消除了违约风险。

**例　5.7**

假设初始保证金设置为期货价格的10%,补仓保证金为5%,表5.11表明期货价格$f(n,T)$的状况,表中"保证金1"和"保证金2"列表明在每天开始和结束时的保证金。支付(payment)列包括交纳保证金数量(负数)或收回(正数)保证金数量。

**表5.11　期货价格 $f(n,T)$ 的状况**

| $n$ | $f(n,T)$ | 现金流 | 保证金1 | 支付 | 保证金2 |
|---|---|---|---|---|---|
| 0 | 140 | 开仓 | 0 | −14 | 14 |
| 1 | 138 | −2 | 12 | 0 | 12 |
| 2 | 130 | −8 | 4 | −9 | 13 |
| 3 | 140 | 10 | 23 | 9 | 14 |
| 4 | 150 | 10 | 24 | 9 | 15 |
| | | 结算 | 15 | 15 | 0 |
| | | | 累计 | 10 | |

第0天,开仓期货头寸,按10%交保证金。第1天,期货价格下降2美元,从保证金中减去。第2天,期货价格下降8美元,启动催交保证金,因为保证金低于5%,投资者交纳9美元,保证金恢复到10%的水平。第3天,期货价格上涨,收回9美元,保留10%的保证金。第4天,期货价格再次上涨,允许投资者再次收回9美元。第4天结束时,投资者决定结清头寸,收到保证金余额。所有的支付是10美元,从第1天到第4天期货价格上涨10美元。

期货市场的一个重要特征是流动性。标准化和交易所的存在,为期货交易提供了流动性。在交易所交易的只是具有特殊交割日的期货合约。而且对于商品期货合约,如黄金或者木材,期货合约在指定标准化的交割日的同时,也指定标准化的资产的现货特征。交易所是一个中介机构,分配各种大小的大量的多头和空头期货头寸。交易所还催交恢复保证金以消除违约风险。这与两方直接协商的远期合约不同。

**2. 期货合约定价**

下面证明在某些条件下远期合约和期货合约的价格是相同的。假设$r$为无风险利率,$f(0,T)$表示期货合约的价格,则有如下结论。

如果利率是常数,则 $f(0,T)=F(0,T)$。

用无套利原则证明上面的结论。

为简单起见,假设盯市在两个中间的时间瞬间 $0<t_1<t_2<T$ 执行。实际上,如下的论证可以扩展到更多的时间频率。

取得具有远期价格 $F(0,T)$ 的远期多头头寸，金额 $e^{-rT}F(0,T)$ 投资于无风险资产。在时间 $T$ 结算无风险投资，得到 $F(0,T)$，利用远期合约买1股股票，并且以市场价 $S(T)$ 卖出。最终财富是 $S(T)$。

目标是利用期货合约的合适策略复制这个支付。在时间0：

(1) 开仓 $e^{-r(T-t_1)}$ 多头期货头寸(没有成本)。

(2) 投资 $e^{-rT}f(0,T)$ 于无风险资产[这个投资在时间 $T$ 增长为 $v_0=f(0,T)$]。

在时间 $t_1$：

(1) 由于盯市收到(或者支付) $e^{-r(T-t_1)}[f(t_1,T)-f(0,T)]$。

(2) 投资(或者借入，取决于符号) $e^{-r(T-t_1)}[f(t_1,T)-f(0,T)]$[这个投资在时间 $T$ 将增长到 $v_1=f(t_1,T)-f(0,T)$]。

(3) 增加多头合约头寸到 $e^{-r(T-t_2)}$(没有成本)。

在时间 $t_2$：

(1) 由于盯市收到(或者支付) $e^{-r(T-t_2)}[f(t_2,T)-f(t_1,T)]$。

(2) 投资(或者借入，取决于符号) $e^{-r(T-t_2)}[f(t_2,T)-f(t_1,T)]$[这个投资在时间 $T$ 将增长到 $v_2=f(t_2,T)-f(t_1,T)$]。

(3) 增加多头期货头寸到1(没有成本)。

在时间 $T$：

(1) 结清无风险投资，得到 $v_0+v_1+v_2=f(t_2,T)$。

(2) 结清期货头寸，收到(或者支付) $S(T)-f(t_2,T)$。

最终财富是 $S(T)$，与前面一样。因此，为了避免套利，开始时两个策略的初始投资相同，即

$$e^{-rT}F(0,T)=e^{-rT}f(0,T)$$

证毕。

如果利润变化是不可测的，上述论证中套利组合的设计就不可能完成。但是如果利率变化是已知的，那么适当修改上述论证，也可证明期货和远期价格的等式成立。

在一个具有常数利率 $r$ 的经济中，得到期货价格的简单公式

$$f(t,T)=S(t)e^{r(T-t)} \tag{5.7.11}$$

如果股票不支付红利，期货的价格是随机的，完全是由标的资产价格的随机性引起的。如果期货价格偏离式(5.7.11)给出的值，从市场的观点，它反映着远期利率的变化。

**3. 利用期货套期保值**

套期保值相对简单的方法是签订远期合约。但这种合约不是很有效的，因为没有涉及违约风险。另一个套期保值的可能性是利用期货市场，因为期货市场是得到很好发展的，是流动的，而且能排除违约风险。

**例　5.8**

设 $S(0)=100$ 美元，设无风险利率 $r=8\%$ 是常数。设盯市是一个月一次，时段是 $\tau=1/12$。假设希望3个月以后卖出股票。为了对股票价格的各种风险套期保值，签订一个3个月交割的股票空头期货合约。投资来自盯市的支付(或借入)按无风险利率产

**例 5.8(续)**

生利息,两个不同价格状况的结果如表 5.12 和表 5.13 所示。表中"盯市"列表示来自盯市的支付,最后一列表示直到交割日利息的增长。

情况 1:

**表 5.12 价格为 105.00 美元的状况**

| $n$ | $S(n)$ | $f(n,3/12)$ | 盯市 | 利息 |
|---|---|---|---|---|
| 0 | 100 | 102.02 | | |
| 1 | 102 | 103.37 | −1.35 | −0.02 |
| 2 | 101 | 101.67 | 1.69 | 0.01 |
| 3 | 105 | 105.00 | −3.32 | 0.00 |
| | | 累计 | −2.98 | −0.01 |

在这个状况下,以 105.00 美元的价格卖出股票,但盯市带来损失,总和减少到 105.00−2.98−0.01=102.01(美元)。注意如果盯市支付不按无风险利率投资,实际上总和是 105.00−2.98=102.02(美元),这精确地等于期货价格 $f(0,3/12)$。

情况 2:

**表 5.13 价格为 92.00 美元的状况**

| $n$ | $S(n)$ | $f(n,3/12)$ | 盯市 | 利息 |
|---|---|---|---|---|
| 0 | 100 | 102.02 | | |
| 1 | 98 | 99.31 | 2.70 | 0.04 |
| 2 | 97 | 97.65 | 1.67 | 0.01 |
| 3 | 92 | 92.00 | 5.65 | 0.00 |
| | | 累计 | 10.02 | 0.05 |

在这种状况下,以 92.00 美元卖股票与来自盯市和利息收益的总和是 92.00+10.02+0.05=102.07(美元)。不算利息,最后的总和是 92.00+10.02=102.02(美元),再一次精确地等于期货价格 $f(0,3/12)$。

实际上,例 5.7 中的计算不十分复杂,为简单起见,已经忽略了初始保证金,一些限制来自期货合约的标准化。因此,困难是抓住需要的合约的某些条款。例如,期货的交割日是一个指定的 4 个月的确定的日期,如在 3 月、6 月、9 月和 12 月的第三个星期五。如果想要结清在 4 月末的投资,需要套期保值期货合约的交易日在 4 月末附近。例如,在 6 月末。

**例 5.9**

假设希望在两个月之后卖出股票,并且利用 3 月交割的期货套期保值(状况与例 5.8 相同)。如表 5.14 和表 5.15 所示。

**例　5.9(续)**

情况1：

**表5.14　价格为101.00美元的状况**

| $n$ | $S(n)$ | $f(n,3/12)$ | 盯市 | 利息 |
|---|---|---|---|---|
| 0 | 100 | 102.02 | | |
| 1 | 102 | 103.37 | −1.35 | −0.01 |
| 2 | 101 | 101.67 | 1.69 | 0.00 |
| | | 累计 | 0.34 | −0.01 |

以101.00美元卖出股票,连同盯市和利息为110.33美元。

情况2：

**表5.15　价格为97.00美元的状况**

| $n$ | $S(n)$ | $f(n,3/12)$ | 盯市 | 利息 |
|---|---|---|---|---|
| 0 | 100 | 102.02 | | |
| 1 | 98 | 99.31 | 2.70 | 0.02 |
| 2 | 97 | 97.65 | 1.67 | 0.00 |
| | | 累计 | 4.37 | 0.02 |

在这种情况下,股票是97美元,连同盯市和利息得到100.39美元。

几乎达到目标值,这个目标值是期货价格 $f(0,2)=101.34$ 美元,即100美元按无风险利率复合的价值。

现货和期货价格之差称为基差(与远期合约相同)。

$$b(t,T)=S(t)-f(t,T)\quad[\text{有时基差定义为 } f(t,T)-S(t)]$$

当 $t\to T$ 时,基差趋向于0,因为 $f(T,T)=S(T)$,在一个具有常数利率的市场上,很明显,当 $t<T$ 时

$$b(t,T)=S(t)[1-e^{r(T-t)}]$$

是负的。如果资产按支付率 $r_{\text{div}}(r_{\text{div}}>r)$ 支付红利,则基差是正的。

$$b(t,T)=S(t)[1-e^{(r-r_{\text{div}})(T-t)}]$$

回到我们要解决的套期保值问题,假设希望在时间 $t<T$ 卖出资产。为了保护我们自己应对价格下跌,在时间0,可以做空价格为 $f(0,T)$ 的期货合约。在时间 $t$,卖出资产可得到 $S(t)$,加上来自盯市的现金流 $f(0,T)-f(t,T)$(为简单起见,不考虑中间现金流,假设 $t$ 是第一个盯市发生的瞬间),即得到

$$f(0,T)+S(t)-f(t,T)=f(0,T)+b(t,T)$$

价格 $f(0,T)$ 在时间0是已知的,于是包含在套期保值头寸的风险与未知的基差大小有关。这个不确定性主要与未知的远期利率有关。

如果套期保值的目的是极小化风险,最好是利用确定的最优套期保值率,即签订 $N$ 份期货合约,其中 $N$ 不必等于持有的标的资产的份数。为此,计算由基差 $b_N(t,T)=S(t)-Nf(t,T)$ 测量的风险：

$$\mathrm{Var}[b_N(t,T)] = \sigma^2_{S(t)} + N^2\sigma^2_{f(t,T)} - 2N\sigma_{S(t)}\sigma_{f(t,T)}\rho_{S(t)f(t,T)}$$

这里 $\rho_{S(t)f(t,T)}$ 是现货和期货价格的相关系数，$\sigma_{S(t)}$、$\sigma_{f(t,T)}$ 是标准差。方差是 $N$ 的二次函数，在

$$N = \rho_{S(t)f(t,T)}\frac{\sigma_{S(t)}}{\sigma_{f(t,T)}}$$

处有最小值，这就是最优套期保值率。

**4. 股指期货**

股票的交易所指数是选择股票价格的加权平均，其权重是股票的市值的比例。这种类型的指数近似于市场资产组合的价值的比例，如果选取的股票集合足够大。例如，标准普尔指数(Standard and Poor Index)，S&P500 是利用 500 个股票计算的，代表了纽约股票交易的 80%股票。对于期货市场来说，指数是可交易的证券。这是因为指数可与资产组合等同看待，即使交易成本阻碍资产组合的交易。期货价格 $f(n,T)$ 用指数点表示，假设和上面满足一样的条件，盯市由差 $f(n,T)-f(n-1,T)$ 乘以固定的金额给出(S&P500 期货为 500 美元)。

如果包含在指数中的股票数量很多，假设指数是一个连续支付红利的资产是可能的，也是方便的。

本节的目的是研究基于在第 3 章引入的资本资产定价模型对于指数期货套期保值的应用。正如已知的，在长度为 $\tau$ 的时段的资产组合的超额收益为

$$\mu_V = R_f + (\mu_M - R_f)\beta_w$$

这里 $\beta_w$ 是资产组合的贝塔(beta)系数，$\mu_M$ 是市场组合的期望收益，$R_f$ 是单期无风险收益。用 $V(n)$ 表示资产组合的第 $n$ 个时段的价值，为简单起见，假设指数等于市场资产组合的价值，于是期货价格为

$$f(n,T) = M(n)(1+R_f)^{T-n}$$

$M(n)$ 是在第 $n$ 个时段市场资产组合的价值(这里利用离散时间、普通的收益以及资产组合理论中的按期复利)。

可以用原来的资产组合和 $N$ 份交割日为 $T$ 的空头指数期货合约的差构成新的资产组合，其价值为 $\widetilde{V}(n)$。新资产组合的初始价值 $\widetilde{V}(0)$ 和原来资产组合的初始价值 $V(0)$ 是相同的，因为它和原来的期货合约没有什么不同。这个价值

$$\widetilde{V}(n) = V(n) - N[f(n,T) - f(n-1,T)]$$

是新的资产组合在第 $n$ 个时段的价值，其中包含了盯市现金流。新资产组合在第一个时段的收益是

$$R_{\widetilde{V}} = \frac{\widetilde{V}(1)-\widetilde{V}(0)}{\widetilde{V}(0)} = \frac{V(1) - N[f(1,T)-f(0,T)] - V(0)}{V(0)}$$

将证明，如果

$$N = (\beta_V - a)\frac{(1+r_F)V(0)}{f(0,T)}$$

那么对任意给定的数 $a$，$\beta_{\widetilde{V}} = a$。

由定义计算贝塔系数

$$\beta_{\widetilde{V}} = \frac{\mathrm{Cov}(R_{\widetilde{V}}, R_M)}{\sigma_M^2}$$

$$= \frac{\mathrm{Cov}(R_V, R_M)}{\sigma_M^2} - \frac{1}{V(0)} \frac{\mathrm{Cov}\{N[f(1,T) - f(0,T)], R_M\}}{\sigma_M^2}$$

这里 $R_M$ 是市场资产组合的收益，$R_V$ 是没有期货的资产组合的收益。因为 $\mathrm{Cov}[f(0,T), R_M]=0$，又因为协方差对每一个变量是线性的，

$$\mathrm{Cov}\{N[f(1,T) - f(0,T)], R_M\} = N\mathrm{Cov}[f(1,T), R_M]$$

代入期货价格 $f(1,T)=M(1)(1+r_F)^{T-1}$，有

$$\mathrm{Cov}[f(1,T), R_M] = (1+r_F)^{T-1}\mathrm{Cov}[M(1), R_M]$$

再一次利用协方差对每一个变量是线性的

$$\mathrm{Cov}[M(1), R_M] = M(0)\mathrm{Cov}\left[\frac{M(1)-M(0)}{M(0)}, R_M\right] = M(0)\sigma_M^2$$

接着替换得到

$$\beta_{\widetilde{V}} = \beta_V - \frac{(1+R_f)^{T-1} NM(0)}{V(0)} = \beta_V - N\frac{f(0,T)}{V(0)(1+R_f)}$$

从中可得出要证明的结论。

特别地，如果 $a=0$，则 $\mu_{\widetilde{V}} = R_f$。即可以选择 $N$ 使得资产组合的期望收益等于无风险收益。

**例　5.10**

假设指数从 $M(0)=890$(美元)下降到 $M(1)=850$(美元)，即在第一个时段下降 4.49%，进一步假设无风险利率是 1%，这意味着指数期货价格(3个时期后交割)是

$$f(0,3) = M(0)\ (1+R_f)^3 = 890 \times 1.01^3 \approx 916.97$$

$$f(1,3) = M(1)\ (1+R_f)^3 = 850 \times 1.01^2 \approx 867.09$$

考虑一个资产组合，它的贝塔系数 $\beta_V=1.5$，初始价值 $V(0)=100$ 美元，这个资产组合将有负的期望收益

$$\mu_V = r_F + (\mu_M - R_f)\beta_V$$

$$= 1\% + (-4.49\% - 1\%) \times 1.5 \approx -7.24\%$$

为构造一个新的资产组合，使得 $\beta_{\widetilde{V}}=0$，可以增补原来的资产组合

$$N = \beta_V \frac{(1+R_f)V(0)}{f(0,3)} = 1.5 \times \frac{1.01 \times 100}{916.97} \approx 0.165\,2(\text{美元})$$

分三个时段以后交割的空头指数远期合约。

设原来资产组合在第一个时段的实际收益等于期望收益，该给出 $V(1)=92.76$ 美元，盯市给出支付

$$-N[f(1,3) - f(0,3)] = -0.165\,2 \times (867.09 - 916.97) \approx 8.24(\text{美元})$$

该收益来自持有 $N=0.165\,2$ 空头远期合约，这样得出的新的资产组合在时间 1 的价值为

$$\widetilde{V}(1) = V(1) - N[f(1,3) - f(0,3)] = 92.76 + 8.24 = 101.00(\text{美元})$$

精确地按无风险增长。

# 习 题 5

1. 已知欧式看跌期权的施权价为 36 美元；在 3 个月以后的施权日产生 3 美元的利润。期权是利用 12%连续复利的贷款融资，并以 4.5 美元购买，计算施权日的股票价格。

2. 假设欧式看涨期权的施权价为 90 美元；6 个月后施权；施权日的股票价格可能会变为 87 美元、92 美元或者 97 美元的概率都是 1/3。如果期权利用利率 9%的连续复合贷款融资，以 8 美元的价格购买，计算这个欧式看涨期权的持有者的期望收益(或损失)。

3. 假设股票不支付红利，以每股 15.60 美元交易；在 3 个月以后施权的施权价为 15 美元的看涨期权以 2.83 美元交易。连续复合利率 $r=6.72\%$。计算具有相同的施权价和施权日的看跌期权的价格。

4. 施权价为 24 美元；6 个月以后施权的欧式看涨期权和看跌期权分别以 5.09 美元和 7.78 美元交易；标的股票的价格为 20.37 美元；利率为 7.48%，计算套利机会。

5. 其他变量不变，利用二叉树模型证明欧式看涨期权的价格随 $u$ 增长。分析 $d$ 的变化对期权价格的影响。

6. 如果 $r=0, S(0)=E=1$ 美元，求看涨期权价格 $C^E(0)$ 的公式，计算 $u=0.05, d=-0.05$ 以及 $u=0.01, d=-0.19$ 时的价格，得出关于股票收益的方差与期权之间关系的结论。

7. 设 $S(0)=120$ 美元，$u=0.2, d=-0.1, r=0.1$。考虑施权价为 $E=120$ 美元，施权时间 $T=2$ 的看涨期权，计算期权价格。

8. 计算在时间 3 到期的施权价为 $E=62$ 美元的美式看跌期权的价格。股票的初始价格为 $S(0)=60$ 美元，在二叉树模型中，$u=0.1, d=-0.05, r=0.03$。

9. 比较施权价为 $E=120$ 美元，在时间 2 到期的美式看涨期权和欧式看涨期权的价格。股票的初始价格 $S(0)=120$ 美元，在二叉树模型中，$u=0.2, d=-0.1, r=0.1$。

10. 假设欧式看跌期权和美式看跌期权的施权价为 $E=14$ 美元，在时间 2 到期，$S(0)=12$ 美元，在二叉树模型中，$u=0.1, d=-0.05, r=0.02$，在时间 1 支付红利 2 美元，计算美式看跌期权和欧式看跌期权的价格。

11. 设股票的当前价格为 50 元/股，一个 199 天后到期的施权价为 49 元的看涨期权定价为 4 元，股票的方差估计值为 0.09 元/年，无风险利率为 7%，用 Black-Scholes 模型评价期权定价是否合适。

12. (1) 使用 Black-Scholes 公式对具有下列数据的看涨期权定价。

$$S=45,\quad E=52,\quad \tau=6\text{ 个月},\quad \sigma^2=0.4,\quad r=0.065$$

(2) 用期权平价公式推导相应的看跌期权的价格。

13. 设一个期权具有如下信息：股票现价 $S=100$，施权价 $E=95$，无风险利率 $r=0.1$，距到期日时间 $\tau=0.25$，标准差 $\sigma=0.5$。

(1) 用 Black-Scholes 公式计算欧式看涨期权的价格。

(2) 将股票的标准差换为$\sigma=0.6$,再计算欧式看涨期权的价格,验证波动性越大,期权价值越高的结论。

14. 设卖出 50 000 份看跌期权,其施权日为 90 天,施权价 $E=1.80$ 美元,股票当前的价格是 $S(0)=1.82$ 美元,波动率 $\sigma=14\%$,无风险利率 $r=5\%$。构造一个德尔塔风险中性资产组合,假设 1 天以后股票价格下降到 $S\left(\frac{1}{365}\right)=1.81$ 美元,计算资产组合的价值。

15. 利用套利论证

$$C^E \leqslant C^A, \quad P^E \leqslant P^A$$

16. 对于支付红利的股票,证明

$$\max[0, S(0)-Ee^{-rT}] \leqslant C^E < S(0)$$

17. 对于支付红利的股票,证明

$$C^A < S(0)$$

18. 证明对于任意的、施权价为 $E$ 的欧式或者美式看跌期权,在 $S=E$ 时,时间价值达到最大值。

# 第 6 章　多期无套利资产定价模型

前几章我们研究了只考虑两个时点的单期模型。本章假设有 $T+1$ 个时点，即 $t=0, 1,\cdots,T$。股票的价格和投资决策与信息有关，随着时间的推移，知道的信息会越来越多，在时点 $T$ 知道全部信息。为了研究多期离散模型，我们必须弄清楚信息演变过程，即信息结构。为了描述信息结构，首先介绍离散概率模型。

## 6.1　离散概率模型

### 6.1.1　概率空间

假设在时刻 $t=1,\cdots,T$，股票的价格为 $S_t$，我们希望知道股票所有可能值构成的集合，称这个集合为样本空间，记为 $\Omega$。即

$$\Omega=\{\omega;\ \omega=(S_1,S_2,\cdots,S_T)\}$$

如果我们考虑一个特殊的情形，在每一个时点 $t$，股票价格只有两种变动状态，上涨 $u$ 倍，下跌 $d$ 倍。此时

$$\Omega=\{\omega;\ \omega=(a_1,a_2,\cdots,a_T)\},\quad a_t=u\ 或者\ a_t=d,\quad t=1,\cdots,T$$

未来出现的结果只能是所有可能结果中的一个，称其为现实世界的真实状态。

### 6.1.2　事件域

在时刻 $t$ 掌握的股票价格信息就是已知在时刻 $t$ 和时刻 $t$ 以前的股票价格。例如，当 $T=2$ 时，在 $t=0$ 时，我们不知道 $S_1$ 和 $S_2$ 的任何信息，只知道在时刻 0 即现在的股票价格。在 $t=1$ 时，股票价格上涨 $u$ 倍，我们知道真实状态是在 $A$ 中，而不在 $A$ 的余集 $\overline{A}$ 中，这里

$$A=\{(u,S_2);\ S_2=u\ 或\ d\}=\{(u,u),(u,d)\}$$

因此在时刻 1，我们掌握的信息为

$$\mathcal{F}_1=\{\phi,\Omega,A,\overline{A}\}$$

其含义是已知时刻 0 的信息 $\{\phi,\Omega\}$，时刻 1 的信息 $\mathcal{F}_1$，一般地，给出域的概念。

设 $\Omega$ 是一样本空间，$\mathcal{F}$ 是 $\Omega$ 的子集(事件)构成的集合，如果

(1) $\Phi,\Omega\in\mathcal{F}$。

(2) 如果 $A\in\mathcal{F}$，则 $\overline{A}\in\mathcal{F}$。

(3) 如果 $A\in\mathcal{F},B\in\mathcal{F}$，则 $A\cup B\in\mathcal{F}$。

则称 $\mathcal{F}$ 是一个域。容易验证

(1) $\{\Omega,\Phi\}$。

(2) $\{\Omega,\Phi,A,\overline{A}\}$。

(3) $\{A;\ A\subset\Omega\}$，即 $\Omega$ 的所有子集构成的集合记为 $2^{\Omega}$，是域。

### 6.1.3 分割

设$\mathcal{P}\in\{D_1,D_2,\cdots,D_k\}$是$\Omega$子集的集合，如果$D_i\cap D_j=\Phi$，$\bigcup_{i=1}^{k}D_i=\Omega(i,j=1,2,\cdots)$ $k$，则称$\{D_i,D_2,\cdots,D_k\}$是$\Omega$的一个分割。

由分割中的集合的有限并及其余集构成的集合，是一个域，称为由分割生成的域。它是包含$\{D_1,D_2,\cdots,D_k\}$最小的域，记为$\sigma(\mathcal{P})$。如果$\Omega$是有限的，则任何域都可以由分割生成。

设$\mathcal{F}_1$和$\mathcal{F}_2$是域，如果$\mathcal{F}_1$中的任何集合都在$\mathcal{F}_2$中，则称$\mathcal{F}_1$包含在$\mathcal{F}_2$中，记为$\mathcal{F}_1\subset\mathcal{F}_2$。

### 6.1.4 滤波空间

滤波空间($\sigma$-域流)是域构成的集合$\mathcal{F}=\{\mathcal{F}_1,\mathcal{F}_2,\cdots,\mathcal{F}_T\}$，满足条件$\mathcal{F}_t\subset\mathcal{F}_{t+1}(t=0,1,\cdots,T-1)$滤波空间是反映信息结构的合适模型，$\mathcal{F}_t$表示时刻$t$及时刻$t$以前的信息，随着时间的推移知道的信息越来越多。设$\mathcal{F}_T$是由分割$\mathcal{P}_t=\{D_1^t,\cdots,D_{v_t}^t\}$生成的，其中$v_t$表示$\mathcal{P}_t$中集合的个数，则必有$v_t<v_{t+1}$。

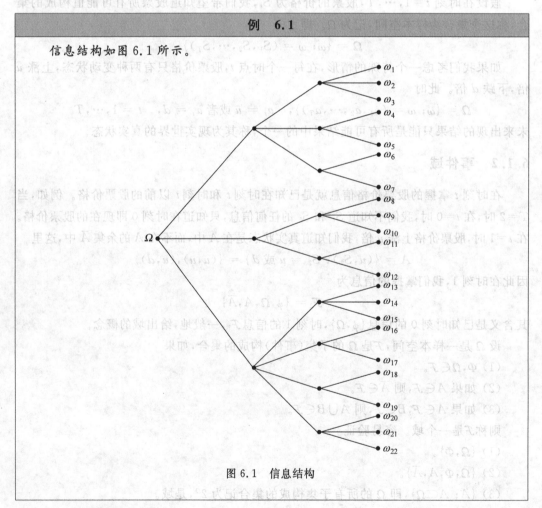

**例 6.1**

信息结构如图6.1所示。

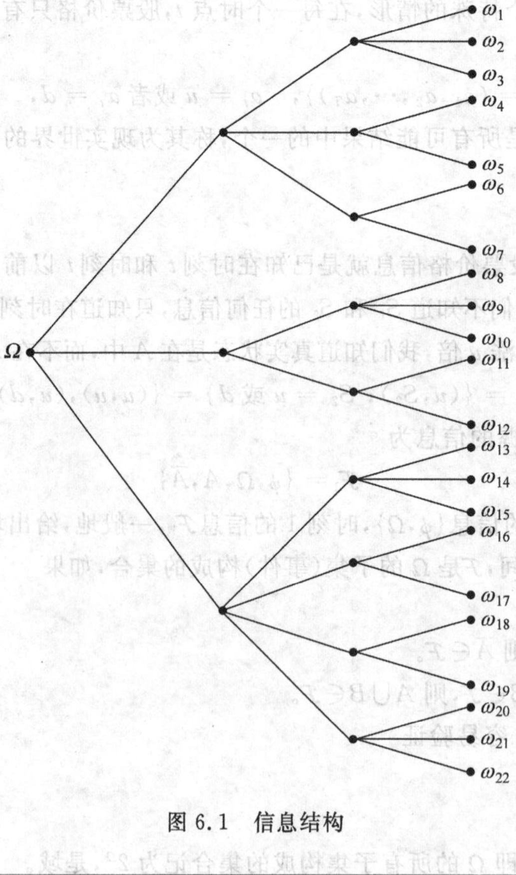


图6.1 信息结构

其中，$\Omega=\{\omega_1,\omega_2,\cdots,\omega_{22}\}$，共 22 个元素，$M=22$，$t=0,1,2,3$。

$$\mathcal{P}_0=\Omega$$
$$\mathcal{P}_1=\{D_1^{(1)},D_2^{(1)},D_3^{(1)}\}$$

其中，$D_1^{(1)}=\{\omega_1,\omega_2,\cdots,\omega_7\}$；$D_2^{(1)}=\{\omega_8,\omega_9,\cdots,\omega_{12}\}$；$D_3^{(1)}=\{\omega_{13},\omega_{14},\cdots,\omega_{22}\}$；$v_1=3$，表示分割$\mathcal{P}_1$ 由 3 个集合构成，这 3 个集合中元素的个数为$\# D_1^{(1)}=v_1^{(1)}=7$，$\# D_2^{(1)}=v_2^{(1)}=5$，$\# D_3^{(1)}=v_3^{(1)}=10$。类似地，

$$\mathcal{P}_2=\{D_1^{(2)},D_2^{(2)},\cdots,D_9^{(2)}\},\quad v_2=9$$

其中，$D_1^{(2)}=\{\omega_1,\omega_2,\omega_3\}$，　$\# D_1^{(2)}=v_1^{(2)}=3$

$D_2^{(2)}=\{\omega_4,\omega_5\}$，　$\# D_2^{(2)}=v_2^{(2)}=2$

$D_3^{(2)}=\{\omega_6,\omega_7\}$，　$\# D_3^{(2)}=v_3^{(2)}=2$

$D_4^{(2)}=\{\omega_8,\omega_9,\omega_{10}\}$，　$\# D_4^{(2)}=v_4^{(2)}=3$

$D_5^{(2)}=\{\omega_{11},\omega_{12}\}$，　$\# D_5^{(2)}=v_5^{(2)}=2$

$D_6^{(2)}=\{\omega_{13},\omega_{14},\omega_{15}\}$，　$\# D_6^{(2)}=v_6^{(2)}=3$

$D_7^{(2)}=\{\omega_{16},\omega_{17}\}$，　$\# D_7^{(2)}=v_7^{(2)}=2$

$D_8^{(2)}=\{\omega_{18},\omega_{19}\}$，　$\# D_8^{(2)}=v_8^{(2)}=2$

$D_9^{(2)}=\{\omega_{20},\omega_{21},\omega_{22}\}$，　$\# D_9^{(2)}=v_9^{(2)}=3$

$\mathcal{P}_3=\{\{\omega_1\},\{\omega_2\},\cdots,\{\omega_{22}\}\}$，$\#\mathcal{P}_3=22$，$D_i^{(3)}=\{\omega_i\}$，$i=1,2,\cdots,22$，$\# D_i^{(3)}=1$，$i=1,2,\cdots,22$。

对于分割中集合中的两个元素不能区分。例如，$D_1^{(1)}=\{\omega_1,\omega_2,\cdots,\omega_7\}$，在时刻 1，我们只知道事件$\{\omega_1,\omega_2,\cdots,\omega_7\}$发生，但不知是出现哪一个状态。我们可以选定这个集合中的一个代表来描述分割。对于分割$\mathcal{P}_1$，取 3 个元素（每个集合各取一个），属于分割中的集合。例如，取定 $\omega_6\in D_1^{(1)}$，$\omega_9\in D_2^{(1)}$，$\omega_{22}\in D_3^{(1)}$，则我们定义：

$$D_1(\omega_6)=D_1^{(1)},\quad v^{(1)}(\omega_6)=v_1^{(1)}=7$$
$$D_1(\omega_9)=D_2^{(1)},\quad v^{(1)}(\omega_9)=v_2^{(1)}=5$$
$$D_1(\omega_{22})=D_3^{(1)},\quad v^{(1)}(\omega_{22})=v_3^{(1)}=10$$

集合中的样本点是任取的。

### 6.1.5 随机过程

设 $\Omega$ 是一样本空间，$X(\omega)$：$\Omega\to R$ 是从样本空间到 $R$ 的函数，如果 $\Omega$ 是有限的，则 $X$ 只取有限个值 $x_1,x_2,\cdots,x_k$。设$\mathcal{F}$是一个域，$\mathcal{F}$中的任意元素称为可测集合，而称$\{\Omega,\mathcal{F}\}$为可测空间。如果对于任意的 $i$，$\{\omega;\ X(\omega)=x_i\}\in\mathcal{F}$，则称 $X$ 是$\mathcal{F}$-可测函数，或称 $X$ 为$\{\Omega,\mathcal{F}\}$上的随机变量，称 $X_t(\omega)(t=0,1,\cdots,T)$为随机过程。如果对任意的 $t$，$X_t(\omega)$是随机变量，则$\mathcal{F}=\{\mathcal{F}_1,\mathcal{F}_2,\cdots,\mathcal{F}_T\}$是一滤波。如果 $X_t(\omega)$是$\mathcal{F}_t$可测的，则称随机过程 $X_t(\omega)$适应于$\mathcal{F}$。

### 6.1.6 条件期望

设 $A\in\mathcal{F}$,$P(A)>0$,定义给定 $A$,随机变量 $X(\omega)$的条件期望为

$$E(X\mid A)=\frac{1}{P(A)}\sum_{\omega\in A}X(\omega)P(\omega) \tag{6.1.1}$$

可见,$E(X|A)$是随机变量在集合 $A$ 上的平均值。

设$\mathcal{P}=\{A_1,A_2,\cdots,A_n\}$是 $\Omega$ 的一个分割$\mathcal{G}=\sigma(p)$,定义

$$E(X\mid\mathcal{G})(\omega)=\sum_{i=1}^{n}\left[\frac{E(XI_{A_i})}{P(A_i)}\right]I_{A_i}(\omega) \tag{6.1.2}$$

式中,$I_{A_i}(\omega)=\begin{cases}1, & \omega\in A_i\\ 0, & \omega\notin A_i\end{cases}$ 是集合 $A_i$ 的示性函数。由式(6.1.2)可见,$E(X|\mathcal{G})(\omega)$是一随机变量,它在 $A_i$ 上取常数值 $E(X|A_i)$。

**例 6.2**

已知 $\Omega=\{\omega_1,\omega_2,\cdots,\omega_8\}$,每个 $\omega$ 出现的可能性相同,且

$$X(\omega_1)=25,X(\omega_2)=35,X(\omega_3)=50,X(\omega_4)=60,$$
$$X(\omega_5)=70,X(\omega_6)=80,X(\omega_7)=85,X(\omega_8)=95。$$

设 $D_1=\{\omega_1,\omega_2\}$,$D_2=\{\omega_3,\omega_4,\omega_5,\omega_6\}$,$D_3=\{\omega_7,\omega_8\}$,则 $P(D_1)=\frac{1}{4}$,$P(D_2)=\frac{1}{2}$,$P(D_3)=\frac{1}{4}$,由分割$\mathcal{P}=\{D_1,D_2,D_3\}$生成的域为

$$\mathcal{F}=\{\phi,\Omega,D_1,D_2,D_3,D_1\cup D_2,D_2\cup D_3,D_1\cup D_3\}$$

根据条件期望的定义

$$E(X\mid D_1)=\frac{1}{P(D_1)}\sum_{\omega\in D_1}P(\omega)X(\omega)=4\times\left(25\times\frac{1}{8}+35\times\frac{1}{8}\right)=30$$

类似地,$E(X|D_2)=65$,$E(X|D_3)=90$

$$E[X\mid\mathcal{F}]=\begin{cases}E(X\mid D_1)=30, & 当\ \omega\in D_1\ 时\\ E(X\mid D_2)=65, & 当\ \omega\in D_2\ 时\\ E(X\mid D_3)=90, & 当\ \omega\in D_3\ 时\end{cases}$$

容易证明条件期望有如下性质。

设 $X$ 是$(\Omega,\mathcal{F})$上的随机变量,$\mathcal{G}$,$\mathcal{G}_1$,$\mathcal{G}_2$ 是$\mathcal{F}$子域,且$\mathcal{G}_1\subseteq\mathcal{G}_2$,则

(1) $E(X|\mathcal{G})$是$\mathcal{G}$可测的随机变量。

(2) $E(X|\mathcal{F}_0)=EX$,这里$\mathcal{F}_0=\{\phi,\Omega\}$。

(3) $E[E(X|\mathcal{G})]=EX$。

(4) 如果 $Z$ 是$\mathcal{G}$可测的随机变量,则 $E(ZX|\mathcal{G})=ZE(X|\mathcal{G})$。

(5) $E[E(X|\mathcal{G}_1)|\mathcal{G}_2]=E[X|\mathcal{G}_1]$。

(6) $E[E(X|\mathcal{G}_2)|\mathcal{G}_1]=E[X|\mathcal{G}_1]$。

### 6.1.7　鞅

设随机过程 $X_t(\omega)(t=0,1,\cdots,T)$ 适应于滤波 $\mathcal{F}=\{\mathcal{F}_0,\cdots,\mathcal{F}_T\}$。如果对任意 $t=0,1,\cdots,T-1$，有

$$E(X_{t+1}\mid\mathcal{F}_t)=X_t$$

则称随机过程 $X_t(\omega)$ 是鞅。

## 6.2　多期无套利模型的有关概念

本节设有 $N$ 种资产，其中第一种资产是无风险资产，可看作资金账户，其余的 $N-1$ 种资产是风险资产，看作不支付红利的股票。

### 6.2.1　资产价格随机过程

多期模型中的样本空间 $\Omega=\{\omega_1,\omega_2,\cdots,\omega_n\}(n<+\infty)$ 投资者的主观概率为 $P(\omega)$，对任意 $\omega\in\Omega$，$P(\omega)>0$。设模型为 $T$ 期，有 $T+1$ 个时点 $(t=0,1,\cdots,T)$，资产定价问题是在已知 $t$ 期价格的概率分布的情况下确定 $t=0$ 时的价格。

$S_j(t,\omega)$ 表示证券 $j$ 在时刻 $t$ 状态为 $\omega$ 时的价格，对任意的 $j$、$t$，$S_j(t,\omega)$ 是样本空间 $\Omega$ 上的随机函数，证券 $j$ 在时刻 $t$ 的价格是随机变量，用 $S_j(t)$ 表示。相应地，$S_j=\{S_j(t);t=0,1,\cdots,T\}$ 是一随机过程，对于每一个 $\omega\in\Omega$，$t\to S_j(t,\omega)$ 是 $S_j$ 的一个样本路径。

$$\boldsymbol{S}(t,\omega)=[S_1(t,\omega),S_2(t,\omega),\cdots,S_N(t,\omega)]\tag{6.2.1}$$

对于随机过程的集合 $\boldsymbol{S}=\{S_1,S_2,\cdots,S_N\}$ 称为向量随机过程。我们假定第一种资产为银行账户，可视为无风险资产，其收益率设为 $R_f$。

### 6.2.2　自融资交易策略

以 $\theta_j(t,\omega)$ 表示在状态 $\omega$ 出现时，投资者在 $[t,t+1)$ 持有的资产 $j$ 的数量，那么交易策略定义为

$$\boldsymbol{\theta}(t,\omega)=[\theta_1(t,\omega),\theta_2(t,\omega),\cdots,\theta_N(t,\omega)]^{\mathrm{T}}\tag{6.2.2}$$

其含义是在时刻 $t$，$\omega$ 状态下，投资者持有资产 1，资产 2，…，资产 $N$ 的数量。据定义，交易策略与 $t$ 和 $\omega$ 有关，$\boldsymbol{\theta}(t,\omega)$ 也是向量随机过程。

注意到 $\boldsymbol{S}(t,\omega)$ 是行向量，$\boldsymbol{\theta}(t,\omega)$ 是列向量，那么定义

$$V^{\boldsymbol{\theta}}(t,\omega)=\boldsymbol{S}(t,\omega)\times\boldsymbol{\theta}(t,\omega),\quad t=0,1,\cdots,T-1\tag{6.2.3}$$

其含义是对于交易策略 $\boldsymbol{\theta}$ 之下，资产的价值。显然，$V^{\boldsymbol{\theta}}(t)=V^{\boldsymbol{\theta}}(t,\omega)$ 是随机变量，而 $V^{\boldsymbol{\theta}}=\{V^{\boldsymbol{\theta}}(t);\ t=0,1,\cdots,T-1\}$ 是一个随机过程。

类似地，定义在状态 $\omega$ 之下，在 $t$ 期发生交易前的组合的价值

$$V^{\boldsymbol{\theta}}(t^-,\omega)=\boldsymbol{S}(t,\omega)\times\boldsymbol{\theta}(t-1,\omega),\quad t=1,2,\cdots,T$$

对应的随机变量是 $V^{\boldsymbol{\theta}}(t^-)=V^{\boldsymbol{\theta}}(t^-,\cdot)$，实际上，如果在时刻 $t$ 有现金流入或者现金流出，就可能出现 $V^{\boldsymbol{\theta}}(t^-)\neq V^{\boldsymbol{\theta}}(t)$，我们定义，

$$C^{\theta}(t,\omega)=\begin{cases}-V^{\theta}(t,\omega), & t=0\\ V^{\theta}(t^{-},\omega)-V^{\theta}(t,\omega), & t=1,2,\cdots,T-1\\ V^{\theta}(t^{-},\omega), & t=T\end{cases} \tag{6.2.4}$$

含义是在时刻 $t$ 现金流出的数量,$C^{\theta}(t)=C^{\theta}(t,\omega)$是一个随机过程。如果

$$C^{\theta}(1)=C^{\theta}(2)=\cdots=C^{\theta}(T-1)=0$$

则称交易策略$\boldsymbol{\theta}$为自融资交易策略。

**例 6.3**

单期二项式模型自融资投资策略条件,设 $N=2,T=2$,

$$\Omega=\{\omega_1,\omega_2,\omega_3,\omega_4\},\quad \omega_1=(u,u),\quad \omega_2=(u,d),\quad \omega_3=(d,u),\quad \omega_4=(d,d)$$

在 $t=0$ 时,无法区分 $\omega_1,\omega_2,\omega_3,\omega_4$,因此投资于第一种资产的数量与状态无关,于是

$$\theta_1(0,\omega_1)=\theta_1(0,\omega_2)=\theta_1(0,\omega_3)=\theta_1(0,\omega_4)=\theta_{01}$$

类似地

$$\theta_2(0,\omega_1)=\theta_2(0,\omega_2)=\theta_2(0,\omega_3)=\theta_2(0,\omega_4)=\theta_{02}$$

$\theta_{01}$和 $\theta_{02}$分别是时刻 0 投资资产 1 和投资资产 2 的数量,它与状态无关,是确定的常数。当 $t=1$ 时,我们只知道时刻 0 和时刻 1 的信息,即只知道在时刻 1,股票价格是上升还是下降。如果在 $t=1$ 时股票价格上升时投资于两种资产的数量分别为 $\theta_{u1}$ 和 $\theta_{u2}$,则有

$$\theta_1(1,\omega_1)=\theta_1(1,\omega_2)=\theta_{u1}$$

$$\theta_2(1,\omega_1)=\theta_2(1,\omega_2)=\theta_{u2}$$

$$S_2(1,\omega_1)=S_2(1,\omega_2)=S_2(0)u$$

类似地,如果在时刻 1 股票价格是下降的,则

$$\theta_1(1,\omega_3)=\theta_1(1,\omega_4)=\theta_{d1}$$

$$\theta_2(1,\omega_3)=\theta_2(1,\omega_4)=\theta_{d2}$$

$$S_2(1,\omega_3)=S_2(1,\omega_4)=S_2(0)d$$

而无论价格是升还是降,对于资产 1,有

$$S_1(1,\omega_1)=S_1(1,\omega_2)=S_1(1,\omega_3)=S_1(1,\omega_4)=1+R_f$$

要使投资策略$\boldsymbol{\theta}$是自融资的,根据定义应有

$$C^{\theta}(1)=V^{\theta}(1^{-})-V^{\theta}(1)=0$$

也即

$$\boldsymbol{S}(1,\omega)\boldsymbol{\theta}(0,\omega)=\boldsymbol{S}(1,\omega)\boldsymbol{\theta}(1,\omega) \tag{6.2.5}$$

对于 $t=1$,上升状态,则有

$$(1+R_f)\theta_{01}+S_2(0)u\theta_{02}=(1+R_f)\theta_{u1}+S_2(0)u\theta_{u2} \tag{6.2.6a}$$

对于 $t=1$,下降状态,则有

$$(1+R_f)\theta_{01}+S_2(0)d\theta_{02}=(1+R_f)\theta_{d1}+S_2(0)d\theta_{d2} \tag{6.2.6b}$$

### 6.2.3 套利机会

为了推导多期无套利定价基本定理,我们需要给出自融资策略下的套利机会的描述

和无套利条件。

如果存在自融资策略$\boldsymbol{\theta}$，使得

(1) $V^{\theta}(0)=\boldsymbol{S}(0)\boldsymbol{\theta}(0)\leqslant 0$。

(2) $V^{\theta}(T)=\boldsymbol{S}(T)\boldsymbol{\theta}(T-1)\geqslant 0$。　(6.2.7)

则称市场存在套利机会。

条件(1)是说交易策略$\boldsymbol{\theta}$没有现金投入，条件(2)是说此投资策略在时刻 $T$ 无论哪一种状态出现，投资策略$\boldsymbol{\theta}$的资产组合的价值不会小于零，而且至少有一种状态其价值大于零，因为$\boldsymbol{\theta}$是自融资策略，保证在投资的过程中没有现金流入和现金流出。

### 6.2.4 风险中性概率测度

与单期模型一样，无套利定价模型建立在风险中性概率基础之上，但与单期模型不同的是，我们这里需要的是一种鞅测度。而鞅测度的定义是建立在折现价格基础之上的，折现价格过程是

$$\left\{\frac{S_j(t)}{S_1(t)};\ t=0,1,\cdots,T\right\},\quad j=1,2,\cdots,N$$

式中，$S_1(t)$为资产 1 在时刻 $t$ 的价格，即 $S_1(0)(1+R_f)^t$，$S_j(t)$是随机变量，$\dfrac{S_j(t)}{S_1(t)}$是随机变量，它是 $S_j(t)$每种状态下的价格用无风险收益率的折现值，因此$\dfrac{S_j(t)}{S_1(t)}$是一个现值随机过程。为方便起见，我们将这个随机过程记为$\dfrac{S_j}{S_1}(j=1,2,\cdots,N)$。

风险中性概率测度是指定义在 $\Omega$ 的测度 $Q$，满足如下两个条件：

(1) 对于任意的 $\omega\in\Omega$，$Q(\omega)>0$；

(2) 在测度 $Q$ 之下，随机过程$\dfrac{S_j}{S_1}$是鞅，$j=1,2,\cdots,N$。

风险中性概率测度 $Q$ 和自融资交易策略有如下性质：

**性质 1**　设 $Q$ 是一个风险中性概率测度，$\boldsymbol{\theta}$是一个自融资交易策略，则有

$$\frac{V^{\theta}(t)}{S_1(t)}=E^{Q}\left[\frac{V^{\theta}(t+1)}{S_1(t+1)}\middle|F_t\right],\quad t=0,1,\cdots,T-1 \tag{6.2.8}$$

**证明**　因为$\boldsymbol{\theta}$是自融资交易策略，根据风险中性概率测度的定义和条件期望的性质(3)及式(6.2.3)，我们有

$$\begin{aligned}E^{Q}\left[\frac{V^{\theta}(t+1)}{S_1(t+1)}\middle|F_t\right]&=E^{Q}\left[\frac{V^{\theta}(t+1)^{-}}{S_1(t+1)}\middle|F_t\right]\\&=E^{Q}\left[\frac{\boldsymbol{S}(t+1)\,\boldsymbol{\theta}(t)}{S_1(t+1)}\middle|F_t\right]\\&=\boldsymbol{\theta}(t)E^{Q}\left[\frac{\boldsymbol{S}(t+1)}{S_1(t+1)}\middle|F_t\right]\\&=\boldsymbol{\theta}(t)\frac{S(t)}{S_1(t)}=\frac{V^{\theta}(t)}{S_1(t)}\end{aligned}$$

证毕。

**性质2** 设$\theta$是一个自融资交易策略,$Q$是风险中性概率,那么对应的资产组合价值的折现过程在$Q$之下是一个鞅,满足

$$\frac{V^{\theta}(t)}{S_1(t)}=E^{Q}\left[\frac{V^{\theta}(\tau)}{S_1(\tau)}\middle|F_t\right] \tag{6.2.9}$$

其中,$0\leqslant t\leqslant \tau<T$。

**证明** 利用条件期望的性质(5)和性质(6)。根据性质1,我们有

$$E^{Q}\left[\frac{V^{\theta}(t+2)}{S_1(t+2)}\middle|F_t\right]=E^{Q}\left\{E^{Q}\left[\frac{V^{\theta}(t+2)}{S_1(t+2)}\middle|F_t\right]\middle|F_t\right\}$$
$$=E^{Q}\left[\frac{V^{\theta}(t+1)}{S_1(t+1)}\middle|F_t\right]=\frac{V^{\theta}(t)}{S_1(t)}$$

同样
$$E^{Q}\left[\frac{V^{\theta}(t+3)}{S_1(t+3)}\middle|F_t\right]=\frac{V^{\theta}(t)}{S_1(t)}$$
证毕。

### 6.2.5 状态价格随机过程

状态价格随机过程是单期模型中的状态价格向量概念在多期模型中的推广。

我们称随机过程$\psi=\{\psi(t);\ t=0,1,\cdots,T\}$是一个状态价格随机过程。如果

(1) $\sum\limits_{\omega\in\Omega}\psi(0,\omega)=1$。

(2) $\psi(t)$适应于多期模型信息结构滤波$\mathcal{F}=\{\mathcal{F}_0,\mathcal{F}_1,\cdots,\mathcal{F}_T\}$。

(3) $\psi(t)$是严格正的。

(4) $\sum\limits_{\omega\in D}\psi(t,\omega)S_j(t,\omega)=\sum\limits_{\omega\in D}\psi(t+1,\omega)S_j(t+1,\omega)$。

这里$D$是分割$\mathcal{P}_t$中的任意组合。

**例6.4 二项分布模型**

设资产1是无风险资产,收益率为$R_f$,设资产2是风险资产,如股票,在每个时刻$t$,股票价格变动有两种可能,上涨$u$倍$(u>1+R_f)$,下跌$d$倍$(0<d<1)$,考虑$T$期模型,则第二种资产的价格为$S_2$,$S_2(t)(t=0,1,\cdots,T)$是一个价格随机过程,样本空间有$2^T$种状态,每种状态都对应一个特定的价格升降序列。$S_2(0)$表示在0时刻股票的价格,是一个固定的常数。$S_2(t)$是一个随机变量,它的取值为下列值中的一个:

$$S_2(0)u^t,S_2(0)u^{t-1}d,\cdots,S_2(0)ud^{t-1},S_2(0)d^t$$

对于所有的$t$,因为资产1是无风险资产,设$S_1(0)=1$,所以$S_1(t)=(1+R_f)^t$。

设股票价格上涨的概率为$p$,则下跌的概率为$1-p$,则$S_2(t)$服从二项分布,即

$$p[S_2(t)]=\binom{t}{j}p^j(1-p)^{t-j},\quad j=0,1,\cdots,t$$

其中$\binom{t}{j}=\dfrac{t!}{j!\ (t-j)!}$。如果$T=3$,则设样本空间$\Omega=\{\omega_1,\cdots,\omega_8\}$,其中

$$\omega_1=(升,升,升);\ \omega_2=(升,升,降);\ \omega_3=(升,降,升);$$

$$\omega_4=(升,降,降);\ \omega_5=(降,升,升);\ \omega_6=(降,升,降);$$

$$\omega_7=(降,降,升);\ \omega_8=(降,降,降)$$

如果 $t=0$,则资产 1 的数量

$$\theta_1(0,\omega_1)=\theta_1(0,\omega_2)=\cdots=\theta_1(0,\omega_8)=\theta_{01}$$

$$\theta_2(0,\omega_1)=\theta_2(0,\omega_2)=\cdots=\theta_2(0,\omega_8)=\theta_{02}$$

如果 $t=1$ 时,股票价格是上涨的,则

$$\theta_1(1,\omega_1)=\theta_1(1,\omega_2)=\theta_1(1,\omega_3)=\theta_1(1,\omega_4)=\theta_{u1}$$

$$\theta_2(1,\omega_1)=\theta_2(1,\omega_2)=\theta_2(1,\omega_3)=\theta_2(1,\omega_4)=\theta_{u2}$$

$$S_2(1,\omega_1)=S_2(1,\omega_2)=S_2(1,\omega_3)=S_2(1,\omega_4)=S_2(0)u$$

如果 $t=1$ 时,股票价格是下降的,则

$$\theta_1(1,\omega_5)=\theta_1(1,\omega_6)=\theta_1(1,\omega_7)=\theta_1(1,\omega_8)=\theta_{d1}$$

$$\theta_2(1,\omega_5)=\theta_2(1,\omega_6)=\theta_2(1,\omega_7)=\theta_2(1,\omega_8)=\theta_{d2}$$

$$S_2(1,\omega_5)=S_2(1,\omega_6)=S_2(1,\omega_7)=S_2(1,\omega_8)=S_2(0)d$$

而资产 1 的价格和股票价格的升降无关,因此

$$S_1(\omega_1)=S_1(\omega_2)=\cdots=S_1(\omega_8)=1+R_f$$

$\boldsymbol{\theta}$ 是自融资交易策略,按定义 $C^{\theta}(1)=0$,即

$$C^{\theta}(1)=V^{\theta}(1^-)-V^{\theta}(1)$$

由 $C^{\theta}$ 的定义,即

$$\boldsymbol{S}(1,\omega)\boldsymbol{\theta}(0,\omega)=\boldsymbol{S}(1,\omega)\boldsymbol{\theta}(1,\omega)$$

于是,对于 $\omega_1,\omega_2,\omega_3,\omega_4$ 有

$$(1+R_f)\theta_{01}+S_2(0)u\theta_{02}=(1+R_f)\theta_{u1}+S_2(0)u\theta_{u2} \tag{6.2.10}$$

对于 $\omega_5,\omega_6,\omega_7,\omega_8$,有

$$(1+R_f)\theta_{01}+S_2(0)d\theta_{02}=(1+R_f)\theta_{d1}+S_2(0)d\theta_{d2} \tag{6.2.11}$$

式(6.2.10)和式(6.2.11)就是 $t=1$ 时,自融资交易策略满足的条件。

类似地,可得 $t=2$ 的自交易策略满足的条件。

因为多期模型包含了若干个单期模型,如果多期模型无套利机会,则每一个单期模型也没有套利机会。根据二项式期权定价公式,单期模型无套利等价于存在由

$$g=\frac{1+R_f-d}{u-d} \tag{6.2.12}$$

确定的风险中性概率。在 $T$ 期内,上涨 $j$ 次,下跌 $T-j$ 次状态 $\omega$ 的概率为

$$Q(\omega)=q^j(1-q)^{T-j} \tag{6.2.13}$$

设 $\mathcal{P}_t$ 是 $t$ 期的分割,上升 $j$ 次,下降 $t-j$ 次的状态属于分割的 $D_k^{(t)}$,则

$$Q(D_k^{(t)})=q^j(1-q)^{t-j} \tag{6.2.14}$$

而 $\# D_k^{(t)}=2^{T-t}$,则对于 $\omega\in D_k^{(t)}$,状态价格随机过程

$$\psi(t,\omega)=\frac{q^j(1-q)^{t-j}}{2^{T-t}(1+R_f)^t} \tag{6.2.15}$$

## 6.3 多期无套利定价模型

### 6.3.1 多期无套利定价基本定理

在6.2节中各项假设的基础上,我们把单期模型的无套利推广到多期的情形,得到如下的定理。

**定理6.1** 下列条件是等价的

(1) 市场不存在套利机会。

(2) 存在状态价格随机过程。

(3) 存在风险中性概率测度。

**证明** 下面证明结论(2)和结论(3)是等价的。首先证明如果(3)成立,则(2)成立,设存在风险中性概率测度$Q$,以$D$表示$t$时刻及其以前的信息,$\# D$表示$D$包含的状态数,$I_D$是$D$的示性函数。

对于任意$t$,设相应的分割$\mathcal{P}_T=\{D_1^{(t)},\cdots,D_{v_t}^{(t)}\}$,定义

$$\psi(t,\omega)=\sum_{k=1}^{v_t}\frac{Q(D_k^{(t)})\cdot I_{D_k^{(t)}}(\omega)}{\# D_k^{(t)}S_1(t,\omega)},\quad t=0,1,\cdots,T \tag{6.3.1}$$

式中,$I_{D_k^{(t)}}(\omega)$为$D_k^{(t)}$的示性函数。

下面证明$\{\psi(t,\omega);\ t=0,1,2,\cdots,T\}$是状态价格过程。

当$t=0$时,$P_0=\{\Omega\}$,$\#\Omega=M$,$Q(\Omega)=1$,$I_\Omega(\omega)=1$,$S_1(0,\omega)=1$,因此

$$\sum_{\omega\in\Omega}\psi(0,\omega)=\sum_{\omega\in\Omega}\frac{1}{M}I_\Omega(\omega)=1$$

状态价格过程的条件(1)满足。

对于任意$t$,$\psi(t,\omega)$只取有限个值,它取决于$\omega\in D_k^{(t)}$,而取这个值的相应的集合恰好是$D_k^{(t)}$,故$\psi(t,\omega)$是$\mathcal{F}_T$可测的。因此,$\psi(t,\omega)$是适应的,状态价格过程的条件(2)满足。

由$\psi(t,\omega)$定义可见,$\psi(t,\omega)$是严格正的,故状态价格过程的条件(3)满足。

设$D^{(t)}$是$\mathcal{P}_t$中的任意集合,为简单起见,省略下标。因为$\mathcal{P}_{t+1}$比$\mathcal{P}_t$更细,故$D^{(t)}$是$\mathcal{P}_{t+1}$一些集合的并。设$D^{(t)}=\bigcup_{i=1}^{I}D_i^{(t+1)}$,由$\psi(t+1,\omega)$的定义

$$\sum_{\omega\in D^t}\psi(t+1,\omega)S_j(t+1,\omega)=\sum_{i=1}^{I}\frac{Q(D_i^{(t+1)})I_{D_i^{(t+1)}}(\omega)S_j(t+1,\omega)}{\#(D_i^{(t+1)})S_1(t+1,\omega)} \tag{6.3.2}$$

$S_j(t+1,\omega)$只取有限个值,取值取决于分割中的集合,换言之,对于属于分割中同一集合的$\omega$,价值的取值是一样的,

$$\begin{aligned}\sum_{\omega\in D^t}\psi(t+1,\omega)S_j(t+1,\omega)&=\sum_{i=1}^{I}\frac{Q[D_i^{(t+1)}]I_{D_i^{(t+1)}}(\omega)S_j(t+1,\omega)}{\#[D_i^{(t+1)}]S_1(t+1,\omega)}\\&=\sum_{i=1}^{I}Q[D_i^{(t+1)}]\frac{S_j[t+1,D_i^{(t+1)}]}{S_1[t+1,D_i^{(t+1)}]}\end{aligned} \tag{6.3.3}$$

由$\psi(t,\omega)$定义,可见

$$\sum_{\omega\in D^t}\psi(t,\omega)S_j(t,\omega)=\frac{S_j[t,D^{(t)}]}{S_1[t,D^{(t)}]}Q[D^{(t)}] \tag{6.3.4}$$

由于 $Q$ 是风险中性概率测度，所以$\frac{S_j}{S_1}$是鞅，故对于 $\omega\in D^{(t)}$，有

$$\frac{S_j(t)}{S_1(t)}=E^Q\left[\frac{S_j(t+1)}{S_1(t+1)}\middle|\mathcal{F}_k\right] \tag{6.3.5}$$

故得

$$\frac{S_j(t,\omega)}{S_1(t,\omega)}=\sum_{i=1}^{I}\frac{Q[D_i^{(t+1)}]S_j[t+1,D_i^{(t+1)}]}{Q[D^{(t)}]S_1[t+1,D_i^{(t+1)}]} \tag{6.3.6}$$

注意到$\frac{Q[D_i^{(t+1)}]}{Q[D^{(t)}]}=Q[D_i^{(t+1)}\mid D^{(t)}]$，故由式(6.3.3)和式(6.3.6)，得

$$\sum_{\omega\in D^t}\psi(t+1,\omega)S_j(t+1,\omega)=\sum_{i=1}^{I}Q[D_i^{(t+1)}]\frac{S_j[t+1,D_i^{(t+1)}]}{S_1[t+1,D_i^{(t+1)}]}$$

$$=Q[D^{(t)}]\frac{S_j(t,\omega)}{S_1(t,\omega)}=Q[D^{(t)}]\frac{S_j[t,D^{(t)}]}{S_1[t,D^{(t)}]} \tag{6.3.7}$$

再由式(6.3.4)，可见

$$\sum_{\omega\in D^t}\psi(t+1,\omega)S_j(t+1,\omega)=\sum_{\omega\in D^{(t)}}\psi(t,\omega)S_j(t,\omega)$$

这说明状态价格过程的条件(4)成立，故 $\psi(t,\omega)$是状态价格过程。

下面证明如果 $\psi(t,\omega)$是状态价格随机过程，那么存在风险中性概率测度。

由式(6.3.1)，当 $t=0$ 时，$D_1^{(0)}=\Omega$，$S(0,\omega)=1$，又由状态价格过程定义中的条件(1)，得 $Q(\Omega)=1$。

对于任意的 $\omega\in\Omega$，在时刻 $t$，有 $D_k^{(t)}$ 使 $\omega\in D_k^{(t)}$，因为 $\psi(t,\omega)>0$，由式(6.3.1)，得

$$Q[D_i^{(t)}]>0$$

于是 $Q(\omega)>0$。由价格状态随机变量条件(4)，可见式(6.3.3)成立，以及式(6.3.7)成立，故$\frac{S_j}{S_1}$在 $Q$ 之下是鞅，即 $Q$ 是风险中性概率测度。

下面证明(1)和(2)等价。

如果存在一个价格状态随机过程 $\psi(t,\omega)$，即对任意的现金流$\{\boldsymbol{C}^{\theta}(t)\}$，有

$$\sum_{\omega\in\Omega}\sum_{t=0}^{T}\psi(t,\omega)\boldsymbol{C}^{\theta}(t,\omega)=0$$

根据市场无套利机会的定义，市场无套利。如果市场是无套利的，设$\boldsymbol{\theta}$为任意交易策略，设$\{\boldsymbol{C}^{\theta}(t,\omega);\ t=0,1,\cdots,T,\omega\in\Omega\}$表示策略$\boldsymbol{\theta}$产生的价值，由于$\boldsymbol{C}^{\theta}$是适应的，对于每一个 $t$，设

$$\mathcal{P}_t=\{D_1^{(t)},D_2^{(t)},\cdots,D_{v_t}^{(t)}\} \tag{6.3.8}$$

$\boldsymbol{C}(t)$可表示为

$$\boldsymbol{C}(t)=\boldsymbol{C}(t,\omega)=\boldsymbol{C}[t,D_k^{(t)}],\quad \omega\in D_k^{(t)} \tag{6.3.9}$$

式(6.3.9)中的$\boldsymbol{C}[t,D_k^{(t)}]$的含义是，对于 $\omega_1\in D_k^{(t)}$，$\omega_2\in D_k^{(t)}$，有

$$\boldsymbol{C}(t,\omega_1)=\boldsymbol{C}(t,\omega_2)$$

因为在时刻 $t$,不能区分 $D_k^{(t)}$ 中多状态的取值,也就是对于属于 $D_k^{(t)}$ 中的任意状态,$\boldsymbol{C}(t,\omega)$值都相等,与状态无关。

这样我们记

$$\boldsymbol{C}^{\theta}=\{\boldsymbol{C}^{\theta}[1,D_1^{(1)}],\cdots,\boldsymbol{C}^{\theta}[1,D_{\gamma_1}^{(1)}],\cdots,\boldsymbol{C}^{\theta}[1,D_1^{(T)}],\cdots,\boldsymbol{C}^{\theta}[1,D_M^{(1)}]\}^{\mathrm{T}}$$

表示 $\omega\in D_k^t$的取值构成向量,$v_t$ 表示分割 $P_t$ 中事件的个数。特别地,$v_T=M$,$M$ 为状态空间 $\Omega$ 的状态个数,$v_0=1$,“T”表示转置。这个向量的维数为

$$n=1+v_1+\cdots+v_{T-1}+M \tag{6.3.10}$$

根据套利的定义,交易策略$\boldsymbol{\theta}$产生套利,当且仅当$\boldsymbol{C}^{\theta}\geqslant 0$,即$\boldsymbol{C}^{\theta}$是非负向量,而且至少有一个分量大于零。根据$\boldsymbol{C}^{\theta}$的定义,如果$\boldsymbol{\theta}^{(1)}$和$\boldsymbol{\theta}^{(2)}$是两个交易策略,$\alpha_1,\alpha_2$ 是两个实数,则 $\alpha_1\boldsymbol{\theta}^{(1)}+\alpha_2\boldsymbol{\theta}^{(2)}$也是交易策略,而且

$$\boldsymbol{C}^{\alpha_1\boldsymbol{\theta}^{(1)}+\alpha_2\boldsymbol{\theta}^{(2)}}=\alpha_1\boldsymbol{\theta}^{(1)}+\alpha_2\boldsymbol{\theta}^{(2)} \tag{6.3.11}$$

因此 $V$ 是 $R^{\Omega}$ 的子空间,根据超平面分离定理,存在一个 $n$ 维向量

$$\boldsymbol{x}=(x_1,x_2,\cdots,x_n)^{\mathrm{T}}\in R_{++}^n$$

使得对于每一个交易策略,有 $x\boldsymbol{C}^{\theta}=0$,

$$x_1\boldsymbol{C}^{\theta}(0,D_1^0)+x_2\boldsymbol{C}^{\theta}(1,D_1^1)+\cdots+x_{1+v_1}\boldsymbol{C}^{\theta}(1,D_{v_1}^0)+\cdots+$$

$$x_{1+v_1}+v_{T-1}^{+1}+\cdots+x_n\boldsymbol{C}^{\theta}(T,\omega_M)=0 \tag{6.3.12}$$

现在构造随机过程如下:

$$\psi(0,\omega)=\frac{1}{M},\qquad \omega\in D_1^0=\Omega$$

$$\psi(1,\omega)=\frac{x_1}{x_1\,\#\,D_1^1},\qquad \omega\in D_1^1$$

$$\psi(1,\omega)=\frac{x_{1+v_1}}{x_1\,\#\,D_{v_1}^1},\qquad \omega\in D_{v_1}^1$$

$$\vdots$$

$$\psi(T,\omega)=\frac{x_{1+v_1+\cdots+v_{t-1}}+1}{x_1},\quad \omega\in D_1^T=\{\omega_1\}$$

$$\vdots$$

$$\psi(T,\omega)=\frac{x_n}{x_1},\qquad \omega\in D_M^T=\{\omega_M\}$$

容易验证,$\psi(t,\omega)$是一个状态价格过程。 证毕。

### 6.3.2 现金流定价

在1.6节,我们证明了单期模型的资产定价公式。如果资本在时刻1的价格是随机变量,那么存在一个风险中性概率 $Q$,使得该资产在0时刻的价格等于该资产在时刻1的现金流(随机变量),按风险中性概率 $Q$ 取期望值,然后再折现。多期现金流定价是单期定价模型的推广,只不过是现金流随机过程折现后按风险中性概率取期望。

首先我们考虑一种简单的情形,假设不确定性现金流发生在某一个时点上(这种情况类似于欧式期权的现金流),我们假设在某一时点 $T$,现金流用随机变量 $X$ 描述。$X(\omega)$

发生在时点 $T$，可以找一个自融资策略 $\boldsymbol{\theta}$，用相应的资产组合来复制 $X$，即

$$V^{\theta}(T)=X$$

也就是说，对于 $\omega\in\Omega, V^{\theta}(T,\omega)=X(\omega)$。

设资产 1 是无风险资产，那么

$$\frac{V^{\theta}(T)}{S_1(T)}=\frac{X}{S_1(T)} \tag{6.3.13}$$

也即在 $T$ 时刻的值是一样的。如果不存在套利机会，在 0 时刻的价格也是一样的。设在 $t=T$ 的情况下，$\mathcal{P}_T=\{\omega\}$。于是存在风险中性概率测度 $Q$，以及状态价格随机过程

$$\psi(T,\omega)=\frac{Q(\omega)}{S_1(T,\omega)}$$

于是由风险中性概率测度性质 2，我们得到 $X$ 的价格

$$V^{\theta}(0)=E^{Q}\left[\frac{V^{\theta}(T)}{S_1(T)}\right]=E^{Q}\left[\frac{X}{S_1(T)}\right]=\sum_{\omega\in\Omega}\frac{Q(\omega)X(\omega)}{S_1(T,\omega)}=\sum_{\omega\in\Omega}\psi(T,\omega)X(\omega) \tag{6.3.14}$$

如果不确定性现金流 $C$ 是一个随机过程，即

$$C=\{C(t),t=1,2,\cdots,T\}$$

我们假设 $C$ 可以利用交易策略 $\boldsymbol{\theta}$ 复制，即

$$C(t)=C^{\theta}(t),\quad t=1,2,\cdots,T \tag{6.3.15}$$

则有如下定理。

**定理 6.2**　设现金流 $C=C(t)$ 可以用策略 $\boldsymbol{\theta}$ 复制，市场无套利机会，则现金流 $C$ 的价格为

$$V^{\theta}(0)=E^{Q}\left[\sum_{t=1}^{T}\frac{C(T)}{S_1(T)}\right]=\sum_{\omega\in\Omega}\sum_{t=1}^{T}\psi(t,\omega)C(t,\omega) \tag{6.3.16}$$

我们只对 $t=2$ 的情况加以证明，这种证明方法可推广到一般情况，此时根据 $C(t)$ 的定义，有

$$V^{\theta}(1^{-})-V^{\theta}(1)=C(1) \tag{6.3.17}$$

和

$$V^{\theta}(2)=C(2) \tag{6.3.18}$$

注意到复制 $C(t)$ 的资产组合 $V^{\theta}$ 的价格为

$$\begin{aligned}V^{\theta}(0)&=\frac{V^{\theta}(0)}{S_1(0)}=\boldsymbol{\theta}(0)\frac{\boldsymbol{S}(0)}{S_1(0)}=\boldsymbol{\theta}(0)E^{Q}\left[\frac{\boldsymbol{S}(1)}{S_1(1)}\right]=E^{Q}\left[\frac{\boldsymbol{S}(1)\boldsymbol{\theta}(0)}{S_1(1)}\right]\\&=E^{Q}\left[\frac{V^{Q}(1^{-})}{S_1(1)}\right]=E^{Q}\left[\frac{V^{Q}(1)}{S_1(1)}\right]+E^{Q}\left[\frac{C(1)}{S_1(1)}\right]\end{aligned} \tag{6.3.19}$$

根据风险中性概率测度性质(1)以及式(6.3.18)和 $V^{\theta}(T)=V^{\theta}(T^{-})$，得

$$\frac{V^{\theta}(1)}{S_1(1)}=E^{Q}\left[\frac{V^{\theta}(2)}{S_1(2)}\,\middle|\,\mathcal{P}_1\right]=E^{Q}\left[\frac{V^{\theta}(2^{-})}{S_1(2)}\,\middle|\,\mathcal{P}_1\right]=E^{Q}\left[\frac{C(2)}{S_1(2)}\,\middle|\,\mathcal{P}_1\right]$$

根据条件期望的性质 4 以及 $\mathcal{P}_0\subset\mathcal{P}_1$，将上式代入式(6.3.19)，得

$$V^{\theta}(0)=E^{Q}\left\{E^{Q}\left[\frac{C(2)}{S_1(2)}\,\middle|\,P_1\right]\right\}=E^{Q}\left[\frac{C(1)}{S_1(1)}\right]=E^{Q}\left[\frac{C(2)}{S_1(2)}\right]=E^{Q}\left[\frac{C(1)}{S_1(1)}\right] \tag{6.3.20}$$

由于 $T=2, X=C(2)$，所以由式(6.3.14)，得

$$E^{Q}\left[\frac{C(2)}{S_1(2)}\right]=\sum_{\omega\in\Omega}\psi(2,\omega)C(2,\omega) \tag{6.3.21}$$

再设 $t=2=T$，那么 $\mathcal{P}_2=\{\omega\}$，$\# D_k^2=1$，由式(6.3.1)，得

$$Q(\omega)=S_1(2,\omega)\psi(2,\omega) \tag{6.3.22}$$

根据状态价格随机过程定义的(4)，得

$$\sum_{\omega\in D}\psi(1,\omega)S_1(1,\omega)=\sum_{\omega\in D}\psi(2,\omega)S_1(2,\omega) \tag{6.3.23}$$

这里 $D\in P_1$，于是

$$\begin{aligned}
E^{\theta}\left[\frac{C(1)}{S_1(1)}\right] &= \sum_{\omega\in\Omega}\frac{C(1,\omega)Q(\omega)}{S_1(1,\omega)}\\
&= \sum_{\omega\in\Omega}\frac{C(1,\omega)}{S_1(1,\omega)}\psi(2,\omega)S_1(2,\omega)\\
&= \sum_{D\in\mathcal{P}_1}\frac{C(1,D)}{S_1(1,D)}\sum_{\omega\in D}\psi(2,\omega)S_1(2,\omega)\\
&= \sum_{D\in\mathcal{P}_1}\frac{C(1,D)}{S_1(1,D)}\sum_{\omega\in D}\psi(1,\omega)S_1(1,\omega)\\
&= \sum_{\omega\in D}\psi(1,\omega)C(1,\omega)
\end{aligned} \tag{6.3.24}$$

把式(6.3.24)和式(6.3.21)代入式(6.3.20)，得

$$V^{\theta}(0)=\sum_{\omega\in\Omega}\sum_{t=1}^{2}\psi(1,\omega)C(1,\omega)$$

证毕。

对于多期二项式模型，设某个函数 $f_t$，使得不确定性现金流序列

$$C(t)=f_t[S_2(t)]$$

显然这是基于资产的衍生资产的现金流序列，由于

$$Q[S_2(t)]=S_2(0)u^j d^{t-j}=\binom{t}{j}q^j(1-q)^{t-j},\quad j=0,1,\cdots,t$$

由式(6.3.16)，得这个衍生资产的价格为

$$\begin{aligned}
V^{\theta}(0) &= E^{Q}\left[\sum_{t=1}^{T}\frac{C(t)}{S_1(t)}\right]=E^{Q}\left\{\sum_{t=1}^{T}\frac{f_t[S_2(t)]}{(1+R_f)^t}\right\}\\
&= \sum_{\omega\in\Omega}\sum_{t=1}^{T}\binom{t}{j}\frac{g^j(1-q)^{t-j}}{(1+R_f)^t}f_k[S_2(0)u^j d^{t-j}]
\end{aligned}$$

即现金流折现后对风险中性概率测度取期望。

### 6.3.3 多期模型的完全性

上面证明了无套利市场等价于存在风险中性概率的测度，又等价于存在状态价格随机过程。我们关心的问题是，风险中性的概率测度是否唯一，状态价格随机过程是否唯一，在什么条件下是唯一的。这节我们讨论这个问题。引入下列概念。

我们称多期模型是完全的，如果每一个适应的现金流随机过程都可以由投资策略复

制,则称多期模型是完全的。

我们有如下定理。

**定理 6.3**　对一个多期无套利模型,下列条件是等价的。

(1) 模型是完全的。

(2) 风险中性概率测度是唯一的。

(3) 状态价格随机过程是唯一的。

**证明**　因为风险中性概率测度和状态价格随机过程是一一对应的,所以只需证明无套利模型是完全的,当且仅当状态价格随机过程是唯一的。

设多期模型无套利而且模型是完全的,一个自融资组合$\boldsymbol{\theta}$仅在时刻$t$和事件$D(D\in P_t)$发生时:

$$C(t)=\boldsymbol{C}^{\theta}(t)=1$$

该组合在0时刻的价格为

$$\boldsymbol{S}(0)\,\boldsymbol{\theta}(0)=\sum_{\omega\in D}\psi(t,\omega)=\#D\psi(t,\omega^*),\quad \omega^*\in D$$

由于价格是唯一的,故对于$\omega^*\in D$,$\psi(t,\omega^*)$唯一。必要性得证。

再证充分性。用反证法,设市场模型无套利机会,但模型不是完全的。按定理6.2的证明方法,把随机过程$\psi$和$\boldsymbol{C}^{\theta}$表示成向量形式,但不包括$\psi(0,\Omega)$和$\boldsymbol{C}^{\theta}(0)$,则有

$$\boldsymbol{C}^{\theta}=\{\boldsymbol{C}^{\theta}[1,D_1^{(1)}],\cdots,\boldsymbol{C}^{\theta}[1,D_{v_1}^{(1)}],\cdots,\boldsymbol{C}^{\theta}[1,D_1^{(T)}],\cdots,\boldsymbol{C}^{\theta}[1,D_M^{(1)}]\}^{\mathrm{T}}$$

和

$$\boldsymbol{\psi}=\psi_1[1,D_1^{(1)}],\cdots,\psi[1,D_{v_1}^{(1)}],\cdots,\psi[1,D_1^{(T)}],\cdots,\psi[1,D_M^{(1)}]$$

这两个向量的维数均为

$$v_1+v_2+\cdots+v_T=n-1$$

设$\boldsymbol{G}$为$n-1$阶对角矩阵,其对角线元素分别为分割中各事件包含的状态个数,即

$$\boldsymbol{G}=\mathrm{diag}[\#D_1^{(1)},\cdots,\#D_{v_1}^{(1)},\cdots,\underbrace{1,\cdots,1}_{m}]=\begin{pmatrix}\#D_1^{(1)} & \cdots & 0\\ \vdots & \ddots & \vdots\\ 0 & \cdots & 1\end{pmatrix}$$

于是我们得到套利条件是,对任意的策略$\boldsymbol{\theta}$,有

$$\boldsymbol{C}^{\theta}(0,\Omega)+\#D_1^{(1)}\psi_1[1,D_1^{(1)}]\boldsymbol{C}^{\theta}[1,D_1^{(1)}]+\cdots+\#D_{v_1}^{(1)}\psi[1,D_{v_1}^{(1)}]\boldsymbol{\theta}[1,D_{v_1}^{(1)}]+\cdots+$$
$$\psi(T,\omega)\boldsymbol{C}^{\theta}(T,\omega)+\cdots+\psi(T,\omega_M)\boldsymbol{C}^{\theta}(T,\omega_M)=0 \tag{6.3.25}$$

用矩阵和向量表示为

$$\boldsymbol{C}^{\theta}(0)+\psi\boldsymbol{G}\boldsymbol{C}^{\theta}=0$$

如果我们最后把$M$个$\boldsymbol{\theta}$去掉,把剩下的$(n-M)$维列向量,作纵向排列,这样就得到一个$(n-M)\times N$维列向量记为$\widetilde{\boldsymbol{\theta}}$,也即

$$\widetilde{\boldsymbol{\theta}}=\{\boldsymbol{\theta}(0,\Omega)^{\mathrm{T}},\boldsymbol{\theta}[1,D_1^{(1)}]^{\mathrm{T}},\cdots,\boldsymbol{\theta}[1,D_{v_1}^{(1)}]^{\mathrm{T}},\cdots,\boldsymbol{\theta}[T-1,D_1^{(T-1)}]^{\mathrm{T}},\cdots,\boldsymbol{\theta}[T-1,D_{v_{T-1}}^{(T-1)}]^{\mathrm{T}}\}^{\mathrm{T}}$$

因为$\boldsymbol{\theta}\to\boldsymbol{C}^{\theta}$映射是线性的,则存在一个$(n-1)\times[N(n-M)]$阶矩阵$\boldsymbol{C}$,使

$$\boldsymbol{C}\widetilde{\boldsymbol{\theta}}=\boldsymbol{C}^{\theta} \tag{6.3.26}$$

如果市场模型是不完全的,那么存在一个现金流$\boldsymbol{C}^{\theta}\in\mathbb{R}^{n-1}$但不存在策略$\hat{\theta}$使$\boldsymbol{C}\hat{\theta}=\boldsymbol{C}^{\theta}$,

此时矩阵$\boldsymbol{C}$的秩小于$n-1$,这样存在一个非零的$(n-1)$维向量$\boldsymbol{\phi}$使得

$$\boldsymbol{\phi C} = 0 \tag{6.3.27}$$

于是我们可以选择$\varepsilon$充分小,使得

$$\psi + \varepsilon \boldsymbol{\phi} \boldsymbol{G}^{-1} > 0 \tag{6.3.28}$$

由式(6.3.25)和式(6.3.27),得

$$\boldsymbol{G}^{\theta}(0) + (\psi + \varepsilon \boldsymbol{\phi} \boldsymbol{G}^{-1})\boldsymbol{G}\boldsymbol{C}^{\theta} = \boldsymbol{C}^{\theta}(0) + \psi \boldsymbol{G}\boldsymbol{G}^{\theta} + \varepsilon \boldsymbol{\phi} \boldsymbol{C}\tilde{\boldsymbol{\theta}} = 0$$

根据无套利条件式(6.3.25),可见$\psi+\varepsilon\boldsymbol{\phi}\boldsymbol{G}^{-1}$是状态价格随机过程,而满足式(6.3.28)的$\varepsilon$有无穷多个,此与状态价格随机过程的唯一性矛盾。 证毕。

# 习 题 6

1. 设$\boldsymbol{\Omega}=\{\omega_1,\omega_2,\cdots,\omega_8\}$,指出如下的三个凸的子集构成的集合,哪一个是分割?

   (1) $\{\boldsymbol{D}_1,\boldsymbol{D}_2\}$: $\boldsymbol{D}_1=\{\omega_1,\omega_2,\omega_3,\omega_4\}$,$\boldsymbol{D}_2=\{\omega_5,\omega_6,\omega_7,\omega_8\}$。

   (2) $\{\boldsymbol{D}_1,\boldsymbol{D}_2,\boldsymbol{D}_3,\boldsymbol{D}_4\}$: $\boldsymbol{D}_1=\{\omega_1,\omega_2\}$,$\boldsymbol{D}_2=\{\omega_3,\omega_4\}$,$\boldsymbol{D}_3=\{\omega_5,\omega_6\}$,$\boldsymbol{D}_4=\{\omega_7,\omega_8\}$。

   (3) $\{\boldsymbol{D}_1,\boldsymbol{D}_2,\boldsymbol{D}_3\}$: $\boldsymbol{D}_1=\{\omega_1,\omega_2\}$,$\boldsymbol{D}_2=\{\omega_2,\omega_3,\omega_4\}$,$\boldsymbol{D}_3=\{\omega_5,\omega_6,\omega_7,\omega_8\}$。

2. 设$g_1\subset g_2$,证明

$$E[E(X\mid g_1)\mid g_2]=E[X\mid g_1]。$$

3. 设$X=\{X_t,t=0,1,\cdots,T\}$是一个适应过程,证明下面三个条件是等价的。

   (1) $X$是一个鞅。

   (2) $X_t=E[X_T\mid\mathcal{F}_t]$, $t=0,1,\cdots,T-1$。

   (3) $E[\Delta X_{t-1}\mid\mathcal{F}_t]=0$, $t=0,1,\cdots,T-1$。

# 第 7 章　公司资本结构与 MM 理论

从 20 世纪 50 年代后期，弗兰科·莫迪利亚尼(Franco Modigliani)和鲁伯特·米勒(Rubert Mikker)在研究企业的资本结构和企业价值关系方面取得了突破性进展，并因此获得了诺贝尔经济学奖，受到了学术界的关注。这些成果称为 MM 理论。

本章首先从企业财务决策的角度介绍企业资本结构的有关概念，然后介绍 MM 理论的主要成果。最后从无套利分析的角度，给出 MM 理论的数学证明。

## 7.1　公司资本结构及有关概念

### 7.1.1　公司资本结构

公司资本结构是指债务和权益的比率。研究公司的资本结构，对于研究公司价值和资本成本有重要作用。

公司的价值 $V$ 等于公司权益价值 $E$ 和债务 $D$ 之和，公司的权益价值 $E=P\times N$，其中 $P$ 是公司股票价格，$N$ 是公司的股份数。

选择公司债务和权益比率的决策，称为资本结构决策。

公司可以采取如下的方法改变公司的资本结构：公司可发行债券，用发行债券所得购买股票，也可利用发行股票所得的收入还债。公司用来改变公司资本结构的这类活动称为资本重组(restructuring)。在公司进行资本重组时，公司的价值保持不变。

公司的资本结构决策就是选择使公司价值最大化的资本结构。

下面我们研究公司的价值与公司股票价值的关系。

某公司的股票市场价值为 1 000 元，公司没有债务，只有 100 股普通股，股票价格为 10 元，假设公司借款 500 元，按每股派发红利 5 元，共派发 500 元，进行重组。其结果是债务增加了，权益减少了，公司的价值并未发生变化，但是重组以后，还可能出现另外两种情况，如表 7.1 所示。

表 7.1　重组后的 3 种情况　　元

| 项　　目 | 无债务 | 债务加股利 | | |
|---|---|---|---|---|
| | | Ⅰ | Ⅱ | Ⅲ |
| 负债 | 0 | 500 | 500 | 500 |
| 权益 | 1 000 | 750 | 500 | 250 |
| 总价值 | 1 000 | 1 250 | 1 000 | 750 |

第Ⅰ种情况，公司的价值变为 1 250 元，增加 250 元。第Ⅱ种情况，公司的价值不变。第Ⅲ种情况，公司的价值变为 750 元，减少 250 元。

下面我们分析股东净回报的变化,如表7.2所示。

表7.2 股东净回报的变化 元

| 项目 | 债务加股利 | | |
|---|---|---|---|
| | Ⅰ | Ⅱ | Ⅲ |
| 权益价值变化 | −250 | 500 | −750 |
| 股利 | 500 | 500 | 500 |
| 净回报 | 250 | 0 | −250 |

公司的价值增加值与股东的净回报是一致的。如果某公司通过借款500元,出现第Ⅰ种情况,就应该借款。

### 7.1.2 公司资本结构与资本成本

公司权益的收益率记为 $R_E$,公司债务的收益率记为 $R_D$,公司的价值为 $V$,权益的价值为 $E$,债务的价值为 $D$,则公司的加权平均资本成本

$$\text{WACC}=R_E\times\frac{E}{V}+R_D\frac{D}{V} \tag{7.1.1}$$

如果改变公司的资本结构,由式(7.1.1)可知,公司的加权平均成本就会发生变化。

公司的价值与公司的加权平均成本有关,公司的价值是公司的现金流利用加权平均成本贴现的现值,加权平均成本越小,公司的价值越大,因此我们应当选择加权平均资本成本最小的资本结构。

### 7.1.3 财务杠杆效应

财务杠杆是指公司对债务的依赖程度,公司资本结构中债务越多,财务杠杆越小。为说明财务杠杆的效应,看下面的例子。

$A$ 公司的公司价值是800万元,有40万元流通股在外流通,每股价格20元。公司拟进行重组,发行债务400万元,利率是10%。因为每股价格为20元,可赎回20万股,重组后只有20万股在外流通,重组前后的资本结构如表7.3所示。

表7.3 重组前后的资本结构

| 项　目 | 现　在 | 重组后 |
|---|---|---|
| 资产/元 | 8 000 000 | 8 000 000 |
| 债务/元 | 0 | 4 000 000 |
| 权益/元 | 8 000 000 | 4 000 000 |
| 股价/元 | 20 | 20 |
| 流通股数 | 400 000 | 200 000 |
| 利率/% | 10 | 10 |

下面我们考虑重组对于每股盈利(EPS)和权益收益率(ROE)的影响,以此来说明财务杠杆的效应。我们利用表7.4比较息税前盈利(EBIT)的3种不同情况,目前和重组后对EPS和ROE的影响。

表 7.4　重组前后的息税前盈利

| 项　　目 | 衰　　退 | 预　　期 | 扩　　张 |
|---|---|---|---|
| 目前资本结构：无债务 | | | |
| 息税前盈利 | 500 000 | 1 000 000 | 1 500 000 |
| 利息 | 0 | 0 | 0 |
| 净利润 | 500 000 | 1 000 000 | 1 500 000 |
| 权益收益率/% | 6.25 | 12.50 | 18.75 |
| 每股盈利 | 1.25 | 2.50 | 3.75 |
| 重组后的资本结构：债务 400 万元 | | | |
| 息税前盈利 | 500 000 | 1 000 000 | 1 500 000 |
| 利息 | 400 000 | 400 000 | 400 000 |
| 净利润 | 100 000 | 600 000 | 1 100 000 |
| 权益收益率/% | 2.50 | 15.00 | 27.50 |
| 每股盈利 | 0.50 | 3.00 | 5.50 |

由于有了债务，重组后在衰退情况下，ROE 和 EPS 减少；在原来预期的情况下，ROE 和 EPS 略有增加；如果在扩张的情况下，ROE 和 EPS 大幅增加。我们利用图 7.1，进一步说明财务杠杆的作用。

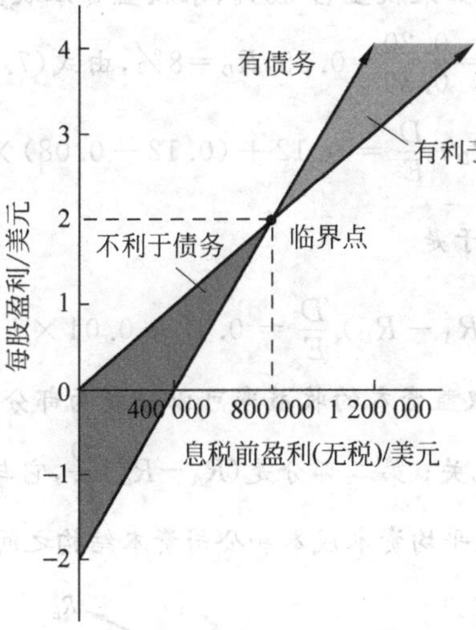


图 7.1　每股盈利与息税前盈利的关系

图 7.1 所示为每股盈利与息税前盈利的关系。图中有两条线，其中一条线是在无债务情况下，每股盈利和息税前盈利的关系，另一条直线是重组后它们之间的关系。

图中有一个临界点，相应的息税前利润为 800 000 美元，每股盈利为 2 美元。此时，重组后和目前的状况相同，如果息税前利润小于 800 000 美元，则重组后每股利润小于目前的每股利润，相应的区域不利于债务；如果息税前利润大于 800 000 美元，则重组后的每股盈利大于目前的每股盈利，相应的区域为有利于债券的区域。

# 7.2　MM理论与财务决策

## 7.2.1　不考虑税息的MM理论与财务决策表

从1958年起,莫迪利亚尼和米勒发表了一系列论文,探讨公司的财务决策和公司价值之间的关系。其中MM理论的第一命题指出,在不考虑税和分红的条件下,公司的价值和公司的资本结构无关,即改变公司的资本结构,并不能创造价值。

尽管改变公司的资本结构不会改变企业价值,但对于权益资本的收益率会产生影响。根据式(7.1.1),可得

$$R_E = R_A + (R_A - R_D)\frac{D}{E} \tag{7.2.1}$$

其中$R_A$=WACC,表示公司资产的必要收益率。式(7.2.1)说明企业权益资本取决于3个因素:公司资产的加权平均成本、公司债务收益率和公司的资本结构。式(7.2.1)就是MM第二命题。

**例　7.1**

设某公司加权平均资本成本$R_A=12\%$,它可以以8%的利率借款,权益占80%,债务占20%,求权益资本收益。如果权益占50%,求权益资本收益。

**解**　在第一种情况下,$\frac{D}{E}=\frac{0.20}{0.80}=0.25$,$R_D=8\%$,由式(7.2.1)得

$$R_E = R_A + (R_A - R_D)\frac{D}{E} = 0.12 + (0.12 - 0.08) \times 0.25 = 13\%$$

在第二种情况下,$\frac{D}{E}=1$,于是

$$R_E = R_A + (R_A - R_D)\frac{D}{E} = 0.12 + 0.04 \times 1 = 16\%$$

由MM第二命题,公司的权益资本的收益率可以分成两部分:第一部分为$R_A$是加权平均资本成本,它与资本结构无关;第二部分是$(R_A-R_D)\frac{D}{E}$,它与公司的资本结构有关。

公司的权益资本成本、加权平均资本成本和公司资本结构之间的关系可用图7.2表示。

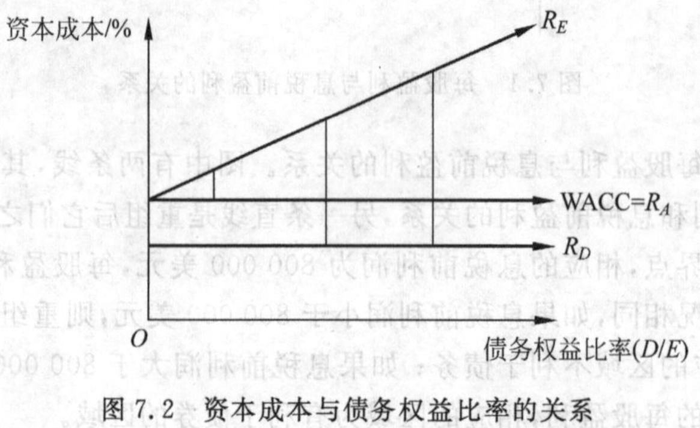


图7.2　资本成本与债务权益比率的关系

### 7.2.2 有税情况下MM理论与财务决策

公司债务有两个特点：其一，债务利息是可以在税前扣除的；其二，当不能履行债务义务时，会导致破产。

下面研究在稳定情况下的MM理论。首先介绍利息税盾(interest tax shield)，我们看下面的例子。

假设公司$U$和公司$L$，这两家公司的息税前利润都是1 000元。两家公司的差别是公司$L$发行了价值为1 000元的债务，每年按8%支付利息，两家公司的所得税税率都是30%。这两家公司的净利润如表7.5所示。

表7.5 两家公司的净利润 元

| 项　目 | 公司$U$ | 公司$L$ |
|---|---|---|
| 息税前盈利 | 1 000 | 1 000 |
| 利息 | 0 | 80 |
| 应税利润 | 1 000 | 920 |
| 税 | 300 | 276 |
| 净利润 | 700 | 644 |

我们考虑两家公司的现金流，如表7.6所示。

表7.6 两家公司的现金流 元

| 来自资产的现金流 | 公司$U$ | 公司$L$ |
|---|---|---|
| 息税前盈利 | 1 000 | 1 000 |
| 税 | 300 | 276 |
| 合计 | 700 | 724 |

这两家公司的现金流不一样。

我们再来看流向股东和债权人的现金流，如表7.7所示。

表7.7 流向股东和债权人的现金流 元

| 现金流流量 | 公司$U$ | 公司$L$ |
|---|---|---|
| 流向股东 | 700 | 644 |
| 流向债权人 | 0 | 80 |
| 合计 | 700 | 724 |

这两家公司的现金流不一样，其原因是利息可提前扣除。因此，少交税$80\times30\%=24$(元)，称这个税额节省为利息税盾。

如果债务是永续的，那么相同的24元税盾每年都会发生，因此公司$L$的税盾现金流量等于公司$U$所赚的700元加上24元税盾。公司$L$的现金流量总是多出24元。公司$L$的价值就比$U$多了这24元的永续年金。这个永续年金按8%折现的现值为

$$\mathrm{PV}=\frac{24}{0.08}=\frac{0.30\times1\,000\times0.08}{0.08}=0.30\times1\,000=300(\text{元})$$

即

$$\text{利息税盾的现值}=\frac{T_C\times D\times R_D}{R_D}=T_C\times D \tag{7.2.2}$$

这里 $T_C$ 是所得税税率。这样我们就得到了有税情况下的 MM 理论的第一命题

$$V_L=V_U+T_C\times D \tag{7.2.3}$$

因为存在利息税盾,公司的价值随债务的增加而增加,债务总额与公司价值的关系如图 7.3 所示。

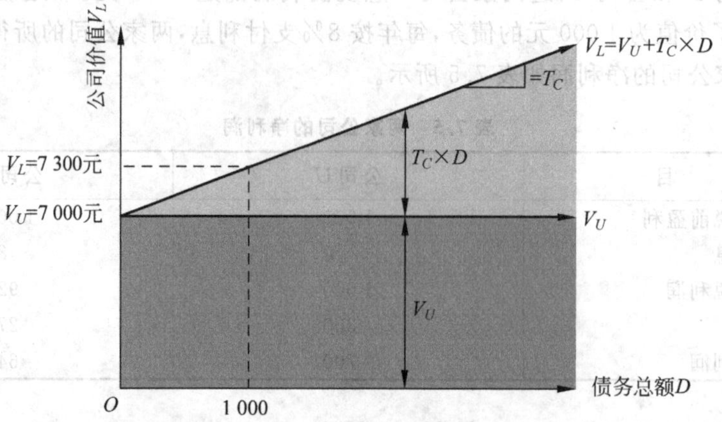


图 7.3　债务总额与公司价值的关系

在图 7.3 中,水平的直线表示 $V_U$,$V_L$ 是一条斜线,斜率为 $T_C$,截距为 $V_U=7\ 000$ 元,这是因为不利用财务杠杆公司的现值(贴现率为 $R_U=10\%$)。

$$V_U=\text{EBIT}\times(1-T_C)=7\ 000(\text{元})$$

利用财务杠杆公司的价值为

$$V_L=V_U+T_C\times D=7\ 300(\text{元})$$

由上面的分析,我们得出一个不合逻辑的结论,最优资本结构是 100%债务。

最优资本结构是 100%债务,也可以通过考察加权平均资本成本得到,如果考虑税,则加权平均资本成本为

$$\text{WACC}=R_E\times\frac{E}{V}+(1-T_C)R_D\times\frac{D}{V} \tag{7.2.4}$$

为了计算 WACC 就需要知道 $R_E$,在考虑税的情况下,有

$$R_E=R_U+(R_U-R_D)\times\frac{D}{E}\times(1-T_C) \tag{7.2.5}$$

这就是考虑税的 MM 第二命题,这里 $R_U$ 是未举债公司的权益资本收益率。

上面我们已经计算出公司 $L$ 的价值为 7 300 元,债务 1 000 元,权益的价值为 6 300 元,因此,公司 $L$ 的权益收益率为

$$R_E=0.10+(0.10-0.08)\times\frac{1\ 000}{6\ 300}\times(1-0.3)\approx 10.22\%$$

加权平均成本为

$$\text{WACC} = \frac{6\,300}{7\,300} \times 10.22 + \frac{1\,000}{7\,300} \times 0.08 \times (1 - 0.30) = 8.8(\text{元})$$

可见在考虑税的情况下，有债务会使加权平均资本成本下降，会增加公司的价值。

图 7.4 所示为权益资本收益率与税后债务权益率和加权平均资本成本的关系，其中 $R_U$ 是不利用财务杠杆的权益资本的收益率，横轴表示权益和债务比率，图中给出 WACC 如何随债务权益比例变化。

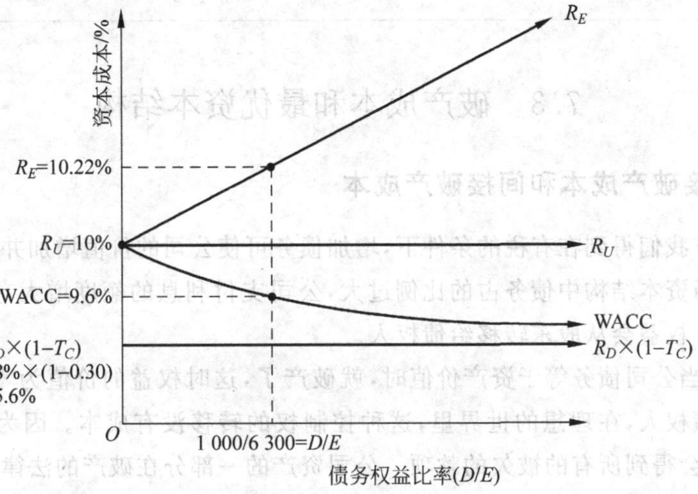


图 7.4　权益资本收益率与税后债务权益率和加权平均资本成本的关系

**例　7.2**

给定公司 $F$ 的信息：EBIT＝151.32 元，$T_C$＝0.34，$D$＝500 元，$R_U$＝20%，负债资本成本是 10%，求公司 $F$ 的权益价值、权益资本收益和 WACC，这里假定所有的现金流都是永续年金。

**解**　如果没有债务，公司的价值就是

$$V_U = \frac{\text{EBIT} - 税}{R_U} = \frac{\text{EBIT} \times (1 - T_C)}{R_U} = \frac{100}{0.20} = 500(元)$$

根据考虑税的 MM 理论的第一命题，公司的价值

$$V_L = V_U + T_C \times D = 500 + 0.34 \times 500 = 670(元)$$

因为公司的总价值为 670 元，债务 500 元，所以权益

$$E = 670 - 500 = 170(元)$$

根据有公司税的 MM 第二命题

$$R_E = R_U + (R_U - R_D) \times \frac{D}{E} \times (1 - T_C)$$

$$= 0.20 + (0.20 - 0.10) \times \frac{500}{170} \times (1 - 0.34) \approx 39.4\%$$

最后，由有税的 MM 第二命题

| 例 7.2(续) |
|---|
| $$\begin{aligned}\text{WACC}&=R_E\times\frac{E}{V}+R_D\times\frac{D}{V}\times(1-T_C)\\&=39.4\%\times\frac{170}{670}+0.10\times\frac{500}{670}\times(1-0.34)\\&\approx 14.92\%\end{aligned}$$ |

## 7.3 破产成本和最优资本结构

### 7.3.1 直接破产成本和间接破产成本

在7.2节我们得到在有税的条件下,增加债务可使公司的价值增加并且使WACC降低,但另外,当资本结构中债务占的比例过大,公司支付利息的额度增大,且无法支付时,则资产的所有权益会从股东转移给债权人。

一般地,当公司债务等于资产价值时,就破产了,这时权益的价值为零。公司股东把控股权交给债权人,在理想的世界里,这种控制权的转移没有成本。因为破产的相关费用,债权人不会得到所有的被欠的款项。公司资产的一部分在破产的法律过程中"消失",这就是破产的法律费用和管理费用,我们把这些费用称为直接破产成本(direct bankruptcy cost)。

因为破产费用是昂贵的,所以公司将耗尽一切资源来避免破产。当公司在履行债务义务方面出现问题时,就称公司陷入了财务困境。处于财务困境的公司为避免提前破产而发生的成本,就称间接破产成本(indirect bankruptcy cost)。我们采用财务困境成本(financial distress cost)来表示所有因为进行破产或因为避免提出破产申请而引发的直接和间接的成本。

### 7.3.2 最优资本结构

我们这里提出的资本结构称为静态资本结构(static theory of capital structure)。即公司债务达到某一点,在这一点上,每1元产生的税盾好处,恰好等于提高财务困境概率的成本。

图7.5所示为债务总额与公司价值的关系。图7.5中有3种情况,第一种情况是无税的MM第一命题,$V_U$是水平线,表明公司价值不受资本结构影响。第二种情况是有公司税的MM第一命题,是一条具有正斜率的斜线:$V_L=V_U+T_C\times D$。第三种情况是我们现在讨论的,公司的价值上升到一个最高点,然后开始下降,这就是我们从静态理论得出的情景。公司的价值在$D^*$点达到最大值$V_L^*$。因此,这就是最优债务金额。公司的最优资本结构即$\frac{D^*}{V_L^*}$的债务和$\left(1-\frac{D^*}{V_L^*}\right)$权益的比率。

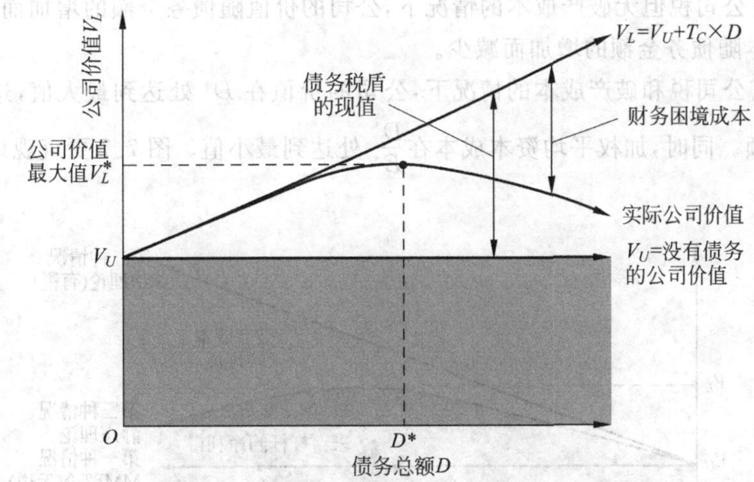


图 7.5 债务总额与公司价值的关系

## 7.3.3 最优资本结构和资本收益率

正如我们以前所讨论的,使公司价值最大化的资本结构,同时也使资本成本最小化。图 7.6 利用加权平均资本成本和债务、资本成本来说明静态资本结构,同时也使资本成本最小化。代表静态理论的 WACC 线,在刚开始的时候下降,这是因为税后债务成本比权益成本便宜,所以在最初阶段 WACC 下降。但到了某一点后,债务成本开始上升。虽然债务比权益便宜,但是已经抵消了财务困境的影响。从这一点开始债务增加,只会增加 WACC。如图 7.6 所示,WACC 的最小值发生在$\frac{D^*}{E^*}$这一点上。

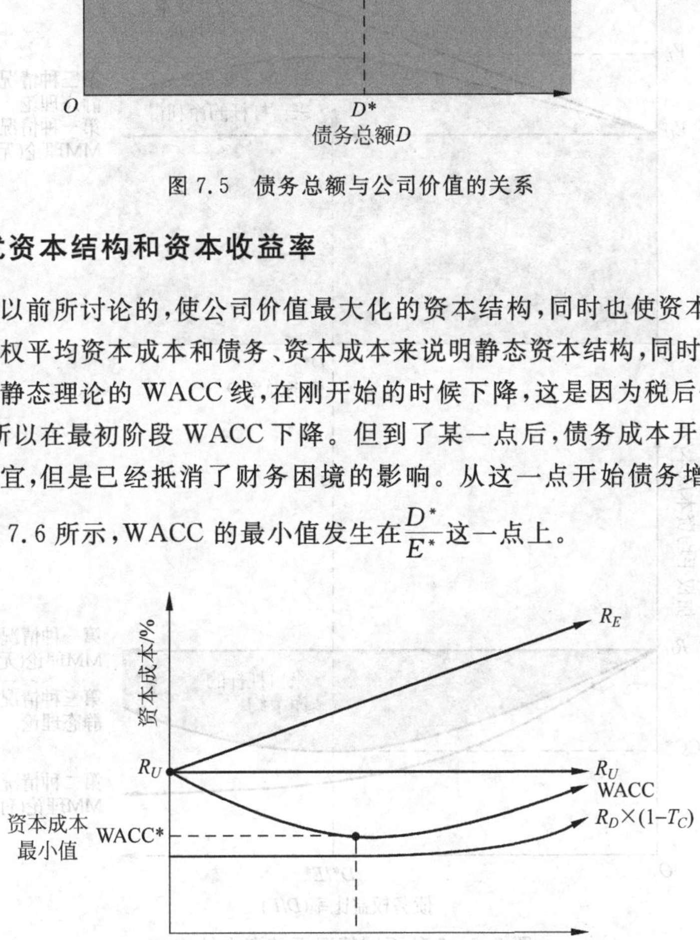


图 7.6 资本成本与债务权益比率的关系

## 7.3.4 总结

我们分 3 种情况讨论了资本结构问题。

(1) 在无税和无破产成本的情况下,公司的价值和它的加权平均成本与资本结构无关。

(2) 在有公司税但无破产成本的情况下,公司的价值随债务金额的增加而增加,加权平均资本成本随债务金额的增加而减少。

(3) 在有公司税和破产成本的情况下,公司的价值在 $D^*$ 处达到最大值,这一点表示最优债务金额。同时,加权平均资本成本在 $\frac{D^*}{E^*}$ 处达到最小值。图 7.7 更直观地显示了前述内容。

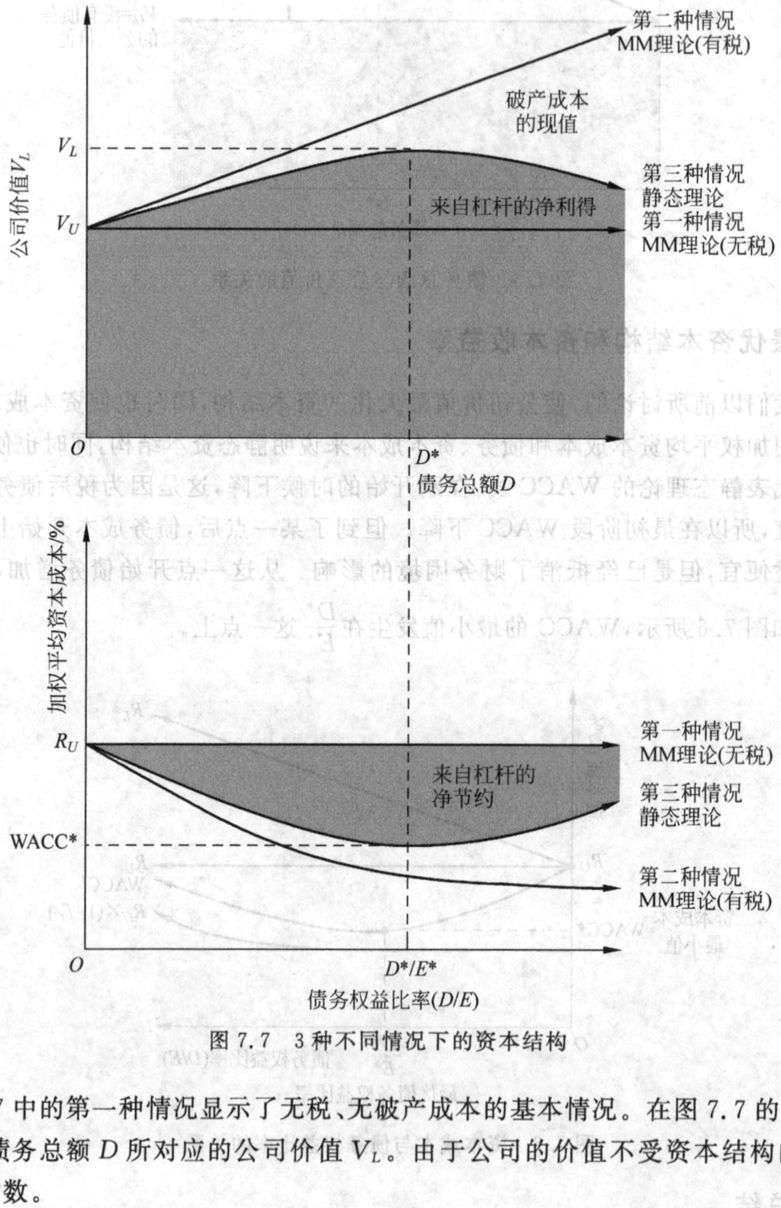


图 7.7 3 种不同情况下的资本结构

图 7.7 中的第一种情况显示了无税、无破产成本的基本情况。在图 7.7 的上半部,我们画出了债务总额 $D$ 所对应的公司价值 $V_L$。由于公司的价值不受资本结构的影响,所以 $V_L$ 是常数。

图 7.7 的下半部分,我们从加权平均资本成本 WACC 的角度考虑。在无税情况下,由于加权平均成本不受资本结构的影响,也不会受债务的影响,所以 WACC 是常数。

接下来,我们引入了税,如第二种情况所示,公司的价值严重依赖于它的债务政策,公司借债越多，公司的价值就越大。其原因是利息费用可以税前扣除，公司价值的增加值正好等于利息税盾的现值。

用图7.7的下半部分，画出了WACC如何随债务的变化而变化，它随公司债务的增加而下降。

第三种情况我们又考虑了破产的影响，上半部分画出了公司的价值不是一直在增大，因为潜在的破产成本的现值降低了公司的价值，最优资本结构发生在$D^*$处。在这一点上，每增加1元债务所产生的税额节省，正好等于借款产生的破产成本，这就是静态资本结构的精髓。

图7.7的下半部分，用资本成本来说明最优资本结构。最优债务水平$D^*$所对应的最优资本结构$\frac{D^*}{E^*}$。在这个最优的资本结构之下，出现了最低加权平均资本成本$WACC^*$。

## 7.4 MM理论与无套利均衡分析

金融理论资产定价的基本方法之一是无套利均衡分析(no-arhitrge)，这一方法在MM理论的研究中，得到最充分的体现。

在前几节，我们从财务决策的角度介绍了公司的资本结构问题。在本节，我们利用无套利均衡分析，进一步深入研究MM理论。

MM理论的基本假设包含两个方面。

**1. 无摩擦环境假设**

无摩擦环境假设包括以下几点。

(1) 公司不缴纳所得税。

(2) 公司发行证券不需要交易成本。

(3) 公司的信息披露是公开的。

(4) 与公司有关者可以无成本地解决彼此之间的利益冲突。

**2. 企业发生的债务无风险**

在上面的假设之下，我们利用无套利均衡分析方法来说明MM理论第一命题。

假定有两家公司：公司$A$和公司$B$。这两家公司资产性质完全相同，但资本结构不同。这两家公司的EBIT都是1 000元。

公司$A$的资本全部由权益构成，共有100万股，公司股票的期望收益，也就是公司$A$的权益资本成本$R_E=10\%$，这样公司$A$的价值就可以用公司的权益资本成本对永续年金现金流EBIT折现算出，即

$$V_A=\sum_{t=1}^{\infty}\frac{\text{EBIT}}{(1+r_E)^t}=\sum_{t=1}^{\infty}\frac{1\,000}{(1+10\%)^t}=\frac{1\,000}{10\%}=10\,000(\text{万元})$$

因此公司$A$的股票价格应当是(10 000/100)=100(元)。

公司$B$的资本中有4 000万元负债，年利率为8%，每年要支付利息4 000×8%=320(万元)。现在我们不知道公司$B$的权益价值是多少，也不知道公司$B$的权益资本的预期收益率，无税的条件下，企业的收益必须先付利息，剩余的才能分给股东，股东每年可分到

的收益为 EBIT－320 万元。下面我们假设公司的股份数是 60 万股。

在上述条件下，我们可以断言，公司 $B$ 的股票价格是 100 元。

如果公司 $B$ 的股票价格不是 100 元，而是 90 元，则采取以下策略就可以无风险套利：卖空 1% 公司 $A$ 股票[1%×100＝1(万股)]，同时买进 1% 的 $B$ 公司债券(价值为 1%×4 000)和 1% 的 $B$ 公司股票[1%×60 万＝6 000(股)]。交易产生的现金流如表 7.8 所示。

**表 7.8　交易产生的现金流**

| 头寸情况 | 即时现金流 | 未来每年现金流 |
|---|---|---|
| 1%公司 $A$ 股票空头 | ＋10 000×100＝100(万元) | －EBIT 的 1% |
| 1%公司 $B$ 债券多头 | －1%×4 000＝－40(万元) | 1%×320＝3.2(万元) |
| 1%的公司 $B$ 股票多头 | －6 000×90＝－54(万元) | 1%×(EBIT－320 万元) |
| 净现金流 | 6 万元 | 0 |

这样，这个投资者可以既不花费成本，又不承担风险地套取现金 6 万元利润。这是套利机会，说明公司 $B$ 的股票价格被低估。套利行为产生的市场供需不均衡力量将推升公司 $B$ 的股票价格，达到每股 100 元的均衡价格。

如果公司 $B$ 的股票价格高于 100 元，投资者可以做公司 $A$ 股票多头，做公司 $B$ 股票的空头，同样可获得套利机会，使公司 $B$ 股票回到均衡价格。

因为公司 $B$ 的股票价格也是 100 元，股票数量为 60 万股，所以公司 $B$ 的权益价值为 6 000 万元。公司 $B$ 的总价值为 4 000＋6 000＝10 000(万元)，因此，公司 $A$ 的价值等于公司 $B$ 的价值。由此得出 MM 理论第一命题，公司的价值与公司的资本结构无关。

由 MM 理论第一命题，公司的价值与公司的资本结构无关，但是公司的资本结构对于每股收益及其波动是有影响的。我们假设 EBIT 会出现好、中、坏 3 种情况，分别计算每股收益和平均收益，具体的数据如表 7.9 所示。

**表 7.9　3 种情况具体的数据**

| 情　况 | 公司 $A$(100 万股) | | 公司 $B$(60 万股) | |
|---|---|---|---|---|
| | EBIT/万元 | 每股收益 EPS/元 | EBIT/万元 | 每股收益 EPS/元 |
| 好 | 1 500 | 15 | 1 180 | 19.67 |
| 中 | 1 000 | 10 | 680 | 11.33 |
| 坏 | 500 | 5 | 180 | 3.00 |
| 平均 | 1 000 | 10 | 680 | 11.33 |
| 标准差 | | 4 | | 6.81 |

由表 7.9 可见，公司 $B$ 股票的期望收益大于公司 $A$ 股票的收益，公司 $B$ 的标准差(风险)也大于公司 $A$ 的标准差，利用财务杠杆，放大了公司 $B$ 的收益，同时增加了收益的波动值。

## 7.5　MM 理论的数学证明

7.4 节利用无套利均衡分析方法说明了 MM 理论。本节给出 MM 理论的数学证明。

资产定价理论的一个重要结论是在无套利的假设之下，资产的价格函数是线性函数，

MM 理论的几个重要命题的证明的根据就是价格函数是线性的。

### 7.5.1　单期确定情况下的 MM 理论

我们考虑单期确定性模型，有两个时刻，时刻 0 表示现在，时刻 1 表示未来。设有两家公司，公司 $A$ 和公司 $B$，$m_A$ 和 $m_B$ 分别表示公司 $A$ 和公司 $B$ 的债务数量，$n_A$，$n_B$ 分别表示公司 $A$ 和公司 $B$ 的股票数量。$D_A$ 和 $D_B$ 分别表示时刻 1 每份债券的价值，$S_A$ 和 $S_B$ 分别表示时刻 1 公司 $A$ 和公司 $B$ 的股票价格，假设定价函数 $P$ 是线性函数，即在时刻 0，公司 $A$ 的债券价值为 $P(m_AD_A)=m_AP(D_A)$，权益价值为 $P(n_AS_A)=n_AP(S_A)$，公司 $A$ 的资本结构为 $\frac{m_AP(D_A)}{n_AP(S_A)}$。类似地，公司 $B$ 的资本结构可表示为 $\frac{m_BP(D_B)}{n_BP(S_B)}$。

**定理 7.1**　假设

$$m_AD_A+n_AS_A=m_BD_B+n_BS_B \tag{7.5.1}$$

则公司 $A$ 在 0 时刻的价值 $V_A$ 等于公司 $B$ 在 0 时刻的价值 $V_B$。

**证明**　公司 $A$ 在 0 时刻的价值等于债务价值与权益价值之和，在 0 时刻的债务价值为 $m_AP(D_A)$，在 0 时刻权益价值为 $n_AP(S_A)$，公司 $A$ 的价值

$$V_A=P(m_AD_A)+P(n_AS_A)$$

因为价值函数是线性函数，所以

$$V_A=m_AP(D_A)+n_AP(S_A)=P(m_AD_A+n_AS_A)$$

同样，公司 $B$ 在 0 时刻的价值为

$$V_B=P(m_BD_B+n_BS_B)$$

由假设，$m_AD_A+n_AS_A=m_BD_B+n_BS_B$，因此

$$V_A=V_B$$

定理 7.1 说明只要在时刻 1 公司 $A$ 和公司 $B$ 的现金流是一样的，那么 $V_A=V_B$。与公司的资本结构无关。

### 7.5.2　单期不确定性情况的 MM 理论

假设在时刻 1 资产的现金流是不确定的，用样本空间 $\Omega$ 描述，在状态 $\omega$ 之下，现金流用 $V(1,\omega)$ 表示，此时 $V(1,\omega)$ 是从 $\Omega$ 到实数空间 $R$ 的函数。资产在 0 时刻的价值记为 $V(0)$。

考察两家公司，公司 $A$ 和公司 $B$，公司 $A$ 有 $m_A$ 份债券，$n_A$ 份股票，公司 $B$ 有 $m_B$ 份债券，$n_B$ 份股票。公司 $A$ 在时刻 1 的现金流为随机变量，$V_A(1,\omega)=m_AD_A(\omega)+n_AS_A(\omega)$。假设市场无套利机会，定价函数 $P$ 是线性函数。

**定理 7.2**　假设公司 $A$ 和公司 $B$ 有相同的现金流，即

$$V_A(1,\omega)=V_B(1,\omega) \tag{7.5.2}$$

则公司 $A$ 在 0 时刻的价值 $V_A=V_A(0)$ 等于公司 $B$ 在零时刻的价值 $V_B=V_B(0)$。

**证明**　公司 $A$ 在 0 时刻的价值

$$V_A=m_AP[D_A(\omega)]+n_AP[S_A(\omega)]$$

因为 $P$ 是线性函数，所以

$$V_A=P[m_AD_A(\omega)+n_AS_A(\omega)]=P[V_A(1,\omega)]$$

同样

$$V_B = P[m_B D_B(\omega) + n_B S_B(\omega)] = P[V_B(1,\omega)]$$

由假设，$V_A(1,\omega)=V_B(1,\omega)$，因此，$V_A=V_B$。　证毕。

### 7.5.3 考虑税情况下的MM定理

在下面的讨论中，假设公司 $A$ 为负债公司，公司 $B$ 为非负债公司，公司所得税税率为 $T_C$，假定 $1>T_C>0$，公司 $A$ 债券的面值为 $D$，按 $i\%$ 支付利息，则公司 $A$ 支付的利息总额为 $iDm_A$。这部分金额可以交税，这时在时刻1公司 $A$ 和公司 $B$ 的税后现金流分别为

$$V_A(1,\omega)(1-T_C)+iT_C Dm_A \tag{7.5.3a}$$

和

$$V_B(1,\omega)(1-T_C) \tag{7.5.3b}$$

**定理7.3**　假设公司 $A$ 和公司 $B$ 的税前现金流相等，即 $V_A(1,\omega)=V_B(1,\omega)$，税后的现金流分别由式(7.5.3a)和式(7.5.3b)表示，则

$$V_A = V_B + \frac{iT_C Dm_A}{1+r}$$

这里 $r$ 为无风险利率。

**证明**　由式(7.5.3a)公司 $A$ 的价值

$$V_A = P[V_A(1,\omega)(1-T_C)+iT_C Dm_A]$$

因为 $P$ 是线性函数，所以

$$V_A = P[V_A(1,\omega)(1-T_C)] + P(iT_C Dm_A) \tag{7.5.4}$$

由假设，$V_A(1,\omega)=V_B(1,\omega)$，因此

$$P[V_A(1,\omega)(1-T_C)] = P[V_B(1,\omega)(1-T_C)] = V_B \tag{7.5.5}$$

又因为

$$P(iT_C Dm_A) = \frac{iT_C Dm_A}{1+r} \tag{7.5.6}$$

将式(7.5.5)和式(7.5.6)代入式(7.5.4)，得

$$V_A = V_B + \frac{iT_C Dm_A}{1+r}$$

证毕。

### 7.5.4 考虑破产的MM定理

公司 $A$ 的资产不足以还债时，公司 $A$ 就可以破产。即当

$$V_A(1,\omega) \leqslant im_A D_A + \frac{m_A D_A}{1-T_C}$$

时，企业就会破产。如前所述，公司破产，会产生一定的破产成本 $C(\omega)$，我们假设

$$C(\omega) = \begin{cases} 0, & \text{当 } V_A(1,\omega) > im_A D_A + \dfrac{m_A D_A}{1-T_C} \\ C(\omega, D_A), & \text{当 } V_A(1,\omega) \leqslant im_A D_A + \dfrac{m_A D_A}{1-T_C} \end{cases} \tag{7.5.7}$$

**定理 7.4**　假设 $V_A(1,\omega)=V_B(1,\omega)$，在考虑税和破产的情况下，

$$V_A = V_B + \frac{iT_C(m_A D_A)}{1+r} - \frac{C(\omega, D_A)}{1+r}$$

**证明**　此时

$$V_A = P[V_A(1,\omega) + iT_C m_A D_A - C(\omega)]$$

因为 $P$ 为线性函数，所以

$$V_A = P[V_A(1,\omega)] + P(iT_C m_A D_A) - P[C(\omega)] \tag{7.5.8}$$

由假设，$V_A(1,\omega)=V_B(1,\omega)$，因此

$$P[V_A(1,\omega)] = P[V_B(1,\omega)] = V_B \tag{7.5.9}$$

又因为

$$P(iT_C m_A D_A) = \frac{iT_C m_A D}{1+r} \tag{7.5.10}$$

$$P[C(\omega)] = \frac{C(\omega, D)}{1+r} \tag{7.5.11}$$

将式(7.5.9)～式(7.5.11)代入式(7.5.8)，得

$$V_A = V_B + \frac{iT_C m_A D}{1+r} - \frac{C(\omega, D)}{1+r}$$

证毕。

### 7.5.5　连续时间 MM 第一命题

我们在不考虑税和破产的情况下，推导连续时间的 MM 第一命题。

假设有两家公司，其中一个公司负债，称为公司 $L$。债券的价值为 $F$，连续付息率为 $C_F$，到期期限为 $T$，面值为 $M$。公司支付票息和红利 $C_J$。

另一家公司只有权益，没有负债，设为 $U$。它与负债的公司 $L$ 有相同的红利支付，$C=C_F+C_J$。

设 $V$ 表示资产价值，$V_L=V_U=V$。假如 $V=0$，显然 $V_L=V_U=0$ 成立。

在时刻 $T$ 即支付债务之前的时刻，$V_L=V_U$。

设两公司在投资期内的资产价值 $V$ 和 $V_U$ 满足方程

$$\mathrm{d}V = (2V - C)\mathrm{d}t + \delta V \mathrm{d}B \tag{7.5.12}$$

这里 $\delta$ 和 $C$ 是 $V$ 和 $t$ 的函数。负债公司的价值 $V_L=F+f$，$F$ 是债务的价值，$f$ 是权益的价值。$F$ 满足下列随机微分方程

$$\frac{1}{2}\delta^2 V^2 F_{VV} + (rV - C)F_V - rF + F_t + C_F = 0 \tag{7.5.13a}$$

$$\text{s. t.}\quad F(V,T) = \min(V, M) \tag{7.5.13b}$$

$$F(0,t) = 0 \tag{7.5.13c}$$

$$F(V,t) \leqslant V \tag{7.5.13d}$$

同样，$f(V,t)$ 满足下列随机微分方程

$$\frac{1}{2}\delta^2 V^2 f_{VV} + (rV - C)f_V - rf + f_t + C_f = 0 \tag{7.5.14a}$$

$$\text{s.t.}\quad f(V,t)=\max(V-M,0) \tag{7.5.14b}$$

$$f(0,t)=0 \tag{7.5.14c}$$

$$f(V,t)\leqslant V \tag{7.5.14d}$$

由式(7.5.13)和式(7.5.14),$V_L$ 是如下随机微分方程的解

$$\frac{1}{2}\delta^2V^2Q_{VV}+(rV-C)Q_V-rQ+Q+C_F+C_f=0 \tag{7.5.15a}$$

$$\text{s.t.}\quad Q(V,T)=\min(V,M)+\max(V-M,0)=V \tag{7.5.15b}$$

$$Q(\omega,t)=0 \tag{7.5.15c}$$

$$Q(V,t)\leqslant V \tag{7.5.15d}$$

而 $Q(V,t)$ 是负债公司价值 $V_U$ 的解,由解的唯一性,$V_L(t)=V(t)=V_U(t)$,从而证明了MM理论的第一命题。

**定理 7.5** 在不考虑税收和破产成本的条件下,对于满足式(7.5.12)的公司价值过程,其公司价值与资本结构无关,即

$$V_L(t)=V_U(t)$$

# 习 题 7

1. 在图7.2中,加权平均成本WACC为常数,试分析其原因,并说明经济意义。
2. 利用例7.1的数据,分别计算这两种情况下的加权平均成本,并比较计算的结果。

# 第 8 章 连续时间消费资本资产定价模型

## 8.1 基于连续时间的投资组合选择

我们考虑基于连续时间的个体最优投资选择和消费准则问题，并在假定收益率服从维纳（Wiener）过程的条件下，本节推导出了多资产问题的最优方程，对具有常相对风险厌恶或者等弹性边际效用的两资产模型进行了详细研究。

### 8.1.1 不确定性条件下连续时间动态预算方程

在确定性连续时间模型中，预算方程是微分方程，然而在引入不确定性后，预算方程为随机微分方程。为了明确该预算方程的意义，我们首先研究离散时间模型，然后再讨论连续时间模型。

设 $W(t)$ 为在时间 $t$ 的总财富，$X_i(t)$ 为第 $i$ 种资产在时间 $t$ 的价格（$i=1,2,\cdots,m$），$C(t)$ 为在时刻 $t$ 单位时间的消费，$w_i(t)$ 为在时刻 $t$ 总财富中对资产 $i$ 的投资比例（$i=1,2,\cdots,m$）。注意

$$\sum_{i=1}^{m} w_i(t) \underset{t}{\equiv} 1$$

预算方程为

$$W(t) = \left[\sum_{i=1}^{m} w_i(t_0)\frac{X_i(t)}{X_i(t_0)}\right]\left[W(t_0) - C(t_0)h\right] \tag{8.1.1}$$

这里 $t \equiv t_0 + h$，$h$ 为两期之间的时间间隔。两边同时减去 $W(t_0)$，利用 $\sum\limits_{i=1}^{m} w_i(t_0) = 1$，可以把式（8.1.1）重新写为

$$\begin{aligned} W(t) - W(t_0) &= \left[\sum_{i=1}^{m} w_i(t_0)\frac{X_i(t) - X_i(t_0)}{X_i(t_0)}\right]\left[W(t_0) - C(t_0)h\right] - C(t_0)h \\ &= \left[\sum_{i=1}^{m} w_i(t_0)\{\exp[g_i(t)h] - 1\}\right]\left[W(t_0) - C(t_0)h\right] - C(t_0)h \end{aligned} \tag{8.1.2}$$

这里 $g_i(t)h \equiv \ln\left[\dfrac{X_i(t)}{X_i(t_0)}\right]$，$g_i(t)$ 为单位时间资产 $i$ 的对数收益率。

就离散时间情形，可以进一步假设 $g_i(t)$ 由下式确定：

$$g_i(t)h = \left(\alpha_i - \frac{\sigma_i^2}{2}\right)h + \Delta Y_i \tag{8.1.3}$$

这里期望收益率 $\alpha_i$ 为常数，$Y_i(t)$ 可用如下随机差分方程表示：

$$Y_i(t) - Y_i(t_0) \equiv \Delta Y_i = \sigma_i Z_i(t) h^{\frac{1}{2}} \tag{8.1.4}$$

这里对每个 $t$，$Z_i(t)$ 为序列独立的标准正态随机变量，$\sigma_i^2$ 是过程 $Y_i$ 的单位时间方差，增量

$\Delta Y_i$ 的均值为零。

把式(8.1.3)中的 $g_i(t)$代入式(8.1.2)中,可以把式(8.1.2)重新写为

$$W(t)-W(t_0)=\sum_1^m w_i(t_0)\left\{\exp\left[\left(\alpha_i-\frac{\sigma_i^2}{2}\right)h+\Delta Y_i\right]-1\right\}[W(t_0)-C(t_0)h]-C(t_0)h \tag{8.1.5}$$

$W(t)-W(t_0)$的均值和方差分别为

$$E(t_0)[W(t)-W(t_0)]=\left[\sum_1^m w_i(t_0)\alpha_i W(t_0)-C(t_0)\right]h+o(h) \tag{8.1.6}$$

和

$$E(t_0)[W(t)-W(t_0)]^2=\sum_{i=1}^m\sum_{j=1}^m w_i(t_0)w_j(t_0)E(t_0)\{\Delta Y_i\Delta Y_j\}W^2(t_0)+o(h) \tag{8.1.7}$$

这里 $E(t_0)$为条件期望算子[条件是已知 $W(t_0)$],$o(\cdot)$是"高阶无穷小"。

令 $h\to 0$(连续时间),式(8.1.4)描述的随机过程的极限,可以表示为随机微分方程形式

$$\mathrm{d}Y_i=\sigma_i Z_i(t)(\mathrm{d}t)^{\frac{1}{2}} \tag{8.1.4a}$$

并称 $Y_i(t)$是由维纳过程生成的。

对于离散时间动态预算方程应用同样的极限过程,我们可以把式(8.1.5)写为

$$\mathrm{d}W=\left[\sum_1^m w_i(t)\alpha_i W(t)-C(t)\right]\mathrm{d}t+\sum_1^m w_i(t)\sigma_i Z_i(t)W(t)(\mathrm{d}t)^{\frac{1}{2}} \tag{8.1.5a}$$

随机微分方程(8.1.5a)是不确定性动态连续时间预算方程的一般表达式。

更常见的动态方程为平均预算方程,可以这样得到:由式(8.1.5),有

$$E(t_0)\left[\frac{W(t)-W(t_0)}{h}\right]=\sum_1^m w_i(t_0)\alpha_i[W(t_0)-C(t_0)h]-C(t_0)+o(1) \tag{8.1.8}$$

现在,令 $h\to 0$ 取极限,于是式(8.1.8)变成如下的表达式

$$\mathring{W}(t_0)\underset{\text{def.}}{\equiv}\lim_{h\to 0}E(t_0)\left[\frac{W(t)-W(t_0)}{h}\right]=\sum_1^m w_i(t_0)\alpha_i W(t_0)-C(t_0) \tag{8.1.8a}$$

称为"财富平均变化率"。

## 8.1.2　两资产模型

首先推导两资产模型的最优方程。

设 $w_1(t)\equiv w(t)$为在风险资产上的投资比例,$w_2(t)=1-w(t)$为在确定性资产上的投资比例,$g_1(t)=g(t)$为风险资产收益($\mathrm{Var}\ g_1>0$),以及 $g_2(t)=r$ 为确定性资产收益($\mathrm{Var}\ g_2=0$)。由于

$$g(t)h=\left(\alpha-\frac{\sigma^2}{2}\right)h+\Delta Y$$

所以,式(8.1.5)、式(8.1.5a)、式(8.1.6)、式(8.1.7)和式(8.1.8a)可以写为

$$W(t)-W(t_0)=\left(W(t_0)\left\{\exp\left[\left(\alpha-\frac{\sigma^2}{2}\right)h+\Delta Y\right]-1\right\}+[1-W(t_0)]\times\right.$$

$$[\exp(rh)-1]\Big)[W(t_0)-C(t_0)h]-C(t_0)h \tag{8.1.9}$$

$$E(t_0)[W(t)-W(t_0)]=\{[w(t_0)(\alpha-r)+r]W(t_0)-C(t_0)\}h+o(h) \tag{8.1.10}$$

$$\begin{aligned}E(t_0)[W(t)-W(t_0)]^2&=W^2(t_0)W^2(t_0)E(t_0)(\Delta Y)^2+o(h)\\&=W^2(t_0)W^2(t_0)\sigma^2 h+o(h)\end{aligned} \tag{8.1.11}$$

$$\mathrm{d}W=\{[W(t)(\alpha-r)+r]W(t)-C(t)\}\mathrm{d}t+W(t)\sigma Z(t)W(t)(\mathrm{d}t)^{\frac{1}{2}} \tag{8.1.12}$$

$$\mathring{W}(t)=[W(t)(\alpha-r)+r]W(t)-C(t) \tag{8.1.13}$$

最优投资组合和消费选择问题可归结为如下优化模型

$$\max E\left\{\int_0^T \exp(-\rho t)U[C(t)]\mathrm{d}t+B[W(T),T]\right\} \tag{8.1.14}$$

约束条件为预算限制式(8.1.12)，以及

$$C(t)\geqslant 0,\quad W(t)>0,\quad W(0)=W_0>0$$

这里，假设 $U(C)$ 是严格凹效用函数[$U'(C)>0, U''(C)<0$]，$g(t)$ 是由维纳过程生成的随机变量。$T$ 是死亡日期，而 $B[W(T),T]$ 是特定的"遗赠评价函数"，通常还假设它是 $W(T)$ 的凹函数。式(8.1.14)中的 $E$ 是假定已知 $W(0)=W_0$ 时条件期望算子 $E(0)$ 的简写。

为了推导出最优方程，需要把式(8.1.14)变为动态规划形式，这样才能应用 Bellman 最优性原则。为此，定义

$$I[W(t),t]\equiv\max_{\{C(s),w(s)\}}E(t)\left\{\int_t^T \exp(-\rho s)U[C(s)]\mathrm{d}s+B[W(T),T]\right\} \tag{8.1.15}$$

这里，式(8.1.15)的约束条件与式(8.1.14)相同。因此

$$I[W(T),T]=B[W(T),T] \tag{8.1.15a}$$

通常，由式(8.1.15)

$$I[W(t_0),t_0]\equiv\max_{\{C(s),w(s)\}}E(t_0)\left\{\int_{t_0}^t \exp(-\rho s)U[C(s)]\mathrm{d}s+I[W(t),t]\right\} \tag{8.1.16}$$

特别地，可把式(8.1.14)重新写为

$$I(W_0,0)=\max_{\{C(s),w(s)\}}E\left\{\int_0^t \exp(-\rho s)U[C(s)]\mathrm{d}s+I[W(t),t]\right\} \tag{8.1.14a}$$

如果 $t\equiv t_0+h$，并且 $I[W(t_0),t_0]$ 的三阶偏导数有界，那么根据泰勒定理和积分中值定理，可把式(8.1.16)重新写为

$$\begin{aligned}I[W(t_0),t_0]\equiv\max_{\{C,w\}}E(t_0)\{&\exp(-\rho\bar{t})U[C(\bar{t})]h+I[W(t_0),t_0]+\frac{\partial I[W(t_0),t_0]}{\partial t}h+\\&\frac{\partial I[W(t_0),t_0]}{\partial W}[W(t)-W(t_0)]+\\&\frac{1}{2}\frac{\partial^2 I[W(t_0),t_0]}{\partial W^2}[W(t)-W(t_0)]^2+o(h)\}\end{aligned} \tag{8.1.17}$$

这里 $\bar{t}\in[t_0,t]$。

式(8.1.17)中每一项都取期望 $E(t_0)$，注意到 $I[W(t_0),t_0]=E(t_0)\{I[W(t_0),t_0]\}$，等式

两边同时减去 $I[W(t_0),t_0]$,并且把式(8.1.10)和式(8.1.11)中的 $E(t_0)[W(t)-W(t_0)]$ 和 $E(t_0)[W(t)-W(t_0)]^2$ 代入方程(8.1.17),然后方程两边同时除以 $h$。对得到的方程令 $h\to 0$ 取极限,于是式(8.1.17)就变为连续时间 Bellman-Dreyfus 基本最优方程:

$$0=\max_{\{C(t),w(t)\}}\left(\exp(-\rho t)U[C(t)]+\frac{\partial I_t}{\partial t}+\frac{\partial I_t}{\partial W}\{[w(t)(\alpha-r)+r]W(t)-C(t)\}+\frac{1}{2}\frac{\partial^2 I_t}{\partial W^2}\sigma^2 w^2(t)W^2(t)\right) \tag{8.1.17a}$$

这里 $I_t$ 是 $I[W(t),t]$ 的简写,我们可以把下标 $t_0$ 去掉,这是因为对任意的 $t\in[0,T]$,式(8.1.17a)都成立。

如果我们引入一个新的函数

$$\phi(w,C;W;t)\equiv\exp(-\rho t)U(C)+\frac{\partial I_t}{\partial t}+\frac{\partial I_t}{\partial W}\{[w(t)(\alpha-r)+r]W(t)-C(t)\}+\frac{1}{2}\frac{\partial^2 I_t}{\partial W^2}\sigma^2 w^2(t)W^2(t)$$

则式(8.1.17a)可以写成更简洁的形式

$$\max_{\{C,w\}}\phi(w,C;W;t)=0 \tag{8.1.17b}$$

式(8.1.17b)的正则内部最大值的一阶条件是

$$\phi_C(w^*,C^*;W,t)=0=\exp(-\rho t)U'(C^*)-\frac{\partial I_t}{\partial W} \tag{8.1.18}$$

和

$$\phi_w(w^*,C^*;W;t)=0=(\alpha-r)W\frac{\partial I_t}{\partial W}+\frac{\partial^2 I_t}{\partial W^2}w^*W^2\sigma^2 \tag{8.1.19}$$

一组正则最大值的充分条件为

$$\phi_{ww}<0,\quad \phi_{CC}<0,\quad \det\begin{bmatrix}\phi_{ww} & \phi_{wC}\\ \phi_{Cw} & \phi_{CC}\end{bmatrix}>0$$

$\phi_{wC}=\phi_{Cw}=0$,而且,如果 $I[W(t),t]$ 是 $W$ 的严格凹函数,则根据 $U$ 的严格凹性,有

$$\phi_{CC}=\exp(-\rho t)U''(C)<0 \tag{8.1.20}$$

以及根据 $I_t$ 的严格凹性,有

$$\phi_{ww}=W^2(t)\sigma^2\frac{\partial^2 I_t}{\partial W^2}<0 \tag{8.1.21}$$

从而满足充分条件。因此,使得 $I[W(t),t]$ 严格凹的备选最优解将是条件式(8.1.17a)～式(8.1.21)的任意解。

最优性条件可以写成求解 $w^*(t)$,$C^*(t)$ 和 $I[W(t),t]$ 的两个代数方程和一个偏微分方程构成的系统:

$$(*)\begin{cases}\phi(w^*,C^*;W;t)=0\\ \phi_C(w^*,C^*;W;t)=0\\ \phi_w(w^*,C^*;W;t)=0\end{cases}$$

受约束于边界条件 $I[W(T),T]=B[W(T),T]$,且解是式(8.1.14)的可行解。

### 8.1.3 常相对风险厌恶情形

一般说来，求解由非线性偏微分方程和两个代数方程的系统（∗）比较困难。可是如果假设效用函数为常相对风险厌恶形式（等弹性边际效用），那么可以求得（∗）的显式解。因此，令 $U(C)=\dfrac{C^\gamma-1}{\gamma}$，$\gamma<1$ 且 $\gamma\neq 0$，或者 $U(C)=\ln C$（$\gamma=0$ 的极限形式），这里 $-\dfrac{U''(C)C}{U'(C)}=1-\gamma\equiv\delta$ 为相对风险厌恶度量。就这种特殊情形，（∗）可以写为

$$
(*')\begin{cases}
0=\dfrac{1-\gamma}{\gamma}\left(\dfrac{\partial I_t}{\partial W}\right)^{\frac{\gamma}{\gamma-1}}\exp\left(\dfrac{-\rho t}{1-\gamma}\right)+\dfrac{\partial I_t}{\partial t}+\dfrac{\partial I_t}{\partial W}rW-\dfrac{(\alpha-r)^2}{2\sigma^2}\dfrac{\left(\dfrac{\partial I_t}{\partial W}\right)^2}{\dfrac{\partial^2 I_t}{\partial W^2}}\\
C^*(t)=\left[\exp(\rho t)\dfrac{\partial I_t}{\partial W}\right]^{\frac{1}{\gamma-1}}\\
w^*(t)=\dfrac{-(\alpha-r)}{\sigma^2 W}\dfrac{\dfrac{\partial I_t}{\partial W}}{\dfrac{\partial^2 I_t}{\partial W^2}}\\
\text{约束条件为 } I[W(T),T]=\varepsilon^{1-\gamma}\exp(-\rho T)[W(T)]^\gamma/\gamma,\quad 0<\varepsilon\ll 1
\end{cases}
$$

这里所作的一个关键的简化假设就是遗赠评价函数 $B[W(T),T]$ 具有特殊形式。

为解（∗）中的式(8.1.17b)，取一个试探解

$$\bar{I}_t[W(t),t]=\frac{b(t)}{\gamma}\exp(-\rho t)[W(t)]^\gamma \tag{8.1.22}$$

把试探解代入式(8.1.17b)，发现 $\bar{I}_t[W(t),t]$ 为式(8.1.17b)解的必要条件，即 $b(t)$ 必须满足如下的常微分方程

$$\dot{b}(t)=\mu b(t)-(1-\gamma)[b(t)]^{\frac{\gamma}{1-\gamma}} \tag{8.1.23}$$

约束条件是 $b(T)=\varepsilon^{1-\gamma}$，这里 $\mu\equiv\rho-\gamma\left[\dfrac{(\alpha-r)^2}{2\sigma^2(1-\gamma)}+\gamma\right]$。那么，由（∗′）中的方程(8.1.18)和(8.1.19)，得到的消费和投资组合选择的决策准则 $C^*(t)$ 和 $w^*(t)$ 为

$$C^*(t)=[b(t)]^{\frac{1}{\gamma-1}}W(t) \tag{8.1.24}$$

和

$$w^*(t)=\frac{\alpha-r}{\sigma^2(1-\gamma)} \tag{8.1.25}$$

式(8.1.23)的解为

$$b(t)=\left\{\frac{1+(v\varepsilon-1)\exp[v(t-T)]}{v}\right\}^{1-\gamma} \tag{8.1.26}$$

这里 $v\equiv\dfrac{\mu}{(1-\gamma)}$。

$I[W(t),t]$ 是（∗′）解的充分条件为

(1) $\bar{I}_t[W(t),t]$ 是实数（可行性）。

(2) $\frac{\partial^2 \bar{I}_t}{\partial W^2}<0$(最大值的凸性)。

(3) $C^*(t)\geqslant 0$(可行性)。

在等弹性情形下,(1)、(2)、(3)成立的条件是

$$\frac{1+(v\varepsilon-1)\exp[v(t-T)]}{v}>0, \quad 0\leqslant t\leqslant T \tag{8.1.27}$$

当 $T<\infty$ 时,对所有的 $v$ 值都满足条件式(8.1.27)。

因为式(8.1.27)成立,所以最优消费和投资组合选择准则为

$$C^*(t)=\begin{cases}\dfrac{v}{1+(v\varepsilon-1)\exp[v(t-T)]}W(t), & v\neq 0\\ \dfrac{1}{T-t+\varepsilon}W(t), & v=0\end{cases} \tag{8.1.28}$$

和

$$w^*(t)=\frac{\alpha-r}{\sigma^2(1-\gamma)}\equiv w^* \tag{8.1.29}$$

是与 $W$ 和 $t$ 无关的常数。

## 8.2 连续时间模型中的最优消费和投资组合准则

在8.1节中,我们研究了假设收入来自资产投资的资本收益、资产价格服从几何布朗运动的情形下,个体的连续时间消费投资组合问题。即研究了最大化问题 $\max E\left[\int_0^T U(C,t)\mathrm{d}t\right]$,式中的 $U$ 为瞬时效用函数,$C$ 是消费,$E$ 是期望算子。在引入常相对风险厌恶后,可得到最优消费和投资组合准则的显式解。

本节把这些结论推广到更一般的效用函数、价格服从更一般的随机过程的假设以及具有非资本收益的情形。在几何布朗运动假设下,这个模型中,经典的 Markowitz-Tobin 的均值方差准则仍然成立。因此,当资产的价格服从几何布朗运动过程时,不失一般性,我们可以研究两资产情形。如果进一步假设个体的效用函数属于双曲绝对风险厌恶(HARA)族,可以得到最优消费和投资组合策略的显式解。

### 8.2.1 关于 Itô 过程

定义向量 Itô 过程为如下随机微分方程的解

$$\mathrm{d}\boldsymbol{P}=\boldsymbol{f}(P,t)\mathrm{d}t+\boldsymbol{g}(P,t)\mathrm{d}z \tag{8.2.1}$$

式中,$\boldsymbol{P}$、$\boldsymbol{f}$ 和 $\boldsymbol{g}$ 为 $n$ 维向量;$z(t)$ 为 $n$ 维标准正态随机变量。称 $\mathrm{d}z(t)$ 为多维维纳过程(或布朗运动)。

形式处理和求解 Itô 类型的随机过程的基本工具是 Itô 引理,叙述如下。

令 $F(P_1,P_2,\cdots,P_n,t)$ 为定义在 $R^n\times[0,\infty)$ 空间上的 $C^2$ 函数,取随机积分

$$P_i(t)=P_i(0)+\int_0^t f_i(P,s)\mathrm{d}s+\int_0^t g_i(P,s)\mathrm{d}z_i$$

则随机变量 $Y\equiv F$ 是随机积分的函数,它的随机微分为

$$dY = \sum_1^n \frac{\partial F}{\partial P_i} dP_i + \frac{\partial F}{\partial t} dt + \frac{1}{2} \sum_1^n \sum_1^n \frac{\partial^2 F}{\partial P_i \partial P_j} dP_i dP_j$$

这里微分 $dP_i dP_j$ 的乘积由如下的乘法规则定义

$$dz_i dz_j = \rho_{ij} dt, \quad i, j = 1, 2, \cdots, n$$

$$dz_i dt = 0, \quad i = 1, 2, \cdots, n$$

这里 $\rho_{ij}$ 是维纳过程 $dz_i$ 和 $dz_j$ 的瞬时相关系数。

有了 Itô 引理,我们就可以从形式上对布朗运动的光滑函数求微分。

在讨论资产价格行为之前,求解 Itô 过程需要用到一个概念:随机过程 $P(t)$ 的微分生成子(或弱无穷小算子)。如果下式的极限存在,则定义函数 $\mathring{G}(P,t)$ 为

$$\mathring{G}(P,t) \equiv \lim_{h \to 0} E_t \left\{ \frac{G[P(t+h), t+h] - G[P(t), t]}{h} \right\} \tag{8.2.2}$$

这里 $E_t$ 为在已知 $P(t)$ 条件下的条件期望算子。如果 $P_i(t)$ 由 Itô 过程生成,那么 $P$ 的微分生成子 $D_P$ 定义为

$$D_P \equiv \sum_1^n f_i \frac{\partial}{\partial P_i} + \frac{\partial}{\partial t} + \frac{1}{2} \sum_1^n \sum_1^n a_{ij} \frac{\partial^2}{\partial P_i \partial P_j} \tag{8.2.3}$$

这里 $\boldsymbol{f} = (f_1, f_2, \cdots, f_3, f_n)$, $\boldsymbol{g} = (g_1, g_2, \cdots, g_n)$ 且 $a_{ij} \equiv g_i g_j \rho_{ij}$,此外,可以证明

$$\mathring{G}(P,t) = D_P[G(P,t)] \tag{8.2.4}$$

$\mathring{G}$ 为函数 $G(P,t)$"平均"或预期时间变化率,这是通常的确定性函数对时间导数的自然推广。

### 8.2.2 资产价格动态和预算方程

假设所有资产都是有限责任的,市场是完全的,交易是连续的,并且没有交易成本,每股价格 $\{P_i(t)\}$ 由 Itô 过程生成,即

$$\frac{dP_i}{P_i} = \alpha_i(P,t) dt + \sigma_i(P,t) dz_i \tag{8.2.5}$$

这里 $\alpha_i$ 为单位时间价格瞬时条件期望百分比变化,$\sigma_i^2$ 为单位时间的瞬时条件方差。

为了得到相应的预算方程,首先考察模型的离散时间形式,然后取极限得到连续时间模型。考虑期限长度为 $h$ 的模型,在模型中所有的收入都是来自资本收益,且在 $t$ 期的期初,财富 $W(t)$ 和 $P_i(t)$ 是已知的。假设所有的决策变量都被指标化,使得指标和决策完成的期限一致。即令

$$N_i(t) \equiv \text{在 } t \text{ 期,即 } t \text{ 和 } t+h \text{ 之间购买并持有资产 } i \text{ 的股数} \tag{8.2.6}$$

且

$$C(t) \equiv \text{在 } t \text{ 期单位时间消费量}$$

假设在 $t$ 期,个体所有的财富全部投资于资产,于是

$$W(t) = \sum_1^n N_i(t-h) P_i(t) \tag{8.2.7}$$

其中 $N_i(t-h)$ 为在时期 $t-h$ 投资组合中第 $i$ 种资产的股数,$P_i(t)$ 为第 $i$ 种资产每股的当

前价值。同时，选择 $t$ 期的消费量 $C(t)h$ 和新的投资组合 $N_i(t)$。在此基础上，如果假设所有的交易都是以(已知的)当前价格进行的，则有

$$-C(t)h = \sum_1^n [N_i(t) - N_i(t-h)]P_i(t) \tag{8.2.8}$$

用 $t+h$ 代替式(8.2.7)中的 $t$，可以确定新的价格集合 $P_i(t+h)$，从而得 $t$ 期投资组合价值为 $\sum_1^n N_i(t)P_i(t+h)$。于是，个体"进入"时期 $t+h$ 时，其财富为 $W(t+h) = \sum_1^n N_i(t)P_i(t+h)$，以上推理过程可以一直进行下去。

为了去掉向后差分，在式(8.2.7)和式(8.2.8)中引入增量 $h$，我们有

$$\begin{aligned}-C(t+h)h &= \sum_1^n [N_i(t+h) - N_i(t)]P_i(t+h) \\ &= \sum_1^n [N_i(t+h) - N_i(t)][P_i(t+h) - P_i(t)] + \\ &\quad \sum_1^n [N_i(t+h) - N_i(t)]P_i(t)\end{aligned} \tag{8.2.9}$$

和

$$W(t+h) = \sum_1^n N_i(t)P_i(t+h) \tag{8.2.10}$$

令 $h\to 0$，取极限，得到式(8.2.9)和式(8.2.10)的连续时间形式：

$$-C(t)\mathrm{d}t = \sum_1^n \mathrm{d}N_i(t)\mathrm{d}P_i(t) + \sum_1^n \mathrm{d}N_i(t)P_i(t) \tag{8.2.9a}$$

和

$$W(t) = \sum_1^n N_i(t)P_i(t) \tag{8.2.10a}$$

利用 Itô 引理，对式(8.2.10)求微分，得

$$\mathrm{d}W = \sum_1^n N_i\mathrm{d}P_i + \sum_1^n \mathrm{d}N_iP_i + \sum_1^n \mathrm{d}N_i\mathrm{d}P_i \tag{8.2.11}$$

最后两项 $\sum_1^n \mathrm{d}N_iP_i$ 和 $\sum_1^n \mathrm{d}N_i\mathrm{d}P_i$ 是除了资本收益以外财富增加的净值。因此，如果 $\mathrm{d}y(t)$ = 瞬时非资本收益(工资)(可能随机的)收入流，那么我们有

$$\mathrm{d}y - C(t)\mathrm{d}t = \sum_1^n \mathrm{d}N_iP_i + \sum_1^n \mathrm{d}N_i\mathrm{d}P_i \tag{8.2.12}$$

由式(8.2.11)和式(8.2.12)，我们把预算或累积方程写为

$$\mathrm{d}W = \sum_1^n N_i(t)\mathrm{d}P_i + \mathrm{d}y - C(t)\mathrm{d}t \tag{8.2.13}$$

为了消去式(8.2.13)中的 $N_i(t)$，定义新变量 $w_i(t) \equiv N_i(t)P_i(t)/W(t)$，这里，$w_i(t)$ 是时刻 $t$ 投资于资产 $i$ 的财富比例。将式(8.2.5)中的 $\frac{\mathrm{d}P_i}{P_i}$ 代入式(8.2.13)，则式(8.2.13)可以写为

$$dW = \sum_1^n w_i W \alpha_i dt - C dt + dy + \sum_1^n w_i W \sigma_i dz_i \tag{8.2.14}$$

根据定义，这里 $\sum_1^n w_i \equiv 1$。

假设 $dy=0$，即所有的收入都来自资产的资本收益。如果 $n$ 个资产中有一个是"无风险的"(按惯例第 $n$ 个资产)，那么 $\sigma_n=0$，我们将其瞬时收益率 $\alpha_n$ 写为 $r$，则式(8.2.14)可改写为

$$dW = \sum_1^m w_i(\alpha_i - r) W dt + (rW - C) dt + dy + \sum_1^m w_i W \sigma_i dz_i \tag{8.2.14a}$$

这里 $m \equiv n-1$，由于 $w_n = 1 - \sum_1^n w_i$ 保证了式(8.2.14)的等式约束 $1 = \sum_1^n w_i$ 得到满足，所以 $w_1, w_2, \cdots, w_m$ 没有限制。

### 8.2.3 最优消费和投资组合准则：最优方程

生存 $T$ 年的个体最优投资组合和消费准则的选择问题可用公式表示如下：

$$\max E_0 \left\{ \int_0^T U[C(t), t] dt + B[W(T), T] \right\} \tag{8.2.15}$$

约束条件为 $W(0)=W_0$ 和动态预算约束式(8.2.14)，存在一种无风险资产的情况下，式(8.2.14)变为式(8.2.14a)。此外，这里假设(生存期间)效用函数 $U$ 是 $C$ 的严格凹函数以及"遗赠"函数 $B$ 是 $W$ 的凹函数。

为了得到最优准则，我们利用随机动态规划方法。定义

$$J(W, P, t) \equiv \max_{\{C, w\}} E_t \left\{ \int_t^T U(C, s) ds + B[W(T), T] \right\} \tag{8.2.16}$$

和以前一样，这里 $E_t$ 是条件期望算子，其条件是 $W(t)=W$ 和 $P_i(t)=P_i$。给定 $w_i(t)=w_i$，$C(t)=C, W(t)=W$ 以及 $P_i(t)=P_i$，定义

$$\phi(C, w; W, P, t) \equiv U(C, t) + D(J) \tag{8.2.17}$$

$D$ 是给定控制集 $w$ 和 $C$ 时，以 $P$ 和 $W$ 为变量的 Dynkin 算子 $D_{P,W}^{w,C}$ 的缩写：

$$D \equiv \frac{\partial}{\partial t} + \left(\sum_1^n w_i \alpha_i W - C\right) \frac{\partial}{\partial W} + \sum_1^n \alpha_i P_i \frac{\partial}{\partial P_i} +$$

$$\frac{1}{2} \sum_1^n \sum_1^n \sigma_{ij} w_i w_j W^2 \frac{\partial^2}{\partial W^2} + \frac{1}{2} \sum_1^n \sum_1^n P_i P_j \sigma_{ij} \frac{\partial^2}{\partial P_i \partial P_j} +$$

$$\sum_1^n \sum_1^n P_i W w_j \sigma_{ij} \frac{\partial^2}{\partial P_i \partial W}$$

根据随机动态规划理论，如下定理提供了推导最优准则 $C^*$ 和 $w^*$ 的方法。

**定理 8.1** 如果 $P_i(t)$ 由强扩散过程生成，$U$ 是 $C$ 的严格凹函数，$B$ 是 $W$ 的严格凹函数，则存在最优准则 $w^*$ 和 $C^*$（控制变量），满足 $\sum_1^n w_i^* = 1$，且 $J(W, P, T) = B(W, T)$，并且当 $t \in [0, T]$ 时，这些控制变量满足

$$0 = \phi(C^*, w^*; W, P, t) \geqslant \phi(C, w; W, P, t)$$

由定理 8.1,我们有

$$0=\max_{\{C,w\}}\phi(C,w;\ W,P,t) \tag{8.2.18}$$

按照通常的限制条件下求最大值的方法,我们定义拉格朗日函数 $L\equiv\phi+\lambda\left(1-\sum_1^n w_i\right)$,式中 $\lambda$ 为拉格朗日乘子,根据下面的一阶条件求极值点:

$$0=L_C(C^*,w^*)=U_C(C^*,t)-J_W \tag{8.2.19}$$

$$0=L_{w_k}(C^*,w^*)=-\lambda+J_W\alpha_k W+J_{WW}\sum_1^n\sigma_{kj}w_j^*W^2+\sum_1^n J_{jW}\sigma_{kj}P_jW,\quad k=1,2,\cdots,n \tag{8.2.20}$$

$$0=L_\lambda(C^*,w^*)=1-\sum_1^n w_i^* \tag{8.2.21}$$

这里偏导数的记号为 $J_W\equiv\dfrac{\partial J}{\partial W}$, $J_t\equiv\dfrac{\partial J}{\partial t}$, $U_C\equiv\dfrac{\partial U}{\partial C}$, $J_i\equiv\dfrac{\partial J}{\partial P_i}$, $J_{ij}\equiv\dfrac{\partial^2 J}{\partial P_i\partial P_j}$, $J_{WW}\equiv\dfrac{\partial^2 J}{\partial W^2}$ 和 $J_{jW}\equiv\dfrac{\partial^2 J}{\partial P_j\partial W}$。

因为 $L_{CC}=\phi_{CC}=U_{CC}<0$, $L_{C_{w_k}}=\phi_{C_{w_k}}=0$, $L_{w_kw_k}=\sigma_k^2W^2J_{WW}$, $L_{w_kw_j}=J_{WW}W^2\sigma_{kj}$, $k\neq j$ 以及 $[\sigma_{ij}]$ 是正定矩阵,所以存在唯一内部最大值的充分条件是 $J_{WW}<0$($J$ 是 $W$ 的严格凹函数)。在这些条件下,作为式(8.2.19)对 $W$ 微分的直接推论,我们有

$$\frac{\partial C^*}{\partial W}>0 \tag{8.2.22}$$

为求 $C^*$ 和 $w^*$ 的显式解,我们解 $n+2$ 个 $C^*$ 和 $w^*$ 的非动态隐方程(8.2.19)～方程(8.2.21),得 $\lambda$ 是 $J_W, J_{WW}, J_{jW}, W, P$ 和 $t$ 的函数。把 $C^*$ 和 $w^*$ 代入式(8.2.18),它变为 $J$ 的二阶偏微分方程,约束条件是边界条件 $J(W,P,T)=B(W,T)$。解这个关于 $J$ 的方程,然后代回到式(8.2.19)～式(8.2.21),得出作为 $W,P,t$ 函数的最优准则。定义 $\boldsymbol{G}\equiv[U_c]^{-1}$,则由式(8.2.19)得到

$$C^*=G(J_W,t) \tag{8.2.23}$$

为了求解 $w_i^*$,注意到式(8.2.20)是 $w_i^*$ 的线性系统,因此可求出它的显式解。定义

$$\boldsymbol{\Omega}\equiv[\sigma_{ij}]\qquad n\times n\text{ 方差-协方差矩阵}$$

$$[v_{ij}]\equiv\boldsymbol{\Omega}^{-1}$$

$$\Gamma\equiv\sum_1^n\sum_1^n v_{ij} \tag{8.2.24}$$

从式(8.2.20)中消去 $\lambda$,可以把解 $w_k^*$ 写为

$$w_k^*=h_k(P,t)+m(P,W,t)g_k(P,t)+f_k(P,W,t) \tag{8.2.25}$$

这里,$\sum_1^n h_k\equiv1$, $\sum_1^n g_k\equiv0$, $\sum_1^n f_k\equiv0$。

$$h_k(P,t)\equiv\sum_1^n\frac{v_{kj}}{\Gamma},\quad m(P,W,t)\equiv\frac{-J_W}{WJ_{WW}}$$

$$g_k(P,t) \equiv \frac{1}{\Gamma}\sum_1^n v_{kl}\left(\Gamma\alpha_l - \sum_1^n\sum_1^n v_{ij}\alpha_j\right)$$

$$f_k(P,W,t) \equiv -\left(\Gamma J_{kW}P_k - \sum_1^n J_{iW}P_i\sum_1^n v_{kj}\right)/\Gamma W J_{WW}$$

将 $C^*$ 和 $w^*$ 代入式(8.2.18)，得到 $J$ 作为 $W,P$ 和 $t$ 的函数的基本偏微分方程

$$\begin{aligned}0 =& U(G,t) + J_t + J_W\left[\frac{\sum_1^n\sum_1^n v_{kj}\alpha_k W}{\Gamma} - G\right] + \\ & \sum_1^n J_i\alpha_i P_i + \frac{1}{2}\sum_1^n\sum_1^n J_{ij}\sigma_{ij}P_iP_j + \frac{W}{\Gamma}\sum_1^n J_{jW}P_j - \\ & \frac{J_W}{\Gamma J_{WW}}\left(\sum_1^n \Gamma J_{kW}P_k\alpha_k - \sum_1^n J_{jW}P_j\sum_1^n\sum_1^n v_{kl}\alpha_l\right) + \\ & \frac{J_{WW}W^2}{2\Gamma} - \frac{1}{2\Gamma J_{WW}}\left[\sum_1^n\sum_1^n J_{jW}J_{kW}P_jP_k\sigma_{kj}\Gamma - \left(\sum_1^n J_{iW}P_i\right)^2\right] - \\ & \frac{J_W^2}{2\Gamma J_{WW}}\left[\sum_1^n\sum_1^n v_{kl}\alpha_k\alpha_l\Gamma - \left(\sum_1^n\sum_1^n v_{kl}\alpha_k\right)^2\right]\end{aligned} \tag{8.2.26}$$

约束边界条件为 $J(W,P,T)=B(W,T)$。如果式(8.2.26)已求解，则把解 $J$ 代入式(8.2.23)和式(8.2.25)，得到作为 $W,P$ 和 $t$ 的函数的 $C^*$ 和 $w^*$。

对于其中一种资产是无风险资产的情况，方程稍微简化，因为正如式(8.2.14a)消去 $w_n$ 的处理，可以作为无约束最大化问题直接求解。在这种情况下，风险资产的最优比例为

$$w_k^* = -\frac{J_W}{J_{WW}W}\sum_1^m v_{kj}(\alpha_j - r) - \frac{J_{kW}P_k}{J_{WW}W},\quad k=1,2,\cdots,m \tag{8.2.27}$$

相应于式(8.2.26)的 $J$ 的偏微分方程变为

$$\begin{aligned}0 =& U(G,t) + J_t + J_W(rW-G) + \sum_1^m J_i\alpha_iP_i + \\ & \frac{1}{2}\sum_1^m\sum_1^m J_{ij}\sigma_{ij}P_iP_j - \frac{J_W}{J_{WW}}\sum_1^m J_{jW}P_j(\alpha_j - r) - \\ & \frac{J_W^2}{2J_{WW}}\sum_1^m\sum_1^m v_{ij}(\alpha_i - r)(\alpha_j - r) - \frac{1}{2J_{WW}}\sum_1^m\sum_1^m J_{iW}J_{jW}\sigma_{ij}P_iP_j\end{aligned} \tag{8.2.28}$$

约束边界条件为 $J(W,P,T)=B(W,T)$。

### 8.2.4　分离定理

当 $\alpha_k$ 和 $\sigma_k$ 为常数($k=1,2,\cdots,m$)，则资产价格服从对数正态分布。此时，$J$ 仅仅是 $W$ 和 $t$ 的函数而不是 $P$ 的函数。那么式(8.2.26)简化为

$$\begin{aligned}0 =& U(G,t) + J_t + J_W\left(\frac{\sum_1^n\sum_1^n v_{kj}\alpha_k}{\Gamma}W - G\right) + \frac{J_{WW}W^2}{2\Gamma} - \\ & \frac{J_W^2}{2\Gamma J_{WW}}\left[\sum_1^n\sum_1^n v_{kl}\alpha_k\alpha_l\Gamma - \left(\sum_1^n\sum_1^n v_{kl}\alpha_k\right)^2\right]\end{aligned} \tag{8.2.29}$$

由式(8.2.25),最优投资组合准则变为

$$w_k^* = h_k + m(W,t)g_k \tag{8.2.30}$$

这里 $\sum_1^n h_k \equiv 1, \sum_1^n g_k \equiv 0, h_k$ 和 $g_k$ 为常数。由式(8.2.30),可以证明如下的分离定理。

**定理 8.2**　给定 $n$ 种资产,其价格 $P_i$ 服从对数正态分布,则有:①存在(在非奇异变换之下)唯一的一对,由这些资产的线性组合构成的,与偏好(效用函数形式)、财富分布和期界无关的"共同基金",使得个体从这两个共同基金的线性组合作出的选择和从原来的 $n$ 种资产线性组合作出的选择无差异;②如果 $P_f$ 是任一基金的每份资产的价格,则 $P_f$ 服从对数正态分布;③如果 $\delta_k$ 是其中一个共同基金总值中持有资产 $k$ 的百分比,且如果 $\lambda_k$ 为另外一个共同基金总值中持有资产 $k$ 的百分比,则可以发现

$$\delta_k = h_k + \frac{1-\eta}{v}g_k, \quad k = 1,2,\cdots,n$$

和

$$\lambda_k = h_k - \frac{\eta}{v}g_k, \quad k = 1,2,\cdots,n$$

这里 $v$ 和 $\eta$ 是任意常数($v \neq 0$)。

**证明**　(1) 方程(8.2.30)是由 $\sum_1^n w_k^* = 1$ 所定义的超平面中一条直线的参数表达式。因此,存在两个线性无关的向量(两个共同基金持有的资产比例向量),它们构成了所有个体选择的最优投资组合的基。因此,每个个体选择共同基金的线性组合与原来 $n$ 个资产线性组合无差异。

(2) 令 $V \equiv N_f P_f$ 是(任一)基金的总价值,这里 $N_f$ 为已发行基金的份数。令 $N_k$ 是基金持有的资产 $k$ 的股数,$\mu_k \equiv \dfrac{N_k P_k}{V}$ 是总价值投资在资产 $k$ 时的比例。则 $V \equiv \sum_1^n N_k P_k$,且

$$\begin{aligned} \mathrm{d}V &= \sum_1^n N_k \mathrm{d}P_k + \sum_1^n P_k \mathrm{d}N_k + \sum_1^n \mathrm{d}P_k \mathrm{d}N_k \\ &= N_f \mathrm{d}P_f + P_f \mathrm{d}N_f + \mathrm{d}P_f \mathrm{d}N_f \end{aligned} \tag{8.2.31}$$

但

$$\begin{aligned} \sum_1^n P_k \mathrm{d}N_k + \sum_1^n \mathrm{d}P_k \mathrm{d}N_k &= \text{非资本收益的基金净现金流} \\ &= \text{已发行的新股净价值} \\ &= P_f \mathrm{d}N_f + \mathrm{d}N_f \mathrm{d}P_f \end{aligned} \tag{8.2.32}$$

由式(8.2.31)和式(8.2.32),我们有

$$N_f \mathrm{d}P_f = \sum_1^n N_k \mathrm{d}P_k \tag{8.2.33}$$

根据 $V$ 和 $\mu_k$ 的定义,把式(8.2.33)重新写为

$$\frac{\mathrm{d}P_f}{P_f} = \sum_1^n \mu_k \frac{\mathrm{d}P_k}{P_k}$$

$$= \sum_{1}^{n} \mu_k \alpha_k \mathrm{d}t + \sum_{1}^{n} \mu_k \sigma_k \mathrm{d}z_k \tag{8.2.34}$$

由 Itô 引理和式(8.2.34)，我们有

$$P_f(t) = P_f(0)\exp\left[\left(\sum_{1}^{n} \mu_k \alpha_k - \frac{1}{2}\sum_{1}^{n}\sum_{1}^{n} \mu_k \mu_j \sigma_{kj}\right)t + \sum_{1}^{n} \mu_k \sigma_k \int_0^t \mathrm{d}z_k\right] \tag{8.2.35}$$

所以，$P_f(t)$服从对数正态分布。

(3) 令 $a(W,t;U)$为某个体投资在第一个共同基金上的财富比例，个体效用函数为 $U$，在时刻 $t$ 的财富为 $W$。于是 $1-a$ 为投资在第二个共同基金上的财富比例。因为个体持有这样资产和从原来 $n$ 个资产中选择的最优投资组合相同，必有

$$w_k^* = h_k + m(W,t)g_k = a\delta_k + (1-a)\lambda_k, \quad k = 1,2,\cdots,n \tag{8.2.36}$$

对于所有 $W$，$t$ 和 $U$，线性系统(8.2.36)的解可表示为如下形式

$$\begin{aligned} \delta_k &= h_k + \frac{1-\eta}{v}g_k, \quad k = 1,2,\cdots,n \\ \lambda_k &= h_k - \frac{\eta}{v}g_k, \quad k = 1,2,\cdots,n \\ a &= vm(W,t) + \eta, \quad v \neq 0 \end{aligned} \tag{8.2.37}$$

注意到

$$\sum_{1}^{n} \delta_k = \sum_{1}^{n}\left(h_k + \frac{1-\eta}{v}g_k\right) \equiv 1$$

和

$$\sum_{1}^{n} \lambda_k = \sum_{1}^{n}\left(h_k - \frac{\eta}{v}g_k\right) \equiv 1$$

证毕。

对于这些资产之一为无风险资产情形，有如下定理。

**定理 8.3**　如果这些资产之一为无风险资产，则共同基金持有的每一资产的比例为

$$\delta_k = \frac{1-\eta}{v}\sum_{1}^{m} v_{kj}(\alpha_j - r)\lambda_k = -\frac{\eta}{v}\sum_{1}^{m} v_{kj}(\alpha_j - r), \quad k = 1,2,\cdots,m$$

**证明**　利用对数正态价格假设，式(8.2.27)可简化为

$$w_k^* = m(W,t)\sum_{1}^{m} v_{kj}(\alpha_j - r), \quad k = 1,2,\cdots,m \tag{8.2.38}$$

和

$$w_n^* = 1 - \sum_{1}^{m} w_k^* = 1 - m(W,t)\sum_{1}^{m}\sum_{1}^{m} v_{kj}(\alpha_j - r) \tag{8.2.39}$$

根据定理 8.2 证明中使用的论证方法，式(8.2.38)和式(8.2.39)定义了由 $\sum_{1}^{n} w_i^* = 1$ 确定的超平面中的一条直线。利用定理 8.2 中使用的方法，得出在定理 8.3 所描述的基金比例，其中 $a(W,t;U) = vm(W,t) + \eta$，$v$ 和 $\eta$ 是任意常数($v \neq 0$)。　　证毕。

因此，如果在一个经济中，所有资产价格都服从对数正态分布，则投资决策可分为两部分：首先建立两个金融中介(共同基金)，它们持有所有的单个证券，然后发行可供个体投资者购买的股份。这个分离是完全的，因为基金管理者所接到的市场操作指令，即持有

证券$k$的比例$\delta_k$和$\lambda_k(k=1,2,\cdots,n)$仅依赖于价格分布的参数,而和个体的偏好、财富分布及年龄分布无关。

当我们选择其中一个基金是无风险资产($\eta=0$),而另一个基金仅仅持有风险资产$\left[\text{这是可能的,如果双重和不为零,则可以设 } v=\sum_1^m\sum_1^m v_{ij}(\alpha_j-r)\right]$,这个结论和经典的Tobin-Markowitz分析非常接近。当存在无风险资产时,考虑"风险"基金管理者的投资决策。容易证明在定理8.4中提到的比例$\delta_k$可以按如下方式求得:首先在组合收益率的(瞬时)均值标准差空间上找出在给定均值的条件下最小方差点的轨迹(风险资产的有效边界),然后由点$(0,r)$画这个轨迹的切线,找到切点。这个点确定的$\delta_k$如图8.1所示。

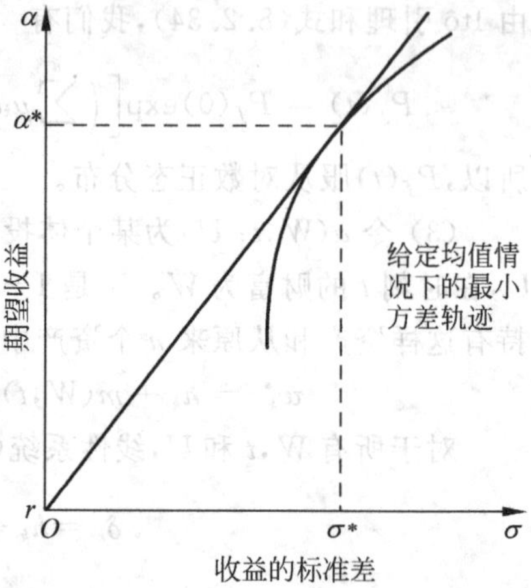


图8.1　确定$\delta_k$值的方法

给定$\alpha^*$,可以确定$\delta_k$。因此,在连续时间模型中,对数正态假设足以允许我们如同在静态均值方差模型中那样进行分析,故不采用引起争议的二次效用假设和绝对价格变化的正态性分布假设(价格变化的对数正态假设引起的争议要少许多,因为它援引了"有限责任",并且根据中心极限定理,它是任意时间无限可分的连续空间的唯一正则解)。

我们现在所作分析的直接优点是,只要假定价格服从对数正态分布,不失一般性,我们可以仅研究两种资产:一种是无风险资产,另一种是价格服从对数正态分布的风险资产。可以认为风险资产是一个复合资产,其价格$P(t)$由下面的过程确定

$$\frac{\mathrm{d}P}{P}=\alpha\mathrm{d}t+\sigma\mathrm{d}z \tag{8.2.40}$$

这里

$$\alpha\equiv\sum_1^m\delta_k\alpha_k$$

$$\sigma^2\equiv\sum_1^m\sum_1^m\delta_k\delta_j\sigma_{kj}$$

$$\mathrm{d}z\equiv\sum_1^m\frac{\delta_k\sigma_k\mathrm{d}z_k}{\sigma}$$

$$\delta_k\equiv\frac{\sum_1^m v_{kj}(\alpha_j-r)}{\sum_1^m\sum_1^m v_{ij}(\alpha_j-r)},\quad k=1,2,\cdots,m \tag{8.2.41}$$

## 8.2.5　对于一类特殊效用函数的显式解

利用价格服从对数正态分布假设,可以刻画资产需求函数的某些特征。如果对个体偏好作进一步的假设,则可以得出方程(8.2.28)的闭型解以及最优消费和投资组合准则。

假设个体的效用函数 $U(C,t)$ 为如下形式：$U(C,t)=\exp(-\rho t)V(C)$，其中效用函数 $V$ 的绝对风险厌恶度量是正的，并且是消费的双曲函数，即

$$A(C)\equiv-\frac{V''}{V'}=\frac{1}{\dfrac{C}{1-\gamma}+\dfrac{\eta}{\beta}}>0$$

受约束于限制条件：

$$\gamma\neq 1,\quad \beta>0,\quad \frac{\beta C}{1-\gamma}+\eta>0,\quad \eta=1,\text{当 }\gamma=-\infty\text{ 时}\tag{8.2.42}$$

双曲绝对风险厌恶(HARA)族中的所有函数都可以表示为

$$V(C)=\frac{1-\gamma}{\gamma}\left(\frac{\beta C}{1-\gamma}+\eta\right)^{\gamma}\tag{8.2.43}$$

不失一般性，设存在两种资产，一种是收益为 $r$ 的无风险资产，另一种是风险资产，其价格服从满足式(8.2.40)的对数正态分布。由式(8.2.28)，$J$ 的最优方程为

$$0=\frac{(1-\gamma)^2}{\gamma}\exp(-\rho t)\left[\frac{\exp(\rho t)J_W}{\beta}\right]^{\frac{\gamma}{\gamma-1}}+J_t+\left[\frac{(1-\gamma)\eta}{\beta}+rW\right]J_W-\frac{J_W^2}{J_{WW}}\frac{(\alpha-r)^2}{2\sigma^2}\tag{8.2.44}$$

约束条件为 $J(W,T)=0$。最优消费和投资组合准则为

$$C^*(t)=\frac{1-\gamma}{\beta}\left[\frac{\exp(\rho t)J_W}{\beta}\right]^{\frac{1}{\gamma-1}}-\frac{(1-\gamma)\eta}{\beta}\tag{8.2.45}$$

和

$$w^*(t)=-\frac{J_W}{J_{WW}W}\frac{\alpha-r}{\sigma^2}\tag{8.2.46}$$

这里 $w^*(t)$ 为时刻 $t$ 财富投资在风险资产的最优比例。方程(8.2.44)的解为

$$J(W,t)=\frac{\delta\beta^{\gamma}}{\gamma}\exp(-\rho t)\left(\frac{\delta\left\{1-\exp\left[-(\rho-\gamma v)\dfrac{T-t}{\delta}\right]\right\}}{\rho-\gamma v}\right)^{\delta}\times\left(\frac{W}{\delta}+\frac{\eta}{\beta r}\{1-\exp[-r(T-t)]\}\right)^{\gamma}\tag{8.2.47}$$

这里 $\delta\equiv1-\gamma,\ v\equiv r+\dfrac{(\alpha-r)^2}{2\delta\sigma^2}$。

由式(8.2.45)～式(8.2.47)，最优消费和投资组合准则可以写成如下的显式形式：

$$C^*(t)=\frac{(\rho-\gamma v)\left(W(t)+\dfrac{\delta\eta}{\beta r}\{1-\exp[r(t-T)]\}\right)}{\delta\left\{1-\exp\left[\dfrac{(\rho-\gamma v)(t-T)}{\delta}\right]\right\}}-\frac{\delta\eta}{\beta}\tag{8.2.48}$$

和

$$w^*(t)W(t)=\frac{\alpha-r}{\delta\sigma^2}W(t)+\frac{\eta(\alpha-r)}{\beta r\sigma^2}\{1-\exp[r(t-T)]\}\tag{8.2.49}$$

式(8.2.48)和式(8.2.49)最显著特征是：需求是财富的线性函数。下面将证明，HARA族是线性解存在的唯一凹效用函数族。为了表述方便，如果$-\frac{I_{XX}}{I_X}=\frac{1}{\alpha X+\beta}>0$，则$I(X,t)\subset \text{HARA}(X)$，这里$\alpha$和$\beta$至多是时间的函数，且$I$是$X$的严格凹函数。

**定理 8.4**　在本节模型的框架内，则当且仅当$U(C,t)\subset\text{HARA}(C)$时，$C^*=aW+b$和$w^*W=gW+h$成立，这里$a,b,g$和$h$至多是时间的函数。

**证明**　充分性可以直接由式(8.2.48)和式(8.2.49)得出。为证必要性，假设$w^*W=gW+h$且$C^*=aW+b$。由式(8.2.19)，我们有$U_C(C^*,t)=J_W(W,t)$，这个表达式两边对$W$微分，我们有$\frac{U_{CC}\mathrm{d}C^*}{\mathrm{d}W}=J_{WW}$或者$aU_{CC}=J_{WW}$，因此

$$-\frac{U_{CC}a}{U_C}=-\frac{J_{WW}}{J_W} \tag{8.2.50}$$

由式(8.2.46)，$w^*W=gW+h=-\frac{J_W(\alpha-r)}{J_{WW}\sigma^2}$或者

$$-\frac{J_{WW}}{J_W}=\left(\frac{\sigma^2 g}{\alpha-r}W+\frac{\sigma^2 h}{\alpha-r}\right)^{-1} \tag{8.2.51}$$

于是，由式(8.2.50)和式(8.2.51)，有$U$必须满足

$$-\frac{U_{CC}}{U_C}=\frac{1}{a'C^*+b'} \tag{8.2.52}$$

这里$a'\equiv\frac{\sigma^2 g}{\alpha-r}$和$b'\equiv\frac{a\sigma^2 h-b\sigma^2 g}{\alpha-r}$。因此，$U\subset\text{HARA}(C)$。　　证毕。

作为定理8.4的直接结果，我们可以证明下面的定理。

**定理 8.5**　在本节模型的框架内，$J(W,T)\subset\text{HARA}(W)$，当且仅当$U\subset\text{HARA}(C)$。

**证明**　充分性可以直接由式(8.2.47)得出。为证必要性，假设$J(W,T)\subset\text{HARA}(W)$。由式(8.2.46)，$w^*W$是$W$的线性函数。如果式(8.2.28)两边对财富微分，然后利用本节对价格行为的特殊假设，我们有$C^*$必满足

$$C^*=rW+\frac{J_{tW}}{J_{WW}}+\frac{rJ_W}{J_{WW}}-\frac{J_W}{J_{WW}}\frac{(\alpha-r)^2}{\sigma^2}+\frac{J_{WWW}}{2J_{WW}}\left(\frac{J_W}{J_{WW}}\right)^2\frac{(\alpha-r)^2}{\sigma^2} \tag{8.2.53}$$

但是如果$J\subset\text{HARA}(W)$，那么式(8.2.53)蕴涵着$C^*$是财富的线性函数。因此，由定理8.4，$U\subset\text{HARA}(C)$。　　证毕。

给定式(8.2.48)和式(8.2.49)，应用最优准则，我们可以推导出生成财富的随机过程。由预算动态方程(8.2.14a)，有

$$\begin{aligned}\mathrm{d}W&=\{[w^*(\alpha-r)+r]W-C^*\}\mathrm{d}t+\sigma w^*W\mathrm{d}z\\&=\left(\left\{\frac{(\alpha-r)^2}{\sigma^2\delta}-\frac{\mu}{1-\exp[\mu(t-T)]}\right\}\mathrm{d}t+\frac{\alpha-r}{\sigma\delta}\mathrm{d}z\right)X(t)+\\&\quad r\left(W+\frac{\delta\eta}{\beta r}\right)\mathrm{d}t\end{aligned} \tag{8.2.54}$$

这里，当$0\leqslant t\leqslant T$时，$X(t)\equiv W(t)+(\delta\eta/\beta r)\{1-\exp[r(t-T)]\}$，且$\mu\equiv(\rho-\gamma v)/\delta$。根据Itô引理，$X(t)$是下列方程的解：

$$\frac{\mathrm{d}X}{X}=\left\{r+\frac{(\alpha-r)^2}{\sigma^2\delta}-\frac{\mu}{1-\exp[\mu(t-T)]}\right\}\mathrm{d}t+\frac{\alpha-r}{\sigma\delta}\mathrm{d}z \tag{8.2.55}$$

再次应用 Itô 引理，对式(8.2.55)积分，有

$$X(t)=X(0)\exp\left\{\left[r-\mu+(1-2\gamma)\frac{(\alpha-r)^2}{2\sigma^2\delta^2}\right]t+\frac{\alpha-r}{\sigma\delta}\int_0^t\mathrm{d}z\right\}\times \frac{1-\exp[\mu(t-T)]}{1-\exp(-\mu T)} \tag{8.2.56}$$

所以 $X(t)$服从对数正态分布。因此

$$W(t)=X(t)-\frac{\delta\eta}{\beta r}\{1-\exp[r(t-T)]\}$$

是“位移”或“三参数”对数正态分布随机变量。根据 Itô 引理，式(8.2.56)是式(8.2.55)的解，以概率 1 成立。因为 $W(t)$是连续过程，所以有下式以概率 1 成立

$$\lim_{t\to T}W(t)=0 \tag{8.2.57}$$

由式(8.2.48)，下式以概率 1 成立

$$\lim_{t\to T}C^*(t)=0 \tag{8.2.58}$$

进一步，由式(8.2.48)，$C^*+\frac{\delta\eta}{\beta}$和 $X(t)$成比例，根据 $U(C^*,t)$的定义，$U(C^*,t)$是对数正态分布的随机变量。下面的定理表明这个结论仅当 $U(C,t)\subset \mathrm{HARA}(C)$时成立。

**定理 8.6** 给定本节设定的模型和时间依赖的随机变量 $Y(t)\equiv U(C^*,t)$，则 $Y$ 服从对数正态分布，当且仅当 $U(C,t)\subset \mathrm{HARA}(C)$。

**证明** 充分性部分已经证明，即如果 $U\subset \mathrm{HARA}(C)$，则 $Y$ 服从对数正态分布。为证明必要性，令 $C^*\equiv g(W,t)$，$w^*W\equiv f(W,t)$。根据 Itô 引理

$$\begin{aligned}\mathrm{d}Y&=U_C\mathrm{d}C^*+U_t\mathrm{d}t+\frac{1}{2}U_{CC}(\mathrm{d}C^*)^2\\ \mathrm{d}C^*&=g_W\mathrm{d}W+g_t\mathrm{d}t+\frac{1}{2}g_{WW}(\mathrm{d}W)^2\\ \mathrm{d}W&=[f(\alpha-r)+rW-g]\mathrm{d}t+\sigma f\mathrm{d}z\end{aligned} \tag{8.2.59}$$

因为$(\mathrm{d}W)^2=\sigma^2f^2\mathrm{d}t$，我们有

$$\mathrm{d}C^*=\left[g_Wf(\alpha-r)+g_WrW-gg_W+\frac{1}{2}g_{WW}\sigma^2f^2+g_t\right]\mathrm{d}t+\sigma fg_W\mathrm{d}z \tag{8.2.60}$$

和

$$\mathrm{d}Y=\left\{U_C\left[g_Wf(\alpha-r)+rg_WW-gg_W+\frac{1}{2}g_{WW}\sigma^2f^2+g_t\right]+U_t+\frac{1}{2}U_{CC}\sigma^2f^2g_W^2\right\}\mathrm{d}t+\sigma fg_WU_C\mathrm{d}z \tag{8.2.61}$$

$Y$ 服从对数正态分布的必要条件是 $Y$ 满足

$$\frac{\mathrm{d}Y}{Y}=F(Y)\mathrm{d}t+b\mathrm{d}z \tag{8.2.62}$$

这里 $b$ 至多是时间的函数。如果 $Y$ 服从对数正态分布，由式(8.2.61)和式(8.2.62)，有

$$b(t)=\sigma f g_W \frac{U_C}{U} \tag{8.2.63}$$

由一阶条件，$f$ 与 $g$ 必满足

$$U_{CC}g_W=J_{WW},\quad f=-\frac{J_W(\alpha-r)}{\sigma^2 J_{WW}} \tag{8.2.64}$$

但式(8.2.63)和式(8.2.64)蕴涵

$$\frac{bU}{\sigma U_C}=fg_W=-(\alpha-r)\frac{U_C}{\sigma^2 U_{CC}} \tag{8.2.65}$$

或

$$-\frac{U_{CC}}{U_C}=\eta(t)\frac{U_C}{U} \tag{8.2.66}$$

这里 $\eta(t)\equiv\frac{\alpha-r}{\sigma b(t)}$。对式(8.2.66)积分，有

$$U=[(\eta+1)(C+\mu)\zeta(t)]^{\frac{1}{\eta+1}} \tag{8.2.67}$$

这里 $\zeta(t)$ 和 $\mu$ 至多是时间的函数，因此 $U\subset \mathrm{HARA}(C)$。　　证毕。

对于资产价格满足几何布朗运动和个体效用函数属于 HARA 族情况，消费投资组合问题已经完全解决。由式(8.2.48)和式(8.2.49)，我们可以用比较静态方法，考察各种参数变化对消费和投资组合的影响，Merton(1969)已经使用该方法对等弹性情况进行了讨论。

## 8.3　跨期资本资产定价模型

资本市场的跨期模型是从投资者的投资组合选择行为推导出来的，其中投资者的行为是最大化其一生消费的期望效用，并且投资者在时间上可以进行连续交易。第5章讲述的单期 CAPM 是静态模型，一般不考虑消费问题，本节研究一种基于消费的动态模型(CCAPM)。这种模型的投资组合和消费的选择与时间有关，是动态模型。

### 8.3.1　模型的假设

假设资本市场的结构满足如下条件：

(1) 所有的资产都是有限责任的。

(2) 没有交易成本，也没有税收，并且资产是可分的。

(3) 有足够数量的投资者，他们具有可相互匹敌的财富水平，因此每一个投资者都相信他可以按市场价格买卖任意数量的某一资产。

(4) 资本市场总是处于均衡状态的(不存在非均衡价格的交易)。

(5) 存在按相同的利率进行借贷的交易市场。

(6) 允许卖空所有资产，且所得收益可充分利用。

(7) 在时间上，可连续进行资产交易。

假设(1)～(6)是完全市场的标准假设，在文献中已经进行了广泛的讨论。尽管假设(7)不是标准假设，但是可以从假设(2)直接得出。如果没有交易成本并且资产可以按任意数量进行交易，那么投资者可以在任何时间调整其投资组合(不管他们是否这样做)。实际

上，交易成本和不可分性的确存在，并且假设有限交易间隔(离散时间)模型的一个原因就是对这些成本的认识不清楚。然而，这个避开交易成本问题的办法并不令人满意，因为问题的真正解决将会肯定表明交易间隔是随机的，且其长度大小是变化的。进而，投资组合需求和得出的均衡关系将是所选择的特定交易间隔的函数。一个长期不改变投资决策的投资者，与每天可调整其投资组合的投资者相比，其选择完全不同。本质问题是市场结构而不是投资者的意愿；并且对于高度发达的资本市场，两次相邻交易之间的时间间隔足够短，从而使得连续时间假设成为一个很好的近似。

## 8.3.2　动态的资产价值和收益率

动态的资产价值是指资产价值随时间变化，资产的收益也随时间变化，设在时刻 $t$ 使用的资产数量为 $K(t)$，单位资产价格为 $P_k(t)$，资产在时间 $t$ 的价值 $V(t)$ 等于 $P_k(t)K(t)$。经过长度为 $h$ 的时间间隔，资产收益等于现金流 $X$ 加上折旧后资本的价值 $(1-\lambda)P_k(t+h)K(t)$（这里 $\lambda$ 是折旧率），再减去资产初始价值 $V(t)$。资产价值的总改变量 $V(t+h)-V(t)$ 等于资产收益加上超过现金流的新的总投资的价值 $P_k(t+h)[K(t+h)-(1-\lambda)K(t)]-X$ 之和。

模型假定每个公司在单一资产上进行投资，且仅发行一类证券，称为“股权”。令 $N(t)$ 表示公司已发行股份的数量，$P(t)$ 是每份股票价格，这里 $N(t)$ 和 $P(t)$ 由差分方程

$$P(t+h) \equiv \frac{X+(1-\lambda)P_k(t+h)K(t)}{N(t)} \tag{8.3.1}$$

和

$$N(t+h) \equiv N(t) + \frac{P_k(t+h)[K(t+h)-(1-\lambda)K(t)]-X}{P(t+h)} \tag{8.3.2}$$

确定，并假设 $P(0)=P, N(0)=N$ 和 $V(0)=N(0)P(0)$。

由连续交易假设[假设(7)]，首先将阐明如何对交易间隔的长度为 $h$ 的离散过程进行描述分析，然后考虑当 $h$ 趋向于零的极限情形。

假设：

(1) 描述机会集及其变化的向量随机过程是时间齐次马尔可夫过程。

(2) 允许该过程的状态变量仅有局部变化。

(3) 在每一个时点 $t$ 上，对机会集中的每种资产，定义单位时间的期望收益率

$$\alpha \equiv \frac{E_t\left[\dfrac{P(t+h)-P(t)}{P(t)}\right]}{h}$$

定义该收益单位时间的方差

$$\sigma^2 \equiv \frac{E_t\left[\dfrac{P(t+h)-P(t)}{P(t)}-\alpha h\right]^2}{h}$$

它们都存在且为有限数，$\sigma^2>0$，而且它们是 $h$ 的(右)连续函数。这里 $E_t$ 是条件期望算子，条件是在时间 $t$ 状态变量的水平。当 $h$ 趋向于零时，称 $\alpha$ 为瞬时期望收益，称 $\sigma^2$ 为收益的瞬时方差。

可以把收益率表示为

$$\frac{P(t+h)-P(t)}{P(t)}=\alpha h+\sigma y(t)h^{\frac{1}{2}} \tag{8.3.3}$$

这里，$E_t(y)=0$ 且 $E_t(y^2)=1$，$y(t)$是纯随机过程(purely random process)，即当 $S>0$ 时，$y(t)$和 $y(t+s)$相互独立且同分布。如果我们由下式定义随机过程 $z(t)$

$$z(t+h)=z(t)+y(t)h^{\frac{1}{2}} \tag{8.3.4}$$

那么 $z(t)$是具有独立增量的随机过程。如果进一步假设 $y(t)$服从高斯分布，那么当 $h\to 0$ 时，$Z(t+h)-Z(t)$的极限描述一个维纳过程或者布朗运动。用随机微分方程表示为

$$\mathrm{d}z\equiv y(t)(\mathrm{d}t)^{\frac{1}{2}} \tag{8.3.5}$$

用类似的方式，可以取式(8.3.3)的极限，得出第 $i$ 种资产瞬时收益的随机微分方程

$$\frac{\mathrm{d}P_i}{P_i}=\alpha_i\mathrm{d}t+\sigma_i\mathrm{d}z_i \tag{8.3.6}$$

由式(8.3.6)可见，机会集在给定时点的一组充分统计量是$\{\alpha_i,\sigma_i,\rho_{ij}\}$，这里 $\rho_{ij}$ 是维纳过程 $\mathrm{d}z_i$ 和 $\mathrm{d}z_j$ 之间的瞬时相关系数。机会集在时间上动态变化为

$$\left.\begin{aligned}\mathrm{d}\alpha_i&=a_i\mathrm{d}t+b_i\mathrm{d}q_i\\ \mathrm{d}\sigma_i&=u_i\mathrm{d}t+v_i\mathrm{d}x_i\end{aligned}\right\} \tag{8.3.7}$$

假设有 $n$ 种风险资产和一种“瞬时无风险”资产。“瞬时无风险”意味着，每一个瞬间，每个投资者都确切地知道这种资产在下一个瞬间能够获得的收益率 $r(t)$[$\sigma_{n+1}=0$，$\alpha_{n+1}\equiv r(t)$]，但是 $r(t)$的未来值是不确定的[在式(8.3.7)中，$b_{n+1}\neq 0$]。

### 8.3.3 偏好结构和预算方程动态

假设有 $K$ 个具有 8.2 节所描述的偏好结构的消费者-投资者，即第 $k$ 个消费者行为，使得

$$\max E_0\left\{\int_0^{T^k}U^k[c^k(s),s]\mathrm{d}s+B^k[W^k(T^k),T^k]\right\} \tag{8.3.8}$$

这里 $E_0$ 是条件期望算子，其条件是：已知财富的当前值 $W^k(0)=W^k$、投资机会集的状态变量以及其死亡年龄的分布 $T^k$(假设与投资的结果不相关)。在年龄 $t$，瞬时消费流是 $c^k(t)$。$U^k$ 是消费的严格凹 Von Neumann-Morgenstern 效用函数，$B^k$ 是严格凹“遗赠”函数或者最终财富效用函数。

去掉下标(除非需要指明)，把第 $k$ 个投资者的积累方程写为

$$\mathrm{d}W=\sum_1^{n+1}w_iW\frac{\mathrm{d}P_i}{P_i}+(y-c)\mathrm{d}t \tag{8.3.9}$$

这里 $w_i\equiv N_iP_i/W$ 是财富投资在第 $i$ 个资产的比例，$N_i$ 是第 $i$ 种资产的股票数量，$y$ 是工资收入。把式(8.3.6)中的$\frac{\mathrm{d}P_i}{P_i}$代入，可把式(8.3.9)重新写为

$$\mathrm{d}W=\left[\sum_1^n w_i(\alpha_i-r)+r\right]W\mathrm{d}t+\sum_1^n w_iW\sigma_i\mathrm{d}z_i+(y-c)\mathrm{d}t \tag{8.3.10}$$

这里对 $w_1, w_2, \cdots, w_n$ 的选择没有限制，因为总可以选择 $w_{n+1}$ 满足预算约束 $\sum_{1}^{n+1} w_i = 1$。

由预算约束 $W = \sum_{1}^{n+1} N_i P_i$ 和积累方程(8.3.9)，有

$$(y-c)\mathrm{d}t = \sum_{1}^{n+1} \mathrm{d}N_i(P_i + \mathrm{d}P_i) \tag{8.3.11}$$

即新购入股票的净值必须等于来自工资收入的储蓄的价值。

### 8.3.4　最优方程：资产需求函数

为了计算简单，我们假设投资者的所有收入都来自证券的资本收益($y \equiv 0$)。为了符号简单，我们引入状态变量向量 $\boldsymbol{X}$，它的 $m$ 个分量 $x_i$ 表示 $P$，$\alpha$ 和 $\sigma$ 的当前水平。$\boldsymbol{X}$ 服从如下向量 Itô 过程。

$$\mathrm{d}\boldsymbol{X} = \boldsymbol{F}(\boldsymbol{X})\mathrm{d}t + \boldsymbol{G}(\boldsymbol{X})\mathrm{d}Q \tag{8.3.12}$$

式中，$\boldsymbol{F}$ 为向量$[f_1, f_2, \cdots, f_m]$；$\boldsymbol{G}$ 为以元素$[g_1, g_2, \cdots, g_m]$为对角线元素的对角矩阵；$\mathrm{d}Q$ 为向量维纳过程$[\mathrm{d}q_1, \mathrm{d}q_2, \cdots, \mathrm{d}q_m]$；$\eta_{ij}$ 为 $\mathrm{d}q_i$ 和 $\mathrm{d}z_j$ 的瞬时相关系数；$v_{ij}$ 为 $\mathrm{d}q_i$ 和 $\mathrm{d}q_j$ 的瞬时相关系数。

在 8.1 节和 8.2 节中我们已经证明，一个投资者按照式(8.3.8)选择最优消费投资组合的必要条件为：在每个时点有

$$\begin{aligned} 0 = \max_{\{c,w\}}\Big( & U(c,t) + J_t + J_W\Big\{\Big[\sum_{1}^{n} w_i(\alpha_i - r) + r\Big]W - c\Big\} + \\ & \sum_{1}^{m} J_i f_i + \frac{1}{2} J_{WW} \sum_{1}^{n}\sum_{1}^{n} w_i w_j \sigma_{ij} W^2 + \\ & \sum_{1}^{m}\sum_{1}^{n} J_{iW} w_j W g_i \sigma_j \eta_{ij} + \frac{1}{2}\sum_{1}^{m}\sum_{1}^{m} J_{ij} g_i g_j v_{ij}\Big) \end{aligned} \tag{8.3.13}$$

约束条件为 $J(W,T,X) = B(W,T)$，这里 $J$ 的下标表示偏导数，$\sigma_{ij}$ 是第 $i$ 个资产和第 $j$ 个资产收益之间的瞬时协方差($\equiv \sigma_i \sigma_j \rho_{ij}$)。

由式(8.3.13)得到的 $n+1$ 个一阶条件为

$$0 = U_c(c,t) - J_W(W,t,X) \tag{8.3.14}$$

和

$$0 = J_W(\alpha_i - r) + J_{WW}\sum_{1}^{n} w_j W \sigma_{ij} + \sum_{1}^{m} J_{jW} g_j \sigma_i \eta_{ji}, \quad i = 1,2,\cdots,n \tag{8.3.15}$$

这里 $c = c(W,t,X)$ 和 $w_i = w_i(W,t,X)$ 分别是作为状态变量函数的最优消费和投资组合准则。利用矩阵求逆的方法可解出这些函数的显式解

$$w_i W = A\sum_{1}^{n} v_{ij}(\alpha_j - r) + \sum_{1}^{m}\sum_{1}^{n} H_k \sigma_j g_k \eta_{kj} v_{ij}, \quad i = 1,2,\cdots,n \tag{8.3.16}$$

式中，$v_{ij}$ 为收益瞬时方差协方差；矩阵 $\boldsymbol{\Omega} = [\sigma_{ij}]$ 的逆矩阵的元素；$A \equiv -\frac{J_W}{J_{WW}}$；$H_k \equiv -\frac{J_{kW}}{J_{WW}}$。

把 $A$ 和 $H_k$ 看作消费函数和效用函数，根据隐函数定理，由式(8.3.14)可得

$$A = -\frac{U_c}{U_{cc}\left(\frac{\partial c}{\partial W}\right)} > 0 \tag{8.3.17}$$

和

$$H_k = -\frac{\frac{\partial c}{\partial x_k}}{\frac{\partial c}{\partial W}} \lesseqgtr 0 \tag{8.3.18}$$

## 8.3.5 常投资机会集

当$\alpha$,$r$和$\boldsymbol{\Omega}$是常数时,称为常投资机会,模型呈现出最简单的形式。由式(8.3.6),所有资产价格都服从对数正态分布。在8.2.5节详细研究了这种形式的模型,这里不加证明地给出这些主要结果。

在这种情形下,第$k$个投资者对第$i$种资产的需求式(8.3.16)简化为

$$w_i^k W^k = A^k \sum_1^n v_{ij}(\alpha_j - r), \quad i = 1,2,\cdots,n \tag{8.3.19}$$

它与风险厌恶均值方差投资者单期需求相同。如果所有的投资者对投资机会集认识一致,那么对风险资产的需求比率将与偏好无关,并且对所有的投资者相同。于是我们有如下定理。

**定理8.7** 给定$n$种风险资产(其收益服从对数正态分布)和一种无风险资产,则有以下3点:①存在唯一的一对有效投资组合(共同基金)具有如下性质:其中之一仅包含无风险资产而另一个仅包含风险资产,它们与偏好、财富分布和投资期限无关,所有的投资者从原来的$n+1$个资产或从这两个共同基金选择投资组合无差异;②风险基金的收益服从对数正态分布;③风险基金投资在第$k$个资产的比例为

$$\frac{\sum_1^n v_{kj}(\alpha_j - r)}{\sum_1^n \sum_1^n v_{ij}(\alpha_j - r)}, \quad k = 1,2,\cdots,n$$

定理8.7是具有风险资产情形下两基金分离定理的连续时间形式,并且风险基金持有的资产相当于风险资产的最优组合。

**利用条件** 市场投资组合在均衡状态是有效的,对模型的这种表述,可以证明(参见Merton,1972)均衡收益将满足

$$\alpha_i - r = \beta_i(\alpha_M - r), \quad i = 1,2,\cdots,n \tag{8.3.20}$$

这里$\beta_i \equiv \frac{\sigma_{iM}}{\sigma_M^2}$,$\sigma_{iM}$是市场投资组合的收益与第$i$个资产收益的协方差,$\alpha_M$是市场投资组合的期望收益。方程(8.3.20)是类似于经典CAPM的证券市场线的连续时间形式。

## 8.3.6 广义分离:三基金定理

常数投资机会集合假设不符合实际,因为机会集中至少有一个可直接观测的元素,即利率,它肯定是随时间随机变化的。因此,我们使用单个变量表示投资机会集的变化。例

如，对于固定的财富水平来说，$\frac{\partial c}{\partial r}$是由于机会集的变化而引起的消费的变化。

做了这个假定以后，我们可以把第 $k$ 个投资者对第 $i$ 个资产的需求函数(8.3.16)写为

$$d_i^k = A^k \sum_1^n v_{ij}(\alpha_j - r) + H^k \sum_1^n v_{ij}\sigma_{jr}, \quad i = 1,2,\cdots,n \tag{8.3.21}$$

这里，$d_i^k \equiv w_i^k W^k$，$H^k \equiv -\frac{(\partial c^k | \partial r)}{(\partial c^k | \partial W^k)}$，并且 $\sigma_{jr}$ 是第 $j$ 个资产收益率和利率改变量之间的(瞬时)协方差($\sigma_{jr} = \rho_{jr}\sigma_j g$)。由式(8.3.21)可见，对风险资产的需求比率是偏好的函数，因此不能得到标准的分离定理，但可以得到广义的分离定理(参见 Cass 和 Stiglitz，1970)。特别地，所有投资者的最优投资组合可以表示为 3 个共同基金(投资组合)的线性组合。

尽管这个假定对这个定理不必要，但它阐明了对下述假设的分析：存在一个风险资产(为了方便，设为第 $n$ 种资产)，其收益与 $r$ 完全负相关，即 $\rho_{nr} = -1$。这样的资产可以是无风险(就违约来说)长期债券。在这种情形下，我们可以把协方差项 $\sigma_{jr}$ 写为

$$\begin{aligned} \sigma_{jr} &= \rho_{jr}\sigma_j g \\ &= -\frac{g\ (\rho_{jn}\sigma_j\sigma_n)}{\sigma_n} \quad \text{因为 } \rho_{jr} = -\rho_{jn} \\ &= -g\sigma_{jn}/\sigma_n \end{aligned} \tag{8.3.22}$$

这里 $g$ 是 $r$ 变化的标准差。由式(8.3.22)，我们可将需求函数(8.3.21)的第二项 $\sum_1^n v_{ij}\sigma_{jr}$ 写为 $-\frac{g\left(\sum_1^n v_{ij}\sigma_{jn}\right)}{\sigma_n}$，当 $i \neq n$ 时，它等于零；当 $i = n$ 时，它等于 $-\frac{g}{\sigma_n}$，这是因为 $v_{ij}$ 是收益的方差-协方差矩阵的逆矩阵的元素。因此，我们可以把式(8.3.21)用简化的形式写为

$$\begin{aligned} d_i^k &= A^k \sum_1^n v_{ij}(\alpha_j - r), \quad i = 1,2,\cdots,n-1 \\ d_n^k &= A^k \sum_1^n v_{nj}(\alpha_j - r) - \frac{gH^k}{\sigma_n} \end{aligned} \tag{8.3.23}$$

**定理 8.8**(三基金定理) 假设有 $n$ 种风险资产和一种无风险资产，它们满足本节的条件，那么存在由这些资产构造的 3 个投资组合(共同基金)，使得：①所有行为与式(8.3.8)一致的风险厌恶投资者，从原来 $n+1$ 种资产选择的投资组合或从这 3 个基金选择的投资组合无差异；②每个基金的投资组合在单个资产的投资比例是纯“技术”的(仅依赖于各个资产投资机会集的方差，而不依赖于投资者的偏好)；③投资者对于基金需求不要求知道单个资产的投资机会集以及基金持有资产的比例。

**证明** 设第一个基金持有的风险资产与定理 8.7 中风险基金持有的比例相同，即 $\delta_k = \frac{\sum_1^n v_{kj}(\alpha_j - r)}{\sum_1^n \sum_1^n v_{ij}(\alpha_j - r)}$ $(k = 1,2,\cdots,n)$。设第二个基金只持有第 $n$ 种资产，第三个基金只

持有无风险资产。设 $\lambda_i^k$ 是第 $k$ 个投资者的财富投资于第 $i$ 个基金的比例，$i=1,2,3\left(\sum_1^3 \lambda_i^k=1\right)$。为证明①，我们必须证明存在一个配置$(\lambda_1^k,\lambda_2^k)$，它恰好复制了需求函数(8.3.23)，即

$$\lambda_1^k\delta_i=\frac{A^k}{W^k}\sum_1^n v_{ij}(\alpha_j-r)\quad i=1,2,\cdots,n-1$$

$$\lambda_1^k\delta_n+\lambda_2^k=\frac{A^k}{W^k}\sum_1^n v_{nj}(\alpha_j-r)-\frac{gH^k}{\sigma_n W^k}\tag{8.3.24}$$

由 $\delta_i$ 的定义，配置$\lambda_1^k=\frac{A^k}{W^k}\sum_1^n\sum_1^n v_{ij}(\alpha_j-r)$和$\lambda_2^k=-\frac{gH^k}{\sigma_n W^k}$满足式(8.3.24)。由第三个基金的选择得到②。为证明③，我们必须证明，只要给定(全部)投资机会集，即给定$(\alpha,\alpha_n,r,\sigma,\sigma_n,\rho,g)$，投资者将选择这个配置，这里$\alpha$和$\sigma^2$是第一个基金投资组合的期望收益率和方差，$\rho$是它与第二个基金收益的相关系数。由 $\delta_i$ 的定义，直接可证$\frac{\alpha-r}{\sigma^2}=\sum_1^n\sum_1^n v_{ij}(\alpha_j-r)$和$\rho=\frac{\sigma(\alpha_n-r)}{\sigma_n(\alpha-r)}$，基金的需求函数与$n=2$的式(8.3.23)有相同的形式，且由这些方程得出的投资比例是$\lambda_1^k$和$\lambda_2^k$，这里$\lambda_1^k$可以写为$\frac{A^k(\alpha-r)}{\sigma^2 W^k}$。　　证毕。

这个定理说明，如果投资者相信职业的投资组合经理对收益分布的估计至少和任何投资者估计一样，那么通过建立3个金融中介机构(共同基金)来持有所有单个资产，且发行各自的股份，供单个投资者购买，这样投资决策就可以分为两部分。基金1和基金3提供给投资者瞬时有效风险收益的边界，而基金2允许投资者套期保值来防止该边界的跨期不利移动。注意第 $k$ 个投资者对第二个基金的需求$\lambda_2^kW^k$是大于、等于还是小于零依赖于$\frac{\partial c^k}{\partial r}$是大于、等于还是小于零，这与8.3.4节一般情形下所讨论的套期保值行为一致。

### 8.3.7　资产之间的均衡收益关系

给定需求函数(8.3.23)，现在我们推导8.3.6节模型的均衡市场出清条件，且由这些条件，我们推导单个资产的期望收益和市场期望收益之间的均衡关系。

由式(8.3.23)，总需求函数$D_i=\sum_1^k d_i^k$可以写为

$$D_i=A\sum_1^n v_{ij}(\alpha_j-r),\quad i=1,2,\cdots,n-1$$

$$D_n=A\sum_1^n v_{nj}(\alpha_j-r)-\frac{Hg}{\sigma_n}\tag{8.3.25}$$

这里，$A\equiv\sum_1^k A^k$，$H\equiv\sum_1^k H^k$。如果 $N_i$ 是第 $i$ 个公司股票的供给数量，假设资产市场总是均衡的，那么

$$N_i=\sum_1^k N_i^k$$

$$dN_i = \sum_1^k dN_i^k, \quad i = 1,2,\cdots,n+1 \tag{8.3.26}$$

而且，$\sum_1^{n+1} N_i P_i = \sum_1^{n+1} D_i \equiv M$，这里 $M$ 是市场所有资产(均衡)价值。

市场的动态均衡价值可以写为

$$\begin{aligned} dM &= \sum_1^{n+1} N_i dP_i + \sum_1^{n+1} dN_i(P_i + dP_i) \\ &= \sum_1^k dW^k \\ &= \sum_1^{n+1} D_i \frac{dP_i}{P_i} + \sum_1^k (y^i - c^i)dt \end{aligned} \tag{8.3.27}$$

因此，市场价值的改变来自现已发行股票的资本收益(第一项)和已发行股票总量的增大(第二项)。为了区分这两种效应，我们使用相同的方法来解决各个公司的这个问题。设 $P_M$ 是市场投资组合的每"股"价格，$N$ 是股票数，这里 $NP_M \equiv M$，则 $dM = NdP_M + dN(P_M + dP_M)$，并且 $P_M$ 和 $N$ 由下面的随机微分方程确定：

$$NdP_M \equiv \sum_1^{n+1} N_i dP_i$$

$$dN(P_M + dP_M) \equiv \sum_1^{n+1} dN_i(P_i + dP_i) \tag{8.3.28}$$

由式(8.3.28)的结构，这里 $\frac{dP_M}{P_M}$ 为市场(投资组合)的收益率。

将式(8.3.27)代入式(8.3.28)，且利用式(8.3.11)，有

$$dN(P_M + dP_M) = \sum_1^K (y^i - c^i)dt$$

$$NdP_M = \sum_1^{n+1} D_i \frac{dP_i}{P_i} \tag{8.3.29}$$

如果 $w_i \equiv \frac{N_i P_i}{M} = \frac{D_i}{M}$ 为第 $i$ 个公司对整个市场价值的贡献比例，那么由式(8.3.6)和式(8.3.29)，市场投资组合收益率可以写为

$$\frac{dP_M}{P_M} = \left[\sum_1^n w_j(\alpha_j - r) + r\right]dt + \sum_1^n w_j\sigma_j dz_j \tag{8.3.30}$$

式(8.3.25)中的 $D_i$ 用 $w_i M$ 代替，我们可以解出单个资产的均衡期望收益：

$$\alpha_i - r = \frac{M}{A}\sum_1^n w_j\sigma_{ij} + \frac{Hg}{A\sigma_n}\sigma_{in}, \quad i = 1,2,\cdots,n \tag{8.3.31}$$

对任意资产，我们可以定义 $\alpha_M\left[\equiv \sum_1^n w_j(\alpha_j - r) + r\right]$，$\sigma_{iM}\left(\equiv \sum_1^n w_j\sigma_{ij}\right)$ 和 $\sigma_M^2\left(\equiv \sum_1^n w_j\sigma_{jM}\right)$ 为市场投资组合的(瞬时)期望收益、协方差和方差。那么式(8.3.31)可以写为

$$\alpha_i - r = \frac{M}{A}\sigma_{iM} + \frac{Hg}{A\sigma_n}\sigma_{in}, \quad i = 1,2,\cdots,n \tag{8.3.32}$$

把式(8.3.32)两边同乘以 $w_i$,并且求和,有

$$\alpha_M - r = \frac{M}{A}\sigma_M^2 + \frac{Hg}{A\sigma_n}\sigma_{Mn} \tag{8.3.33}$$

注意到第 $n$ 个资产满足式(8.3.32),可以利用式(8.3.32)与式(8.3.33),我们把式(8.3.32)写为

$$\alpha_i - r = \frac{\sigma_i(\rho_{iM} - \rho_{in}\rho_{nM})}{\sigma_M(1-\rho_{nM}^2)}(\alpha_M - r) + \frac{\sigma_i(\rho_{in} - \rho_{iM}\rho_{nM})}{\sigma_n(1-\rho_{nM}^2)}(\alpha_n - r), \quad i = 1,2,\cdots,n-1 \tag{8.3.34}$$

式(8.3.34)表明:在均衡状态下,按期望收益来补偿投资者承担的市场(系统)风险和投资机会集的不利(从总和的观点)变化的风险;并且它是静态 CAPM 证券市场线的自然的推广。注意,如果某证券没有市场风险($\beta_i = 0 = \rho_{iM}$),它的期望收益不必等于通常模型预测的无风险利率。

在什么条件下证券市场平面方程(8.3.34)可以简化为(连续时间)证券市场线,即方程(8.3.20)成立?考查需求方程(8.3.21),适当地加总,得到条件

$$H = \sum_{1}^{k} - \frac{\dfrac{\partial c^k}{\partial r}}{\dfrac{\partial c^k}{\partial W^k}} \equiv 0 \tag{8.3.35a}$$

或

$$\sigma_{ir} \equiv 0, \quad i = 1,2,\cdots,n \tag{8.3.35b}$$

### 8.3.8　$m+2$ 基金定理和证券市场超平面

前面几节,在动态投资机会集是非随机的或者可用单一随机状态变量描述的情形下,推导出了共同基金定理和资产期望收益的均衡结构。现在我们把此分析扩展到8.3.4节的一般模型。在8.3.4节最后,我们采用记号 $S(t) = [S_1(t),\cdots,S_m(t)]$,表示用于描述投资机会集动态的 $m$ 个一般状态变量。因此,$X(t)$ 的方程组(8.3.12)可以用相应的 $S(t)$ 代替。这个模型更一般,它允许投资者的偏好是状态依赖的。现在可以把式(8.3.8)中的偏好函数写成 $U = U(c,S,t)$ 和 $B = B(W,S,T)$。

不失一般性,我们可假设 $S_i(t) > 0 (i=1,2,\cdots,m)$ 对所有 $t$ 成立。采用与式(8.3.12)类似的记号,我们可把 $S(t)$ 动态写成

$$\mathrm{d}S_i = f_i S_i \mathrm{d}t + g_i S_i \mathrm{d}q_i, \quad i = 1,2,\cdots,m \tag{8.3.36}$$

这里 $f_i(S,t)$ 和 $g_i(S,t)$ 都是性质良好的函数,对所有的 $S_i < \infty$ 取有限值($i=1,2,\cdots,m$)。

由式(8.3.16)和式(8.3.43),投资者对第 $i$ 个资产的最优需求可写为

$$d_i = A\sum_{1}^{n} v_{ij}(\alpha_j - r) + \sum_{1}^{m}\sum_{1}^{n} H_k S_k g_k \sigma_j \eta_{kj} v_{ij}, \quad i = 1,2,\cdots,n \tag{8.3.37}$$

如同在8.3.4节,这里 $A = -\dfrac{J_W}{J_{WW}}$,$H_k = -\dfrac{J_{kW}}{J_{WW}}$。仍可利用直接效用函数和式(8.3.17)给出的最优消费函数来解释 $A$。然而,直接效用函数的状态依赖性改变了 $H_k$ 的含义,于是式(8.3.18)现在变为

$$H_k = -\frac{\frac{\partial c}{\partial S_k}}{\frac{\partial c}{\partial W}} - \frac{U_{cS_k}}{U_{cc}\frac{\partial c}{\partial W}} \tag{8.3.38}$$

在8.3.5节和8.3.6节的特殊背景下，定理8.7和定理8.8提供了得到最小特殊投资组合集合或共同基金的方法，可以利用它们来构造所有最优投资组合。这些投资组合构成有效投资组合集。为推导包括定理8.7和定理8.8两种特殊情形的一般共同基金定理，我们首先更详细地描述共同基金并且扩展已选择的这种投资组合集收益的随机性质。

令 $x_j(t)$ 表示基金投资组合在时间 $t$ 投资于资产 $j$ 的比例($j=1,2,\cdots,n$)，$1-\sum_1^n x_j(t)$ 为投资于无风险资产的比例。尽管允许借款和卖空，但是将基金的投资策略限定于一组策略中，这些策略能保证对所有 $t$，几乎肯定有 $V(t)>0$。此外，如果 $V(t)=0$，则 $x_j(t)=0(j=1,2,\cdots,n)$。由此得出，每份基金的价格动态可以写成

$$\frac{\mathrm{d}V}{V} = \left[\sum_1^n x_j(\alpha_j - r) + r\right]\mathrm{d}t + \sum_1^n x_j\sigma_j\mathrm{d}z_j \tag{8.3.39}$$

在8.3.4节，分析资产的需求函数(8.3.16)可见，投资者持有的资产中的一部分是为了套期保值，以防止他们的环境状态变量的"不利"变化。8.3.6节的分析指出，投资者能够进行套期保值来防止这些变化的程度，依赖于状态变量和可利用证券的收益的相关程度。如果我们定义 $Y_i(t) \equiv \frac{S_i(t)}{V(t)}$，那么 $\frac{Y_i(t)}{Y_i(0)}$ 测量了在日期0和日期 $t$ 之间，状态变量 $S_i$ 的增长和基金投资组合之间的累积总收益之间的差异。这样 $\frac{Y_i(t)}{Y_i(0)}$ 的概率分布就提供了基金作为工具进行套期保值，这样 $\frac{Y_i(t)}{Y_i(0)}$ 的概率分布就提供了基金作为应对状态变量 $S_i$ 变动的套期保值工具的有效性的指标。根据Itô引理，由式(8.3.36)和式(8.3.39)，有

$$\mathrm{d}(\ln Y_i) = \mathrm{d}(\ln S_i) - \mathrm{d}(\ln V) = \theta_i(t)\mathrm{d}t + \phi_i(t)\mathrm{d}\varepsilon_i \tag{8.3.40}$$

这里

$$\theta_i(t) \equiv f_i - \frac{1}{2}g_i^2 + \frac{1}{2}\sum_1^n\sum_1^n x_j x_k \sigma_{jk} - r - \sum_1^n x_j(\alpha_j - r)$$

$$\phi_i^2(t) \equiv g_i^2 + \sum_1^n\sum_1^n x_j x_k \sigma_{jk} - 2\sum_1^n x_j\sigma_j\eta_{ij}g_i$$

$\mathrm{d}\varepsilon_i = 0$，如果 $\phi_i(t)=0$，否则 $\mathrm{d}\varepsilon_i \equiv \dfrac{g_i\mathrm{d}q_i - \sum_1^n x_j\sigma_j\mathrm{d}z_j}{\phi_i(t)}$ 是标准的维纳过程。

**定理8.9**　如果我们每个时间 $t$ 选择基金的投资组合策略 $\{x_j\}$，使得 $S_i$ 的增长和 $V$ 之间未预料到的差异最小，那么 $x_j = g_i\delta_{ij}$，这里 $\delta_{ij} \equiv \sum_1^n v_{kj}\sigma_k\eta_{ik}(j=1,2,\cdots,n)$。

**证明**　由式(8.3.40)，集合 $\{x_j\}$ 符合假设条件，则对每个 $t$，使 $\phi_i^2(t)$ 最小。此最小化的一阶条件为 $\frac{\partial\phi_i^2}{\partial x_j} = 2\left(\sum_1^n x_k\sigma_{jk} - \sigma_j\eta_{ij}g_i\right) = 0(j=1,2,\cdots,n)$。利用逆矩阵解这个线性系

统,得到投资组合的权重 $x_j=g_i\sum_1^n v_{kj}\sigma_k\eta_{ik}(j=1,2,\cdots,n)$。 证毕。

在定理8.9的证明中,令 $g_i=1$,可以直接得出,比例为 $x_j=\delta_{ij}(j=1,2,\cdots,n)$ 的投资组合,其收益在所有的可行投资组合中与 $\mathrm{d}q_i$ 的相关性可能最大。但是,由定理8.9,我们对每个 $g_i>0$,有 $\dfrac{x_j}{x_k}=\dfrac{\delta_{ij}}{\delta_{ik}}(j,k=1,2,\cdots,n)$ 成立。因此,权重为 $\{g_i\delta_{ij}\}$ 的投资组合收益分别和 $\{\delta_{ij}\}$ 完全正相关。因此,满足定理8.9的假设条件的投资组合的收益,与 $S_i$ 的未预料到的变动的相关性可能最大。这个最大可行(maximal-feasible)相关系数 $\rho_i^*$,可以写为

$$\rho_i^*=\Big(\sum_1^n\delta_{ij}\eta_{ij}\sigma_j\Big)^{\frac{1}{2}}$$

$$=\Big(\sum_1^n\sum_1^n v_{kj}\sigma_k\sigma_j\eta_{ik}\eta_{ij}\Big)^{\frac{1}{2}} \tag{8.3.41}$$

因此,如果用相关程度测量规避状态变量变动的套期保值投资工具的有效性,那么,满足定理8.9的投资组合在构造投资者的最优投资组合中起着重要作用。对于 $S_i(i=1,2,\cdots,m)$,投资策略满足定理8.9的共同基金,我们令 $V_i(t)$ 表示每份共同基金价格。将 $x_j=g_i\delta_{ij}$ 代入式(8.3.39),$V_i$ 的动态可以写为

$$\frac{\mathrm{d}V_i}{V_i}=\alpha_i^*\,\mathrm{d}t+\sigma_i^*\,\mathrm{d}z_i^*,\quad i=1,2,\cdots,m \tag{8.3.42}$$

这里 $\alpha_i^*\equiv r+g_i\sum_1^n\delta_{ij}(\alpha_j-r)$,$\sigma_i^*\equiv g_i\rho_i^*$,$\mathrm{d}z_i^*\equiv\Big(\sum_1^n\delta_{ij}\sigma_j z_j\Big)\Big/\rho_i^*$ 为标准维纳过程。

如果用 $Y_i$ 度量 $S_i$ 和 $V_i$ 的差异,那么将投资组合权重 $x_j=g_i\delta_{ij}$ 代入式(8.3.40),有 $\theta_i=f_i-\alpha_i^*-\phi_i^2/2$,$\phi_i^2=[1-(\rho_i^*)^2]g_i^2$,$\mathrm{d}\varepsilon_i=(\mathrm{d}q_i-\rho_i^*\,\mathrm{d}z_i^*)/[1-(\rho_i^*)^2]^{\frac{1}{2}}$,$\rho_i^*<1$。根据 $Y_i$ 的定义,$\mathrm{d}(\ln S_i)=\mathrm{d}(\ln V_i)+\mathrm{d}(\ln Y_i)$,因此由式(8.3.40),把状态变量的动态重新写为

$$\mathrm{d}(\ln S_i)=\Big[\alpha_i^*-\frac{1}{2}(\sigma_i^*)^2+\theta_i\Big]\mathrm{d}t+\sigma_i^*\,\mathrm{d}z_i^*\,\phi_i\,\mathrm{d}\varepsilon_i,\quad i=1,2,\cdots,m \tag{8.3.43}$$

由式(8.3.41)和 $\mathrm{d}\varepsilon_i$ 的定义,可以得出,对任意交易资产 $k$,

$$\frac{\mathrm{d}P_k}{P_k}\mathrm{d}\varepsilon_i=\frac{\Big(g_i\eta_{ik}\sigma_k-\sum_1^n x_j\sigma_{jk}\Big)\mathrm{d}t}{g_i[1-(\rho_i^*)^2]^{\frac{1}{2}}}=0 \tag{8.3.44}$$

因为,由定理8.9的证明,$g_i\eta_{ik}\sigma_k-\sum_1^n x_j\sigma_{jk}=0\ (k=1,2,\cdots,n)$。从而对于 $i=1,2,\cdots,m$,$\mathrm{d}\varepsilon_i$ 与交易资产的收益无关,因此它与所有投资组合的收益无关。由式(8.3.43)和式(8.3.44),得出

$$\frac{\mathrm{d}S_i}{S_i}\frac{\mathrm{d}P_k}{P_k}=g_i\sigma_k\eta_{ik}\,\mathrm{d}t=\sigma_i^*\sigma_k(\mathrm{d}z_i^*\,\mathrm{d}z_k)=\frac{\mathrm{d}V_i}{V_i}\frac{\mathrm{d}P_k}{P_k},\quad i=1,2,\cdots,m;\ k=1,2,\cdots,n$$

此外,因为 $\mathrm{d}V_i/V_i$ 为交易资产投资组合的收益,所以由式(8.3.43)和式(8.3.44),我们有 $g_i\mathrm{d}q_i=\sigma_i^*\,\mathrm{d}z_i^*+\phi_i\mathrm{d}\varepsilon_i$,且 $\eta_{ik}^*\equiv\dfrac{\mathrm{d}q_i\mathrm{d}z_k^*}{\mathrm{d}t}$ 由下式给出

$$\eta_{ik}^* = \frac{\sigma_i^*(\mathrm{d}z_i^*\mathrm{d}z_k^*)}{g_i\mathrm{d}t}, \quad i,k=1,2,\cdots,m \tag{8.3.45}$$

在投资机会集不是随机的和偏好不是状态依赖的背景下，投资者不需要如式(8.3.42)所描述的套期保值投资组合。如定理 8.7 所证明的，对于这种情形，所有投资者的最优组合可由两个共同基金生成：一个是均值方差有效的风险资产的投资组合，另一个是无风险资产。令 $V_{m+1}(t)$ 表示投资策略为持有均值方差有效的风险资产投资组合的共同基金价格，令 $V_{m+2}(t)$ 表示持有无风险资产的共同基金价格，$\mathrm{d}V_{m+2}/V_{m+2}=r\mathrm{d}t$，且因此有 $\frac{V_{m+2}(T)}{V_{m+2}(t)}=\exp\left[\int_t^T r(\tau)\mathrm{d}\tau\right]$。我们可以选择基金 $m+1$ 为增长最优投资组合。这个基金收益的动态可以写为

$$\frac{\mathrm{d}V_{m+1}}{V_{m+1}} = \alpha_{m+1}^*\mathrm{d}t + \sigma_{m+1}^*\mathrm{d}z_{m+1}^* \tag{8.3.46}$$

这里

$$\alpha_{m+1}^* \equiv r + \sum_1^n\sum_1^n v_{kj}(\alpha_j - r)(\alpha_k - r)$$

$$(\sigma_{m+1}^*)^2 \equiv \sum_1^n\sum_1^n v_{kj}(\alpha_j - r)(\alpha_k - r) = \alpha_{m+1}^* - r > 0$$

和

$$\mathrm{d}z_{m+1}^* \equiv \left[\sum_1^n\sum_1^n v_{kj}(\alpha_j - r)\sigma_k\mathrm{d}z_k\right]\Big/\sigma_{m+1}^*$$

是标准的维纳过程。均值方差有效投资组合有如下重要性质。

**定理 8.10**　令 $\frac{\mathrm{d}V}{V}$ 为由 $n$ 种风险资产和无风险资产构成的任意可行投资组合的收益，如果 $\frac{\mathrm{d}V_{m+1}}{V_{m+1}}$ 是均值方差有效投资组合的收益，那么 $\alpha-r=\beta(\alpha_{m+1}^*-r)$，这里 $\alpha$ 是投资组合的期望收益率，$\beta \equiv \frac{\left(\frac{\mathrm{d}V}{V}\right)\left(\frac{\mathrm{d}V_{m+1}}{V_{m+1}}\right)}{\left(\frac{\mathrm{d}V_{m+1}}{V_{m+1}}\right)^2}$。

**证明**　由式(8.3.39)、式(8.3.46)和 $\beta$ 的定义，$\beta\mathrm{d}t = \frac{\sum_1^n x_j\sigma_j\mathrm{d}z_j\mathrm{d}z_{m+1}^*}{\sigma_{m+1}^*}$。而且，$\sigma_j\mathrm{d}z_j\mathrm{d}z_{m+1}^* = \left[\sum_1^n\sum_1^n v_{ki}(\alpha_i - r)\sigma_{kj}/\lambda\sigma_{m+1}^*\right]\mathrm{d}t$。因此

$$\beta = \frac{\sum_1^n\sum_1^n x_j(\alpha_i - r)\left(\sum_1^n v_{ki}\sigma_{kj}\right)}{\lambda(\sigma_{m+1}^*)^2}$$

但是 $\sum_1^n v_{ki}\sigma_{kj} = 0(i\neq j)$，$\sum_1^n v_{ki}\sigma_{kj} = 1(i=j)$ 以及 $\lambda(\sigma_{m+1}^*)^2 = \alpha_{m+1}^* - r$。因此，$\beta = \frac{\sum_1^n x_j(\alpha_i - r)}{(\alpha_{m+1}^* - r)}$。由 $\alpha$ 的定义，$\alpha - r = \sum_1^n x_j(\alpha_j - r)$。因此

$$\alpha - r = \beta(\alpha_{m+1}^* - r)$$ 证毕。

在 Sharpe-Lintner-Mossin CAPM 和 8.3.5 节,关于连续时间模型的特殊的形式中,均衡条件都要求市场投资组合是均值方差有效的投资组合。因此,定理 8.10 给出了证券市场线方程(8.3.20)的形式推导。

我们已经得到了价格为$[V_1(t),\cdots,V_{m+2}(t)]$的 $m+2$ 共同基金收益的随机性质。现在证明这个基金集足以生成所有风险厌恶投资者的最优投资组合。

**定理 8.11**($m+2$ 基金定理) 存在由 $n$ 个风险交易资产和无风险资产构成的 $m+2$ 共同基金,使得:①所有风险厌恶投资者从原来的 $n+1$ 种资产选择的投资组合以及从这 $m+2$ 个共同基金选择的投资组合是相同的;②投资者对基金的需求不需要知道单个交易资产的投资机会集合和基金所持有的资产比例;③每个基金的投资组合所持有的各个交易资产的投资策略,不需要知道基金股东的偏好和禀赋。

**证明** 令 $\sigma_{ij}^*$ 表示$\frac{dV_i}{V_i}$和$\frac{dV_j}{V_j}$的协方差$(i,j=1,2,\cdots,m+1)$,$v_{ij}^*$ 表示方差-协方差矩阵$[\sigma_{ij}^*]$的逆矩阵的第 $i$ 行第 $j$ 列的元素。根据$[\sigma_{ij}^*]$的对称性和逆矩阵的定义,如果 $i\neq k$,$\sum_1^{m+1} v_{ij}^*\sigma_{kj}^* = \sum_1^{m+1} v_{ij}^*\sigma_{jk}^* = 0$,如果 $i=k$,$\sum_1^{m+1} v_{ij}^*\sigma_{kj}^* = 1$。考虑一个投资者,选择的投资组合仅是 $m+2$ 共同基金的组合,这些基金的收益为$\frac{dV_i}{V_i}(i=1,2,\cdots,m+2)$。那么,投资者对基金 $i$ 的最优需求的结构形式与式(8.3.37)相同,即

$$d_i^* = A\sum_1^{m+1} v_{ij}^*(\alpha_j^* - r) + \sum_1^m \sum_1^{m+1} H_k S_k \sigma_j^* g_k \eta_{kj}^* v_{ij}^*, \quad i = 1,2,\cdots,m+1$$

这里,如式(8.3.45)那样,$\eta_{kj}^* \equiv \frac{dq_k dz_j^*}{dt}$。由式(8.3.45),$\eta_{kj}^* = \frac{\sigma_{kj}^*}{g_k \sigma_j^*}$。因此

$$\sum_1^m \sum_1^{m+1} H_k S_k \sigma_j^* g_k \eta_{kj}^* v_{ij}^* = \sum_1^m H_k S_k \left(\sum_1^{m+1} \sigma_{kj}^* v_{ij}^*\right) = \begin{cases} H_i S_i, & i = 1,2,\cdots,m \\ 0, & i = m+1 \end{cases}$$

由定理 8.10,$\alpha_j^* - r = \lambda\sigma_{jm+1}^*$,$j=1,2,\cdots,m+1$,由式(8.3.46),$\lambda = \frac{\alpha_{m+1}^* - r}{(\sigma_{m+1}^*)^2} = 1$,由此得出

$$\sum_1^{m+1} v_{ij}^*(\alpha_j^* - r) = \sum_1^{m+1} v_{ij}^* \sigma_{jm+1}^* = \begin{cases} 0, & i = 1,2,\cdots,m \\ 1, & i = m+1 \end{cases}$$

因此 $d_i^* = H_i S_i (i=1,2,\cdots,m)$ 和 $d_{m+1}^* = A$。$d_{m+2}^* = W - \sum_1^{m+1} d_i^*$。投资者(直接)从原来 $n$ 个交易风险资产中所持有的资产 $j$ 可用如下的方法确定:基金 $i$ 需求量乘以基金 $i$ 分配到资产 $j$ 的投资比例,然后对 $i=1,2,\cdots,m+1$ 求和。由定理 8.10 和式(8.3.46),投资者持有的资产 $j$ 由下式给出

$$\sum_1^m d_i^* g_i \left(\sum_1^n v_{kj}\sigma_k \eta_{ik}\right) + d_{m+1}^* \sum_1^n v_{jk}(\alpha_k - r)$$

$$= \sum_1^m \sum_1^n H_i S_i g_i v_{kj} \sigma_k \eta_{ik} + A\sum_1^n v_{jk}(\alpha_k - r) = d_j$$

与式(8.3.37)一样，$j=1,2,\cdots,n$。因此，投资者从 $m+2$ 个基金选择的投资组合最终持有的投资组合与从 $n$ 个单个交易风险资产和无风险资产选择的投资组合相同。这就证明了①。

基金的最优需求$\{d_i^*\}$仅需要投资者知道 $m+2$ 个基金的投资机会集$\{\alpha_i^*,\sigma_{ij}^*,r,\eta_{ki}^*\}$。这样，对于构造的最优投资组合，投资者不需要知道基金投资组合的构成和基金持有的各个资产收益的联合概率分布。这就证明了②。

根据定理 8.9，构造基金 $i(i=1,2,\cdots,m)$的投资策略，仅需知道 $n$ 个风险资产收益的方差-协方差矩阵$[\sigma_{ij}]$，以及它们与状态变量$\{\eta_{kj},g_k,k=1,2,\cdots,m;\ j=1,2,\cdots,n\}$未预料到的变化之间的协方差。这些策略不需要知道资产的期望收益 $\alpha_j(j=1,2,\cdots,n)$以及 $S_i,f_i(i=1,\cdots,m)$的期望增长率。由式(8.3.46)，构造增长最优均值方差有效基金 $m+1$ 需要知道 $n$ 个风险交易资产的均值、方差、协方差和无风险利率。然而，不需要知道状态变量的动态，也不需要知道无风险基金 $m+2$ 的结构。对所有的情形，$m+2$ 基金的投资策略不需要知道基金股东的偏好和禀赋$(A,W,H_k,k=1,2,\cdots,m)$。这就证明了③。

证毕。

定理 8.11 中的最优投资组合基金的集合仅由这些投资组合的非奇异线性变换唯一确定，即令$(V_1',\cdots,V_{m+1}',V_{m+2}')$表示能够张成最优投资组合集合的任意一组 $m+2$ 共同基金的价格向量，不失一般性，$V_{m+2}'=V_{m+2}$是无风险资产基金。

**定理 8.12**　线性无关的投资组合集$(V_1',\cdots,V_{m+2}')$生成所有最优投资组合集的充要条件是，在每个时刻 $t$，存在数组$\{b_{ki}\}$，使得 $\mathrm{d}\psi_k$ 满足对每个可交易资产 $k(k=1,2,\cdots,n)$，有$\dfrac{\mathrm{d}P_k}{P_k}=r\mathrm{d}t+\sum\limits_1^{m+1}b_{ki}\left(\dfrac{\mathrm{d}V_i'}{V_i'}-r\mathrm{d}t\right)+\mathrm{d}\psi_k$，这里，①$E_t\{\mathrm{d}\psi_k\}=0$；②$\mathrm{d}\psi_k\dfrac{\mathrm{d}V_i'}{V_i'}=0(i=1,2,\cdots,m+1)$；③$\mathrm{d}\psi_k\mathrm{d}S_i/S_i=0(i=1,2,\cdots,m)$。

**证明**　为证明定理的必要性部分，必须证明尽管投资者具有在单个交易资产进行投资的机会，但他仅仅从 $m+2$ 个投资组合$(V_1',\cdots,V_{m+2}')$中所选择的最优投资组合还是最优的。对于满足 $\mathrm{d}\psi_k\equiv0$ 的任意交易资产，这个要求很容易满足，因为 $m+2$ 个投资组合能够通过组合来精确地复制资产 $k$ 的收益(资产 $k$ 是冗余证券)。因此，下面我们假设$(\mathrm{d}\psi_k)^2>0(k=1,2,\cdots,n)$。令$\dfrac{\mathrm{d}V}{V}$表示某投资组合的收益，该投资组合投资于资产 $k$ 的比例为 $x_k(k=1,\cdots,n)$；对投资组合 $V_i'$，有 $x_{n+i}=-\sum\limits_1^n x_kb_{ki}\ (i=1,2,\cdots,m+1)$，对无风险资产的投资为投资组合的其他剩余部分 $V_{m+2}'$。用假设的动态代替 $\mathrm{d}P_k/P_k$，对任意选取的 $x_k(k=1,2,\cdots,n)$，$\mathrm{d}V/V=r\mathrm{d}t+\mathrm{d}\psi$，这里 $\mathrm{d}\psi\equiv\sum\limits_1^n x_k\mathrm{d}\psi_k$。由 $\mathrm{d}\psi$ 的定义得出，$\mathrm{d}\psi$ 满足定理假设条件①、②和③。

给定的投资者具有$(V_1',\cdots,V_{m+2}')$和 $n$ 种交易资产的投资机会，显然等价于给定的投资者具有$(V_1',\cdots,V_{m+2}')$和收益为$\dfrac{\mathrm{d}V}{V}$的投资机会，这里投资者还可以选择$\{x_k\}$。因此，如果我们能够证明对任意的$\{x_k\}$，对该投资组合的最优需求为 0，则就证明了定理的必要性。

方程(8.3.37)提供了投资者对 $n$ 个风险资产的最优需求函数。为使记号简便,我们重新记式(8.3.37)中的各项:令 $n=m+2$;$d_i$ 是对 $V_i'$ 的需求($i=1,2,\cdots,n-1$);$d_n$ 是对投资组合 $V$ 的需求;$[\sigma_{ij}]$ 为投资组合($V_1',\cdots,V_{m+1}',V$)收益之间的方差-协方差矩阵。由①,$E_t\{\mathrm{d}\psi\}=0$,因此 $E_t\{\mathrm{d}V/V\}/\mathrm{d}t=\alpha_n=r$。由②,$\mathrm{d}\psi\dfrac{\mathrm{d}V_i'}{V_i'}=0$($i=1,2,\cdots,m+1$),因此 $\sigma_{in}=\left(\dfrac{\mathrm{d}V_i'}{V_i'}\right)\left(\dfrac{\mathrm{d}V}{V}\right)\Big/\mathrm{d}t=0$($i=1,2,\cdots,n-1$),$\sigma_n^2\mathrm{d}t=(\mathrm{d}\psi)^2$。所以 $v_{nj}=0$($j=1,2,\cdots,n-1$),且 $v_{nn}=\dfrac{1}{\sigma_n^2}$。由式(8.3.37),有

$$d_n=A\sum_1^n v_{nj}(\alpha_j-r)+\sum_1^m\sum_1^n H_kS_kg_k\sigma_j\eta_{kj}v_{nj}$$

但是,因为 $\alpha_n=r$,

$$A\sum_1^n v_{nj}(\alpha_j-r)=\frac{A(\alpha_n-r)}{\sigma_n^2}=0$$

而且,因为 $v_{nj}=0,j\neq n$,

$$\sum_1^m\sum_1^n H_kS_kg_k\sigma_j\eta_{kj}v_{nj}=\sum_1^m H_kS_kg_k\eta_{kn}/\sigma_n$$

由条件③,$0=\mathrm{d}\psi\dfrac{\mathrm{d}S_i}{S_i}=(\mathrm{d}V/V)(\mathrm{d}S_i/S_i)=\sigma_ng_i\eta_{in}\mathrm{d}t$($i=1,2,\cdots,m$)。因此,$d_n=0$ 与 $\dfrac{\mathrm{d}V}{V}$ 中 $\{x_k\}$ 的选择无关。($V_1',\cdots,V_{m+1}',V_{m+2}'$)能够生成所有最优投资组合。

为证明定理的充分性部分,只需对定理 8.11 中特殊的 $m+2$ 个共同基金($V_1,\cdots,V_{m+2}$)证明即可。投资组合的任意其他生成集的超额收益,仅仅是这个集合的超额收益的非奇异线性变换。因此,$\mathrm{d}\psi_k\mathrm{d}V_i'/V_i'=0$($i=1,2,\cdots,m+1$),当且仅当 $\mathrm{d}\psi_k\mathrm{d}V_i/V_i=0$($i=1,2,\cdots,m+1$)。现在令 $\mathrm{d}V/V$ 表示在时间 $t$ 满足下列条件的投资组合的收益:该投资组合在交易资产 $k$ 投资 $V(t)$ 元,在共同基金 $i$ 投资 $-x_iV(t)$($i=1,2,\cdots,m+1$),投资 $V(t)\sum_1^{m+1}x_i$ 元在无风险共同基金 $V_{m+2}$。当 $V(t)>0$ 时,$\dfrac{\mathrm{d}V}{V}=\dfrac{\mathrm{d}P_k}{P_k}-\sum_1^{m+1}x_i\left(\dfrac{\mathrm{d}V_i}{V_i}-r\mathrm{d}t\right)$。假设选择 $\{x_i\}$ 使得投资组合收益的方差最小化,即最小化

$$\left(\frac{\mathrm{d}V}{V}\right)^2=\left(\frac{\mathrm{d}P_k}{P_k}\right)^2-2\sum_1^{m+1}x_i\frac{\mathrm{d}P_k}{P_k}\frac{\mathrm{d}V_i}{V_i}+\sum_1^{m+1}\sum_1^{m+1}x_ix_j\sigma_{ij}^*\,\mathrm{d}t$$

有

$$x_i=\frac{\left[\sum_1^{m+1}v_{ij}^*\dfrac{\mathrm{d}P_k}{P_k}\dfrac{\mathrm{d}V_j}{V_j}\right]}{\mathrm{d}t},\quad i=1,2,\cdots,m+1$$

对于 $q=1,2,\cdots,m+1$,有

$$\sum_1^{m+1}x_i\frac{\mathrm{d}V_i}{V_i}\frac{\mathrm{d}V_q}{V_q}=\sum_1^{m+1}\sum_1^{m+1}v_{ij}^*\frac{\mathrm{d}P_k}{P_k}\frac{\mathrm{d}V_j}{V_j}\sigma_{iq}^*=\frac{\mathrm{d}P_k}{P_k}\frac{\mathrm{d}V_q}{V_q}$$

这是因为,当 $j\neq q$ 时,$\sum_1^{m+1}v_{ij}^*\sigma_{iq}^*=0$;当 $j=q$ 时,$\sum_1^{m+1}v_{ij}^*\sigma_{iq}^*=1$。由此得出

$$\frac{\mathrm{d}V}{V}\frac{\mathrm{d}V_q}{V_q}=\frac{\mathrm{d}P_k}{P_k}\frac{\mathrm{d}V_q}{V_q}-\sum_1^{m+1}x_i\frac{\mathrm{d}V_i}{V_i}\frac{\mathrm{d}V_q}{V_q}=0,\quad q=1,2,\cdots,m+1$$

因此，特别地$\left(\frac{dV}{V}\right)\left(\frac{dV_{m+1}}{V_{m+1}}\right)=0$。由此并根据定理 8.11，得出 $E_t\{dV/V\}=rdt$。定义 $d\psi_k\equiv\frac{dV}{V}-rdt$。根据 $\psi_k$ 和 $dV/V$ 的定义，有

$$\frac{dP_k}{P_k}=\frac{dV}{V}+\sum_1^{m+1}x_i\left(\frac{dV_i}{V_i}-rdt\right)=rdt+\sum_1^{m+1}b_{ki}\left(\frac{dV_i}{V_i}-rdt\right)+d\psi_k$$

这里 $b_{ki}\equiv\left[\sum_1^{m+1}v_{ij}^*\left(\frac{dP_k}{P_k}\right)\left(\frac{dV_j}{V_j}\right)\right]\Big/dt$。因此，为证明定理充分性部分，我们只需证明 $d\psi_k$ 满足条件①、②和③。$E_t\{d\psi_k\}=E_t\left\{\frac{dV}{V}\right\}-rdt=0$ 证明了①。$\frac{d\psi dV_i}{V_i}=\left(\frac{dV}{V}\right)\left(\frac{dV_i}{V_i}\right)=0(i=1,2,\cdots,m+1)$，这就证明了②。由式(8.3.43)和式(8.3.44)，对任意交易资产组合，有$\left(\frac{dV}{V}\right)\left(\frac{dS_i}{S_i}\right)=\left(\frac{dV}{V}\right)\left(\frac{dV_i}{V_i}\right)(i=1,2,\cdots,m)$。因此，对这里所构造的特定投资组合，有$\frac{d\psi_k dS_i}{S_i}=\left(\frac{dV}{V}\right)\left(\frac{dS_i}{S_i}\right)=0(i=1,2,\cdots,m)$，这就证明了③。

定理 8.12 表明任何交易资产 $k$(因此这些资产构成的投资组合)的可实现收益总可以被分解成两部分："系统"部分 $rdt+\sum_1^{m+1}b_{ki}\left(\frac{dV'_i}{V'_i}-rdt\right)$，它恰好可以由能够生成最优投资组合集的 $m+2$ 个共同基金的投资组合复制；非系统部分 $d\psi_k$，它与 $m+2$ 个生成基金不相关，并且与环境的状态变量的未预料到的改变不相关。因为 $d\psi_k$ 与所有最优投资组合的收益不相关，所以非系统部分也称资产 $k$ 收益的"可分散化风险"部分。而且，因为资产收益和状态变量动态服从 Itô 过程，所以 $d\psi_k$ 的相关性蕴涵更强的条件

$$E_t\left\{d\psi_k\,\middle|\,\frac{dV'_1}{V'_1},\cdots,\frac{dV'_{m+1}}{V'_{m+1}},\frac{dS_1}{S_1},\cdots,\frac{dS_m}{S_m}\right\}=0$$

如同式(8.3.30)，如果 $w_i^*\equiv\frac{D_i^*}{M}$表示国民财富投资在基金 $i$ 的均衡比例，$i=1,2,\cdots,m+2$，那么市场投资组合的收益率可以写为

$$\begin{aligned}\frac{dP_M}{P_M}&=\sum_1^{m+1}w_i^*\left(\frac{dV_i}{V_i}-rdt\right)+rdt\\&=\alpha_M dt+\sigma_M dz_M\end{aligned}\tag{8.3.47}$$

这里

$$\alpha_M\equiv\sum_1^{m+1}w_i^*(\alpha_i^*-r)+r,\quad \sigma_{iM}^*\equiv\sum_1^{m+1}w_j^*\sigma_{ij}^*,\quad \sigma_M^2\equiv\sum_1^{m+1}w_j^*\sigma_{jM}^*$$

$dz_M\equiv\frac{\sum_1^{m+1}w_j^*\sigma_j^*dz_j^*}{\sigma_M}$是标准维纳过程。

对于风险厌恶投资者，有 $w_{m+1}^*=\frac{A'}{M}>0$。因此，重新整理式(8.3.47)各项，我们可将基金 $m+1$ 的收益表示为 $m$ 个"套期保值"基金收益和市场组合收益的组合，即

$$\frac{dV_{m+1}}{V_{m+1}}=rdt+\sum_1^{m}\delta_i^*\left(\frac{dV_i}{V_i}-rdt\right)+\delta_M^*\left(\frac{dP_M}{P_M}-rdt\right)\tag{8.3.48}$$

这里$\delta_i^* \equiv -\dfrac{w_i^*}{w_{m+1}^*}(i=1,2,\cdots,m)$，$\delta_M^* \equiv \dfrac{1}{w_{m+1}^*}$。因此，由式(8.3.48)，增长最优均值方差有效基金$m+1$可被市场投资组合代替，修改后的$m+2$个基金集生成最优投资组合集。

令$(V_1',\cdots,V_{m+2}')$表示用市场投资组合代替均值方差有效投资组合的生成投资组合集的价格，即$V_i'=V_i(i=1,2,\cdots,m)$，且$V_{m+1}'=P_M$。定义$\sigma_{ij}'\equiv\sigma_{ij}^*$，$\sigma_{im+1}'\equiv\sigma_{iM}^*(i,j=1,2,\cdots,m)$，$\sigma_{m+1}'\equiv\sigma_M^2$；且定义$\alpha_i'\equiv\alpha_i^*(i=1,2,\cdots,m)$，$\alpha_{m+1}'\equiv\alpha_M$。由定理8.13，我们有交易资产$k$的期望超额收益必满足

$$\alpha_k - r = \sum_1^{m+1}\beta_{ki}(\alpha_i' - r),\quad k=1,2,\cdots,n \tag{8.3.49}$$

这里$\beta_{ki}\equiv\dfrac{\sum_1^{m+1} v_{ij}'\left(\dfrac{dP_k}{P_k}\right)\left(\dfrac{dV_j'}{V_j'}\right)}{dt}(i=1,2,\cdots,m+1)$，且$v_{ij}'$是方差-协方差矩阵$[\sigma_{ij}']$的逆矩阵的第$i$行第$j$列的元素。方程(8.3.49)把所有交易资产和投资组合的均衡期望超额收益同$m+1$个($m$个套期保值组合和一个市场投资组合)均衡超额收益联系起来。如同8.3.5节的模型，如果状态变量不是随机的，那么式(8.3.49)简化为证券市场线连续时间的形式为式(8.3.20)。在8.3.6节的模型中，称其为证券市场平面式(8.3.34)。因此，我们称一般形式的式(8.3.49)为市场超平面。

虽然$(\beta_{k1},\cdots,\beta_{km+1})$可从方差-协方差单独推导出来，但是由式(8.3.49)确定资产$k$的期望收益$\alpha_k$需要知道$(\alpha_1',\cdots,\alpha_{m+1}',r)$。假设对$m+1$个证券的某个组合，已知各个证券的期望收益$\bar{\alpha}_i(i=1,2,\cdots,m+1)$。令$\{\bar{\beta}_{ki}\}(i=1,2,\cdots,m+1)$表示该组合中证券$k$在式(8.3.49)中的系数$(k=1,2,\cdots,m+1)$。令$\boldsymbol{B}$表示$(m+1)\times(m+1)$矩阵，它的第$k$行第$i$列元素是$\bar{\beta}_{ki}$。如果$\boldsymbol{B}$是非奇异的，那么由式(8.3.49)，有

$$\alpha_i' - r = \sum_1^{m+1} B_{ij}^{-1}(\bar{\alpha}_j - r),\quad i=1,2,\cdots,m+1 \tag{8.3.50}$$

这里$B_{ij}^{-1}$表示$\boldsymbol{B}$的逆矩阵的第$i$行第$j$列元素。因此，如果对任意$m+1$证券的组合，期望收益已知，那么由式(8.3.50)将$\alpha'-r$代入式(8.3.49)，可确定所有交易资产的期望收益。

### 8.3.9 基于消费的资本资产定价模型

由定理8.11的证明可见，用式(8.3.42)和式(8.3.46)确定的$m+2$共同基金$(V_1,\cdots,V_{m+2})$的收益，可以把投资者的积累方程写为

$$dW = \left[\sum_1^m H_iS_i(\alpha_i^* - r) + A(\alpha_{m+1}^* - r) + rW - c\right]dt + \sum_1^m H_iS_i\sigma_i^*\,dz_i^* + A\sigma_{m+1}^*\,dz_{m+1}^* \tag{8.3.51}$$

定义$G(W,S,t)\equiv\partial J/\partial W = J_W$。由式(8.3.36)、式(8.3.51)和Itô引理，可以把$G$的动态表示为

$$\frac{dG}{G} = \mu dt + \frac{J_{WW}}{J_W}\left(\sum_1^m H_iS_i\sigma_i^*\,dz_i^* + A\sigma_{m+1}^*\,dz_{m+1}^*\right) + \sum_1^m\left(\frac{J_{Wi}}{J_W}\right)S_ig_i\,dq_i \tag{8.3.52}$$

这里 $\mu$ 是 $G$ 的期望增长率，而且

$$\mu G = J_{WW}\left[\sum_{1}^{m} H_i S_i(\alpha_i^* - r) + A(\alpha_{m+1}^* - r) + rW - c\right] + J_{W_t} + \sum_{1}^{m} J_{Wk} f_k S_k + \frac{1}{2} J_{WWW}\left[\sum_{1}^{m}\sum_{1}^{m} H_i H_j S_i S_j \sigma_{ij}^* + 2A\sum_{1}^{m} H_i S_i \sigma_{im+1}^* + A^2(\sigma_{m+1}^*)^2\right] + \frac{1}{2}\sum_{1}^{m}\sum_{1}^{m} J_{Wki} g_k g_i S_k S_i v_{ki} + \sum_{1}^{m}\sum_{1}^{m} J_{WWk} H_i S_i S_k \sigma_{ik}^* + A\sum_{1}^{m} J_{WWk}\sigma_{km+1}^* S_k$$

注意到 $A \equiv -\frac{J_W}{J_{WW}}$ 和 $\frac{J_{Wi}}{J_W} = \frac{H_i}{A}$，我们可以把式(8.3.52)重新写为

$$\begin{aligned}\frac{\mathrm{d}G}{G} &= \mu \mathrm{d}t - \sigma_{m+1}^* \mathrm{d}z_{m+1}^* - \sum_{1}^{m} \frac{H_i S_i}{A}(\sigma_i^* \mathrm{d}z_i^* - g_i \mathrm{d}q_i) \\ &= \mu \mathrm{d}t - \sigma_{m+1}^* \mathrm{d}z_{m+1}^* + \sum_{1}^{m} \frac{H_i S_i}{A}\phi_i \mathrm{d}\epsilon_i \end{aligned} \tag{8.3.53}$$

由式(8.3.43)，这里 $\phi_i \mathrm{d}\epsilon_i = g_i \mathrm{d}q_i - \sigma_i^* \mathrm{d}z_i^*$。

由式(8.3.44)，对任意交易资产 $k$，有 $(\mathrm{d}P_k/P_k)\mathrm{d}\epsilon_i = 0\ (i=1,2,\cdots,m)$。由式(8.3.53)得出

$$\frac{\mathrm{d}P_k}{P_k}\frac{\mathrm{d}G}{G} = -\frac{\mathrm{d}P_k}{P_k}\sigma_{m+1}^* \mathrm{d}z_{m+1}^* = -\frac{\mathrm{d}P_k}{P_k}\frac{\mathrm{d}V_{m+1}}{V_{m+1}}$$

但是 $\frac{\alpha_{m+1}^* - r}{(\sigma_{m+1}^*)^2} = 1$，且根据定理 8.10，有

$$\frac{\mathrm{d}P_k}{P_k}\frac{\mathrm{d}V_{m+1}}{V_{m+1}} = \frac{(\alpha_k - r)(\sigma_{m+1}^*)^2 \mathrm{d}t}{\alpha_{m+1}^* - r}$$

因此

$$\alpha_k - r = -\frac{\mathrm{d}P_k}{P_k}\frac{\mathrm{d}G}{G}\Big/\mathrm{d}t,\quad k = 1,2,\cdots,n \tag{8.3.54}$$

因此，每个交易资产(及每个这种资产的投资组合)的超额期望收益等于负资产收益和投资者财富边际效用所实现的增长率的瞬时协方差。

如果在经济中有 $k$ 个个体投资者，$G^q$ 表示第 $q$ 个个体投资者财富的边际效用，那么由式(8.3.54)可以直接得出

$$\frac{\mathrm{d}P_k}{P_k}\frac{\mathrm{d}G^i}{G^i} = \frac{\mathrm{d}P_k}{P_k}\frac{\mathrm{d}G^j}{G^j},\quad k = 1,2,\cdots,n \tag{8.3.55}$$

对于 $i,j = 1,2,\cdots,k$。此外如果投资者的最优消费准则满足一阶条件(8.3.14)，那么 $U_c = J_W \equiv G$，显然可用资产收益和消费边际效用增长率之间的协方差解释式(8.3.54)和式(8.3.55)。

和证券市场超平面(8.3.49)一样，式(8.3.54)指出了资产收益之间的均衡关系。但是，与式(8.3.49)不同，应用式(8.3.54)来确定期望收益需要知道投资者的偏好。由于利用数据估计偏好可能比估计期望收益更困难。因此，一般说来，式(8.3.54)将不能为资产

风险类型和期望收益的确定提供有用的经验描述。然而 Breeden(1979)证明,通过对偏好进行适当的限制,就可以把式(8.3.54)转变为与偏好设定无关。

假设投资者 $q$ 的直接效用函数不是状态依赖的,即 $U^q=U^q(c^q,t)$ 不显式地依赖于 $[S_1,\cdots,S_m]$。如果最优消费准则 $c^q$ 满足式(8.3.14),那么根据 Itô 引理,

$$\mathrm{d}G^q = U^q_{cc}\mathrm{d}c^q + U^q_{ct}\mathrm{d}t + \frac{U^q_{ccc}(\mathrm{d}c^q)^2}{2} \tag{8.3.56}$$

如果 $\Delta_q \equiv E_t\{\mathrm{d}c^q/c^q\}/\mathrm{d}t$ 表示投资者 $q$ 的期望消费增长率,那么整理式(8.3.53)和式(8.3.56),得

$$\begin{aligned}\frac{\mathrm{d}c^q}{c^q} &= \Delta_q\mathrm{d}t - \frac{1}{\delta^q}\left(\frac{\mathrm{d}G^q}{G^q} - \mu^q\mathrm{d}t\right)\\ &= \Delta_q\mathrm{d}t + \frac{\sigma^*_{m+1}}{\delta^q}\mathrm{d}z^*_{m+1} - \sum_1^m \Gamma^q_i S_i\phi_i\mathrm{d}\varepsilon_i\end{aligned} \tag{8.3.57}$$

这里 $\delta^q\equiv -\dfrac{U^q_{cc}c^q}{U^q_c}$ 为投资者 $q$ 对消费的相对风险厌恶,且 $\Gamma^q_i\equiv\dfrac{H^q_i}{A^q\delta^q}=-\dfrac{J^q_{Wi}}{U^q_{cc}c^q}(i=1,2,\cdots,m)$。

由式(8.3.56)和式(8.3.57),有

$$\frac{\mathrm{d}P_k}{P_k}\frac{\mathrm{d}G^q}{G^q} = -\delta^q\frac{\mathrm{d}P_k}{P_k}\frac{\mathrm{d}c^q}{c^q}$$

因此,对于任何不具有状态依赖偏好的投资者 $q$,由式(8.3.54)和式(8.3.55),有

$$\alpha_k - r = \delta^q\frac{\mathrm{d}P_k}{P_k}\frac{\mathrm{d}c^q}{c^q}\Big/\mathrm{d}t,\quad k=1,2,\cdots,n \tag{8.3.58}$$

所以,对于风险厌恶的投资者($\delta^q>0$),任何交易资产期望超额收益正比于其收益与投资者 $q$ 的最优消费的实际瞬时增长率之间的协方差。

**定理 8.13**　令 $C$ 表示总消费率。如果对每个投资者 $q$,有 $U^q=U^q(C^q,t)$ 和 $U^q_c=J^q_W$ $(q=1,2,\cdots,k)$,则在每一时刻 $t$ 和每个交易资产 $k$,存在一个数 $\beta_{kC}\equiv(\mathrm{d}P_k/P_k)(\mathrm{d}C/C)/\mathrm{d}t$,使得:①如果 $\beta_{kC}=0$,则 $\alpha_k=r$;②对任意满足 $\beta_{jC}\neq 0$ 的资产 $j$,有 $\alpha_k-r=\beta_{kC}(\alpha_j-r)/\beta_{jC}(k=1,2,\cdots,n)$。

**证明**　根据定义 $C=\sum_1^K c^q$,因此 $\dfrac{\mathrm{d}C}{C}=\sum_1^K x_q\dfrac{\mathrm{d}c^q}{c^q}$,这里 $x_q\equiv\dfrac{c^q}{c}$ 是在总消费中投资者 $q$ 的(非负)比例。由此得出

$$\beta_{kC}\equiv\frac{\mathrm{d}P_k}{P_k}\frac{\mathrm{d}C}{C}\Big/\mathrm{d}t = \frac{\mathrm{d}P_k}{P_k}\left(\sum_1^K x_q\frac{\mathrm{d}c^q}{c^q}\right)\Big/\mathrm{d}t = \sum_1^K x_q\frac{\mathrm{d}P_k}{P_k}\frac{\mathrm{d}c^q}{c^q}\Big/\mathrm{d}t$$

根据假设所有投资者的偏好都是状态独立的,并且最优投资准则满足式(8.3.14)。因此式(8.3.58)对所有投资者适用,并且

$$\frac{\dfrac{\mathrm{d}P_k}{P_k}\dfrac{\mathrm{d}c^q}{c^q}}{\mathrm{d}t} = \frac{\alpha_k - r}{\delta^q},\quad q=1,2,\cdots,k$$

因此,$\beta_{kC}=\dfrac{\alpha_k-r}{\delta}$,这里 $\delta\equiv\dfrac{1}{\sum_1^K x_q/\delta^q}$ 为投资者的相对风险厌恶的加权调和平均。因为 $\delta^q$

$>0, x_q \geqslant 0$ 以及 $\sum_{1}^{K} x_q = 1$，所以 $\delta>0$。因此，如果 $\beta_{kC}=0$，则 $\alpha_k=r$，这就证明了①。如果某资产 $j$ 使得 $\beta_{jc}\neq 0$，则 $(\alpha_j-r)/\beta_{jC}=\delta$。由此得出，对每一个资产 $k(k=1,2,\cdots,n)$，$\alpha_k-r=\delta\beta_{kC}=\beta_{kC}(\alpha_j-r)/\beta_{jC}$，这就证明了②。　证毕。

与式(8.3.54)不同，定理 8.13 提供的期望收益之间的均衡关系不需要知道偏好。而且，可以利用总消费的时间序列数据。由定理 8.13 的证明，任何资产 $k$ 的均衡期望收益是 $\beta_{kC}$ 的严格递增函数。因此，这些"消费 $\beta$"提供了资产风险的完全序。特别地，如果一个资产的收益与总消费变化是同周期的($\beta_{kC}>0$)，则这个资产的定价必须是期望收益大于无风险利率。如果资产的收益是反周期的($\beta_{kC}<0$)，则投资者将持有最优投资组合的资产，即使该资产的期望收益小于利率。因此，定理 8.13 的关系式同构于静态 CAPM 的证券市场线，这里用与总消费变化的协方差代替与总财富变化的协方差，作为资产风险的相对测量。因此，定理 8.13 称为基于消费的资本资产定价模型(CCAPM)。

## 习　题　8

1. 试将 8.1.3 节的模型扩展到 $m$ 种资产的情形。

2. 证明在定理 8.13 的假设之下，如果交易资产集合使得所有投资者可对所有状态变量的变化 $dS_j(j=1,\cdots,m)$ 完全套期保值，则：

(1) 每一个投资者最优消费的变化与总消费的变化完全正相关。

(2) 总消费变化与最优增长均值——方差有效组合 $V_{m+1}$ 的收益完全正相关。

(3) 消费配置是帕累托最优的。

# 第9章 行为金融学简介

2002年度诺贝尔经济学奖授予美国普林斯顿大学的行为金融学家Daniel Kahneman和乔治梅森大学的实验经济学家Vernon L. Smith，使得行为金融学受到理论界和从业人员的关注，标志着金融学在现代金融学的基础上，发展成为新金融学。

现代金融学是在现代投资组合选择理论、资本资产定价模型(CAPM)、套利定价理论(APT)、期权定价理论的基础上发展起来的。通常假定证券投资者是理性的，以期望效用最大化作为投资组合选择的准则。风险资产的价格是投资者和市场的参与者对信息理解和认同的反映，资产价格服从Itô过程，是不可预测的。市场不存在套利机会，市场的价格是由风险中性的鞅测度决定的。总之，现代金融学是以完全理性的投资行为和完美的市场为基础的。

然而，许多经济学家发现，预期理论存在严重的缺陷，现实中金融市场的诸多现象用现代金融理论无法解释。人们越来越认识到人的行为本身的重要性，许多研究人员从实验心理的角度来研究投资者的行为，认知心理学的概念和方法被引入金融问题的研究。在这种情况下，行为金融学理论(behavioral finance theory)作为现代金融学的补充和发展，开始形成并不断发展。

## 9.1 行为金融学概论

### 9.1.1 行为金融学的概念

简单地说，行为金融学是以心理学和相关学科为基础的，并将这些成果应用于研究和解决金融问题的学科。至今，行为金融学还没有一个为学术界所公认的定义。许多学者从各自不同的角度提出了自己的观点。下面介绍几种有代表性的看法。

Robert J. Shiller(1997)从以下几个层次定义行为金融学：①行为金融学是心理学和决策理论与经典经济学和金融学相结合的学科。②行为金融学试图解释金融市场中实际观察到的是金融文献中论述的与传统金融学相违背的反常现象。③行为金融学研究投资者如何在决策中产生系统性偏差。

Lintner(1998)把行为金融学定义为“研究人类如何解释以及根据信息作出决策”。

Statman(1999)指出，行为金融学和现代金融学本质上没有很大差异，主要目的都试图在一个统一的框架下，利用尽可能少的工具构建统一的理论，解决金融市场中的所有问题。唯一的差别是行为金融学利用了与投资者信念、偏好及决策相关的认知心理学和社会心理学的研究成果。

Hsee(2000)认为，行为金融学是把行为科学、心理学和认知科学的研究成果运用到金融市场而产生的学科。其主要研究方法是基于心理学的实验结果提出投资者决策时的心理特征假设，研究投资者的实际决策行为。

总结以上学者的观点，行为金融学的主要特征是：①以心理学和其他相关学科为基础；②与现代金融学的传统理念不同，强调投资者在一些情况下是非理性和有限理性的；③以投资者实际的心理决策为依据，研究其决策行为以及对市场产生的影响；④从金融市场的实际出发，更透彻地真实地刻画金融市场。

### 9.1.2　行为金融学产生的背景

随着金融市场的不断发展，现代金融学的传统理论与金融市场的现实不断发生矛盾。人们发现，投资者的行为和心理因素在投资决策中起着不可忽视的作用。在现实中存在认知偏差(cognitive bias)和不完全理性(less than perfectly rational)，因而投资者的行为会出现多种情绪化特征，于是证券市场上股票的价格出现多种异象：如小盘股比大盘股收益高、一月效应、周末效应等。对于这些现象，现代金融理论很难给出合理的解释。

现代金融理论的许多假设与实际情况有很大的差异。例如，现代金融理论假设投资者有相同的预期，对资产的收益率一致认同，按照同一决策准则决策，但大量的研究证明投资者的决策并非如此。

基于投资者理性和有效市场假说的传统现代金融理论开始受到人们的质疑。金融经济学家试图从其他角度对金融市场和投资者行为进行研究，重点研究投资者的实际行为和真实的证券市场的价格变化，以探讨其深层次的原因，以解释金融市场的异象。

行为金融理论是由美国奥瑞格大学 Burrel 教授和 Banman 教授于 1951 年提出来的。他们认为衡量投资者的收益不仅应建立和应用理论模型，而且应当对投资者的行为模式进行研究。Slovie(1972)从行为学的角度出发研究投资者的决策过程。但是由于 20 世纪 70 年代和 80 年代正好是现代金融理论发展时期，这些观点一直未引起人们的重视。

行为金融理论兴起于 20 世纪 80 年代后期，1985 年 De Bondt 和 Thaler 发表了《股票市场过度反应了吗?》一文，被学术界认为是行为金融理论的开端。此后，行为金融的研究有了突破性进展。Thaler(1987，1999)研究股票收益率时间序列、投资者"心理账户"(mental account)以及"行为生命周期假说"(the behavioral life-cycle hypothesis)等问题。Shiller(1989)从市场波动性(volatility)角度揭示了投资者具有非理性特征。同时，在羊群效应和投机价格和流行心态的关系方面也作出了卓越的贡献。Shleifer 对"噪声交易者"(noise traders)和"套利限制"(limited arbitrage )进行了研究。Odean(1998a)对"处置反映"(disposition effect)进行了研究。Kim 和 Ritler(1999)对 IPO(initial public offerings，首次公共募股)定价的异常现象进行了研究。这一系列工作受到人们的广泛的关注。

20 世纪 90 年代以来，有很多学者关注了这一领域，使行为金融理论不断深化，1994 年 Shefrin 和 Statman 提出了行为资本资产定价模型(behavioral asset pricing model，BAPM)，2000 年他们又提出了行为组合理论(behavioral portfolio theory，BPT)。2002 年度诺贝尔经济学奖颁发给行为金融学奠基人之一 Kahneman 就充分反映出主流经济学对行为金融学的认可，行为金融学成为具有发展前途的新兴学科。

## 9.2 行为金融学相关学科

行为金融学综合运用了心理学、决策科学及社会学的理论和方法,研究个体和群体的决策的行为模式。下面介绍行为金融学相关学科。

### 9.2.1 认知心理学

认知心理学主要研究人的认识过程,如注意、知觉、表象、记忆、思维和语言等。它是心理学领域内,与投资者行为研究关系十分密切的领域,源于20世纪50年代。

认知心理学认为,人的认知过程是人脑对信息加工处理的过程,可以分为4个环节:①信息获取;②信息加工;③信息输出;④信息反馈。

由于人的记忆和计算能力有限,也就产生了认知偏差,这些偏差在人脑处理信息的4个环节中都存在。

**1. 信息获取阶段的偏差**

获取的信息主要来源于记忆和工作环境,在这两个环节都可能出现偏差。

(1) 记忆方面出现的偏差表现对容易记起来的信息更加关注,认为其发生的可能性更大。例如,具体的概念比抽象的概念会给人以更深刻的印象,容易记忆。

(2) 工作环境方面产生的偏差表现为人们根据获取事件已有信息的难易程度来确定其发生的可能性的大小,即所谓的易得性偏差。另一类是偏差与获取信息的顺序有关,有时会认为最先得到的信息更重要,有时会认为最后得到的信息更有价值,即所谓的次序效应。

**2. 信息加工阶段的认知偏差**

信息加工阶段的偏差,主要有4个方面。

1) 启发式推理

启发式推理是指人们对复杂的不确定性的问题往往采取简单的启发性思维(heuristic decision process)进行决策,而不是利用客观分析和概率计算严格地处理收集的信息。

经常出现的启发性推理有以下几点。

(1) 代表性启发。其表现为人们常常用局部代替整体、用个别代替一般。

(2) 惯用性法则。即决策者在遇到或过去曾经遇到过的类似的新问题时,往往使用以前的处理方法来处理新问题。

(3) 锚定与调整法则(anchoring and adjustment)。锚定与调整法是指人们在判断和评估中首先假定一个基准值(称为锚定),然后在此基础上对信息上、下调整以确定目标值。首先设定的基准值往往是最容易获得的信息。人们在日常生活中的"第一印象"和"先入为主"都反映了这个问题。

2) 情绪和感情方面的影响

一般而言,心情(mood)对人的判断会有影响,心情好会作出积极性判断,心情不好人们往往会作出消极性判断。另一种表现是自我控制(self-control),自我控制是指控制情绪,在自我控制时,往往只能理性地作出决策。

3）对信息描述方式的反应

一些学者在试验的基础上得出这样的结论,同一事物的不同描述能够使人产生概率判断上的系统误差。Kehneman 和 Tversky(1979,1982)指出,实验者对用不同方式描述的同一事物的反应是不一样的,这种现象称为框架效益。

4）对新信息的态度

Kehneman 和 Tversky(1973,1982)指出,投资个体对一些近期信息过分重视,而不重视以往信息。这种对新信息过分重视的偏差即反应过度,往往会产生行为过激的现象。

另一种倾向是指人们的思想往往会存在惰性,不愿意改变原来的信息,因此对新信息不够重视,这种现象称为保守主义。

隔离反映(disjunction effect)是指即使将要披露的信息已经可以作出某种决策,还是要等到信息披露后才作出决策。

**3. 信息输出阶段的认知偏差**

对于信息处理阶段输出的信息,人们有时会产生某种错觉,往往感到事件正按照自己的意愿进行,对于前景过于乐观,即所谓的一厢情愿。

另一种现象就是过度自信(over-confidence),即过度地相信自己的判断。心理学家已经从不同的角度验证了人类的这一心理特征。例如,Oskamp(1965)针对心理医生,Kidd(1970)针对工程师,Stael Von Holstein(1972)针对投资银行家,Christensen-Szalanski 和 Bushyhead(1981)针对护士,Cooper、Woo 和 Pankelberg(1988)针对企业家,都发现了过度自信的心理特征。

**4. 信息反馈阶段的认知偏差**

信息反馈阶段的认知偏差主要表现在最终结果信息反馈到人脑,这种反馈信息有时会增加,有时会减弱原来的认知。有些人容易把成功归于自己,而把失败归于他人和客观条件。Bem(1965)把这种观念称为自我归因;在某种不确定的事件结果出现后,自我觉得我早就知道会出现这个结果,过分地相信自己的先知先觉能力;在决策中首先考虑如何避免损失,其次才能获取利益,这就是损失厌恶;当个人面临的情况与心中的想法和判断不相符合时所产生的心理冲突就是所谓的认知失调(cognitive dissonance);人们一旦形成一种信念,就会有意识地寻求支持或不利于这种信念的信息,甚至有时会人为地扭曲新证据,这种现象称为“确认偏差”(confirmation bias)。

## 9.2.2 决策科学

现代金融学的决策理论,有许多假设,包括偏好与环境无关、偏好与历史无关、偏好与结果有关、假定投资者是风险厌恶的、效用函数是均值-方差效用函数等。行为金融学发现在有些情况下投资者的行为并不依据这些假设,投资者的决策行为具有比较典型的心理特征。

**1. 时间偏好**

现代金融理论中,跨期模型一般假设效用函数是时间可加的,采用外生的指数递减折现因子折现。心理学的证据表明,折现率与环境有关,是时间不一致的。人们将消费推迟到下一期,将会产生更强的厌恶情绪,从而折现率增大。

**2. 模糊规避**

模糊规避是指人们厌恶主观不确定性和模糊不确定性。Ellsberg(1961)的著名实验指出,如果有过决策失误的人,他们更加厌恶模糊性。

**3. 非线性概率转换**

理性假定认为,人们对各种结果所赋予的权重就是该结果发生的客观概率,但许多研究表明,个人对概率很小的事件赋予的权重较大,而对于一般概率或概率较大的事件赋予的权重没有相应地扩大。这表明个人过分关注小概率事件,却对容易发生的事件不够重视。这说明概率到权重的赋予不是按比例的。

**4. 心理账户**

心理账户的研究源于 Kehneman 和 Tversky(1979)提出的前景理论。后来由 Thaler (1985,1999)正式提出。传统的观点认为,完全理性的人在考虑决策问题时,会全面地考虑各种结果,并综合得失计算效用。心理账户认为,实际上人们会将问题分解成一些相对简单且分别独立的科目,其感受的效用分别来自这些科目的损益。Shefrin 和 Statman (1994)认为,散户将会把自己的资金分成两部分:一部分用于低风险的安全投资,另一部分用于风险高但期望收益也高的投资。

### 9.2.3 社会心理学

社会心理学理论的核心是群体心理理论。群体行为的重要特征是,心理群体的群体智商要低于各成员的个体智商。这主要是由于人的理性个性丧失导致的,因此心理群体的行为及决策将会导致市场指向错误的方向。群体行为在市场中表现非常普遍,如投资者盲目地相信某些专家的建议、盲目跟风追涨、盲目追踪“庄家行为”、炒作热门板块等。这种心理会导致市场热点不断出现,严重时会产生市场泡沫和金融危机。社会心理学主要研究如下几个问题。

**1. 认知的系统偏差**

在任何社会中,都存在共同因素,对整个社会的信念和决策产生重要的影响。但是,不同背景的人,由于文化差异、地域差异等原因,可能形成具有不同信念和价值观的群体,使得不同群体之间存在系统差异。

**2. 信息瀑布**

人们在决策时,受他人决策的影响,当某种选择比较权威并且很流行时,人们往往会忽略自己已经得到的或可得到的信息,而追随很流行的选择和判断。信息瀑布刻画了大量信息在传播和评估中失去的现象。

**3. 羊群行为**

羊群行为也称从众行为,这是人类社会中一个非常普遍的现象。如果说信息瀑布从认知的角度刻画了群体的认知偏差,那么羊群行为则从感性的角度刻画了群体行为。群体中人们互相模仿,相互感染,通过循环反应和刺激,使得情绪高涨,以致最后失去理智。

# 9.3　行为金融学的研究方法

## 9.3.1　实验方法

20世纪以来，随着心理经济学和50年代实验经济学的兴起，实验方法是研究经济行为的最新和最有发展前途的研究方法。

**1. 实验方法的特点**

实验方法具有如下优点：①风险小，实验成本低，安全和节约修正理论与政策费用。②数据的针对性强。③具有可重复性和可控性。

尤其是可重复性和可控性是实验方法的最大优势，研究者可以重复实验，从而独立地验证结论。当然实验方法也有局限性，如霍桑效应(Hawthorne effects)，即被试者对实验有意识的配合等，会造成结论失真。

**2. 实验方法应注意的问题**

经济心理实验首先根据相关理论和研究目的设计实验。实验可通过问卷的形式进行，但不能混同于问卷调查，对实验的设计，应注意下列问题。

(1) 受试动机的诱导。经济心理学试验应使被试者以积极的态度来参与，排除由于随机行为带来的干扰。

(2) 实验环境的构造。实验环境要与实验的目的相适应，其复杂程度以能说明问题为限。

(3) 过于复杂的实验环境会加大实验处理和理论分析的难度。

(4) 实验的无偏性。主试者应尽力避免被试者对实验意图的任何感知，尤其是避免对被试者做某种微妙的暗示，以避免试验结果出现偏差。

(5) 被试者的选取。原则上应采取随机抽取方法，被试者的数目越多越好，来源应当分散化。

(6) 对被试者的指导语。指导语应当把试验的目的、初始资源和信息的清晰界定、可行的选择和行为的集合等内容传达给被试者。在实验的各部分给出一些简单的文字说明。

(7) 实验的实践及被试者言行。避免连续地实验，最长不超过3小时。实验时一般应限制被试者间的说话。

## 9.3.2　结构方程模型

心理行为研究非常复杂，它具有多层面、多指标的特点，常常涉及许多变量。在心理行为研究中，方法的突破往往是研究取得进展的一个重要方面。结构方程模型(structural equation modeling，SEM)被越来越多地应用于行为科学的研究之中。

**1. 结构方程模型简介**

结构方程模型是一种综合性统计分析技术和模型方法。利用SEM技术可以把数据分析的组织框架体现在科学模型之中，对模型的数学构成进行估计，对模型的统计特征进行评价,对各种理论进行实证假设检验,并由此发展理论。

SEM 模型的统计理论始于20世纪70年代,经历了10年后才广泛应用。80年代以后,随着 SEM 软件的问世,SEM 模型和技术越来越受到重视。

**2. SEM 模型的基本步骤**

SEM 模型的基本步骤包括以下几个方面。

1) 模型的设计与标识

SEM 的设计始于理论模型,首先应对一系列变量之间的关系进行描述。通常 SEM 用框图来描述,这些框图又称路径图,是理论模型数学描述的图形化。

2) 模型的识别

完成理论模型设计之后,根据理论模型的设计,我们可以推得待估参数的协方差矩阵,称为模型的协方差矩阵。根据实际数据求出可观测变量的协方差矩阵,称为数据协方差矩阵。把模型协方差矩阵和数据协方差矩阵进行比较,是 SEM 进行模型识别和求解模型参数的关键步骤。

模型的识别存在3种情况:如果有一个以上的参数不能从数据协方差矩阵求出,则称该模型不可识别;如果每个参数都可以唯一解出,则称模型恰好识别;如果模型参数的解不唯一,则称模型过度识别。

3) 模型的估计

SEM 的参数估计方法是尽可能地"模仿"数据协方差矩阵,通过逐步迭代寻找合适的参数值,使得模型协方差阵与样本协方差矩阵非常近似。

值得注意的是,即使所有模型的拟合指标都显示模型是可以接受的,但模型也不能复制数据。SEM 理想的研究结果是找不到与观测数据相矛盾的理论模型。

4) 模型的修改

SEM 研究具有3种情形:一是实证研究,应用实证数据对初始模型进行检验。二是选择性研究,在可供选择的模型中,通过实证数据的拟合对模型进行评价,决定取舍。三是理论探索研究,通过不断地对初始模型进行调整,直到拟合达到标准,提出新的理论。不管 SEM 研究出于哪一种目的,一旦初始模型被拒绝,实证过程就宣告结束,SEM 进入探索阶段,研究人员修改初始模型,以便提高对实证数据的拟合程度。

**3. SEM 软件**

最流行和最早的 SEM 软件为 LISREL(Joreskog 和 Sorbom,1996),它是基于 Keesling-Wiley-Joreskog 的线性结构模型,是因子分析模型和回归模型的组合体,包含结构部分和测度部分。

模拟 SEM 的软件还有 EQS、AMOS、M-plus 等,尽管各种软件有各自的优势和不足之处,但是一般的模型可以选用任何一种软件,得到的结果都是相同的。

## 9.4 行为金融学的基础理论

行为金融学的研究受到人们重视的原因有两个:一个是许多实际研究发现了现代金融学无法解释的异常现象;另一个是 Kehneman 和 Tversky 提出的前景理论(prospect theory)有着巨大影响，为学术界所公认。前景理论(期望理论)是行为金融学的基础理论。

前景理论是Kehneman和Tversky于1979年提出的，这个理论替代期望效用理论寻求对各种异象的合理解释。

### 9.4.1　不确定性决策的新思路——前景理论

Kehneman和Tversky(1979)提出传统的期望效用理论不能全面地描述不确定情况下的决策行为。他们是以大学教授和学生为对象进行问卷调查，发现大部分受访的回答显示出许多违反期望效用理论的现象。Kehneman和Tversky归结为下列3个效应来加以说明。

**1. 确定性效应**

Kehneman和Tversky设计两个问题用问卷调查方式来说明确定性效应(certainty effect)。

问题1　假设有两个赌局，第一个赌局得到2 500元的概率为0.33，得到2 400元的概率为0.66，得到0元的概率为0.01；第二个赌局确定地得到2 400元。问卷调查显示有82%的受访者选择第二个赌局。

问题2　假设有两个赌局，第一个赌局得到2 500元的概率为0.33，得到0元的概率为0.67；第二个赌局得到2 400元的概率为0.34，得到0元的概率为0.66。问卷的结果为有83%的受访者选择第一个赌局。

如果从期望效用的角度看：

问题1的两个赌局的期望效用之差为$2\,500\times0.33+2\,400\times0.66+0\times0.01-2\,400=9$(元)。

问题2的两个赌局的期望效用之差为$2\,500\times0.33+0\times0.67-2\,400\times0.34+0\times0.66=9$(元)。这两个问题都是第一个赌局的期望效用大于第二个赌局的期望效用。但是被调查者作出与期望效用准则相违背的选择，其原因是对于个人来说确定性的结局更受重视。

**2. 反射效应**

Kehneman和Tversky设计了如下问题来说明反射效应(reflection effect)。

假设有两个赌局，第一个赌局得到4 000元的概率为0.8；第二个赌局是确定地得到了3 000元。问卷的结果为有80%的受访者选择第二个赌局。

如果将赌局的结果改为第一个赌局损失4 000元的概率为0.8；第二个赌局确定性地损失2 400元。问卷的结果显示有92%的人选择第一个赌局。

按期望效用理论，第一种情况应选择第一个赌局，第二种情况应选择第二个赌局，可是问卷者的选择恰好相反。只能有一个解释，个人对利得和损失的偏好恰好相反，这种现象称为反射效应。

**3. 分离效应**

Kehneman和Tversky设计了一个两阶段赌局和一个普通赌局来说明分离效应(isolation effect)。

两阶段赌局：在赌局的第一个阶段，个人有0.75的概率得不到任何奖品而出局，只有0.25的概率进入第二个阶段。到了第二个阶段有两个选择：一个选择是以0.8的概率得到4 000元，另一个选择是确定地得到3 000元。

普通赌局有两种选择：0.2概率得4 000元，0.25概率得3 000元。

对于两阶段赌局有78%的受访者选择得到3 000元。

对于普通赌局，大部人选择前者。

按期望效用准则，都应当选择前者，但是实际情况并非如此，这是因为问题的描述方式不同，应有不同的分解方式和不同的选择，这就是所谓的框架依赖现象。分解方式的多样性会导致偏好和选择的不一致性，这就是分离效应。

### 9.4.2 前景理论的基本框架

Kehneman和Tversky在指出期望效用理论缺陷的基础上，提出了替代期望效用函数理论的框架。他们将个人选择和决策过程分成两个阶段，利用两种函数：价值函数(value function)和决策函数(decision weighting function)来描述投资资产选择准则。他们认为，如果期望效用函数描述了投资者的理性行为，那么前景理论描述了人的真实行为。

**1. 个人风险决策过程**

前景理论认为投资者的决策过程分为两个阶段：编辑阶段(editing phase)和评估阶段(evaluation phase)。事件发生以及对事件的结果及相关信息的收集整理为第一阶段，即编辑阶段；第二阶段是进行评估和决策，即评估阶段。

1) 编辑阶段

(1) 编码(coding)。人们在对不确定性投资机会作出判断考虑的是获利和损失，而获利和损失是相对于某个参考点而言的。通常参考点是根据目前财富状况决定的，但有时参考点的位置的决定受目前面临的前景和未来预期的影响。

(2) 合并(combination)。将赌局中出现的相同结局的概率合并，将模型简化。

(3) 分解(segregation)。在编辑阶段对于正的和负的赌局，可将其分解为无风险因子和风险因子。例如，赌局(400，0.7，300，0.3)会分解为300无风险因子和(100，0.7)风险因子。

(4) 删除(concellation)。删除一般分为两种：一种是针对前面提到的分离效应，个人对于两阶段的赌局会忽略第一阶段，只考虑第二个阶段；另一种是个人对不同赌局中的相同因子不予考虑，会将两种选择中的相同因子删除。

2) 评估阶段

在评估阶段决策者对于第一阶段编辑过的前景估值并作出选择。赌局的总价值$V$主要通过价值函数$v(\cdot)$和决策权重函数$\pi(\cdot)$相结合来确定。

前景理论的价值模型大体可分为两种：

(1) 常态，即$p+q<1$，或$x\geqslant 0\geqslant y$或$x\leqslant 0\leqslant y$，则赌局的价值为

$$V(x,p;\ y,q)=\pi(p)v(x)+\pi(q)v(y) \tag{9.4.1}$$

其中，$\pi(\cdot)$为决策权重函数，$v(x)$和$v(y)$是赌局不同结局的价值。

(2) 假如赌局是正的或者是负的,其评价原则和式(9.4.1)有所不同,假如 $p+q=1$,且 $x\cdot y>0$ 或 $x\cdot y<0$,则赌局的价值为

$$V(x,p;\ y,q)=v(y)+\pi(p)[v(x)-v(y)] \tag{9.4.2}$$

也就是说,正的赌局和负的赌局的价值等于无风险部分的价值,加上价值之差乘上概率较小的结局的相关权重 $\pi(p)$。式(9.4.2)也可以改写为

$$V(x,p;\ y,q)=\pi(p)v(x)+[1-\pi(p)]v(y) \tag{9.4.3}$$

如果 $\pi(p)+\pi(1-p)=1$,则式(9.4.3)与式(9.4.1)相同。

**2. 价值函数**

前景理论的一个巨大突破是用价值函数替代了期望效用函数。价值函数有如下特征。

(1) 对于个人来说,任何情况下收益总是要比损失好,而且收益越大,价值越高,价值函数是单调递增函数。

(2) 价值函数是相对参考点的得失,而不是期末财富,也就是说 $v(x)$ 是相对于某参考点的变化,如果没有利得和损失,则 $v(0)=0$。因此,以原点为参考点,以权益为自变量的坐标系中,价值函数是一条通过原点的单调递增的曲线。

(3) 根据"反射效应",价值函数应以原点为中心,向收益(正向)和损失(负向)偏离的反射形状也就是 $S$ 形,面对利得的是凹函数[$v''(x)<0$],风险厌恶,而面对损失是凸函数[$v''(x)>0$]。

Kehneman 和 Tversky 通过一个风险状态下,对收益和损失的实验,证实了价值函数的这种特征。价值函数的图形如图 9.1 所示。

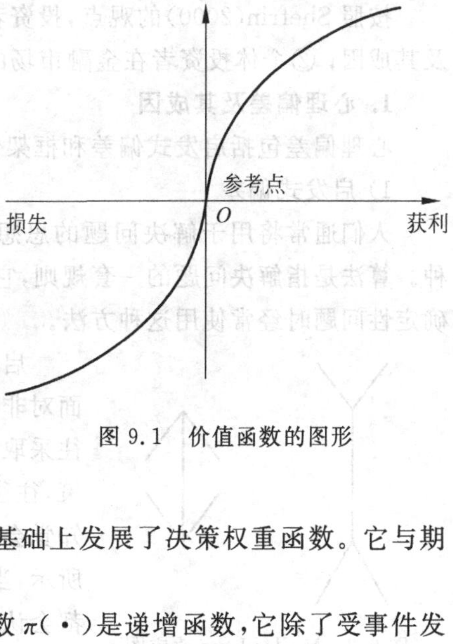


图 9.1 价值函数的图形

(4) 参考点。投资者对投机作选择时,就会选择一个参照物进行对比,因此参考点就成为评价的依据,参考点是由投资者个人决定的,会因评价的主体、时间、环境等因素改变。从数学上讲,参考点是价值曲线的拐点。

(5) 决策权重函数(decision weighting function)。

Kehneman 和 Tversky(1979)在心理学研究的基础上发展了决策权重函数。它与期望效用函数不同之处,有以下两个方面。

决策权重函数与客观概率相联系,决策权重函数 $\pi(\cdot)$ 是递增函数,它除了受事件发生概率的影响之外,还受其他相关因素的影响。例如,人们在作决策时,对自己比较偏好的结果可能会赋予较大的权重。在买彩票时,人们尽管知道中奖的可能性很小,但购买者总是认为自己中奖的可能性比较大。

如果事件的概率 $P$ 很小,则对这个事件赋予的权重 $\pi(P)>P$,如果事件的概率 $P$ 比较大,赋予的权重 $\pi(P)<P$。这说明人们过度注意概率很低的事件,忽视经常发生的事件,在低概率区域,对任意 $0<r<1$,有 $\pi(rp)>r\pi(p)$,权重函数的这种性质称为次可加性。决策权重函数对互补概率事件赋予的权重之和小于 1,即当 $0<p<1$ 时,$\pi(p)+$

$\pi(1-p)<1$。Kehneman 和 Tversky 称这种属性为次确定性。

## 9.5 行为金融学研究的主要内容

目前为止,对于行为金融学的研究体系相关的学者还没有统一的认识。但都一致认为投资者心态、行为分析和有限套利是行为金融研究的主要内容。

Barberis 和 Thaler(2002)把行为金融学的研究分成两部分:第一部分基于心理学研究,是关于人们形成信息时潜在的偏差,以及考察人们偏好和信念对决策的影响。第二部分成为"套利限制"(limits of arbitrage),重要是针对现实中存在许多原因导致有效市场理论基础"套利"难以发挥作用。

Shefrin (2000)将行为金融学的研究主题分为3部分:第一部分启发式偏差,第二部分框架依赖,第三部分非有效市场。

综合关于行为金融学研究内容的观点,下文将从3方面介绍行为金融学:①投资者个体行为研究;②投资者群体行为研究;③非有效市场。

### 9.5.1 投资者个体行为研究

按照 Shefrin(2000)的观点,投资者个体行为研究包括两个方面的内容:①心理偏差及其成因;②个体投资者在金融市场的行为特征。下面分别进行介绍。

**1. 心理偏差及其成因**

心理偏差包括启发式偏差和框架依赖。

1) 启发式偏差

人们通常将用于解决问题的思想方法分为算法(algorithm)和启发法(heuristic)两种。算法是指解决问题的一套规则,它能精确指出解决问题的方法和步骤。人们在解决确定性问题时经常使用这种方法。

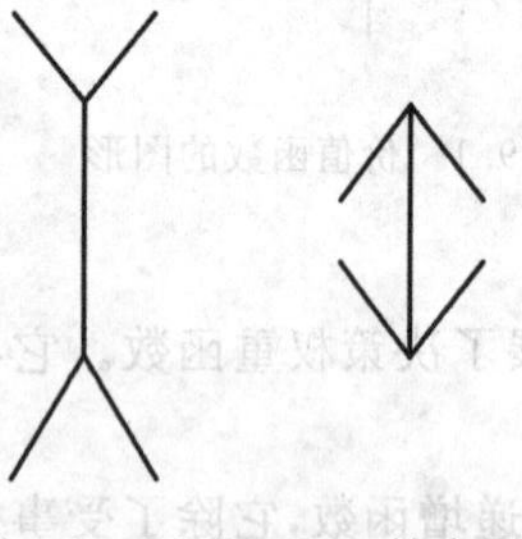

图 9.2 Muller-Lyer 效应图

启发法是指依赖知觉和以往的经验制定决策。人们面对非常复杂、不确定的问题时很难找到合适的算法,往往采取以往的经验和直觉进行决策,根据直觉和经验决策,往往会产生许多的偏差,成为启发式偏差。为了说明知觉会产生错误,我们采用 Muller-Lyer 效应图。如图 9.2 所示,当问及图 9.2 左、右两边直线的长短时。大部分人都会认为左边的直线较长,实际上图中的两条直线的长度是一样的。

下面具体讨论启发式偏差及其成因。

(1) 易得性偏差。Kahneman 和 Tversky(1973)将"容易联想的事件会让人认为这个事件常常发生"这种现象称为易得性偏差。

投资者往往对容易记起来的事情更加关注,认为其发生的可能性较大,往往以此为根据进行决策。

(2) 代表性偏差。Tversky 和 Kahneman 通过实验发现,人们往往根据样本对总体是否有代表性和类似来判断其发生的可能性的大小,他们把这种效应称为代表性启发。常常出现的现象是,用大样本中的小样本代替大样本,或者从经验中掌握了一些事物的代表性特征来判断某一事物是否出现。

Kahneman 和 Tversky(1974)的实验证实,代表性启发常常出现两种错误:一是过于注重某一事物的特征而忽略了其出现的可能性大小;二是忽略了样本大小对结论的影响。

代表性偏差在股票市场经常可见,如果公司历年来收益好,投资者就会认为今年的收益也会好。这种思维方式就是代表性启发的例证。另外,De Bondt 和 Thaler(1985)发现,由于受代表性启发的影响,投资者认为过去的情况会持续,股市中过去的输家(loser)会过度悲观,而过去的赢家(winner)会过于乐观,结果使股票和基本面差异越来越大。另外,De Bondt(1991)发现也存在“赌徒谬误效应”,在经过几年市场低迷后,投资者对后市的预测会乐观,而在几年牛市之后,对后市的预测会悲观。De Bondt(1998)发现,华尔街的分析师常犯“赌徒谬误”,常常认为价格会反转,而中小投资者则倾向于股市的趋势会持续。这两种偏差都属于代表性偏差。

(3) 锚定与调整性启发。锚定与调整法则是指人们在判断和评估中,常常设定一个初始值或基本值称为“锚点”,而目标值以锚点为基础通过上、下调整而得出。由于起始值的设定会受很多因素的影响,初始值调整也会不充分,所以不同的初始值会产生不同的最终值。这种由于参考点不恰当和调整不充分产生的偏差称为“锚定效应”。

Kahneman 和 Tversky(1974)通过实验说明,初始值的不同设定,对被试者的回答会产生影响。Slovic 和 Lichtenstein(1971)通过实验证实,无论初始值是问题暗示的还是粗略的计算设定的,随后的调整都不充分。

2) 框架依赖

1986 年,Kahneman 和 Tversky 通过实验证实,人们在决策过程中,不依赖于已存在的知识和记忆,事物的描述和表现方式会影响人们对事物的认识和判断,这种现象称为框架依赖(framing dependmence),由框架依赖导致的偏差成为框架偏差。Kahneman 和 Tversky 的试验通过给肺癌患者提供两种不同表述方式的相同信息,得出不同的结论,说明存在框架依赖。

一些肺癌患者得到外科手术治疗和放射治疗效果的统计信息 A:

100 人进行手术治疗,10 人是在手术期间和术后死亡,32 人第 1 年年底死亡,66 人在第 5 年年底死亡。

100 人进行放射治疗,治疗期间没有 1 人死亡,第 1 年年底 23 人死亡,第 5 年年底78 人死亡。

另一些患者得到的统计信息 B:

100 人进行手术治疗,90 人活过了治疗期,68 人活到了第 1 年年底,34 人活到第 5 年年底。

100 人进行放射治疗,全部活过了治疗期,77 人活到了第 1 年年底,22 人活到了第 5 年年底。

从以上数据看出,放射治疗和手术治疗对比,信息 A 的表述方式是,死亡率降到零,而信息 B 的表述方式使存活率从 90%上升到 100%。这两种表述的实质是一样的,只是表述的方式不同,而导致结果不相同。

对信息A的表述方式,有44%患者选择放射治疗。信息B的表述方式,有18%患者选择放射治疗,由于表述方式不同,结果出现了很大差异。产生这种结果的原因就是框架依赖。

**2. 个体投资者在金融市场的行为特征**

个体投资者在信息的认识偏差的影响下,在金融市场上表现出的行为特征,概括起来有以下几种:过度自信、过度反应、损失厌恶、神奇式思考、时间偏好,分述如下。

1) 过度自信

过度自信是指投资者对自己的能力和对未来预测的准确性表现出过分的乐观和自信。

Lichtenstein、Fischholf和Philips(1982)发现,当询问受访者问题时,受访者会高估他们答对的概率,而实际上,即使受访者确信他们的答案绝对正确时,他们答错的概率仍然高达20%。Alpert(1998)认为,过度自信的投资者将会承担更大的风险。Odean(1998)认为,过度自信的投资者,将成功不是归结为运气,而是归结为自己的能力,而随着成功次数的增加,投资者就会更加自信。

投资者过度自信,坚信自己能够通过交易获得高回报率,因此导致大量的盲目交易行为。这就是所谓的交易过度。

Benos(1998)和Odean(1998)认为,如果投资者过度自信,就会进行一些非理性交易,股票的未来表现与股票收益的预期不一致。投资者越自信,所获得的收益与预期的收益相比越低。Odean通过对80 000个个体投资者的交易账户的数据进行分析,发现散户在卖出股票后又买入另一种股票,结果是卖出的股票要比买入的股票表现好。这验证了投资者的过度自信存在。Berber和Odean(2000)的实验结果表明过度交易会降低投资者的收益率,其根据在于投资者过度自信导致过高的交易量和交易成本。

过度自信的另一种表现是“后见之明”(hindsight)。这种现象是指,人们经常在不确定事件的结果出现后,自我的感觉是“我早就知道很可能是这个结果”。后见之明是有害的,它会助长过度自信,让人产生事件可以预测的错觉。

2) 过度反应

过度反应是指投资者对信息的理解和反应会出现偏差,对于信息过于重视,造成股价在利空信息下过度下跌,而在利好信息下上涨过快。

反应不足(under-reaction)是人们对信息反应不准确的另一种形式,是指人们的思想存在惯性,不愿意改变个人的原有信息,对原有信息的修正不足。

产生反应过度和反应不足的原因是对信息的判断采取启发性法则,而不是根据客观计算,造成估计过高或者过低,从而产生了反应过度和反应不足。

3) 损失厌恶

损失厌恶是指人们在决策过程中,对利和害的权衡是不均衡的,赋予避害的权重大于趋利的权重。Kahneman和Tversky通过实验证实,人们面临损失带来的负效应是收益带来的正效应的2倍左右。

我们知道股票的长期收益常常会伴随固定性的短期损失,一些投资者往往会过度地看重短期的损失,而不愿承担风险。Benartzi 和 Thaler(1995)称这种现象为短视的损失厌恶(myopic loss aversion)。人们在短视的情况下,对短期的损失和收益非常关心,对长期的损失和投资都不太在意。这样投资者会投资不稳定回报率的债券,而不投资短期风险较大而长期回报率较高的股票。

4) 神奇式思考

Skinner(1948)利用鸽子做了一个非常有名的心理学实验。不管鸽子做什么,每隔15秒给鸽子少量的食物。尽管喂食不受鸽子动作的影响,但鸽子认为一定是某种行为导致主人喂食,并抽象地表现它所认定的行为,而且几乎无法改变,这种情况被心理学家称为神奇式思考。

Shiller(1999)认为,许多经济行为可以用"神奇式思考"加以解释。有些公司的决策是在业绩和利润增加前做出的,他们会认为这些决策使公司的业绩和利润提高,因此会一再重复这种决策。

5) 时间偏好

Rabin(1996)认为,人们倾向于推迟那些需要立即投入而报酬滞后的事情,这就是时间偏好。

时间偏好在消费和储蓄决策中的表现十分明显。传统跨期消费理论中的生命周期假说(life-cycle hypothesis)认为,个人一生的消费及所得的总数是固定的,当时间的偏好率等于实际利率时,各期的消费是一样的。然而 Loewen 和 Prelee(1989)发现,若以过去的消费为参考点,个人对未来的消费增加数量越来越多,因为当期消费的好处是显而易见的,储蓄导致消费延迟,规避损失的心理,促使个人对延迟的消费需要更多的补偿。

### 9.5.2 投资者群体行为研究

在投资者个体行为研究的基础上,本节研究投资者的群体行为以及产生的市场效应。

**1. 羊群行为**

1) 羊群行为的概念

羊群行为(herd behavior)是指由于受其他投资者的投资策略影响,而采取相同的投资策略的行为,即投资人的选择是大众行为的模仿,而不是基于自己掌握的信息。

Lakomishok,Shleifer 和 Vishny (1992)认为羊群行为是指同一时间段,与其他投资者一样购买和卖出相同的股票,这是一种比较狭义的概念。

Scharfstein 和 Stein(1990)认为羊群行为是指投资者违反贝叶斯理性人的后验分布法则,只做其他人都做的事情,而忽略了私有信息。

羊群行为可分为理性羊群行为和非理性羊群行为。理性羊群行为是指参与羊群行为可增加参加者的经济利益。反之,就成为非理性羊群行为。

2) 理性羊群行为的成因

Bikchandanv 和 Sharma(2001)对理性羊群行为进行了综述,分析了理性羊群行为产生的原因,其中最主要的原因为不完全信息,基于声誉的考虑和补偿结构。

(1) 信息瀑布。假定个人可以观察到其他人的行动,但不知道其他人的私有信息。投资者如果通过他人的行动对自己的私有信息作一些推断,就可能产生羊群行为。我们通过一个简单的模型加以说明。

设几个投资者依次决定是否投资于一种股票。对每个投资者来说,$V$表示接下来最佳方案的投资结果,$V$为1和$V$为$-1$的概率是相等的。每一个投资者都观察到了一个关于投资结果的私有信息。若$V=1$,则信号$G$(好信号)的概率为$P$,信号$B$(坏信号)的概率是$1-P$,其中$0<P<0.5$。若$V=-1$,则信号$B$的概率是$P$,信号$G$的概率是$1-P$,投资者的信号独立于真实值。除了信号外,每个投资者,都可以观察到前面投资者的决策。根据贝叶斯法则,观察到一个$G$(好信号)后,$V=1$的概率为

$$P[V=1 \mid G]=\frac{P[G \mid V=1]P[V=1]}{P[G \mid V=1]P[V=1]+P[G \mid V=-1]P[V=-1]}$$

$$=\frac{p\times 0.5}{p\times 0.5+(1-p)\times 0.5}=p>0.5$$

类似地

$$P[V=1 \mid B]=1-p<0.5$$

这样,第一个投资者甲根据观察到的信号进行决策,如果观察到$G$,则投资;如果观察到$B$,则不投资。第二个投资者乙,知道这个信息,并且从甲的行动推断出他的私人信号,若乙的信号是$G$,并且他观察到甲投资,那么他也会作出投资的决策。如果乙的信号是$B$,而且他观察到甲投资,则根据贝叶斯法则,得到$P[V=1]=0.5$。因此,在这种情况下,乙在投资和不投资中无法确定,他只能通过掷硬币作出选择。

假定甲和乙都投资,而推断甲和乙都观察到了好信号,应用贝叶斯法则,不管丙得到什么私有信息,他都应该投资。甚至即使$A$的信号是$B$,丙的$P[V=1]>0.5$,这是因为丙的信号和甲的$G$信号相互抵消,丙认为乙投资,他可能观察到了$G$而不是$B$。这样,第四个投资者丁难以从丙的投资决策中对其信号进行正确的判断。因此,丙和丁处于同样的位置,他也不管自己的信号,再接下来就是戊和己,于是从丙开始出现一个投资的瀑布(cascade)。同样,如果甲和乙都不投资,则从丙开始形成一个不投资的瀑布。因此,一旦这种信息瀑布形成之后,决策就难以反映其自身的信号。羊群行为的成因是信息瀑布。

(2) 基于声誉。Scharfstein 和 Stein(1990)、Trueman(1994)、Zweibel(1995);Prendergast 和 Stole(1996)、Graham(1999)都提出了基于基金管理人或分析师的声誉考虑的羊群效应理论。

基于声誉的羊群行为的基本思想是,对于一个投资经理来说,如果他不相信自己正确选择股票的能力,那么和其他专家保持一致,将是最好的选择,这样至少可以保持平均业绩而不会损害自己的声誉。如果其他经理也处于同样的状态并且有同样的考虑,羊群行为就顺其自然地发生了。

(3) 基于报酬。如一个投资经理人的报酬依赖于其业绩和其他类似专家业绩的比较,这种情况也可能导致羊群行为的发生。

Mang 和 Maik(1996)考虑了一个风险回避的机构投资者(代理人),他得到的奖励随着他的投资业绩增加而增加。如果低于某一个基本点(一个同类机构投资者的绩效和一个合适的收益指标),则报酬会减少。代理人和基准投资者(用来对比的机构投资者)都有

各自的关于股票收益的不完全信息。基准投资者首先作出投资决策,代理人观察到基准投资者的行动后,再选择自己的投资机会。由于报酬的鼓励,代理人倾向于模仿基准投资者,从而产生了羊群行为。

**2. 羊群行为的市场效应**

1）羊群行为与市场稳定性

羊群行为对市场价格的影响问题有两种不同的看法。一种看法认为羊群行为有稳定市场价格的作用;另一种看法恰好相反,认为羊群行为对金融市场有非稳定作用,羊群行为产生市场泡沫,增加了价格波动。

持稳定作用的学者认为,机构投资者可能在恰当的时候对同一基本信息交易,这样机构投资者的羊群行为会通过加速价格调整过程而让市场更有效,所以机构投资者的羊群行为不会带来价格波动。Fallkenstein(1996)和 Wermers(1999)的研究都证实了羊群行为确实能够加速市场价格调整过程。

Avery 和 Zemsky (1995)认为,羊群行为产生了价格泡沫。他们采用下面的模型来说明。假设内幕交易者收到的信息或者是完美的($P_H=1$,$P$ 表示信息的精确度)或者是不完美的($P_L<1$)。但是做市商并不知道 $P$ 值。由于这种信息不对称,内幕交易者的信息比做市商多,由于决定市场价格的主要是做市商,所以价格调整比较缓慢。如果大多数内幕交易者拥有 $P_H=1$,羊群行为就不会发生,否则就会产生羊群行为。做市商不知道接受这两种信息的内幕交易者的比例,难以精确定价,因此就产生了价格泡沫。

2）羊群行为的效率

和羊群行为与市场的稳定性类似,对羊群行为的效率研究,也有两种不同的结论。

有效率的羊群行为是指对所有群体中的决策者而言,所有的信息都能正确进入决策。Lee(1992)通过模型得出如下结论,当行为集合是连续的或者足够稠密时,产生的羊群行为是有效的。如果只有一部分信息进入决策,而另有部分信息被忽略了,则羊群行为被认为是无效的羊群行为。短期投机者的存在,导致了一种特殊形式信息的无效率。短线投资者如果根据同一信息进行交易,即使信息与资产价格无关,他们的收益也可以增加。对于长期投资者,当设有其他人对他的信息进行交易时,他们的收益也可以增加。

### 9.5.3　非有效市场

有效市场理论提出后,引起了投资者和理论研究者的广泛关注。从理论上讲,套利理论论证了资本市场的有效性。然而进入 20 世纪 80 年代以来,有效市场理论在理论和实践上都受到了挑战。对非有效市场的研究引起了人们的注意,通过研究发现了大量资本市场的"异象"。首先介绍到目前为止已经发现的证券市场异象,然后总结行为金融学这些异象的解释。

**1. 证券市场中的异象**

1）股权溢价之谜

Mehre 和 Prescott(1985)指出 S&P 指数期望收益率与无风险利率之间有 6%以上的差异。他们认为在已经观察到的消费成长变异数很小的情况下,股市的期望收益与无风险利率之间差异过大。这种现象难以用基于消费的资本资产定价模型解释,他们称为"股权溢价之谜"(equity premium puzzle)。

Compbell 和 Cochrance(1999)的研究发现,1987—1993年的 S&P 指数平均对数收益率比短期做市商的票据收益率高出3.9%。基于消费的资本资产定价模型认为股权溢价由跨期消费的边际替代率和股票收益的协方差决定。由于实际的消费增长比较平稳,那么高股权溢价隐含了高风险厌恶水平,而高风险厌恶水平应该意味着高水平的实际利率,然而这又和实际利率水平不符。这个问题又称为无风险利率之谜。

2) 波动率之谜

Shiller(1981)最核心的问题是:股票价格仅仅随着基础资产的价格变化而变化吗?这个问题产生了极大的反响,称为波动率之谜。

Shiller 质疑了传统的"价格等于未来预期红利的净现值"模型,他指出股票价格的波动与股息的波动没有什么密切联系。Shiller 不仅用事实数据论证了投机性泡沫的存在,而且研究了过度波动的原因。

**2. 关于有效市场理论的质疑**

1) 弱势有效

市场弱势有效假设:投资者无法利用过去的价格信息获得超额利润。这一假设受到置疑,Basu(1997)指出市盈率最低的股票组合经过风险调整后的收益率仍然要高于市盈率高的股票组合的收益率。这意味市盈率指标能够稳定预测未来的价格走向。

许多研究者依据证券过去的收益情况又成功地用不同方法预测了股票的收益。Jegadeesh 和 Titman(1993)对价格惯性研究发现,从统计意义上讲,股票价格变化将在未来6~12个月内持续。即在相对短的时间内,股票价格表现出与以前的价格趋势相同的变化。

2) 半强势有效

半强势有效的市场假设也受到了同样的置疑,其中最重要的是规模溢价之谜(size premium puzzle,也称小公司效益)。规模溢价之谜是指投资于小市值股票所获得的收益要比投资于大市值股票的收益高。

还有许多研究发现了一月效应,即1月的股票收益率高于其他月份。Zozeff 和 Kinney 在1976年发现,1904—1974年纽约股票交易所1月份的收益率明显地高于其他月份的收益率。Grultekin 等1983年研究了17个国家1959—1979年股票的收益率,其中有13个国家1月份收益率高于其他月份。

另外,最近的研究发现,投资者可利用"市值/账面价值比率"(每股股票的市场价格与公司所代表资产价格之比)来选择投资组合。Lakonishok 等(1994)的研究发现高市值/账面价值比率的公司股份相对比低市值/账面价值比率的股票的收益率要低得多。

公司规模、一月效应以及市值/账面价值比,都是市场的已知信息。也就是说,这些超额收益都是通过无效信息获得的,与市场半强势有效假设相矛盾。

3) 强势有效

最后,价格在无信息(no-information)时不作出反应的假设也受到置疑,首先一个非常著名的例子是1987年10月19日,道琼斯指数下跌22.6%,却没有利空信息。

尽管从不同的侧面对有效市场假设提出置疑,Fama(1998)认为,异常报酬的估计对使用的方法非常敏感,如果采用不同的模型和不同的统计方法,这些异常报酬率就不复存在。他还认为反应过度和反应不足都是随机结果。但这些争论对于金融学的发展都是有益的。

## 9.6 行为金融学中的模型

行为金融学现在还未形成完整的理论体系，但是在某些方面有成功的创新。本节将介绍几种金融理论中常见的模型，主要有噪声交易模型、投资者心态模型、泡沫模型。

### 9.6.1 噪声交易模型

资本市场中的噪声是指虚假失真的与投资价值无关的信息，这些信息可能是市场参与者主动制造的，也可能是误判的。把不拥有内部信息、以噪声作为有效信息的交易者称为噪声交易者。

Delong，Shleifer，Summer 和 Waldman(1990)提出了噪声交易模型（简称 DSSW 模型）。他们认为，为理性的套利者进行套利时，不仅要面对基础性因素变动的风险，还要面对噪声交易者(noise trader)非理性变动风险。该模型证明了噪声交易者不仅能在与理性交易者的博弈中生存下来，而且由于噪声交易者制造了更大的风险，他们有可能得到比理性交易者更高的风险溢价。

DSSW 模型假设投资者是风险厌恶型的，将投资分成时期。假设第一个时期没有消费，也没有馈赠。这一时期投资者的决策是这样选择投资组合，有两种支付同样红利 $r$ 的资产可供选择，一种是无风险资产 $S$，这种任何时期 1 元无风险资产可换成 1 单位的消费品；另一种是风险资产 $S$，它支付红利 $r$，设资产的数量为一个单位。

设市场上有两类交易者：一类是噪声交易者，用 $n$ 表示，他们在市场占的比例为 $\mu$；另一类是理性交易者，用 $I$ 表示，他们在市场中占的比例为 $1-\mu$。两个交易者各自判断时刻 $t+1$ 资产价格 $P_{t+1}$ 的分布，并根据主观效用最大化准则选择资产组合。在时刻 $t+1$，这两类年老的交易者将持有的无风险资产卖出，并将所有的财富消费。理性交易者在时刻 $t$，已知其持有的资产收益率的分布。噪声交易者对风险资产价格分布的反应，是一组独立同分布的正规随机变量。

$$\rho \sim N(P^*, \sigma_P^2) \tag{9.6.1}$$

这里 $P^*$ 是均值，表示噪声交易者乐观情绪的度量，$\sigma_P^2$ 表示噪声交易者对风险资产收益率的方差。

假设每个交易者的效用函数

$$V = -\mathrm{e}^{-2\gamma\omega} \tag{9.6.2}$$

这里 $\omega$ 是其在青年时的财富，$\gamma$ 是绝对风险厌恶系数。设 $\lambda^a$ 表示理性交易者选择的风险资产的数量，$\lambda^n$ 表示噪声交易者选择的风险资产的数量。

$$\lambda^a = \frac{r + P_{t+1} - (1+r)P}{2\gamma_t \sigma_{P_{t+1}}^2} \tag{9.6.3}$$

$$\lambda^n = \lambda^a + \frac{\rho_t}{2\gamma_t \sigma_{P+1}^2} \tag{9.6.4}$$

**噪声交易对资产价格的影响**

从这些对风险资产的需求出发,经过推导得到风险资产的最终价格

$$P=1+\frac{\mu(\rho-\rho^*)}{1+r}+\frac{\mu\rho^*}{r}-2\gamma\frac{\mu^2\sigma_P^2}{r(1+r)} \tag{9.6.5}$$

式中的后三项表明噪声交易者对资产价格的影响,等号右边第二项说明当某一代噪声交易者多头情绪高于平均水平时,资产价格就会上扬,当空头情绪高于平均水平时,就会下挫。资产价格波动的幅度与噪声交易者的数量成正比。等号右边的第三项表示噪声交易者认识偏差的平均值对资产价格的影响。等号右边的第四项说明,噪声交易者的空头价格会导致资产价格的下挫,因此理性投资者持有风险资产,就必须得到更多的补偿。

两类投资者在对无风险资产 $S$ 的投资中,可以获得相同的收益。假定初始财富相同,噪声交易者和理性交易者总收益之差 $\Delta R_{n-a}$ 是他们持有风险资产的数量之差和单位风险资产预期收益的乘积。经过整理,可得

$$E[\Delta R_{n-a}]=\rho^*-\frac{(1+r)^2(\rho^*)^2+(1+r)^2\sigma_P^2}{2\gamma\mu\sigma_P^2} \tag{9.6.6}$$

式中等号右边第一项称为“持有效应”(hold more effect)。当 $\rho^*>0$ 时,噪声交易者可以通过持有更多风险资产获得更多收益。如果 $\rho^*>0$,噪声交易者无法获得更多的收益。$(1+r)^2(\rho^*)^2$ 称为“价格压力效应”(price pressure effect)。这个效应说明,当噪声交易者更加乐观时,他们就会需要更多的风险资产,并且推动资产价格的上扬,这样就减少了持有风险资产的收益,也降低了噪声交易者相对的预期收益。分子中的第二项是高买低卖效应(buy high sell low effect)项,或称“弗里德曼效应”(Frideman effect),也就是“追涨杀跌”。这一效应是由于噪声交易者的错误人市时机造成的,显然减少了噪声交易者的预期收益。右边第二项的分母表明,噪声交易者信息可变性增大时,资产价格风险也随着增加。如果理性投资者用此来增加套利,就会增加更大的风险。

然而,由于理性交易者是风险厌恶的,这些风险的存在就势必减少两类交易者在风险资产上相互对峙的头寸的数量。这种现象 DSSW 称为“空间创造效应”(create space effect)。如果这个效用很大,那么就可以减少“价格压力效应”和“卖高买低效应”,对于噪声交易者的预期收益会造成损失。

虽然噪声交易者可以获得更高的预期收益,但是以减少预期效用为代价。由于在噪声交易模型中,理性投资者最大化了真实的预期效用,所以尽管噪声交易者可以获得较高的期望收益,但是从期望效用的角度来看,他们的状况并不比理性交易投资者更好。

## 9.6.2　投资者心态模型

基于非理性的行为金融学模型主要有：Barbers,Shleifer 和 Vishny(1998)提出的模型,简称为 BSV 模型；Hong 和 Stein(1999)提出的模型,简称为 BS 模型；Barberis,Huang 和 Santis(2001)提出的模型,简称为 BHS 模型。

**1. BSV 模型**

BSV 模型假设投资者在投资决策时有两种偏差：①代表性偏差(representative biase)或相似性偏差(similarity bias),即投资者决策主要依据近期的某种模式的相似性,

对整体的判断依据近期的小样本。②表示性偏差，即投资者决策不能及时地依据变化了的情况进行修正。代表性偏差就造成投资者对新信息反应过度，保守性偏差造成投资者对新信息反应不足。

假设在时间 $t$ 证券的收益为 $N_t$，可表示为 $N_t = N_{t-1} + y_t$，这就是从时刻 $t-1$ 到时刻 $t$ 的收益。有两种价值表现形式：$+y$ 和 $-y$。假定所有的盈利都以股利的形式支付，投资者确信 $y_t$ 由下列两个模型中的一个决定。这两个模型有相同的结构，都具有马尔可夫性，即 $y_t$ 的值取决于 $y_{t-1}$ 的值，这两个模型如下：

模型 1

| | $y_{t+1}=y$ | $y_{t+1}=-y$ |
|---|---|---|
| $y_t=y$ | $\pi_L$ | $1-\pi_L$ |
| $y_t=-y$ | $1-\pi_L$ | $\pi_L$ |

模型 2

| | $y_{t+1}=y$ | $y_{t+1}=-y$ |
|---|---|---|
| $y_t=y$ | $\pi_H$ | $1-\pi_H$ |
| $y_t=-y$ | $1-\pi_H$ | $\pi_H$ |

这两个模型的区别在于转换概率不同。$\pi_L$ 较小而 $\pi_H$ 较大。设 $\pi_L$ 在 0 和 0.5 之间变化，$\pi_H$ 在 0.5 和 1 之间变化。也就是说，模型 1：一个正方向的变化到下一期转化为方向逆转；模型 2：一个正方向变化，下一期可能也是正方向变化。

投资者确信自己知道 $\pi_L$ 和 $\pi_H$ 的值，也确信知道决定模型 1 和模型 2 的相互切换过程。这个过程也是马尔可夫过程，即本期状态依赖于上一期状态。转换矩阵如下：

| | $s_{t+1}=1$ | $s_{t+2}=2$ |
|---|---|---|
| $s_{t+1}=1$ | $1-\lambda_1$ | $\lambda_1$ |
| $s_{t+2}=2$ | $\lambda_2$ | $1-\lambda_2$ |

时期 $t$ 的状态为 $S_t$。如果 $S_t=1$，此时证券 $m$ 收益处于状态 1，$y_t$ 服从模型 1。如果 $S_t=2$，此时证券的收益处于状态 2，$y_t$ 服从模型 2。参数 $\lambda_1$ 和 $\lambda_2$ 表示从一个状态转换到另一个状态的概率。如果 $\lambda_1$、$\lambda_2$ 较小，说明从一个状态转换到另一个状态的可能性较小。假定 $\lambda_1+\lambda_2<1$，$\lambda_1<\lambda_2$。证券收益处于状态 1 的概率为 $\frac{\lambda_1}{\lambda_1+\lambda_2}$，这意味着投资者认为服从模型 1 的概率大于模型 2 的概率。

为了估价证券，投资者需要预测未来现金流，那么投资者就需要确定当前是哪一种状态。特别地，如果投资者在时间 $t$ 观察到变化 $y_t$，计算出 $y_t$ 是由模型 1 产生的概率 $q_t$ 代替上一时期的 $q_{t-1}$，即 $q_t = p\,(S_t=1 \mid y_t, y_{t-1}, q_{t-1})$。假定替代过程服从如下规则：

$$q_{t+1}=\frac{(1-\lambda_1)q_t+\lambda_2(1-q_t)P(y_{t+1}\mid S_{t+1}=1,y_t)}{(1-\lambda_1)q_t+\lambda_2(1-q_t)P(y_{t+1}\mid S_{t+1}=1,y_t)+(1-\lambda_2)(1-q_t)P(y_{t+1}\mid S_{t+1}=2,y_t)}\tag{9.6.7}$$

时期 $t+1$ 的权益变化与时刻 $t$ 的变化方向相同,投资者从 $q_t$ 得出 $q_{t+1}$ 的公式如下:

$$q_{t+1}=\frac{(1-\lambda_1)q_t+\lambda_2(1-q_t)\pi_L}{(1-\lambda_1)q_t+\lambda_2(1-q_t)\pi_L+[\lambda_1 q_t+(1-\lambda_2)(1-q_t)]\pi_H} \tag{9.6.8}$$

时期 $t+1$ 与时期 $t$ 的变化方向相反,投资者从 $q_t$ 得出 $q_{t+1}$ 的公式如下:

$$q_{t+1}=\frac{(1-\lambda_1)q_t+\lambda_2(1-q_t)\pi_L}{(1-\lambda_1)q_t+\lambda_2(1-q_t)(1-\pi_L)+[\lambda_1 q_t+(1-\lambda_2)(1-q_t)]\pi_H} \tag{9.6.9}$$

因为模型中的投资者存在代表性偏差,所以证券价格仅仅是投资者观察到的证券价值,即

$$p_t=E_t\left[\frac{N_{t+1}}{1+\delta}+\frac{N_{t+2}}{(1+\delta)^2}+\cdots\right] \tag{9.6.10}$$

从式(9.6.10)可见,投资者没有识别到收益服从随机游走过程,如果认识到这一点,式(9.6.10)变为 $E(N_{t+1})=N_t$,价格等于$\frac{N_t}{\delta}$。在本模型中,价格偏离了正确的价值,是因为投资者利用模型1和模型2而未用随机游走模型预测收益。

如果投资者认为公司的收益服从上面的马尔可夫转换模型,就有

$$p_t=\frac{N_t}{\delta}+y_t(p_1-p_2q_t) \tag{9.6.11}$$

这里,$p_1$ 和 $p_2$,$\pi_H$,$\pi_L$,$\lambda_1$,$\lambda_2$ 为确定的常数。式(9.6.11)的第一项表示投资者运用随机游走过程来预测股票权益得到的价格,第二项反映了价格对基本价值的偏离。当价格函数 $p_t$ 表现出反应不足时,证券的价格对价值的反应不足,此时 $y_t(p_1-p_2q_t)<0$;当反应过度时,则有相反的结果,即 $y_t(p_1-p_2q_t)>0$。而在不同的条件下,这两种情况都可能发生,因此证券市场上反应不足和过度反应都可能存在。

Barberis,Shleifer 和 Vishny(1997)认为,他们的模型确切地说,并不是由代表性偏差和保守性偏差直接演化而来的,只能说该模型的构造得到了这两种心理行为的支持。

**2. DHS 模型**

DHS 模型是由 Daniel Hirshleifer 和 Suhranianyam(1998)提出的,简称 DHS 模型。

DHS 模型把投资者分成两类:一类是有信息的投资者(informed),这种投资者存在两种偏差:过度自信和自我归因;另一类是无信息的投资者(uninformed),这种投资者不存在心理偏差。

DHS 模型分为两种:一种是基于投资者信心不发生改变的 DHS 模型,另一种是基于投资者的信心依赖于结果的 DHS 模型。下面我们分别加以说明。

1) 基于投资者信心不发生改变的 DHS 模型

该模型将投资者分为知情交易者和非知情交易者,这两种投资者分别用 $I$ 和 $U$ 表示。设知情交易者是风险中性者,而非知情交易者是风险厌恶者。投资者都持有一揽子股票和一个货币单位的无风险资产(时期结束时为一个单位)。模型假设有4个时期,在时期0,投资者有相同的观念;在时期1,投资者 $I$ 收到一个有干扰的关于证券价值的私人信息并与投资者 $U$ 进行交易;在时期2,一个有干扰的公开信息到达,更进一步的交易发生;在时期3,结论性的公开信息到达,所有的证券支付清偿股利,收入用于消费。过程中所有的变量是独立且服从正态分布的。

风险证券的最终价值 $\theta$ 服从正态分布，其均值为 $E\theta$，方差为 $\sigma_\theta^2$。在模型中，假定 $E\theta=0$，投资者 $I$ 在时期1收到的私人信息为

$$S_1=\theta+\varepsilon \tag{9.6.12}$$

其中 $\varepsilon\sim N(0,\sigma_\varepsilon^2)$，因此该信息的准确性就是 $\frac{1}{\sigma_\varepsilon^2}$。投资者 $U$ 正确地评价了该方差，但是投资者 $I$ 低估了该方差，因此 $\sigma_c^2<\sigma_\varepsilon^2$。

对于干扰方差的不同判断是公开信息。同样，在时刻2，公开信息为

$$S_2=\theta+\eta \tag{9.6.13}$$

其中 $\eta\sim N(0,\sigma_p^2)$，独立于 $\theta$ 和 $\varepsilon$。每个投资者都能正确地估计到 $\sigma_p^2$。

非知情者在模型中的作用比较小，因为证券的价格主要由风险中性的知情交易者确定。过度自信假设指投资者依赖于他个人的信息，也就是说其他投资者不知道该信息。根据模型的假设，投资者 $I$ 是风险中性的，因此每个时期的价格可表示为

$$P_1=E_c[\theta\mid\theta+\varepsilon],\qquad P_2=E_c[\theta\mid\theta+\varepsilon,\theta+\eta]$$

下标 $c$ 表示期望值是建立在知情交易者的信心基础上的。当然 $P_3=0$，根据正态分布变量的性质，可以得到

$$P_1=\frac{\sigma_\theta^2}{\sigma_\theta^2+\sigma_c^2}(\theta+\varepsilon) \tag{9.6.14}$$

$$P_2=\frac{\sigma_\theta^2(\sigma_c^2+\sigma_p^2)}{D}\theta+\frac{\sigma_\theta^2\sigma_p^2}{D}\varepsilon+\frac{\sigma_\theta^2\sigma_c^2}{D}\eta \tag{9.6.15}$$

这里 $D=\sigma_\theta^2(\sigma_c^2+\sigma_p^2)+\sigma_c^2\sigma_p^2$。因此，信息到达后，证券价格并没有直接产生相应的变化成为 $\theta$，而是在第1期和第2期产生了波动。

图9.3所示为信号对预期价格的影响，在时期1，过度自信的投资者在一个正向和负向的私人信号后，引起证券平均价格的变化曲线。虚线代表有归因偏差，实线代表没有归因偏差。

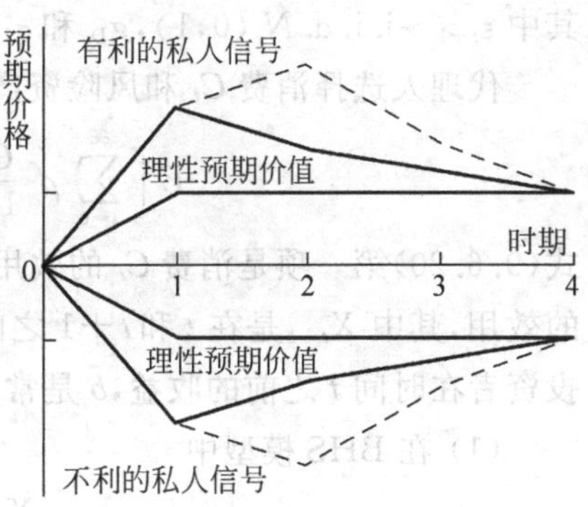


图9.3　信号对预期价格的影响

2）基于投资者的信心依赖于结果的DHS模型

在这种情况下，基于投资者的信心依赖于结果的DHS模型是基于投资者信心不改变的DHS模型基础之上的。对上面的模型作如下的修正：

仍然假设初始过度自信，但不再是必要的，因此 $\sigma_c^2\leqslant\sigma_\varepsilon^2$。为了便于处理，假设该时期公共信号是离散的：

$$S_2=1\text{ 或者 }-1 \tag{9.6.16}$$

假设投资者在时期2关于他们的早期私有信号的确定过度依赖于公共信号实现。如果 $S_1S_2>0$，投资者信心增强，因此投资者对噪声方差估计缩小为 $\sigma_c^2-k$，$0<k<\sigma_c^2$。如果 $S_1S_2<0$，自信仍为常量，因此噪声方差仍为 $\sigma_c^2$。收到公共信号为 $+1$ 的概率记为 $P$。DHS模型考察了信号是纯噪声的极限情形，以使得 $P$ 为常数。

在给定所有的变量独立且都服从正态分布,在时期1的价格为

$$P_1 = E_c[\theta \mid \theta + \varepsilon] = \frac{\sigma_\theta^2}{\sigma_\theta^2 + \sigma_c^2}(\theta + \varepsilon) \tag{9.6.17}$$

时期0的价格 $P_0=0$。如果 $S_1S_2<0$,则自信是常量。因为公共信号实质上是没有信息的,所以在时期2价格没变化。如果 $S_1S_2>0$,则新的价格要利用 $\varepsilon$ 的估计方差的新水平计算得出,记这个价格为 $P_{2c}$,则

$$P_{2c} = \frac{\sigma_\theta^2}{\sigma_\theta^2 + \sigma_c^2 - k}(\theta + \varepsilon) \tag{9.6.18}$$

于是 $\mathrm{Cov}(P_2-P_1, P_1-P_0)>0$,因此 $\mathrm{Cov}(P_3-P_2, P_2-P_1)>0$,$\mathrm{Cov}(P_3-P_1, P_1-P_0)<0$。这表明投资者的自信因为有偏向自我归因而变化,且过度反应和修正是充分缓慢的,则股价变化表现为无条件的短期滞后正相关(惯性)和长期滞后负相关(反转)。

**3. BHS模型**

BHS模型是由 Barberis Nicholas、Ming Huang 和 Tano Santos(2001)提出的,简称为BHS模型。

BHS模型是以 Lucas(1978)的一个基于消费的资产定价模型为基础,假设有一个无限生命周期的代理人;市场中存在两种资产:无风险资产,净供给量为零,无风险利率在 $t$ 和 $t+1$ 之间为 $R_{f,t}$;风险资产的总供给为1,一般情况下分红为 $\{D_t\}$,用 $R_{t+1}$ 表示 $t$ 和 $t+1$ 之间的收益率,分红增长率服从独立同分布(i. i. d.)对数正态过程,即

$$\ln\left(\frac{D_{t+1}}{D_t}\right) = g_D + \sigma_D \varepsilon_{t+1} \tag{9.6.19}$$

其中 $\varepsilon_{t+1} \sim \text{i. i. d.}\ N(0,1)$,$g_D$ 和 $\sigma_D$ 为常数。

代理人选择消费 $C_t$ 和风险资产价值 $S_t$ 以最大化如下目标函数

$$E\left[\sum_{t=0}^{\infty} \rho^t \frac{C_t^{1-r}}{1-r} + b_t \rho^{t+1} V(X_{t+1}, S_t, Z_t)\right] \tag{9.6.20}$$

式(9.6.20)第一项是消费 $C_t$ 的效用,$\rho$ 是折现因子,$r>0$。第二项表示资产价格变化带来的效用,其中 $X_{t+1}$ 是在 $t$ 和 $t+1$ 之间投资者的收益,$S_t$ 是在时间 $t$ 风险资产的价值,$Z_t$ 是投资者在时间 $t$ 之前的收益,$b$ 是常数,对BHS模型说明如下。

(1) 在BHS模型中

$$X_{t+1} = S_t R_{t+1} - S_t R_{f,t} \tag{9.6.21}$$

即盈利和亏损是相对于无风险资产而言的。

(2) 在BHS模型中亏损与以前的投资结果有关,模型引入了 $Z_t$。当 $S_t>Z_t$ 时,降低了投资者的风险厌恶;当 $S_t<Z_t$ 时,增加了投资者的风险厌恶。为描述以前投资结果,引入效用函数 $V(X_{t+1}, S_t, Z_t)$,为建模方便,改写为 $V(X_{t+1}, S_t, z_t)$,这里 $z_t=\dfrac{Z_t}{S_t}$。

(3) BHS模型引入了所谓"私房钱效应"(house money effect),即在 $t$ 时期投资代理人除了在预期的消费中获得效用,以及亏损和盈利对效用不对称产生效用外,前期的收益或亏损对 $t$ 时期的效用也有影响,导致了另外一个效用项。

在定义 $V(X_{t+1}, S_t, z_t)$ 时,按以下3种情况定义:

① 当 $z_t=1$ 时，定义

$$V(X_{t+1},S_t,1)=\begin{cases}X_{t+1}, & X_{t+1}\geqslant 0\\ \lambda X_{t+1}, & X_{t+1}<0\end{cases}\tag{9.6.22}$$

这里 $\lambda>1$。

② 当 $z_t<1$ 时，定义

$$V(X_{t+1},S_t,z_t)=\begin{cases}S_tR_{t+1}-S_tR_{f,t}, & R_{t+1}\geqslant R_{f,t}\\ S_t(z_tR_{f,t}-R_{f,t})+\lambda S_t(R_{t+1}-z_tR_{f,t}), & R_{t+1}<R_{f,t}\end{cases}$$

(9.6.23)

③ 当 $z_t>1$ 时，定义

$$V(X_{t+1},S_t,z_t)=\begin{cases}X_{t+1}, & X_{t+1}\geqslant 0\\ \lambda(z_t)X_{t+1}, & X_{t+1}<0\end{cases}\tag{9.6.24}$$

这里 $\lambda(t)>\lambda$，为简单起见，令

$$\lambda\ (2t)=\lambda+k\ (z_t-1)\tag{9.6.25}$$

这里 $k>0$。

(4) 在 BHS 模型中为了讨论 $Z_t$ 对 $S_t$ 的滞后影响，令

$$Z_{t+1}=Z_t\frac{R}{R_{t+1}}\tag{9.6.26}$$

这里 $R$ 是一固定的常数。式(9.6.26)表明，如果 $R_{t+1}\geqslant R$，则 $Z_{t+1}\leqslant Z_t$；如果 $R_{t+1}<R$，则 $Z_{t+1}>Z_t$。将式(9.6.26)一般化为

$$Z_{t+1}=\eta\left(Z_t\frac{R}{R_{t+1}}\right)+(1-\eta)\tag{9.6.27}$$

(5) BHS 模型假设

$$b_t=b_0C_t^{-r}$$

这里 $C_t$ 是在时间 $t$ 的消费量，$b_t$ 是非负常数。

BHS 模型对消费增长模式分两种情况讨论：第一种情况，在每一个时期，$D_t$ 等于累积消费 $\bar{C}_t$，即

$$\ln\left(\frac{\bar{C}_{t+1}}{\bar{C}_t}\right)=\ln\left(\frac{D_{t+1}}{D_t}\right)=g_C+\sigma_C\,\varepsilon_{t+1}\tag{9.6.28}$$

这里 $\varepsilon_{t+1}\sim\text{i. i. d. }N(0,1)$。

第二种情况，消费增长和红利增长服从不同过程：

$$\ln\left(\frac{\bar{C}_{t+1}}{\bar{C}_t}\right)=g_C+\sigma_C\eta_{t+1}\tag{9.6.29}$$

$$\ln\left(\frac{D_{t+1}}{D_t}\right)=g_D+\sigma_D\,\varepsilon_{t+1}\tag{9.6.30}$$

这里 $\begin{pmatrix}\eta_t\\ \varepsilon_t\end{pmatrix}\sim\text{i. i. d. },N\left(\begin{bmatrix}0\\0\end{bmatrix},\begin{bmatrix}1 & w\\ w & 1\end{bmatrix}\right)$。

BHS 模型的结论是，引入私房钱效用后，可以很好地解释股权溢价问题。BHS 模型在基于消费的定价模型中，引入了损失厌恶和私房钱效用，产生了一个变化的私房钱效

用。价格升高后,投资者的风险厌恶程度会降低,价格被进一步推高。价格降低后,投资者的风险厌恶程度升高,价格被进一步打压。模型可以解释市场积累收益方面的过度被动现象、股权溢价之谜、收益可预测现象。

### 9.6.3 泡沫模型

泡沫是指在一个连续金融运作中,一种或一系列资产价格突然上升,随着最初的价格上升,人们产生远期价格继续上升的预期,从而吸引新的买者(《新帕尔格雷夫货币与金融大辞典》,1992)。在这个过程中,投机者注意的是买卖资产获得的收益,而不是资产本身的用途及其盈利能力。在这种市场上,价格的高低在很大程度上取决于交易双方对未来价格的预期。

运用经济计量学模型研究金融泡沫现象及其经济的变量关系及其特征,对于揭示金融泡沫及其变化规律,对金融市场的稳定性和发展有理论意义与现实意义。现有的泡沫模型大致可分成两类:理性泡沫模型和非理性泡沫模型。

**1. 理性泡沫模型**

Blanchard 和 Watson(1982)首次提出理性泡沫模型,其中泡沫 $B_t$ 与基本价格 $P_t^*$ 无关联自增长。他们提出以下泡沫过程,描述泡沫的生成和破灭:

$$B_{t+1}=\begin{cases}\dfrac{(1+r_{t+1})B_t}{\pi}-\dfrac{1-\pi}{\pi}\alpha_0, & \text{概率为 } \pi\\ \alpha_0, & \text{概率为 } 1-\pi\end{cases} \tag{9.6.31}$$

在式(9.6.31)中,泡沫成长因素恰好足以补偿如果泡沫以 $1-\pi$ 的概率破灭且回到初始值 $\alpha_0$ 时投资者承担的风险。

检验泡沫最早的工作来自 Robert P. Flood 和 Peter M. Garber(1987)。他们首次引入理论预期模型作为泡沫检验的理论基础,选取法国20世纪20年代超级通货膨胀时期货币流通量和物价关系作为研究对象,考察物价是否存在泡沫。

Santoni(1987)指出了理论泡沫的3个特征:第一,理论泡沫具有连续性;第二,理论泡沫连续的膨胀性;第三,理论泡沫不可能出现负值,即基础价值的增长速度永远低于实际股价增长速度。Allen 和 Corton(1993)建立理论模型,在信息不对称条件下分析了基金管理者个体的理性行为也会导致泡沫。

**2. 非理性泡沫模型**

Delong. J. B.、Shleifer. A.、Summers. I. 和 Waldmann. R. (1990)分析了套利者行为对证券价格的操纵和对市场不稳定的影响,并分析了由此引起的证券资产的泡沫。在他们的理论中,假定中小投资者是一种噪声投资者,只根据证券以前的价格变化,采取一种正反馈的投资策略,即买入价格上涨的股票,卖出价格下跌的股票。下面我们来介绍这个模型(简称为 DSSW 模型)。

1) DSSW 模型

模型假设存在两种资产:股票和现金。现金的供给是完全弹性的,不存在净收益。股票的净供给为零,即投资者持有的股票可以对冲。

DSSW 模型经历了4个时刻,简称为时期0、时期1、时期2和时期3。股票在时期3

变现，支付风险红利，合计为 $\Phi+\theta$，$\theta$ 是随机变量，$\theta\sim N(0,\sigma_\theta^2)$。直到时期 3 才会有有关 $\theta$ 的信息，并且为投资者所知。$\Phi$ 的期望值为零，有 3 个可能值：$-\varphi,0,\varphi$。投资者在时期 2 可了解到 $\Phi$ 的价值，在时期 1 存在有关 $\Phi$ 的一个信号公布。

模型假设有 3 类投资者：正反馈投资者，用 $f$ 表示，数量为 1；套利者，用 $a$ 表示，数量为 $\mu$；被动投资者，用 $i$ 表示，时期 1 的数量为 $1-\mu$。

套利者的目标函数是时期 3 时的消费函数，套利者追求效用函数最大化。

被动投资者在任何一个时期的需求只取决于股票价格与价值的偏离程度。

模型结构采用第 3 期向前倒推分析。

在时期 3 没有发生交易，投资者之间互相根据自己所持有的头寸支付红利 $\Phi+\theta$。在时期 3 由于股利是公开确定的，价格为 $P_3=\Phi+\theta$。

在时期 2，套利者和被动投资者都了解 $\Phi$ 的价值。模型要求 $\Phi$ 的实现值足够小，以保证顺利实现套利者的需求。

正反馈的投资者在时期 2 对股票的需求是

$$D_2^f=\beta(P_1+P_0)=\beta P_1 \tag{9.6.32}$$

其中 $P_1$ 是时期 1 的股票价格，$P_0$ 是时期 0 的价格（假设为 0），$\beta$ 是正反馈投资函数。时期 2 正反馈投资者的需求取决于时期 0 和时期 1 股票价格变化。如果价格上升，则买入股票；如果价格下降，则卖出股票。

套利者不采用正反馈投资策略，既然知道时期 3 的股票价格在时期 2 就不会在 $P_2>\Phi$ 时持有股票，因为在这种情况下持有股票，期望收益为负值，而正反馈投资者在时期 2 的股票需求量不考虑时期 2 的股票价格。套利者在时期 2 的需求函数依据效用函数 $U=-e^{2rw}$，在时期 2，套利者认为价格将向基本价格回归，套利者的需求函数为

$$D_2^a=\frac{\Phi-P_2}{2r\sigma_\theta^2}=\alpha(\Phi-P_2) \tag{9.6.33}$$

其中 $\alpha=\dfrac{1}{2r\sigma_\theta^2}$。在时期 2，被动投资者的需求函数为

$$D_2^i=\alpha(\Phi-P_2) \tag{9.6.34}$$

为了保证得到稳定的结果，假设 $\alpha>\beta$。

在时期 1，套利者得到关于 $\Phi$ 在时期 2 价值的信号 $\varepsilon\in\{-\varphi,0,\varphi\}$。考虑 $\varepsilon$ 有两种不同情况，第一种信号无噪声，$\varepsilon=\Phi$；第二种信号有噪声，满足下列条件：

$$\mathrm{Prob}(\varepsilon=\varphi,\Phi=\varphi)=0.25\quad \mathrm{Prob}(\varepsilon=\varphi,\Phi=0)=0.25$$

$$\mathrm{Prob}(\varepsilon=-\varphi,\Phi=-\varphi)=0.25\quad \mathrm{Prob}(\varepsilon=-\varphi,\Phi=0)=0.25$$

在信号有噪声的情况下，套利者的信号如果是 $\varepsilon=\varphi$，则下一期 $\Phi$ 的期望值为 $\dfrac{\varphi}{2}$。如果套利者的信号是 $\varepsilon=-\varphi$，则下一期 $\Phi$ 的期望值为 $-\dfrac{\varphi}{2}$，这时套利者仍根据最大化效用函数得到需求 $D_1^a$。

被动投资者时期 1 的需求与时期 2 的需求形式一样，可表达为

$$D_1^i=-\alpha P_1 \tag{9.6.35}$$

因为正反馈投资者的交易行为是过去价格变动的反映,所以他们在时期1不进行交易。因此,正反馈投资者的需求

$$D_1^f = 0 \tag{9.6.36}$$

时期0是基准参照期,没有交易发生,价格为零。正反馈投资者可以预见到股票价格从时期0到时期1和时期2股票价格上升还是下降,可以决定正反馈需求。因为在时期0和时期3没有交易,市场出清条件自然满足。在时期1和时期2,市场中套利投资者的人数为$\mu$,被动投资者的人数为$1-\mu$,各期的市场出清条件分别为

$$0 = D_1^f + \mu D_1^a + (1-\mu) D_1^e \tag{9.6.37}$$

$$0 = D_2^f + \mu D_2^a + (1-\mu) D_2^i \tag{9.6.38}$$

2) DSSW 模型的解

我们在两种不同的假设之后,求模型的解。

(1) 假设无噪声信号。考虑有正信号的情况,即$\Phi=+\varphi$。有负信号的情况和正信号的情况类似。如果套利者得到信号$\varepsilon$和时期2的实际冲击$\Phi$完全相关,则在时期1不存在时期2关于价格的不确定性。如果有套利者存在,那么他们的行为使时期1和时期2的价格相等。如果没有套利者,因为没有人拥有关于股票价值的真实信息,所以在时期1股票价格为0。即

$$\begin{cases} P_1 = P_2, & \mu > 0 \\ P_1 = 0, & \mu = 0 \end{cases} \tag{9.6.39}$$

利用时期2市场出清条件,把式(9.6.32)~式(9.6.34)代入式(9.6.38),得到

$$0 = \beta P_1 + \alpha(\varphi - P_2)$$

再由式(9.6.39),得

$$\begin{cases} P_1 = P_2 = \dfrac{\alpha\varphi}{\alpha-\beta}, & \mu > 0 \\ P_1 = 0, P = \varphi, & \mu = 0 \end{cases} \tag{9.6.40}$$

当$\beta > \dfrac{\alpha}{2}$时,在任何时期,套利交易者存在比套利交易者不存在更偏离真实价值。

对于$\mu>0$和$\mu=0$两种情况,价格变化的路径不同,如图9.4所示。图中的粗实线表示不存在套利者时价格变化路径;细实线表示存在套利者时价格变化路径。

(2) 假设有噪声信号。如果套利者获得的信号有噪声,并假定$\varepsilon=\varphi$,则此时$\Phi=+\varphi$的概率为$\dfrac{1}{2}$,$\Phi=0$的概率为$\dfrac{1}{2}$。这两种不同的状态,分别记为$2a$和$2b$,在时期2有两种不同的市场出清条件,分别是

$$0 = \beta P_1 + \alpha(\varphi - P_{2a}) \tag{9.6.41}$$

$$0 = \beta P_1 - \alpha P_{2b} \tag{9.6.42}$$

而在时期1,市场出清条件为

$$0 = \mu D_1^a + \alpha(1-\mu) P_1 \tag{9.6.43}$$

式(9.6.43)中的$D_1^a$可通过如下的推导得出。在$D_1^a$给定的情况下,在时期2套利者的财

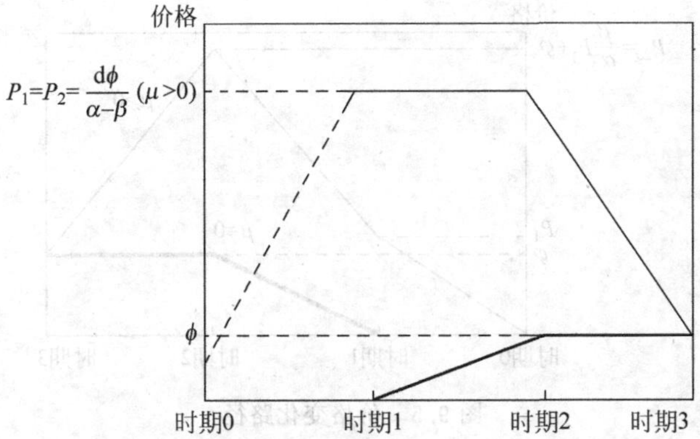


图 9.4　两种情况下的价格变化路径

富分别为

$$W_{2a}=D_1^a(P_{2a}-P_1)+\frac{\alpha(P_{2a}-\varphi)^2}{2}=D_1^a\left(\varphi+\frac{\beta-\alpha}{\alpha}P_1\right)+\frac{\beta^2P_1^2}{2\alpha} \tag{9.6.44}$$

$$W_{2b}=D_1^a(P_{2b}-P_1)+\frac{\alpha P_{2b}^2}{2}=D_1^a\left(\frac{\beta-\alpha}{\alpha}P_1\right)+\frac{\beta^2P_1^2}{2\alpha} \tag{9.6.45}$$

套利者最大化期望效用，可得到时期 1 的需求量

$$D_1^a=\frac{P_{2a}+P_{2b}-2P}{\gamma(P_{2a}-P_{2b})^2} \tag{9.6.46}$$

根据式(9.6.41)～式(9.6.43)，可求得

$$P_1=\frac{\varphi}{2}\frac{\alpha}{\alpha-\beta}\frac{1}{1+\frac{\varphi^2}{4\sigma_\theta^2}\times\frac{\alpha}{\alpha-\beta}\times\frac{1-\mu}{\mu}} \tag{9.6.47}$$

$$P_{2a}=\frac{\beta}{\alpha}P_1+\varphi \tag{9.6.48}$$

$$P_{2b}=\frac{\beta}{\alpha}P_1 \tag{9.6.49}$$

由此可见，在时期 2，$\mu>0$ 时比 $\mu=0$ 时更偏离真实价值。有套利者使价格更不稳定。如果$\frac{1-\mu}{\mu}<\frac{2\sigma_\theta^2}{\varphi^2}\left[1-2\left(\frac{\alpha-\beta}{\alpha}\right)\right]$，那么时期 1，$\mu>0$ 时比 $\mu=0$ 时更偏离真实价值。

当市场存在少量的套利者时，总可以使时期 1 的价格更接近于真实价值。但是，只要 $\beta>\frac{\alpha}{2}$，就存在临界值 $\mu^*$。如果套利者的数量大于 $\mu^*$，在时期 1，价格就会比 $\mu=0$ 时更偏离真实价值。正反馈的系数 $\beta$ 越大，$\theta$ 关于 $\Phi$ 的不确定性就越大，$\mu^*$ 就越大。价格变化路径如图 9.5 所示，粗细实线的含义与图 9.4 相同。

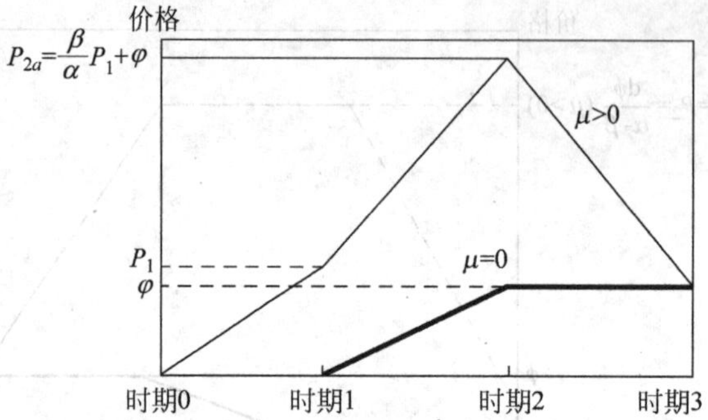


图 9.5　价格变化路径

# 习　题　9

1. 考虑如下实验。A：购买彩票，有 0.001 的概率获得 5 000 元；B：稳获 5 元。参加实验的人中有 70％的人选择 A，试用价值方程来分析实验结果。

2. 考虑如下实验。A：以 0.001 的概率获得 6 000 元；B：以 0.002 的概率获得 3 000 元。参加实验的人中有 73％的人选择 B，试分析实验结果，并由此说明权重函数低概率的次可加性，即对于较小的概率 $p$，当 $0<r<1$ 时，$\pi(rp)>r\pi(p)$。

# 参考文献


[1] Barberis Nicholas, Huang Ming. Mental accounting, loss aversion and individual stock returns[J]. Journal of Finance, 2001, 56(4): 1247-1292.

[2] Nicholas Barberis, Andrei Shleifer, Robert Vishny. A model of investor sentiment[J]. Journal of Financial Economics, 1998, 49(3): 307-343.

[3] Basu S. Investment performance of common stocks in relation to their price-earnings ratios: a test of the efficient market hypothesis[J]. Journal of Finance, 1977, 32(3): 663-682.

[4] Daryl J Bem. An experimental analysis of self-persuasion[J]. Journal of Experimental Social Psychology, 1965, 1(3): 199-218.

[5] Alexandros V Benos. Aggressiveness and survival of overconfident traders[J]. Journal of Finance Markets, 1998, 1(3-4): 353-383.

[6] John Y Campbell, John H Cochrane. By force of habit: a consumption-based explanation of aggregate stock market behavior[J]. Journal of Political Economy, 1999, 107(2): 205-251.

[7] Cooper A C, C Y Woo, W C Dunkelberg. Entrepreneurs' perceived chance for success[J]. Journal of Business Venturing, 1988, 3(2): 97-108.

[8] Kahneman Da, Tversky A. On the psychology of prediction[J]. Psychilogical Review, 1973, 80(4): 237-251.

[9] Daniel Kahneman, Amos Tversky. Prospect Theory: an analysis of decision under risk[J]. Econometrica, 1979, 47(2): 263-292.

[10] Daniel Kahneman, Mark W Riepe. Aspects of investor psychology: beliefs, preferences and biases investment advisors should know about[J]. Journal of Portfolio Management, 1998, 24(4): 1-21.

[11] De Long, J Bradford, Shleifer Andrei, et al. Positive feedback investment strategies and destabilizing rational speculation[J]. Journal of Finance, 1990, 45(2): 379-395.

[12] Ellsberg D. Risk, ambiguity and the savage axioms[J]. Journal of Economics, 1961, 5(4): 643-649.

[13] Fama Eugene F. Efficient capital markets: a review of theory and empirical work[J]. Journal of Finance, 1970, 25(2): 383-417.

[14] Josef Lakonishok, Andrei Shleifer, Robert W Vishny. The impact of institutional trading on stock prices[J]. Journal of Financial Economics, 1992, 32(1): 23-43.

[15] Mehra R, E Prescott. The equity premium: a puzzle[J]. Journal of Monetary Economics, 1985, 15(2): 145-161.

[16] Modigliani F, Miller Merton H. The cost of capital, corporation finance and the theory of investment[J]. The American Economic Review, 1958, 48(3): 261-297.

[17] Odean T. Are investors reluctant to realize their losses? [J]. Journal of Finance, 1998, 53(5): 1775-1798.

[18] Odean T. Volume, volatility, price and profit when all traders are above average[J]. Journal of Finance, 1998, 53(6): 1887-1934.

[19] Ross S A. The arbitrage theory of capital asset pricing[J]. Journal of Economic Theory, 1976, 13(3): 341-360.

[20] Samuelson P A. Proof that properly anticipated prices fluctuate randomly [J]. Industrial Management Review, 1965, 6(2): 41-49.

[21] Scharfstein David S, Stein Jeremy C. Herd behavior and investment [J]. American Economic Review, 1990, 80(3): 465-479.

[22] Shefrin H, M Statman. Behavioral capital asset pricing theory [J]. Journal of Finance and Quantitative Analysis, 1994, 29(3): 323-349.

[23] Shefrin H, M Statman. Behavioral portfolio theory [J]. Journal of Finance and Quantitative Analysis, 2000, 35(2): 127-151.

[24] Shleifer A. Do demand curves for stock slope down? [J]. Journal of Finance, 1986, 41(3): 579-590.

[25] Statman Meir. Behavioral finance: past battles and future engagements [J]. Financial Analysts Journal, 1999, 55(1), 18-27.

[26] 黄奇辅,李兹森伯格.金融经济学基础[M].宋逢明,译.北京:清华大学出版社,2003.

[27] 赫尔.期权、期货和其他衍生证券[M].张陶伟,译.北京:华夏出版社,2000.

[28] Pliska.数理金融引论:离散时间模型[M].王忠玉,译.北京:经济科学出版社,2002.

[29] Robert C Merton.连续时间金融[M].郭多祚,译.北京:中国人民大学出版社,2005.

[30] 约翰·冯·诺依曼,奥斯卡·摩根斯坦恩.竞赛论与经济行为[M].王建华,顾玮琳,译.北京:科学出版社,1963.

[31] 程希骏,胡达沙.金融投资决策数理分析[M].合肥:安徽科学技术出版社,2001.

[32] 史树中.金融经济学十讲[M].上海:上海人民出版社,2004.

[33] 宋逢明.金融工程原理[M].北京:清华大学出版社,1999.

[34] 叶中行,林建忠.数理金融[M].北京:科学出版社,1998.

[35] 周爱民.金融工程学[M].北京:中国统计出版社,2003.

[36] 马雷克·凯宾斯基,托马斯·札斯特温尼克.金融数学——金融工程引论[M].2版.佟孟华,译,郭多祚,校.北京:中国人民大学出版社,2014.

[37] [美]弗兰克 J.法博齐.固定收益数学——分析与统计技术[M].3版.俞卓菁,译.上海:上海人民出版社 2005.

[38] 李心丹.行为金融学-理论及中国的证据[M].上海:上海三联书店,2004.

# 教师服务

感谢您选用清华大学出版社的教材！为了更好地服务教学，我们为授课教师提供本书的教学辅助资源，以及本学科重点教材信息。请您扫码获取。

## 教辅获取

本书教辅资源，授课教师扫码获取

## 样书赠送

**经济学类**重点教材，教师扫码获取样书


清华大学出版社

E-mail: tupfuwu@163.com
电话：010-83470332 / 83470142
地址：北京市海淀区双清路学研大厦 B 座 509

网址：https://www.tup.com.cn/
传真：8610-83470107
邮编：100084